Schriftenreihe

Organisation

Band 5

Schriftenreihe „ORGANISATION"

Band 5

Prof. Dr. Götz Schmidt

Grundlagen der Aufbauorganisation

4. überarbeitete und erweiterte Auflage

Verlag Dr. Götz Schmidt, Gießen

ISBN 3 921 313 635

Vorwort zur 4. Auflage

In den letzten Jahren hat sich der Stellenwert der Organisation deutlich verändert. Immer mehr Unternehmen haben die Aufbau- und Prozessstrukturen als strategischen Wettbewerbsfaktor erkannt. Der Organisation wurde wieder der Rang einer zentralen Managementaufgabe zuerkannt, die nicht allein Stabsspezialisten überlassen werden kann. Da durch Aufbaustrukturen auch Machtstrukturen beeinflusst werden, ist es nur naheliegend, dass sich das oberste Management um diese Thematik kümmert, beraten und unterstützt durch interne oder externe „Consultants".

Im Zuge der Entwicklung wurden immer wieder neue Schlagworte in die Diskussion geworfen. Gelegentlich konnte der Eindruck entstehen, dass es dabei eher um Heilslehren als um organisatorische Strukturvarianten ginge. Altbekannte Phänomene wurden teilweise geschickt neu vermarktet, es wurden aber auch wichtige neue Akzente gesetzt. Die „bleibenden" neuen Einsichten wurden in diese Schrift eingearbeitet, aktuelle organisatorische Konzepte ergänzt.

Dieses Werk ist folgendermaßen aufgebaut: Nach der Klärung der wichtigsten Begriffe und der Einordnung des Themas in das Gebiet der Organisation werden Ziele, Prinzipien und Bedingungen der aufbauorganisatorischen Gestaltung behandelt. In den folgenden Abschnitten werden die wesentlichen Teilgebiete der Aufbauorganisation untersucht. Kernprozesse als Rahmen der Aufbauorganisation und die Stelle als Basissystem werden eingebettet in und überlagert durch das Informationssystem, das Kommunikationssystem, das Sachmittelsystem, das Leitungssystem und das Führungssystem. Die Organisation ausgewählter zentraler Abteilungen und ausgesuchter Spezialthemen, die zudem ergänzt und aktualisiert worden sind, beschließen das Werk.

In allen Abschnitten ist versucht worden, demjenigen Hilfen zu geben, der aufbauorganisatorische Lösungen plant und umsetzt. So werden Lösungsbestandteile und Modelle vorgestellt und auf ihre Stärken und Schwächen untersucht. In mehreren Teilgebieten werden Kriterienkataloge angeboten, die zur Entscheidung für oder gegen bestimmte Lösungen herangezogen werden können. Die praktische Gestaltung steht damit im Vordergrund.

Allen, die direkt oder indirekt an dieser Schrift mitgewirkt haben, sei herzlich gedankt. Mein besonderer Dank gilt meinen Kolleginnen und Kollegen, die mich mit großem Engagement bei einzelnen Abschnitten unterstützt haben. Danken möchte ich auch denjenigen, die mich mit Material aus der Praxis versorgt haben. Da einige von ihnen nicht genannt werden möchten, verzichte ich aus Gründen der Gerechtigkeit generell darauf, Namen zu nennen.

Januar 2000   Götz Schmidt

Inhaltsverzeichnis

1	**Grundbegriffe**	**13**
1.1	Gegenstand der Aufbauorganisation	13
1.2	Beziehung zur Prozessorganisation	16
1.2.1	Primat der Prozessorganisation - wer folgt wem?	16
1.2.2	Trennung als Kunstgriff	18
1.3	Elemente, Beziehungen und Dimensionen der Aufbauorganisation	19
1.3.1	Elemente der Aufbauorganisation	20
1.3.1.1	Aufgaben	21
1.3.1.2	Aufgabenträger	23
1.3.1.3	Sachmittel	24
1.3.1.4	Informationen	25
1.3.2	Beziehungen der Aufbauorganisation	26
1.3.2.1	Gestaltung von Kernprozessen	26
1.3.2.2	Stellenbildung	27
1.3.2.3	Leitungssystem	27
1.3.2.4	Informationssystem	28
1.3.2.5	Kommunikationssystem	29
1.3.2.6	Sachmittelsystem	30
1.3.2.7	Führungssystem	31
1.3.3	Dimensionen der Aufbauorganisation	32
1.4	Aufbauorganisation und organisatorischer Gesamtzusammenhang	33
2	**Grundlagen der organisatorischen Gestaltung**	**38**
2.1	Organisation im Gesamtzusammenhang	38
2.2	Situativer Ansatz der Organisation	41
2.3	Gestaltungsziele der Aufbauorganisation	42
2.4	Gestaltungsprinzipien der Aufbauorganisation	48
2.5	Gestaltungsbedingungen der Aufbauorganisation	49
2.5.1	Restriktionen	50
2.5.1.1	Intern gesetzte Restriktionen	50
2.5.1.2	Extern gesetzte Restriktionen	51
2.5.2	Rahmenbedingungen	51
2.5.2.1	Interne Rahmenbedingungen	52
2.5.2.2	Externe Rahmenbedingungen	55
3	**Prozesse als Rahmen der Aufbauorganisation**	**57**
3.1	Business Process Reengineering	57
3.2	Kaizen oder Business Process Reengineering	61
3.3	Identifizieren und Gestalten von Prozessen	63
4	**Stellenbildung**	**71**
4.1	Begriff	71
4.2	Prinzipien der Stellenbildung	73

4.2.1	Einheit von Aufgabe, Kompetenz und Verantwortung	73
4.2.2	Freie oder gebundene Stellenbildung	74
4.2.3	Zentralisation und Dezentralisation	75
4.3	Stellenarten	78
4.3.1	Rangaspekt der Stellenbildung	79
4.3.1.1	Leitungsstellen	79
4.3.1.2	Ausführungsstellen mit Realisationsaufgaben	81
4.3.1.3	Stabsstellen	81
4.3.2	Prozessorientierte Stellenbildung	83
4.3.3	Aufgabenorientierte Stellenbildung	84
4.3.3.1	Stellenbildung nach Verrichtungen	84
4.3.3.1.1	Stellen mit Entscheidungsvorbereitungsaufgaben	85
4.3.3.1.2	Stellen mit Entscheidungsaufgaben	86
4.3.3.1.3	Stellen mit Realisationsaufgaben	87
4.3.3.1.4	Stellen mit Kontrollaufgaben	87
4.3.3.2	Stellenbildung nach Objekten	89
4.3.4	Bewertung der Verrichtungs- und Objektzentralisation	91
4.3.4.1	Bewertung der Verrichtungszentralisation	91
4.3.4.2	Bewertung der Objektzentralisation	95
4.4	Regelung der Arbeitsteilung	99
4.4.1	Aufgabenwechsel (Job Rotation)	101
4.4.2	Aufgabenerweiterung (Job Enlargement)	102
4.4.3	Aufgabenbereicherung (Job Enrichment)	104
4.4.4	Autonome Arbeitsgruppen	105
4.5	Stellenbesetzung	111
4.6	Stellvertretung	111
4.6.1	Formen der Stellvertretung	112
4.7	Stellenbildung und Personalbemessung	114
4.7.1	Ausgangssituation	114
4.7.2	Personalbedarf (Nachfrage nach personeller Kapazität)	115
4.7.3	Angebot (Kapazität der Aufgabenträger)	117
4.7.4	Maßnahmen zum Kapazitätsausgleich	119
4.8	Techniken der Stellenbildung	120
4.8.1	Aufgabenanalyse	120
4.8.2	Darstellung der Stellen	121
5	**Leitungssystem**	**128**
5.1	Begriff	128
5.2	Notwendigkeit der Hierarchie	131
5.3	Merkmale von Leitungssystemen	134
5.3.1	Aufgabenverteilung	134
5.3.2	Äußere Form der Hierarchie	135
5.3.3	Inhalte der Leitungsbeziehungen	139
5.4	Grundmodellvariante der Leitungssysteme	141
5.4.1	Einlinien-System	141
5.4.2	Mehrlinien-System	144

5.4.2.1   Grundmodell 144
5.4.2.2   Matrix-Organisation 147
5.4.2.3   Tensor-Organisation 148
5.5   Spezialmodelle der Leitungsorganisation 149
5.5.1   Verrichtungsorientierte Modelle (Funktionale Gliederung) 150
5.5.2   Objektorientierte Modelle 158
5.5.2.1   Produktorientierte Gliederung 160
5.5.2.1.1 Spartenorganisation 160
5.5.2.1.2 Produkt-Management 164
5.5.2.2   Regionale Gliederung 171
5.5.2.3   Kundenorientierte Gliederung 174
5.5.3   Mischformen der Verrichtungs- und Objektgliederung 178
5.5.4   Strategieorientierte Gliederung 180
5.5.4.1   Abgrenzung strategischer Geschäftsfelder 180
5.5.4.2   Bildung strategischer Geschäftseinheiten 181
5.5.5   Prozessorientierte Gliederung 185
5.5.5.1   Begriff 185
5.5.5.2   Prozessoptimierte Struktur von Organisationseinheiten 186
5.5.5.3   Prozessoptimierende Koordinationsstellen 188
5.6   Organisation der Unternehmensleitung 189
5.6.1   Grundlagen 189
5.6.2   Organisation der Unternehmensleitung: Internationaler Vergleich 192
5.6.2.1   Aktiengesellschaft nach deutschem Recht 192
5.6.2.2   Aktiengesellschaft nach schweizerischem Recht 193
5.6.2.3   Aktiengesellschaft nach US-amerikanischem Recht 195
5.6.3   Willensbildung in der Unternehmensleitung 198
5.6.3.1   Direktoriale Willensbildung 198
5.6.3.2   Kollegiale Willensbildung 200
5.6.4   Gesamtleitung und Teilbereichsleitung 201
5.6.4.1   Ressortfreie Geschäftsleitung 201
5.6.4.2   Ressortgebundene Geschäftsleitung 202
5.6.4.3   Mischformen 205
5.7   Sekundärorganisation 205
5.7.1   Bedeutung der Sekundärorganisation 205
5.7.2   Projektorganisation 206
5.7.2.1   Beteiligte an Projekten 207
5.7.2.2   Formen der Projektorganisation 211
5.7.3   Strategische Geschäftseinheiten (Sekundärorganisation) 219
5.7.4   Ausschüsse und Kollegien 220
5.7.5   Workshops 221
5.8   Darstellung von Leitungssystemen 222

6   Informationssystem 227
6.1   Grundbegriffe 227
6.1.1   Nachrichten, Informationen, Redundanz, Daten 227
6.1.2   Beschreibung des Informationssystems 229

6.1.2.1   Elemente und Beziehungen eines Informationssystems 229
6.1.2.2   Informationsprozesse.. 232
6.1.2.3   Informations- und Kommunikationssystem 233
6.2   Gestaltung des Informationssystems 234
6.2.1   Zusammenhänge zwischen Informationsbedarf, -angebot und ....
          -nachfrage... 234
6.2.2   Informationsbedarf 235
6.2.2.1   Art des Informationsbedarfes 235
6.2.2.2   Ermittlung des Informationsbedarfes 243
6.2.2.2.1 Stellenbezogene Ermittlung durch Mitarbeiterbefragung..................... 243
6.2.2.2.2 Stellenbezogene Ermittlung - an den Aufgaben orientiert.................... 244
6.2.3   Informationsangebot.. 248
6.2.4   Informationsnachfrage.. 250

7   **Kommunikationssystem**... **252**
7.1   Begriff.. 252
7.2   Bedeutung der Kommunikation 254
7.3   Modell der Kommunikation 256
7.4   Störungen der Kommunikation 257
7.5   Beteiligte der Kommunikation 259
7.6   Persönliche und technisch-unterstützte Kommunikation..................... 260
7.7   Weisungsgebundene und weisungsungebundene Kommunikation 261
7.7.1   Kommunikationswege.. 262
7.7.2   Hierarchieüberlagernde Kommunikationsbeziehungen
          (Sekundärorganisation) 264
7.8   Sprach-, Text-, Daten- und Bildkommunikation.................................. 265

8   **Sachmittelsystem** **267**
8.1   Begriff.. 267
8.2   Strategie, Struktur, Kultur und Technik 270
8.2.1   Organisatorische Aufgaben beim Sachmitteleinsatz............................ 272
8.3   Sachmittel und organisatorische Trends 276

9   **Führungssystem**.. **278**
9.1   Begriff.. 278
9.2   Merkmale des Führungssystems 278
9.2.1   Delegation 279
9.2.2   Partizipation... 282
9.2.3   Information 284
9.2.4   Kontrolle.. 284
9.2.5   Vorgaben 285
9.3   Situatives Führungsverhalten 285
9.4   Steuerungsinstrumente 286
9.4.1   Profit Center 286
9.4.2   Cost Center 287

10	**Organisation ausgewählter zentraler Abteilungen**	**289**
10.1	Organisation und Datenverarbeitung	289
10.1.1	Zuständigkeit für Organisation	289
10.1.1.1	Aufgaben der Organisation	289
10.1.1.2	Organisation durch die Fachabteilungen	290
10.1.1.3	Organisation durch zentralisierte Organisationsstellen	291
10.1.2	Zuständigkeit für Datenverarbeitung	293
10.1.2.1	Aufgaben der Datenverarbeitung	293
10.1.2.2	Zentrale Datenverarbeitung	293
10.1.2.3	Dezentrale Datenverarbeitung	295
10.1.3	Zusammenarbeit von Organisation und Datenverarbeitung	295
10.1.4	Organisation und Datenverarbeitung ohne eigene Systementwicklung	297
10.1.5	Einordnung der Organisation / Datenverarbeitung in ein Unternehmen	297
10.2	Revision	297
10.2.1	Aufgaben der Revision	297
10.2.2	Organisation der Revision	298
10.2.3	Einordnung der Revision	300
10.3	Personalwesen	300
10.3.1	Aufgaben	300
10.3.2	Einordnung des Personalwesens	301
10.3.3	Organisation des Personalwesens	301
10.4	Controlling	304
10.4.1	Aufgaben	304
10.4.2	Einordnung des Controlling	305
10.4.3	Organisation des Controlling	306
11	**Ausgewählte Spezialthemen der Aufbauorganisation**	**309**
11.1	Total Quality Management	309
11.1.1	Grundlagen	309
11.1.2	Entwicklung des Qualitätsmanagements	310
11.1.3	Total Quality Management-Organismus	312
11.2	Lean Management	313
11.2.1	Grundlagen	313
11.2.2	Denk- und Werthaltungen des Lean Management	314
11.2.3	Prinzipien des Lean Management	315
11.3	Fraktale Organisation	320
11.3.1	Annahmen der Fraktalen Organisation	320
11.3.2	Merkmale der Fraktalen Organisation	321
11.4	Lernende Organisation	324
11.4.1	Grundlagen	324
11.4.2	Lernfördernde und lernhemmende Faktoren	325
11.4.3	Voraussetzungen für eine Lernende Unternehmung	326
11.5	Holdingstrukturen	332
11.5.1	Begriff und Grundlagen	332
11.5.2	Führungsanspruch der Holding	335
11.5.3	Auswahl der geeigneten Form einer Holding	336

11.5.4   Zentrale oder dezentrale Funktionen.. 337
11.5.5   Führungsinstrumente 340
11.5.6   Vorteile und Grenzen der Holding 340
11.6   Management durch Projekte 341
11.6.1   Begriff und Grundlagen.. 341
11.6.2   Strategische Bedeutung des Projektmanagement...................... 342
11.6.3   Formalisierung des Projektmanagement 342
11.7   Outsourcing 344
11.7.1   Begriff und Grundlagen.. 344
11.7.2   Auslöser und Ziele... 345
11.7.3   Favoriten für das Outsourcing.. 345
11.7.4   Anbieter von Leistungen 347
11.7.5   Bedeutung für die Organisation 347
11.8   Virtuelle Organisation 348
11.8.1   Begriff.. 348
11.8.2   Merkmale virtueller Organisationen 349
11.8.3   Voraussetzungen für virtuelle Organisationen......................... 350
11.8.4   Probleme virtueller Organisationen 353

12   Kriterien zur Beurteilung der Aufbauorganisation...............................
          - Prüffragenkatalog... **357**

Literaturverzeichnis... **364**

Stichwortverzeichnis **373**

1   Grundbegriffe

Ein einfaches Beispiel, das in den folgenden Abschnitten immer wieder aufgegriffen wird, soll den Einstieg in das Thema erleichtern. Nach diesem Einstieg wird dann der Gegenstand der Aufbauorganisation präzisiert und systematisiert.

Herr Buch hat vor vier Jahren einen Verlag gegründet. Die Geschäfte liefen sehr gut. Schon nach kurzer Zeit musste er weitere Mitarbeiter einstellen, die ihn bei seiner Arbeit unterstützen. Heute sind insgesamt acht Mitarbeiter beschäftigt, die jeweils nach Aufgabenanfall eingesetzt werden.

Im letzten Jahr hatten sich einige Probleme gehäuft. Obwohl Herr Buch davon ausgehen kann, dass alle Mitarbeiter voll motiviert sind und „an einem Strang ziehen", kam es zu Kundenreklamationen wie

- ◆ „bei Ihnen weiß die rechte Hand nicht was die linke tut"
- ◆ „ständig wird man weiter verbunden, bis man den richtigen Ansprechpartner gefunden hat"
- ◆ „Auslieferungen dauern bis zu einer Woche"
- ◆ „Zusagen werden nicht eingehalten".

Auch intern kam es des Öfteren zu Reibereien. Immer wieder passierte es, dass zwei Mitarbeiter das Gleiche machten, ohne sich vorher abzustimmen; oder dass Vorgänge liegen blieben, weil sich jeder auf den Anderen verlassen hatte.

Mehrfache Appelle von Herrn Buch hatten nicht gefruchtet. Herr Buch beschließt aus diesen Gründen, einen Berater hinzuzuziehen und ihm seine Probleme zu erläutern. In dem ersten Gespräch wird schnell deutlich, dass es sich hier hauptsächlich um Probleme der Aufbauorganisation handelt.

1.1   Gegenstand der Aufbauorganisation

Herr Buch hat es bisher versäumt, zu regeln, wer für was zuständig ist. Diese Situation ist in kleinen Unternehmen häufig anzutreffen, „weil ja sowieso jeder Bescheid weiß", was der Kollege oder die Kollegin getan oder unterlassen hat. Wächst ein Unternehmen, wird mit jedem weiteren Mitarbeiter jedoch die Situation zunehmend undurchsichtiger. Urlaubsabwesenheiten oder Krankheiten einzelner Mitarbeiter verschärfen die Probleme.

Der Berater empfiehlt Herrn Buch, die heute anfallenden *Aufgaben* und die wichtigsten *Prozesse der Aufgabenerfüllung* gemeinsam zu erheben und dann einzelnen Mitarbeitern *zuzuordnen* (*Stellenbildung*). Die damit geschaffenen klaren Zuständigkeiten erleichtern die Zusammenarbeit und steigern die Effizienz.

Ein zentraler *Prozess* in einem Verlag ist beispielsweise die Auslieferung von Buchsendungen an den Handel. Dieser Prozess beginnt beim Kunden mit einer Bestellung und endet beim Kunden mit einer Auslieferung. Bei der Stellenbildung sollte versucht werden, zentrale *Prozesse* so zu gestalten, dass sie möglichst glatt - ohne viele

Schnittstellen - und mit möglichst eindeutigen Ansprechpartnern abgewickelt werden können.

Beispiel: Ein Mitarbeiter ist zuständig für die Auftragsannahme, die Erstellung der internen Lieferunterlagen, die Bonitätsprüfung und die Fakturierung. Ein anderer Mitarbeiter stellt die Sendungen im Lager zusammen, macht sie versandfertig und sorgt für die Auslieferung.

Voraussetzung dieser aufbauorganisatorischen Regelung ist nun allerdings, dass

◆ die Aufgaben

◆ die Mengen (Häufigkeiten) sowie

◆ die Zeit, die zur Aufgabenerfüllung benötigt wird,

bekannt sind. Nur dann kann festgestellt werden, ob der Mitarbeiter die Aufgaben auch quantitativ bewältigen kann.

Wenn Herr Buch sich für eine neue Aufbauorganisation entscheidet, muss er den Mitarbeitern verbindlich bestimmte Aufgabenfelder zuordnen und diese abgrenzen. So könnte er vorsehen, einen Gruppenleiter für den Vertrieb zu benennen. Diesem Gruppenleiter würden dann einige Mitarbeiter unterstellt.

Wenn dieser Gruppenleiter zum Vorgesetzten wird, werden ihm *Weisungsrechte* übertragen. Die Weisungsrechte werden im sogenannten *Leitungssystem* geregelt. Ein Leitungssystem ist ein hierarchisches Beziehungsnetz, in das die einzelnen Stellen eingegliedert werden. Die Regelung derartiger Weisungsbeziehungen gehört ebenfalls zur Aufbauorganisation.

Um ihre *Aufgaben* erledigen zu können, benötigen die Mitarbeiter *Informationen*. Der für die Auftragsannahme zuständige Sachbearbeiter braucht Informationen über Bestände (kann überhaupt geliefert werden), Preise, Rabattstaffeln etc. Wenn also jemandem eine Aufgabe übertragen wird, müssen ihm auch die relevanten Informationen zur Verfügung gestellt werden. Damit zählt auch die Bereitstellung von Informationen bzw. die Regelung, auf welche Informationen jemand zugreifen darf, zur Aufbauorganisation. Diese Sachverhalte werden in einem sogenannten *Informationssystem* geregelt.

Es ist selbstverständlich, dass jeder Mitarbeiter einen Arbeitsplatz benötigt. Weniger selbstverständlich ist es, wie dieser Arbeitsplatz im Einzelnen mit Sachmitteln auszustatten ist. Das Telefon ist heute ebenso Allgemeingut wie der Computer mit Zugriff auf zentrale oder dezentrale EDV-Systeme. Kopierer, Drucker, Registraturen, all das können notwendige und sinnvolle *Sachmittel* sein, um einem Aufgabenträger die Arbeit zu erleichtern oder überhaupt zu ermöglichen. Der Einsatz von Sachmitteln ist unmittelbar abhängig von den zu erfüllenden Aufgaben und wird ebenfalls zur Aufbauorganisation gerechnet.

Der Mitarbeiter, der für die Auftragsannahme zuständig ist, benötigt zur Aufgabenerfüllung Informationen. Sie sind ihm entweder zu liefern, oder er muss die Möglichkeit haben, sie selbst aufzurufen. Dazu sind die *Wege* festzulegen, auf denen diese Informationen zu ihm gelangen.

Wege zum Transport von Informationen werden auch als *Kommunikationswege* bezeichnet. Die Regelung der Transportwege kann gedanklich von den Regelungen des

Informationssystems getrennt werden und wird in der Praxis meistens auch von unterschiedlichen Spezialisten (z.B. Netzwerkadministrator) bearbeitet.

Neben den Kommunikationswegen für Daten gibt es auch noch Wege für Sprache, Texte und Bilder. Dabei ist nicht nur an technische Einrichtungen wie z.B. Leitungen, Netzwerke etc. zu denken, sondern auch an den physischen Transport von Briefen, Listen, Berichten etc. wie auch an persönliche Treffen zum Informationsaustausch wie Sitzungen, Meetings, Workshops, Konferenzen usw. Auch das sind Einrichtungen zur Kommunikation. Die Einrichtung dieser Wege zum Transport von Informationen ist ebenfalls Bestandteil der Aufbauorganisation. Die Regelungen und die zugehörige Infrastruktur werden als *Kommunikationssystem* bezeichnet.

Herr Buch gibt an seine Mitarbeiter sachbezogene Weisungen, z.B. über Zuständigkeiten, über Preise usw. Daneben muss er sich auch darüber Gedanken machen, wie er mit seinen Mitarbeitern umgeht, ob er sie beispielsweise an seiner Meinungsbildung beteiligt, wie umfangreich er sie - über das sachlich Notwendige hinausgehend - informiert usw. Diese Tatbestände, die den persönlichen Umgang betreffen, sind Ausdrucksformen des von ihm praktizierten Führungsverhaltens. Sie werden - soweit sie überhaupt formell festgelegt sind - in einem *Führungssystem* geregelt.

Zur *Aufbauorganisation* gehören *Regelungen* über:

- ◆ Abgrenzung und Gestaltung zentraler Prozesse
- ◆ Zuordnung von Aufgaben (Stellenbildung)
- ◆ Leitungssystem
- ◆ Informationssystem
- ◆ Kommunikationssystem
- ◆ Sachmittelsystem
- ◆ Führungssystem.

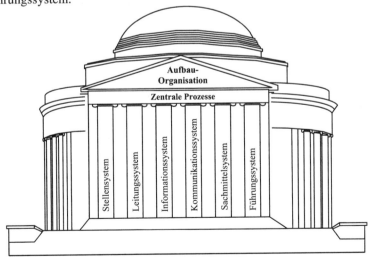

Abb. 1.1: Aufbauorganisation

1.2   Beziehung zur Prozessorganisation

1.2.1   Primat der Prozessorganisation - wer folgt wem?

In der klassischen Organisationslehre wie auch in der Wirtschaftspraxis wurde von folgendem Modell ausgegangen: bei Unternehmen oder Verwaltungen gibt es - eine gewisse Mindestgröße vorausgesetzt - auf der ersten bzw. auf der ersten und der zweiten Ebene bestimmte Personen, die sich hinsichtlich ihrer Ausbildung, ihrer Interessen und Neigungen unterscheiden. Meistens handelt es sich um klassische Berufsbilder wie z.B. den Kaufmann, den Fertigungsspezialisten, den Entwickler oder bei einer Bank als Dienstleistungsunternehmen den Kreditspezialisten, den Wertpapierfachmann, den Experten für Außenhandel usw. Diese obersten Führungskräfte verteilen untereinander die insgesamt im Unternehmen wahrzunehmenden Aufgaben - sie legen ihren *Geschäftsverteilungsplan* fest. Dabei entstehen in aller Regel spezialisierte Einheiten wie der Einkauf, das Rechnungswesen, die Entwicklungsabteilung, der Vertrieb oder die Kreditabteilung, die Wertpapierabteilung, der Zahlungsverkehr usw.

Die Struktur der Aufbauorganisation beginnt also an der Spitze und setzt sich über mehrere Ebenen von oben nach unten fort. Dieses Vorgehen hat einen theoretischen und einen praktischen Hintergrund:

◆   In der Organisationstheorie haben Vertreter wie Nordsieck und Kosiol die Auffassung vertreten, dass der organisatorische Aufbau aus einer hierarchischen Analyse der Aufgaben abgeleitet wird. Die Oberaufgaben in einem produzierenden Unternehmen wie z.B. forschen, entwickeln, einkaufen, fertigen, verkaufen, verwalten oder in Banken Passivgeschäfte, Aktivgeschäfte, Dienstleistungen in Versicherungen, Lebensversicherungen, Sachversicherungen usw. werden in immer kleinere Teilaufgaben hierarchisch zerlegt, bis sie schließlich Stellen übertragen werden können. Aus diesem Denkansatz folgt, dass nicht übergreifende Prozesse etwa vom Kunden zum Kunden für die Aufbauorganisation maßgeblich waren, sondern spezialisierte Funktionen mit entsprechend spezialisierten Berufsbildern. Nach dieser Abgrenzung waren dann die Vorgesetzten der so gebildeten spezialisierten Einheiten (Dezernate, Hauptabteilungen, Abteilungen, Gruppen etc.) dafür zuständig, dass innerhalb der Einheiten die dort zu erledigenden Prozesse möglichst gut bewältigt werden konnten. Die Optimierung der Prozesse begann und endete an den Grenzen der Organisationseinheiten. Dieser Ansatz förderte die Dominanz der Aufbau- über die Prozessorganisation, die Reihenfolge hieß also Aufbau- vor Prozessorganisation.

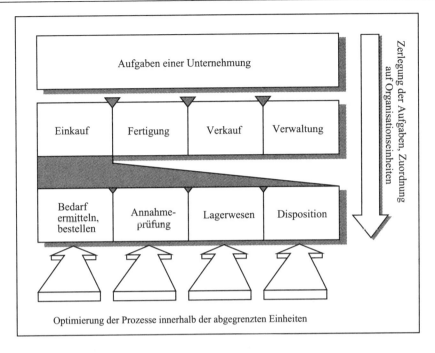

Abb. 1.2: Aufbauorganisation durch Zerlegung

◆ Praktische ja sogar sehr menschliche Gründe führten zu dem gleichen Resultat. Aus der Sicht der Beteiligten auf der obersten Ebene kann die Aufbauorganisation auch als ein Nullsummenspiel der Macht angesehen werden. Eine Zuständigkeit kann prinzipiell nur einmal vergeben werden. Je mehr Zuständigkeiten ein Mitglied erhält, desto weniger bleibt für alle anderen übrig. Aus der Menge und Qualität der Zuständigkeiten eines Mitglieds leitet sich sein Einfluss bei allen folgenden Entscheidungen ab. Also versucht jeder in einem ersten Schritt, einen möglichst großen Teil des Kuchens zu erhalten. Die so gewonnenen Einflussbereiche werden in weiteren Schritten sorgfältig abgesichert und verteidigt. Auf der darunter liegenden Ebene wiederholt sich das Ganze. Auch hier wird wieder verteilt, abgegrenzt und verteidigt, bis hin zu der untersten Ebene. Innerhalb seines Zuständigkeitsbereichs versucht jeder, eine möglichst gute Organisation - auch mit möglichst guten Abläufen - aufzubauen. Die Interessen der zusammenarbeitenden Einheiten unterscheiden sich oft deutlich voneinander. So verspricht der Vertrieb jedem Kunden eine individuelle Lösung, während die Fertigung ein „Einheitsmodell" herstellen möchte. Ohne Rücksicht auf andere Einheiten wird der eigene Bereich optimiert, und das Unternehmensoptimum zugunsten des Bereichsoptimums geopfert. Auch diese „menschliche" Erklärung führt zu einer eindeutigen Reihenfolge: Aufbauorganisation vor Prozessorganisation.

Die Dominanz der Aufbau- über die Ablauforganisation war lange Zeit relativ unproblematisch, weil die Märkte die damit verbundenen Nachteile toleriert haben.

Diese Zeiten sind vorbei. Die Nachteile des „klassischen Ansatzes", wie z.B. lange Durchlaufzeiten aufgrund der vielen Schnittstellen, zeigen sich in hart umkämpften Märkten mit ihrer zunehmenden Dynamik immer deutlicher. Deswegen kann die These gewagt werden, dass nur solche Unternehmen auf Dauer überleben werden, die bei der Gestaltung der Aufbauorganisation von den zentralen Prozessen ausgehen, die also die *Dominanz der Prozesse über die Aufbauorganisation* akzeptieren und umsetzen. Insofern kann wohl zu Recht von einem grundlegenden Wechsel im gedanklichen Ansatz der Aufbauorganisation gesprochen werden. Dieses Thema und seine Konsequenzen werden im Kapitel 3 vertieft behandelt.

1.2.2   Trennung als Kunstgriff

Heute wird gelegentlich gefordert, auf die Trennung in Aufbau- und Prozessorganisation ganz zu verzichten, da diese Aufspaltung zu den gerade angedeuteten Problemen wie Bereichsdenken, Suboptimierung, vielen Schnittstellen usw. geführt habe. Diese Argumentation übersieht im Wesentlichen zwei Sachverhalte:

◆ Die Trennung ist ein *methodisch notwendiger Kunstgriff* bei der Gestaltung komplexer Lösungen, und die Neugestaltung einer Organisation ist in aller Regel ein sehr komplexes Vorhaben

◆ der mangelhafte *Umgang* mit diesem gedanklichen Modell sollte nicht zur *Ursache* für nachteilige Folgen gemacht werden (es wird kaum jemand auf den Gedanken kommen, die Gesetze der Fliehkraft dafür verantwortlich zu machen, dass ein Auto aus der Kurve fliegt. Die Verantwortung liegt doch wohl eher beim Fahrer, der die Auswirkungen dieser Gesetze kennen muss).

Die Trennung zwischen Aufbauorganisation und Prozessorganisation (Ablauforganisation) soll also die gedankliche Auseinandersetzung mit organisatorischen Fragen erleichtern. Kehren wir noch einmal zu dem Beispiel von Herrn Buch zurück. Wenn Herr Buch gemeinsam mit dem Berater über eine neue Aufbauorganisation spricht, so denken beide in vereinfachten Zusammenhängen. Sie beschäftigen sich mit der Stellenbildung (in welchem Umfang sollen die Stellen spezialisiert oder generalisiert werden). Wenn Herr Buch sich dafür entscheidet, einen Mitarbeiter ganzheitlich für den Kunden zuständig zu machen, dann denkt er in diesem Augenblick an ein Teilgebiet der Aufbauorganisation. Dazu hat er sich vorher vermutlich den Kopf darüber zerbrochen, bei welchen zentralen Prozessen Schnittstellen zu minimieren sind. Dabei dachte er in den Kategorien der Prozessorganisation. Wenn er dann mit dem Berater darüber diskutiert, welche Informationen der Mitarbeiter benötigt, denken sie an ein weiteres Teilgebiet der Aufbauorganisation. Wenn beide darüber nachsinnen, wie die Informationen zu dem Mitarbeiter gelangen können, denken sie über das Kommunikationssystem und evtl. gleichzeitig über das Sachmittelsystem nach. Schon dieses einfache Beispiel macht deutlich, dass es gar nicht möglich ist, alle diese Sachverhalte gleichzeitig im Auge zu behalten.

Die *Trennung in Aufbau- und Prozessorganisation* ist ein *Kunstgriff*, der dem *Systemdenken* entspringt. Bei der Neugestaltung komplexer Systeme werden diese nach außen abgegrenzt und im Inneren in kleinere, gedanklich beherrschbare Systeme zergliedert (Teilprojekte = Unter- und Teilsysteme). Sie werden zwar nacheinander durchdacht und bearbeitet, dann aber integriert, d.h. auf Verträglichkeit überprüft und aufeinander abgestimmt.

Zur Vertiefung des Themas Prozessorganisation siehe Band 9 dieser Schriftenreihe.

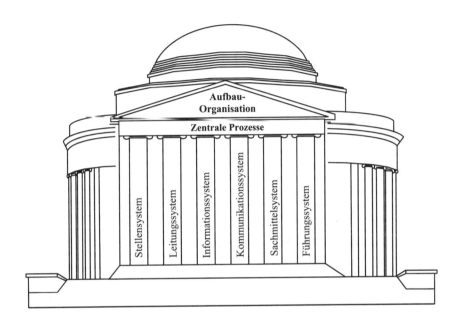

Abb. 1.3: Aufbau und Ablauf (Prozess) als organisatorische Teilsysteme

1.3 Elemente, Beziehungen und Dimensionen der Aufbau-organisation

Im Folgenden soll die Aufbauorganisation in ihre Bestandteile (Elemente), Verknüpfungsformen (Beziehungen) und Eigenschaften (Dimensionen) zerlegt werden, um den Einstieg in das Thema zu systematisieren. Zur Orientierung soll ein Würfel beitragen, dessen Seiten Schritt für Schritt behandelt werden.

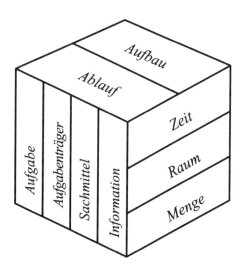

Abb. 1.4: Organisationswürfel

1.3.1   Elemente der Aufbauorganisation

Organisatorische Lösungen werden immer aus den gleichen Baumaterialien hergestellt. Diese Materialien sollen hier als Elemente bezeichnet werden.

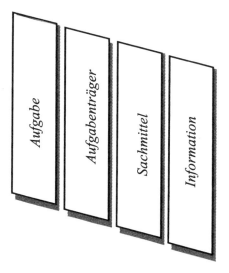

Abb. 1.5: Elemente der Aufbauorganisation

1.3.1.1 Aufgaben

Ganz gleich, ob eine Gesamtunternehmung oder Verwaltung neu aufgebaut, eine bestehende Unternehmung oder Verwaltung reorganisiert oder nur eine kleine Einheit organisatorisch bearbeitet werden soll, jede Organisationseinheit lässt sich durch ihre Aufgaben beschreiben. Die Aufgaben des Bereiches, der organisatorisch neu gestaltet werden soll, sind das Fundament aller aufbau- und ablauforganisatorischen Lösungen.

Aufgaben stehen damit *im Mittelpunkt* der *Organisationsarbeit. Organisieren* bedeutet letztlich, *Regelungen* zu finden, die sicherstellen, dass *Aufgaben* bestmöglich *erfüllt* werden. Nur wenn ein System Aufgaben erfüllt, hat es eine Daseinsberechtigung. Das gilt für öffentlich-rechtliche Systeme ebenso wie für privatwirtschaftliche. Erst wenn ein System Aufgaben erfüllt, kann es erwarten, dass der Markt im Gegenzug bereit ist, dafür auch einen Preis zu zahlen.

Die Aufgaben eines Verlages bestehen primär darin, Bücher und Zeitschriften bereit-zustellen und für deren Vertrieb an interessierte Kunden zu sorgen. Das sind die ei-gentlichen Leistungsaufgaben. In produzierenden Unternehmungen zählen dazu z.B.

◆ Forschung und Entwicklung
◆ Einkauf
◆ Produktion
◆ Vertrieb
◆ Kundendienst.

Für diese Leistungen (Marktleistungen) „belohnt" der Kunde eine Unternehmung mit dem Preis.

Daneben sind aber noch *interne Aufgaben* zu erfüllen, die die Funktionsfähigkeit eines Systems aufrecht erhalten. Diese Aufgaben werden auch als *Verwaltungs- und Steuerungsaufgaben* bezeichnet. Beispiele dafür sind

◆ Finanzierung
◆ Rechnungswesen
◆ Controlling
◆ Revision
◆ Personalwesen
◆ Sozialverwaltung
◆ Sachanlagenverwaltung
◆ Organisation
◆ Allgemeine Hilfsdienste (z.B. Botendienst, Hausdruckerei, Registratur).

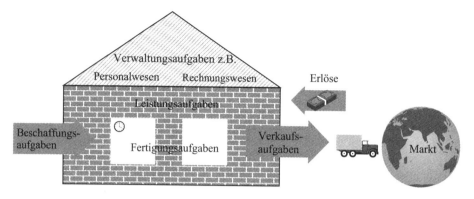

Abb. 1.6: Aufgabenerfüllung schafft Leistungen für Märkte

Leistungsaufgaben			Steuerungs- und Verwaltungs-aufgaben
branchenspezifisch			weitgehend branchenneutral
Leistungs-versorgung	**Leistungs-erstellung**	**Leistungs-verwertung**	
Industrie Beschaffung/ Einkauf	Produktion	Vertrieb	Finanzwesen Rechnungswesen Controlling Revision Personalwesen Sozialversicherung Sachanlagenver-waltung Organisation Allgemeine Hilfs-dienste
Handel Einkauf/ Beschaffung	Lagerung/ Bearbeitung	Verkauf	
Versiche-rungen Beschaffung	Schadens-regulierung	Vertragsan-bahnung, Vertrags-abschluss	
Kredit-institute Beschaffung	Aktivgeschäft Passivgeschäft Dienstleis-tungen	Marketing, darüber hinaus Bestandteil der Leistungs-erstellung (Beratung)	

Abb. 1.7: Leistungs-, Steuerungs- und Verwaltungsaufgaben

Während die Leistungsaufgaben teilweise branchenspezifisch sind, gibt es die Verwaltungsaufgaben in nahezu allen Systemen gleichermaßen. Die Abb. 1.7 zeigt weitere branchenspezifische Leistungsaufgaben.

Die herausgehobene Rolle der *Aufgaben* wird auch noch durch eine andere Überlegung deutlich. Die Eignung eines *Aufgabenträgers* oder eines *Sachmittels* kann nur vor dem Hintergrund der zu erfüllenden Aufgaben beurteilt werden. Ein Aufgabenträger oder ein Sachmittel ist nicht „an sich" ungeeignet, sondern nur im Hinblick auf die zu erfüllende Aufgabe. Der Bedarf an *Informationen* kann nur ermittelt werden, wenn bekannt ist, welche Aufgaben zu erledigen sind.

Zur systematischen Ermittlung und Aufbereitung von Aufgaben wurden verschiedene Techniken entwickelt, insbesondere die Aufgabengliederungstechnik, die im Band 1 dieser Schriftenreihe *Methode und Techniken der Organisation* ausführlich dargestellt wird.

1.3.1.2 Aufgabenträger

Aufgabenträger sind Menschen. Sie stellen ihre Arbeitskraft zur Verfügung und werden dafür entlohnt. Ihre Gegenleistung besteht darin, Aufgaben zu erfüllen. Umgangssprachlich werden Aufgaben auch als Funktionen bezeichnet. Daraus hat sich der Begriff *Funktionär* entwickelt, d.h. eine Person, die bestimmte Aufgaben übernommen hat. So gesehen ist jeder Mitarbeiter ein Funktionär.

Aufgabenträger sind in Organisationsvorhaben insofern besonders wichtig, als die „beste" organisatorische Lösung scheitert, wenn sie von den Betroffenen nicht akzeptiert wird oder wenn es keine Möglichkeit gibt, organisatorisch geschaffene Stellen zu besetzen. Damit interessieren in Organisationsprojekten bezüglich des Aufgabenträgers zwei Themenbereiche, die

◆ fachliche und persönliche *Qualifikation* von Aufgabenträgern sowie die

◆ Annahmen über die *Leistungsmotivation*, d.h. was einen Menschen dazu bewegt, Leistung abzugeben, und unter welchen Bedingungen ein Mensch mit seiner Arbeit zufrieden ist *(Arbeitszufriedenheit)*. Annahmen darüber, was für einen Menschen motivierend ist oder nicht, hängen von dem Bild ab, das man sich über „die Menschen" macht *(Menschenbild)*. Unterschiedliche Menschenbilder können deswegen zu unterschiedlichen organisatorischen Lösungen führen.

Motivation
Qualifikation

Abb. 1.8: Aufgabenträger als organisatorisches Element

Die *fachlichen und persönlichen Anforderungen* an Aufgabenträger hängen von organisatorischen Lösungen ab. Üblicherweise wird beim Entwurf organisatorischer
Lösungen von bestimmten Berufsbildern (der Einkäufer, der Personalkaufmann, der
Verkäufer, der Finanzbuchhalter etc.) ausgegangen, oder es wird unterstellt, dass die
benötigten Qualifikationen „entwickelt" werden können.

Die fachliche und persönliche Qualifikation von Bewerbern für eine Stelle ermittelt
normalerweise der Fachvorgesetzte, u.U. unterstützt durch die Personalabteilung.
Dazu geeignete Bewertungs- und Auswahlverfahren müssen die Spezialisten des
Personalbereichs beherrschen. Deswegen gehört die Stellenbesetzung (der Einsatz
von Mitarbeitern) nicht zu den organisatorischen Aufgaben.

Demgegenüber muss sich der Organisierende sehr wohl mit dem *Menschenbild* aus-
einandersetzen. Wird beispielsweise versucht, über ein Expertensystem die Arbeit
von Versicherungskaufleuten zu verbessern, kann dieses Vorhaben aufgrund falscher
Annahmen über Leistungsmotivation und Arbeitszufriedenheit der Mitarbeiter scheitern. Fühlen sich die Mitarbeiter fachlich und sozial durch das neue System herab-
gestuft, protestieren sie mit hohem Krankenstand, hoher Fluktuation und innerer
Emigration.

Wenn organisatorische Lösungen erfolgreich sein sollen, benötigen die Organisierenden solide Kenntnisse über „den Menschen". Der Analyse des Menschen haben sich
die sozialwissenschaftlichen Disziplinen angenommen (Psychologie, Betriebspsycho-
logie, Sozialpsychologie, Soziologie, Betriebssoziologie). Hier soll der Hinweis
darauf genügen, dass derartige Kenntnisse über „den Menschen" eine wichtige
Voraussetzung für die organisatorische Arbeit sind. Vertieft wird die Thematik in
Band 4 dieser Schriftenreihe *Der Mensch in der Organisation*.

In den folgenden Abschnitten werden immer wieder bestimmte Annahmen über „den
Menschen" zugrunde gelegt, so z.B. die Annahmen, dass Autonomie (Gelegenheit
zum selbständigen Handeln) ebenso leistungsfördernd ist wie die Beteiligung an der
Entscheidungsfindung (Partizipation) oder eine umfangreiche Information. Diese Annahmen sind normalerweise richtig. Im Einzelfall kann jedoch durchaus eine gegen-
teilige Wirkung auftreten, etwa wenn sich ein Mitarbeiter durch zu große Autonomie
überfordert fühlt, oder wenn er Gruppenarbeit verabscheut und deswegen Sitzungen
zur gemeinsamen Problemlösung innerlich ablehnt.

1.3.1.3 Sachmittel

Organisatorische Lösungen erfordern auch den Einsatz von Sachmitteln. Dabei ist
nicht nur an die Informationstechnik zu denken, sondern auch an „einfachere" Sachmittel wie Vordrucke, Telefon, Drucker, Kopiergeräte sowie Büroräume und das
Mobiliar der einzelnen Arbeitsplätze. Zu den organisatorischen Aufgaben gehört
damit auch die Auseinandersetzung mit Sachmitteln, d.h. die Auswahl, der Einsatz
und die Unterstützung beim Einsatz von Sachmitteln.

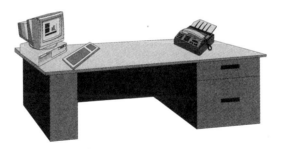

Abb. 1.9: Sachmittel als organisatorisches Element

Nach welchen Kriterien werden Sachmittel analysiert? Auf der einen Seite stehen Kriterien wie

❑ Leistung

  – quantitativ

  – qualitativ

(dazu zählen auch als Unterpunkte Kriterien wie Verfügbarkeit, Störanfälligkeit, Reparatur-/Wartungsservice etc.) und auf der anderen Seite die

❑ Kosten

  – Anschaffungskosten

  – laufende Betriebskosten.

Wegen der Fülle unterschiedlicher Sachmittel, zu denen beispielsweise neben der Hardware auch Standardsoftware, Netzwerke usw. gehören, soll diese Thematik hier nur eingeordnet, nicht aber ausführlich behandelt werden. Dazu steht umfangreiche Spezialliteratur zur Verfügung.

1.3.1.4 Informationen

Als letztes organisatorisch bedeutsames Element soll die Information behandelt werden. Wie schon erwähnt wurde, dienen Informationen hauptsächlich der Erfüllung von Aufgaben. So benötigt ein Verkäufer von Büchern beispielsweise Informationen über

◆ Bestände an lieferbaren Titeln

◆ geplante Neuauflagen

◆ Preise und Konditionen

◆ Bonität von Kunden

◆ Umfang von Geschäftsbeziehungen zu Kunden

◆ usw.

Nur wenn er diese Informationen besitzt, kann er die ihm übertragenen Aufgaben auch erledigen.

Für die Aufbauorganisation müssen *Informationen analysiert* werden. Unter einer Informationsanalyse wird hier das Ordnen oder Aufbereiten von Informationen oder Daten verstanden. Sie hat das Ziel, den *Informationsbedarf* und die dazu notwendigen Eingangs- und Ausgangsinformationen zu erkennen.

Die Gestaltung des Informationssystems wird in Abschnitt 6 behandelt.

1.3.2   Beziehungen der Aufbauorganisation

In der Aufbauorganisation können mehrere Teilgebiete unterschieden werden, die oben als Säulen dargestellt wurden und in dem Würfel noch einmal wiederholt und in den folgenden Abschnitten im Überblick skizziert werden. In den Kapiteln 3 bis 9 werden diese Themen dann vertieft behandelt.

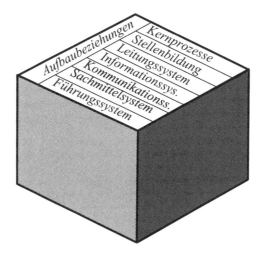

Abb. 1.10: Aufbaubeziehungen

1.3.2.1   Gestaltung von Kernprozessen

Formal gehört die Abgrenzung und Gestaltung von *Kernprozessen* (sie werden auch als Geschäftsprozesse bezeichnet) zur Prozessorganisation (Ablauforganisation). Da die Gestaltung der Aufbauorganisation ohne Rücksicht auf wichtige Geschäftsprozesse jedoch nicht sinnvoll ist, wird dieses Thema hier bewusst mit angesprochen. Im Kapitel 3 wird der Weg von den Kernprozessen zur Aufbauorganisation ausführlich geschildert.

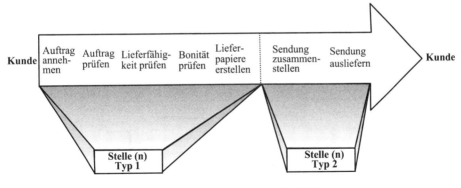

Abb. 1.11: Vom Prozess zur Stellenbildung

1.3.2.2 Stellenbildung

Gedanklich kann man sich die Gestaltung der Aufbauorganisation als ein mehr-stufiges Vorgehen vorstellen. In einem ersten Schritt werden Kernprozesse gebildet. Dann wird geprüft, inwieweit einzelne Aufgabenträger oder Aufgabenträgergruppen fachlich und quantitativ in der Lage sind, den gesamten Prozess oder Abschnitte des Prozesses zu bearbeiten. Den einzelnen Menschen übertragene Aufgaben werden als *Stellen* bezeichnet. Die Stellenbildung wird im Kapitel 4 ausführlich behandelt.

Eine Stelle ist jedoch erst dann vollständig definiert, wenn die weiteren Elemente (Sachmittel, Informationen) zugeordnet sind und die Einordnung der Stelle in das Gesamtsystem (Hierarchie) erfolgt ist. Diese zusätzlichen Regelungen kann man sich als die schrittweise Gestaltung bestimmter Regelungsinhalte vorstellen, die hier zwar getrennt behandelt werden, bei deren Ausgestaltung jedoch vielfältige gegenseitige Abhängigkeiten berücksichtigt werden müssen. Um eine Lösung zu optimieren, müssen wie erwähnt alle diese Sachverhalte geplant, wechselseitig berücksichtigt und aufeinander abgestimmt werden (iteratives Vorgehen).

1.3.2.3 Leitungssystem

Im Leitungssystem werden die Über- und Unterstellungsverhältnisse und der Umfang der gegenseitigen Rechte und Pflichten festgelegt. Die Gesamtheit der Leitungsbe-ziehungen - normalerweise als Hierarchie dargestellt - werden als das Leitungssystem bezeichnet, das im Kapitel 5 detailliert behandelt wird.

Abb. 1.12: Leitungssystem

1.3.2.4   Informationssystem

Das Informationssystem dient dazu, den Aufgabenträgern alle die Informationen zur Verfügung zu stellen, die sie für die Erledigung ihrer Aufgaben benötigen. Die benötigten Informationen stehen jedoch nicht unverbunden nebeneinander. Sie sind vielmehr Elemente eines Teilsystems, das die gesamte Unternehmung überlagert. Dazu ein Beispiel: Der Mitarbeiter in der Auftragsannahme benötigt Informationen über Lagerbestände, um die Lieferfähigkeit prüfen zu können. Die Lagerbestandsinformationen dienen jedoch gleichzeitig dem Verantwortlichen im Lager für seine eigenen Aufgaben, wie die Zuordnung von Lagerplätzen. Die Bestandswerte gehen auch in die Produktions- oder Beschaffungsplanung ein. Wenn bestimmte Mindestmengen erreicht sind, muss eine Neuauflage eingeplant werden. Diese Planzahlen sind mit dem Finanzbereich wegen der Liquiditätsplanung abzustimmen usw.

Das Beispiel zeigt, dass der Informationsbedarf nicht isoliert aus der Sicht einer Stelle ermittelt werden kann. Mehrfach benötigte Informationen sollten nur einmal bereitgestellt werden. Sie sind dann allen zur Verfügung zu stellen, die sie benötigen. Außerdem müssen Informationen, die an verschiedenen Stellen anfallen, nach bestimmten Merkmalen verdichtet, sortiert o.ä. werden. In einem *Informationssystem* werden Informationsbedarf und Informationsangebot geregelt und, soweit möglich und wirtschaftlich sinnvoll, aufeinander abgestimmt.

Abb. 1.13: Informationssystem

1.3.2.5 Kommunikationssystem

Das *Kommunikationssystem* ist ein weiteres Teilsystem der Aufbauorganisation. Es dient dazu, Informationen von einem Ort zu einem anderen zu transportieren. Solche Transporte sind immer dann notwendig, wenn Informationen nicht an dem Ort verfügbar sind, an dem sie benötigt werden.

Bestandteile des Kommunikationssystems sind

◆ *technische Einrichtungen* wie Leitungen, Transportsysteme etc.

◆ *Berichtswege* (z.B. gibt der Buchverkäufer einmal monatlich eine Auswertung seiner Besuchsberichte an die Marketingabteilung)

◆ Gremien, die als Plattform der Kommunikation eingerichtet werden (z.B. Produktplanungsausschuss, Finanzplanungsausschuss).

Das Informationssystem und das Kommunikationssystem haben viele wichtige Berührungspunkte; so muss die Kapazität des Weges mit den zu übermittelnden Informationsmengen abgestimmt werden. Wenn diese beiden Themen hier dennoch nacheinander behandelt werden, so hat das im Wesentlichen den Grund, die komplexe Materie überschaubar zu halten. In großen Unternehmungen wird zudem das Kommunikationssystem von anderen Aufgabenträgern gestaltet (meistens sind es Ingenieure und Informatiker) als das Informationssystem (hier sind es oft Mitarbeiter der Fachbereiche, Organisatoren, DV-Analytiker, Führungskräfte usw.). Das Kommunikationssystem wird in Kapitel 7 behandelt.

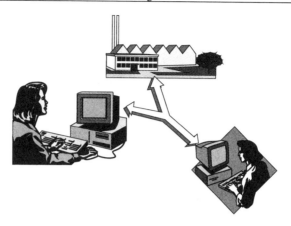

Abb. 1.14: Kommunikationssystem

1.3.2.6 Sachmittelsystem

Hier wird ein weit gefasster Sachmittelbegriff zugrunde gelegt. Zu den Sachmitteln gehören beispielsweise:

◆ Vordrucke

◆ Schreibgeräte

◆ Karteien, Registraturen

◆ Räume und Möbel

◆ Computer, Drucker, Scanner (Informationstechnik)

◆ EDV-Programme (soweit Standardsoftware).

Das *Sachmittelsystem* ist ein weiteres aufbauorganisatorisches Teilsystem. Zur Verdeutlichung ein Beispiel: Wird der Sachbearbeiter in der Auftragsabwicklung mit einem PC ausgestattet, ist dieser PC für ihn ein Element seines Arbeitsplatzes. Aus der gesamtbetrieblichen Perspektive ist dieses Sachmittel jedoch ein Element eines übergreifenden Systems. Der PC ist verknüpft mit einem Server, darüber mit einem zentralen Rechner, mit anderen dezentralen PC, mit sonstigen Endgeräten wie Drucker usw. Wenn der Einsatz eines Sachmittels geplant wird, ist dieses Sachmittel einzubetten in das gesamte Sachmittelsystem. Es sind Abhängigkeiten, Verträglichkeiten usw. zu berücksichtigen. Die punktuelle Betrachtung wird ersetzt durch eine Querschnittsbetrachtung, die Beziehungen rücken in den Vordergrund. In diesem Fall sprechen wir von einer Teilsystembetrachtung. Elemente des Teilsystems „Sachmittel" sind die Sachmittel selbst. Beziehungen sind etwa technische Schnittstellen, Vernetzungen oder Abhängigkeiten zwischen verschiedenen Sachmitteln (ein PC-Betriebssystem muss mit einem Drucker „verträglich" sein, d.h. einen entsprechenden Druckertreiber haben). Derartige Beziehungen können aber auch darin bestehen, dass die Möbel eines Programms nach den Abmessungen, den verwendeten Materialien, den Farben etc. „zusammenpassen".

Die isolierte Betrachtung des Sachmittelsystems darf jedoch nicht dazu führen, dass die Abhängigkeit von anderen Teilsystemen, etwa dem Informationssystem, übersehen werden. So dienen beispielsweise bestimmte Sachmittel zur Speicherung von Informationen, sie sind also gleichzeitig Bestandteile des Informationssystems (z.B. Optical Discs). Einige kurze Ausführungen zum Sachmittelsystem werden im Kapitel 8 gemacht.

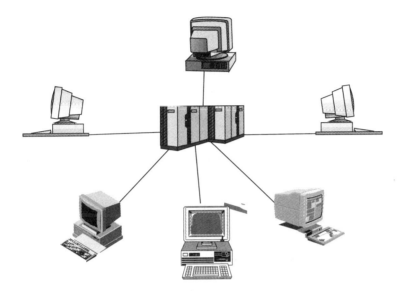

Abb. 1.15: Sachmittelsystem

1.3.2.7 Führungssystem

Die Einwirkung Vorgesetzter auf ihre Mitarbeiter kann dann als Führung bezeichnet werden, wenn es nicht primär um die Sache (z.B. die Bewältigung konkreter Aufgaben) geht, sondern vorrangig um die Förderung der Leistungsbereitschaft (Motivation) und der Arbeitszufriedenheit. Dazu gehören beispielsweise die Informationspolitik - wie offen wird informiert? - und die Beteiligung an Entscheidungen. Die Führung wird auch als „weicher Faktor" der Unternehmenslenkung bezeichnet. Diese weichen Faktoren können als ein Bestandteil der Unternehmenskultur angesehen werden. Das Führungssystem wird im Kapitel 9 behandelt.

Es soll noch einmal wiederholt werden, dass zwischen den hier nacheinander behandelten Teilsystemen sehr enge, zum Teil sogar unauflösliche Abhängigkeiten bestehen. In der praktischen Arbeit läuft somit immer ein schrittweiser Prozess ab. Die Konzeption eines Teilsystems hat Rückwirkungen auf bereits geplante andere Teilsysteme, die entsprechend modifiziert werden müssen. Danach sind eventuelle Auswirkungen beim ursprünglichen Teilsystem zu berücksichtigen, bis schließlich eine brauchbare Gesamtlösung entsteht (iteratives Vorgehen).

1.3.3 Dimensionen der Aufbauorganisation

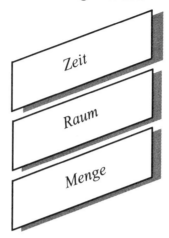

Abb. 1.16: Dimensionen

Im Würfel „schneiden" die Dimensionen die Elemente und die Aufbaubeziehungen. Das geschieht mit gutem Grund. Sowohl die Elemente wie auch die Aufbaubeziehungen beinhalten die Dimensionen. Was muss man sich darunter vorstellen?

Die *Dimensionen* der Elemente können auch als *Eigenschaften der Elemente* umschrieben werden. Das kann am Beispiel des Elements „Aufgabe" gezeigt werden. Eine Aufgabe entsteht zu einem bestimmten Zeitpunkt, ganz gleich ob dieser Zeitpunkt vorausgesehen werden kann oder nicht. Die Erfüllung der Aufgabe beansprucht Zeit, erfordert also einen Zeitraum. Die Aufgabe entsteht an einem Ort bzw. in einem Raum. Dieser Ort kann gleich bleiben (z.B. Geschäftsstelle) oder wechseln (z.B. Außendienstmitarbeiter). Die Aufgabe kann entweder nur an einem Ort erfüllt werden (z.B. an einer Baustelle) oder an einem beliebigen anderen Ort (z.B. beim Kunden). Schließlich fällt eine bestimmte Menge von Aufgaben in einem Zeitraum an.

Für das Element Aufgabe ergeben sich somit folgende Ausprägungen der Dimensionen.

Dimension	Ausprägungen
Zeit	Wann entsteht eine Aufgabe? Wie lange dauert eine Aufgabenerfüllung?
Ort	Wo entsteht eine Aufgabe? Wo ist sie durchzuführen?
Menge	Wieviele Aufgaben entstehen?

Abb. 1.17: Dimensionen und Ausprägungen am Beispiel einer Aufgabe

Ähnliches kann für Aufgabenträger gelten. Sie sind nur für acht Stunden am Tag, maximal in der Zeit von 7.00 bis 18.00 Uhr an sechs Tagen in der Woche verfügbar, sie bieten nur an bestimmten Orten ihre Arbeitsleistung an und sie stehen unter Umständen auch nur in einer begrenzten Anzahl zur Verfügung. Für die Sachmittel und die Informationen gibt es analoge Beispiele.

Die *Dimensionen* und deren Ausprägungen sind also *Eigenschaften der Elemente*. Daneben können die Elemente weitere Eigenschaften besitzen (z.B. Kosten, Qualität etc.).

Auch die aufbauorganisatorischen Lösungen (Teilsysteme) haben diese Dimensionen. Zeitliche Dimensionen sind z.B. der Einführungszeitpunkt oder die zeitliche Geltungsdauer. Die räumliche Dimension wird z.B. dadurch bestimmt, dass Regelungen an bestimmten Orten gültig sind.

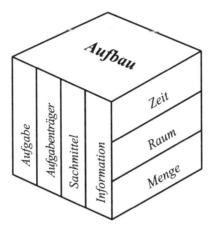

Abb. 1.18: Organisationswürfel

1.4   Aufbauorganisation und organisatorischer Gesamtzusammenhang

In dem Würfel, der bisher von drei Seiten ausgeleuchtet wurde, finden sich die Inhalte der organisatorischen Gestaltung. Es sind Beziehungen zwischen den Elementen herzustellen. Gleichzeitig werden auch die Dimensionen geregelt. Es ist nicht übertrieben zu behaupten, dass die Gestaltung des Würfels für den organisatorisch Tätigen das zentrale Anliegen ist. Alles dreht sich um den Würfel.

Aufbauorganisation - als Tätigkeit - ist immer gleichzusetzen mit Projektarbeit zur „Optimierung" des Würfels. Was dabei alles zu beachten ist, soll erst global in Abb. 1.19 und dann detaillierter in Abb. 1.20 gezeigt werden.

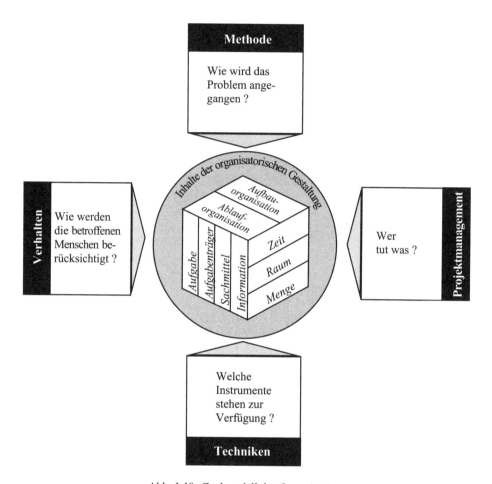

Abb. 1.19: Grobmodell der Organisation

Um bei aufbauorganisatorischen Vorhaben zu brauchbaren Ergebnissen zu kommen, müssen folgende Gebiete beherrscht werden:

Methode als *Systematik der Abwicklung organisatorischer Projekte.* Sie regelt zum einen die Ablauforganisation eines Projektes. Zum anderen gibt sie Hilfen, mit komplexen, vielschichtigen Problemen zurechtzukommen, d.h. Schnittstellen zu berücksichtigen, Insellösungen zu vermeiden usw. Die Methode wird im Rahmen dieser Schrift nicht behandelt. Sie ist Gegenstand von Band 1 dieser Schriftenreihe *Methode und Techniken der Organisation.*

Projekt-Management als *Aufbauorganisation von organisatorischen Projekten.* Hier ist festzulegen, wer in welchem Umfang im Projekt mitarbeitet und welche Aufgaben im Projekt wahrzunehmen sind. Diese Thematik wird im Kapitel 5 Leitungssysteme behandelt.

Techniken als *Werkzeuge* der Organisationsarbeit. Hier werden *Organisationstechniken* als Werkzeuge zur *Arbeit am Würfel* (z.B. Erhebungs-, Analyse-, Würdigungs-, Darstellungstechniken) und die *Managementtechniken* als *Werkzeuge zur Unterstützung der Arbeit der Projektgruppe* (z.B. Zeitplanung, Aufwandsplanung) unterschieden. Techniken der Aufbauorganisation werden hier ebenfalls in Band 1 dieser Schriftenreihe behandelt.

Verhalten als alle bewusst gewählten Maßnahmen und Strategien im *Umgang mit den betroffenen und beteiligten Menschen*. Derartige Maßnahmen können dazu beitragen, die Akzeptanz und Motivation zu fördern, Konflikte zu vermeiden oder konstruktiv zu nutzen, wirksam im Projekt zusammenzuarbeiten und miteinander zu kommunizieren etc.

Die Gesamtzusammenhänge werden in der Abbildung 1.20 als Übersicht dargestellt.

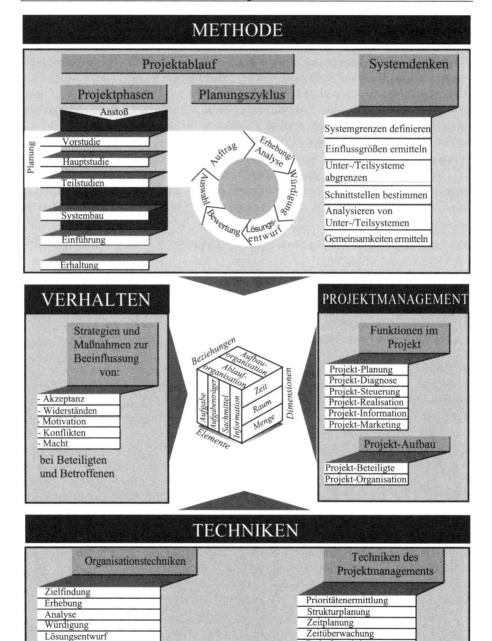

Abb. 1.20: Aufbauorganisation im Gesamtzusammenhang

Weiterführende Literatur zu diesem Abschnitt

Frese, E. (Hrsg.): Handwörterbuch der Organisation. 3. Aufl., Stuttgart / Berlin / Köln 1992

Frese, E.: Organisationstheorie. Historische Entwicklung - Ansätze - Perspektiven. 2. Aufl., Wiesbaden 1992

Grochla, E.: Grundlagen der organisatorischen Gestaltung, Stuttgart 1982

Hoffmann, F.: Aufbauorganisation. In: Handwörterbuch der Organisation. Hrsg. v. E. Frese. 3. Aufl., Stuttgart 1992, Sp. 208 - 221

Kosiol, E.: Organisation der Unternehmung. 2. Aufl., Wiesbaden 1976

Krüger, W.: Organisation der Unternehmung. 3. Aufl., Stuttgart / Berlin / Köln 1994

Schmidt, G.: Methode und Techniken der Organisation. 12. Aufl., Gießen 2000

Schmidt, G.: Organisatorische Grundbegriffe. 12. Aufl., Gießen 2000

Staehle, W.H.: Management. Eine verhaltenswissenschaftliche Perspektive. 7. Aufl., München 1994

2 Grundlagen der organisatorischen Gestaltung

2.1 Organisation im Gesamtzusammenhang

In der klassischen Managementlehre galt über Jahrzehnte der Satz: *Die Struktur folgt der Strategie* (structure follows strategy). Mit anderen Worten: eine sinnvolle Organisation hängt von den wesentlichen Zielen ab, die ein Unternehmen verfolgt. Seit den achtziger Jahren wurde zunehmend herausgestellt, dass auch „weiche Faktoren", die als *Kultur* bezeichnet werden, bei der organisatorischen Gestaltung zu berücksichtigen sind. Es wird damit unterstellt, dass bestimmte Lösungen nur in bestimmten Kulturen wirksam werden können. Schließlich wurde immer deutlicher erkannt, dass auch von der *Technik*, insbesondere der Informationstechnik erhebliche Einflüsse auf die Organisation ausgehen können.

Wurden ursprünglich einseitige Beziehungen unterstellt etwa in der Richtung: Die Strategie beeinflusst die Struktur - nicht aber umgekehrt - wurde diese Annahme im Weiteren aufgegeben. Es wird heute anerkannt, dass wechselseitige Beziehungen vorliegen können, dass also beispielsweise aus einer veränderten Struktur eine Anpassung der Strategie sinnvoll sein kann. Damit kann das Modell wie folgt dargestellt werden:

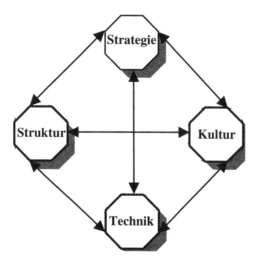

Abb. 2.1: Strategie, Struktur, Kultur und Technik

Die eben verwendeten Begriffe sollen nun ein wenig präzisiert und erläutert werden. Im Anschluss daran werden einige Beispiele vorgestellt, um diese Zusammenhänge zu verdeutlichen.

Begriffsübersicht			
Strategie	**Struktur**	**Kultur**	**Technik**
Gesamtheit aller Entscheidungen über wichtige Erfolgsfaktoren einer Unternehmung	Aufbauorganisatorische und ablauforganisatorische Regelungen	Gesamtheit von Normen, Wertvorstellungen, Denkhaltungen, die das Verhalten von Mitarbeitern auf allen Stufen der Hierarchie im gesamten Unternehmen oder in wichtigen Teilbereichen prägen (Corporate Identity)	Sachmittel als Voraussetzung der Aufgabenerfüllung, bzw. Werkzeuge zur Unterstützung der Aufgabenerfüllung
Beispiele			
Leistungen (Produkte), die dem Markt angeboten werden sollen, nach Funktion, Qualität, Preis; zu bearbeitende Märkte; Vertriebswege; personalpolitische Grundsatzentscheidungen etc.	Zentralisation oder Dezentralisation; Arbeitsteilung; Divisionalisierung; Ausmaß und Form von Kontrollen im Arbeitsprozess	Menschenbild: Mitarbeiter sind leistungs- und verantwortungsbereit, (oder auch nicht); wir sehen uns als seriöser Partner unserer Kunden und bauen auf eine langfristige Beziehung - Kunde ist König	Räume und Gebäude; Produktionstechnik; Informationstechnik (Hardware, Software, Informationssysteme); Kommunikationstechnik

Abb. 2.2: Begriffsübersicht Strategie, Struktur, Kultur und Technik

Jedes Element hängt von jedem ab. Insgesamt sind 12 Beziehungszusammenhänge möglich. Hier soll *anhand ausgewählter Beispiele* verdeutlicht werden, dass dieses auf den ersten Blick eher theoretisch erscheinende Modell durchaus bei der Gestaltung aufbauorganisatorischer Strukturen praktische Auswirkungen haben kann.

Ausgewählte Beispiele für wechselseitige Beziehungen

Beziehungen Strategie → Struktur

Strategie	Struktur
• Intensive Bearbeitung bestimmter Kundengruppen	• Organisation des Unternehmens nach Kunden (Divisionen) oder Vertriebsgliederung nach Kunden
• Spitzenqualität	• Hohe Einordnung der Forschung und Entwicklung, Verfahren und Einrichtungen zur Qualitätssicherung
• Flexibilität im Markt	• Dezentralisation, prozessorientierte Strukturen

Beziehungen Struktur → Strategie

Struktur	Strategie
• Gliederung des Unternehmens nach Kunden	• Angebot weiterer Leistungen für bestimmte Kundengruppen
• Gliederung nach Regionen	• Ausbau der Marktposition in regionalen Märkten

Beziehung Kultur → Struktur

Kultur	Struktur
• Kunde hat immer recht	• Kunde hat nur einen Ansprechpartner
• Mitarbeiter werden als Menschen ernst genommen	• Delegation von Entscheidungsbefugnissen
• Wir fühlen uns der Umwelt verpflichtet	• Einrichtung vom Umweltbeauftragten

Beziehung Struktur → Kultur

Struktur	Kultur
• Selbstkontrolle statt Fremdkontrolle	• Wir leisten qualitativ hochwertige Arbeit
• Kleine organisatorische Einheiten	• Jeder Vorgesetzte ist ein Unternehmer

Beziehung Struktur ➔ Technik	
Struktur	**Technik**
• Bildung kleiner autonomer Einheiten • Zentralisation aller Marktinforma • tionen	• Einrichtung dezentraler Client-Server-Systeme • Aufbau eines zentralen Marktinformationssystems

Beziehung Technik ➔ Struktur	
Technik	**Struktur**
• Notebook mit Modem kann jederzeit mit zentralem HOST kommunizieren • Zentrale Informationssysteme führen alle Informationen über Kunden zusammen, jeder Arbeitsplatz ist angeschlossen	• Computerunterstützte Sachbearbeitung im Außendienst • Ganzheitliche Zuständigkeit einzelner Mitarbeiter für zugeordnete Kunden

Abb. 2.3: Wechselseitige Beeinflussung von Strategie, Struktur, Kultur und Technik

2.2 Situativer Ansatz der Organisation

In der klassischen Organisationslehre wurde versucht, Organisationsgrundsätze aufzustellen, also *Prinzipien*, die „immer" zu beachten sind, Lösungen, die immer richtig sind. Heute wird eher davon ausgegangen, dass *alle Regeln gebrochen* werden dürfen, ja dass gelegentlich sogar Regeln gebrochen werden müssen, wenn wirklich deutliche Fortschritte erreicht werden sollen. Es ist die jeweilige *Situation* zu beachten. Vor dem Hintergrund einer konkreten Situation können die unterschiedlichsten Lösungen „vernünftig" sein. Dieser Ansatz warnt damit gleichzeitig auch davor, Rezepte zu übernehmen, d.h. Lösungen zu kopieren, die sich anderswo bewährt haben. Die Eignung einer Lösung muss vor dem Hintergrund einer konkreten Situation beurteilt werden.

Im Folgenden werden einige mögliche *Rahmenbedingungen* genannt, die situativ Lösungen beeinflussen können. Daneben kann es noch konkrete intern gesetzte oder externe *Restriktionen* geben, die den Lösungsspielraum einschränken. Rahmenbedingungen wie Restriktionen werden im Abschnitt 2.5 vertieft behandelt.

Interne Rahmenbedingungen:

◆ Art der zu erfüllenden Aufgaben

◆ Qualifikation und Leistungsbereitschaft des Personals (z.B. Ausbildungsstand, Bereitschaft, Verantwortung zu übernehmen)

◆ Wirtschaftliche Situation (z.B. Ertragslage, Liquidität)

◆ Technische Ausstattung (z.B. vorhandene Netze, Hardware)

◆ Alter und Entwicklungsstadium der Unternehmung.

Externe Rahmenbedingungen:

◆ Wettbewerbssituation (z.B. Konkurrenzdruck, Mitbewerberverhalten)

◆ Kundenstruktur, Marktstruktur

◆ Verfügbare Technik und deren Kosten (z.B. Kommunikationstechnik)

◆ Gesellschaftliche und kulturelle Bedingungen.

In der folgenden Übersicht finden sich einige Beispiele für klassische Organisationsprinzipien und die zugehörige „moderne" Auffassung.

Gegenüberstellung Organisationsprinzipien und situativer Ansatz	
Klassische Thesen	**Situativer Ansatz**
• Die richtige Leitungsspanne beträgt x Mitarbeiter	• Die Leitungsspanne hängt von den Aufgaben, der Delegation, den Koordinationsnotwendigkeiten, der Qualifikation der Beteiligten u.v.m. ab
• Stellen sind unabhängig von konkreten Personen zu bilden	• Bei knappen und besonders qualifizierten Mitarbeitern kann es sinnvoll sein, maßgeschneiderte Stellen zu bilden
• Planungsaufgaben sind von Ausführungsaufgaben zu trennen	• Die Bereicherung von Ausführungsaufgaben um Planungsaufgaben kann die Leistungsbereitschaft erhöhen, wenn die Mitarbeiter ausreichend informiert sind
• Wichtige Entscheidungen sind an der Spitze zu fällen	• Wichtige Entscheidungen können auch dezentral gefällt werden, wenn die Situation es erfordert

Abb. 2.4: Organisationsprinzipien und situativer Ansatz

Welche organisatorischen Lösungen geeignet sind, hängt also von situativen Faktoren aber auch von den verfolgten Zielen und der Zielgewichtung ab. Darauf wird nun eingegangen.

2.3 Gestaltungsziele der Aufbauorganisation

Mit aufbauorganisatorischen Regelungen werden immer bestimmte *Ziele* verfolgt. Erst wenn die Ziele bekannt sind, kann auch beurteilt werden, ob eine aufbauorganisatorische Lösung sinnvoll, d.h. zielführend ist.

An erster Stelle müssen die *Ziele der Kunden* beachtet werden. Eine noch so perfekte innerbetriebliche Organisation gefährdet auf längere Sicht die Existenz eines Unternehmens, wenn die Ziele der Kunden nicht obenan stehen. Kunden entscheiden letztlich, ob ein Unternehmen überlebt. Diese Aussage gilt zumindest für die heute typischen Käufermärkte, denn der Kunde hat die Wahl, zu anderen Mitbewerbern zu gehen.

In unserem Beispiel verfolgt Herr Buch mit der angestrebten Reorganisation bestimmte Ziele. Als Leiter des Unternehmens, so können wir unterstellen, verfolgt er *Unternehmensziele* (da Unternehmen keine Ziele haben können, müßte richtiger von Zielen der obersten Leitung gesprochen werden). Die Ziele der Aufbauorganisation leiten sich aus den sogenannten Unternehmenszielen ab.

Daneben sind bei aufbauorganisatorischen Vorhaben auch noch *Ziele* zu berücksichtigen, welche die *betroffenen Mitarbeiter* verfolgen. Wenn ein Unternehmen langfristig erfolgreich arbeiten will, muss es auch auf die Bedürfnisse, Wünsche und Erwartungen der Mitarbeiter Rücksicht nehmen.

Abb. 2.5: Ziele unterschiedlicher Zielträger

Die unten genannten *Ziele* sind teilweise *voneinander abhängig*. Sie müssen im Rahmen konkreter Projekte in ein Über-/Unterordnungsverhältnis gebracht werden.

Was bedeutet das nun konkret? Welche Ziele verfolgt Herr Buch aus der Sicht des Unternehmens? Hier sollen beispielhaft nur solche Ziele genannt werden, die vermutlich durch aufbauorganisatorische Maßnahmen erreicht werden können:

Ziele des Unternehmens

◆ **Produktivität**

Eine bestimmte Leistung soll mit einem hohen Wirkungsgrad erbracht werden, d.h. bei guter Ausnutzung vorhandener Kapazitäten mit einem möglichst niedrigen Zeitaufwand.

◆ **Wirtschaftlichkeit**

Die Leistung soll mit möglichst niedrigen Kosten erbracht werden, bzw. es sollen möglichst hohe Erlöse erzielt werden. Bei den Kosten können einmalige und laufende, fixe und variable Bestandteile unterschieden werden.

◆ **Zukunftssicherung**

Es soll sichergestellt werden, dass das Unternehmen langfristig am Markt überleben kann, z.B. durch klare Zuständigkeiten für Produktneuentwicklung und Wettbewerbsbeobachtung.

◆ **Ansehen**

Die Lösung soll das Ansehen z.B. dadurch fördern, dass bewusst der letzte Stand der Technik eingesetzt wird oder aufwendige bauliche Maßnahmen ergriffen werden.

◆ **Koordination**

Durch aufbauorganisatorische Lösungen soll sichergestellt werden, dass „die rechte Hand weiß, was die linke tut", wenige Reibungsverluste entstehen, die Kräfte zur Bearbeitung bestimmter Produkte- oder Kundengruppen gebündelt werden.

◆ **Kontrollierbarkeit**

Die oberen hierarchischen Ebenen sollen ständig und ohne Mühe in der Lage sein, die Entwicklung zu überwachen, um gegebenenfalls schnell eingreifen zu können.

◆ **Transparenz**

Die Zuständigkeiten sollen leicht durchschaubar sein, so dass interne Mitarbeiter ihre Ansprechpartner erkennen können, und Externe wissen, wer für sie zuständig ist.

◆ **Flexibilität**

Die Unternehmung soll in der Lage sein, auf spezifische Kundenwünsche oder auf Umweltveränderungen schnell zu reagieren, sich anzupassen, neue Produkte zu integrieren usw.

Demgegenüber verfolgen Mitarbeiter andere, zum Teil sogar den Unternehmenszielen widersprechende Ziele.

Ziele der Mitarbeiter

◆ **Arbeitszufriedenheit**

Die Mitarbeiter möchten Freude an der Arbeit haben. Sie möchten die Arbeit selbst und ihren Beitrag dazu als sinnvoll und wertvoll empfinden. Folgende Teilziele können diesem Ziel zugeordnet werden:

Ziele der Mitarbeiter

- *Abwechslungsreiche Aufgaben.* Einseitige Anforderungen bringen einseitige, unter Umständen sogar gesundheitsgefährdende Belastungen mit sich. Darüber hinaus führt die einseitige Belastung zur Monotonie, die normalerweise die Leistungsbereitschaft beeinträchtigt.

- *Anspruchsvolle Aufgaben.* Die meisten Menschen steigern ihre Leistungsbereitschaft, wenn sie qualitativ, d.h. hinsichtlich der Art der geforderten Leistung nicht unter- (aber auch nicht über-) fordert werden.

- *Autonomie.* Unter Autonomie wird der Freiheitsgrad verstanden, der einem Mitarbeiter bei der Erfüllung seiner Aufgaben zugestanden wird. Meistens bringt mehr Autonomie auch mehr Verantwortungsbereitschaft mit sich. Je weniger Eingriffe durch Vorgesetzte erfolgen, desto mehr fühlt sich der Mitarbeiter für seinen Bereich verantwortlich, desto mehr erhält er das Gefühl der eigenen Wichtigkeit und Unabhängigkeit.

- *Beteiligung.* Mitarbeiter möchten nicht vor vollendete Tatsachen gestellt werden. Sie streben Beteiligung zumindest soweit an, wie ihr eigener Zuständigkeitsbereich betroffen ist.

- *Macht.* Viele Mitarbeiter streben Einfluss auf andere Menschen, eine Ausweitung des eigenen Machtbereichs an.

◆ **Abschirmung**

Dieses globale Ziel kann in weitere Einzelziele aufgegliedert werden.

- *Störungsfreie Arbeit.* Möglichst große Abschirmung vor Störungen von außen (z.B. Telefon) oder innen (z.B. Eingriffe, Ablenkungen). Es ist allerdings unbestreitbar, dass bei monotonen Aufgaben „Störungen", d.h. Ablenkungen manchmal sehr erwünscht sind.

- *Gleichmäßige Auslastung.* Möglichst wenige Überstunden zählen ebenso zu diesem Ziel wie die Abschirmung gegenüber zu hohen Belastungen.

◆ **Sicherheit**

Auch dieses Ziel kann noch weiter untergliedert werden.

- *Ausreichende Information.* Wenngleich eine „ausreichende Information" subjektiv sehr unterschiedlich empfunden wird, so gilt doch tendenziell die Aussage, dass Mitarbeiter mehr wissen möchten als das, was im engsten Sinne zur Erfüllung ihrer Aufgaben notwendig ist.

- *Klare Zuständigkeiten.* Die Mitarbeiter wollen wissen, was ihre Befugnisse sind und wer ihnen in welchem Umfang Weisungen geben kann.

– *Klarheit über Anforderungen.* Die Mitarbeiter wollen wissen, anhand welcher Maßstäbe sie beurteilt werden und was von ihnen verlangt wird. Nur bei klaren Anforderungen können sie selbst erkennen, ob sie mehr oder weniger erfolgreich waren. Dann sind sie nicht ausschließlich vom Urteil Dritter, insbesondere des Vorgesetzten abhängig.

♦ **Aufstiegschancen**

Die meisten Mitarbeiter sind dann zu besonderen Leistungen bereit, wenn sie eine Chance für ihr persönliches Fortkommen sehen. Der Wunsch voranzukommen - was für viele immer noch hierarchischen Aufstieg bedeutet - ist in den meisten Menschen tief verankert.

♦ **Konfliktfreiheit**

Die Mitarbeiter streben Regelungen an, die das Ausmaß sachlicher Reibungen, die häufig auch zu persönlichen Reibungen führen, möglichst gering halten. Ursachen für solche Reibungen können beispielsweise organisatorisch beabsichtigte Wettbewerbssituationen sein, z. B. Konkurrenz im Markt und Konkurrenz um knappe Finanzmittel.

Bei den erwähnten Zielen der Mitarbeiter wird deutlich, dass ihnen bestimmte Unterstellungen über „den" Menschen zugrunde liegen. Im Einzelfall ist es durchaus möglich, dass diese Annahmen nicht stimmen. Wenn organisatorische Regelungen für Personen getroffen werden, die im Voraus nicht bekannt sind, können die obigen Ziele zumindest als Hypothesen gelten. Wird die Aufbauorganisation um bekannte Personen herum gebaut, muss geklärt werden, ob diese Unterstellungen auch im konkreten Fall zutreffen.

Ziele der Kunden

Als Kunden werden hier sowohl die externen Nachfrager wie auch interne Abnehmer von Leistungen angesehen. So sind die Verbrauchsabteilungen „Kunden" der Beschaffungsabteilung, Anwender der Informationstechnik sind Kunden eines Benutzerservice usw. In diesem weiteren Sinn sollen hier die Kundenziele gesehen werden.

♦ **Qualität**

Der Kunde wünscht meistens qualitativ hochwertige, zumindest aber einwandfreie Produkte oder Leistungen.

♦ **Niedrige Preise**

Niedrige Preise sind eindeutig Ziel der internen wie der externen Kunden. Dieses Ziel kann allerdings organisatorisch normalerweise nicht direkt beeinflusst werden. Durch organisatorische Maßnahmen können im günstigen Fall die Kosten gesenkt werden. Ob derartige Kostensenkungen an die Kunden weitergegeben werden oder nicht, gehört normalerweise nicht mehr zu einer organisatorischen Fragestellung.

◆ **Schnelle Leistung**
Die Kunden möchten ihre eigenen Wünsche „am liebsten schon gestern realisiert" sehen. Kurze Laufwege von Bestellungen gehören ebenso dazu wie die Einhaltung zugesagter Termine (Termintreue). Insbesondere in stark umkämpften Märkten ist die Schnelligkeit, in der Leistungen erbracht werden, ein erheblicher Wettbewerbsfaktor. Das gilt insbesondere auch dann, wenn nicht vom Lager verkauft werden kann, sondern Leistungen für Kunden maßgeschneidert werden müssen, wie z.B. bei der Einzelfertigung, bei Dienstleistungen wie etwa der Bearbeitung eines Kreditantrages oder eines Schadensfalles. These: „Die Schnellen fressen die Langsamen, nicht die Großen die Kleinen".

◆ **Individuelle „Produkte"**
Die Kunden möchten normalerweise keine Standardware. Vielmehr sollen die individuellen Anforderungen berücksichtigt werden. Demgegenüber ist einem Unternehmen meistens an möglichst „großen Serien", d.h. gleichartigen Leistungen gelegen.

◆ **Eindeutige Ansprechpartner**
Der Kunde möchte ohne Sucherei feststellen können, wer für ihn zuständig ist und wer über die notwendigen Kompetenzen verfügt, um bei seinen Anfragen entscheiden zu können.

Erfolgreiche aufbauorganisatorische *Lösungen* zeichnen sich dadurch aus, dass *mit ihrer Hilfe möglichst viele* der sich zum Teil widersprechenden zumindest aber konkurrierenden *Ziele erreicht* werden. In jedem Fall sind Kompromisse zu schließen und die Interessen der verschiedenen Zielträger gegeneinander abzuwägen. Formal geschieht dieses durch eine *Gewichtung* der Ziele.

Aus den obigen Ausführungen wird auch deutlich, dass es nicht die „richtige" oder die „beste" Aufbauorganisation gibt. Wenn Herr Buch beispielsweise die unter Kostengesichtspunkten effizienteste innerbetriebliche Abwicklung von Aufträgen höher gewichtet als die Wünsche der Kunden nach individueller und schnellerer Bearbeitung ihrer Bestellungen, wird vermutlich eine ganz andere Lösung gewählt, als wenn die Kundeninteressen im Vordergrund stünden. Abschließend werden die soeben erörterten Ziele noch einmal in einer Übersicht zusammengefasst.

Aufbauorganisatorische Ziele		
Ziele der Unternehmung	**Ziele der Mitarbeiter**	**Ziele der Kunden**

• Produktivität
• Wirtschaftlichkeit
• Zukunftssicherung
• Ansehen
• Koordination
• Kontrollierbarkeit
• Transparenz
• Flexibilität
	• Arbeitszufriedenheit
	  – abwechslungsreiche
	    Aufgaben
	  – anspruchsvolle
	    Aufgaben
	  – Autonomie
	  – Beteiligung
	  – Macht
	• Abschirmung
	  – störungsfreie Arbeit
	  – gleichmäßige
	    Auslastung
	• Sicherheit
	  – ausreichende
	    Information
	  – klare Zuständig-
	    keiten
	  – Klarheit über
	    Anforderungen
	• Aufstiegschancen
	• Konfliktfreiheit
		• Qualität
		• niedrige Preise
		• schnelle Leistungen
		• Berücksichtigung
		  individueller Wün-
		  sche
		• eindeutige
		  Ansprechpartner

Abb. 2.6: Katalog aufbauorganisatorischer Ziele

Zusammenfassend können wir feststellen, dass aufbauorganisatorische Regelungen sich an den Zielen derer orientieren müssen, die von diesen Regelungen betroffen sind. Das Gewicht, das den verschiedenen Zielen beizumessen ist, hängt von der *Macht der Träger der Ziele* sowie davon ab, welche *Bedeutung die Ziele für die Betroffenen* haben. Die *Chancen, die Ziele zu erreichen*, und die Risiken, die entstehen können, wenn bestimmte Ziele ignoriert werden, sind ebenso zu berücksichtigen.

2.4   Gestaltungsprinzipien der Aufbauorganisation

Organisatorische Lösungen können hinsichtlich bestimmter Gestaltungsprinzipien unterschieden werden. Gestaltungsprinzipien sind dominierende Grundsätze, die bei aufbauorganisatorischen Lösungen zu beachten sind.

Beispiele für solche Gestaltungsprinzipien sind

◆ **Umfang der Spezialisierung**
Soll weitgehende Arbeitsteilung praktiziert werden oder soll - beispielsweise aus
der Zielsetzung Motivation heraus - die Spezialisierung zugunsten komplexerer
Aufgaben zurücktreten?

◆ **Organisationsgrad**
In welchem Umfang sollen überhaupt organisatorische Lösungen erarbeitet werden? Soll den Mitarbeitern die Freiheit zugebilligt werden, innerhalb eines vorgegebenen Rahmens im Einzelfall zu entscheiden? Inwieweit sollen also Disposi-
tionsfreiräume die Organisation ersetzen?

◆ **Formalisierungsgrad**
In welchem Umfang sollen organisatorische Lösungen festgeschrieben und in
Form von Anweisungen, Stellenbeschreibungen etc. dokumentiert werden?
Sowohl hinsichtlich des Organisationsgrades wie auch des Formalisierungsgrades
sind in den letzten Jahren deutliche Veränderungen der „herrschenden Meinung"
festzustellen, in Richtung auf möglichst wenige Regelungen und möglichst
geringe Formalisierung.

◆ **Umfang der Delegation**
In welchem Umfang werden Entscheidungsbefugnisse auf untere hierarchische
Ebenen verlagert?

◆ **Umfang der Information**
Inwieweit werden den Mitarbeitern auch Informationen zugänglich gemacht, die
ihnen Hintergrundwissen verschaffen und die ihre Motivation fördern?

◆ **Dominanz der Strukturierung**
Gibt die Aufbauorganisation den Rahmen der Ablaufgestaltung vor oder dominieren zentrale - bei Kunden beginnende und endende - Prozesse die Aufbauorganisation?

◆ **Umfang, Verfahren, Intensität und Träger der Kontrollen**
Wer kontrolliert wie, in welcher Frequenz und mit welchem Detaillierungsgrad?

◆ **Art der Willensbildung**
Sind Einzelne für Entscheidungsvorbereitung und Entscheidung zuständig oder
werden Gruppen eingesetzt; inwieweit werden die Betroffenen beteiligt (Partizipation) usw.?

Wenn bestimmte Ausprägungen derartiger Gestaltungsprinzipien - z.B. wir setzen uns
vor einer wichtigen Entscheidung zusammen - in der Kultur eines Unternehmens oder
einer Verwaltung fest verankert sind, können sie massive Auswirkungen auf die
gewählten organisatorischen Lösungen haben.

2.5   Gestaltungsbedingungen der Aufbauorganisation

Die Handlungsspielräume bei der Auswahl organisatorischer Maßnahmen werden fast
immer durch selbst gesetzte oder vorgegebene Restriktionen eingeengt. Darüber
hinaus ist die Eignung der unterschiedlichen Lösungsmöglichkeiten und Gestaltungsprinzipien grundsätzlich auch von situativen Rahmenbedingungen abhängig, auf

die im Abschnitt 2.2 Situativer Ansatz der Organisation schon kurz hingewiesen wurde. So kann die gleiche Lösung in einem Fall zum Erfolg, im anderen Fall zum Misserfolg führen.

2.5.1   Restriktionen

2.5.1.1   Intern gesetzte Restriktionen

Typische intern gesetzte, d.h. von entscheidungsberechtigten Stellen innerhalb des Unternehmens auferlegte Restriktionen können betreffen

- ◆ Lösung z.B.
    - – wo darf überhaupt etwas verändert werden (betroffener Bereich)?
    - – was darf verändert werden, was nicht (z.B. darf neue Hardware gekauft werden)?
    - – darf nur punktuell oder kann von Grund auf geändert werden?
    - – dürfen sich personelle Konsequenzen ergeben (Abbau, Aufstockung von Personal)?
    - – was muss die Lösung alles leisten (funktionale Anforderungen)?
    - – kann selbst entwickelt oder muss ein Standard gekauft werden?
- ◆ Termine z.B.
    - – bis wann muss ein Ergebnis vorliegen?
- ◆ Kosten z.B.
- ◆
    - – innerhalb welchen Finanzrahmens muss sich die Reorganisation bewegen?

Diese Restriktionen liegen nicht immer zu Beginn eines Projektes klar auf der Hand. Die mit einer Reorganisation Betrauten tun gut daran, derartige Restriktionen so früh wie möglich in Erfahrung zu bringen, wenn sie nicht selbst darüber entscheiden können. Insbesondere wenn Organisationsvorhaben durch Projektgruppen oder durch Stabsstellen (Organisation) durchgeführt werden, ist es wichtig, dass die Projektverantwortlichen bei den Entscheidungsberechtigten die Restriktionen klären.

Es soll hier nur am Rande vermerkt werden, dass aufbauorganisatorische Projekte normalerweise sehr brisant sind, da durch neue Lösungen das Machtgleichgewicht eines Unternehmens berührt wird. Allein dieser Tatbestand führt dazu, dass die „Mächtigen" geneigt sind, „alles zur Disposition zu stellen", nur nicht ihre eigene Machtposition. Da es aber vielfach nicht schicklich ist, die eigenen Interessen offen zu bekunden, stößt man bei aufbauorganisatorischen Projekten immer wieder auf unausgesprochene, aber dennoch sehr wirksame „stillschweigend gesetzte" Restriktionen.

2.5.1.2 Extern gesetzte Restriktionen

Von außen werden ebenfalls Restriktionen für aufbauorganisatorische Lösungen gesetzt. Die wichtigsten Quellen
sind hier staatliche bzw. amtliche Stellen sowie Verbände,
Kammern und Vereinigungen, aber auch Konzernrichtlinien
und Forderungen von Vertragspartnern des Unternehmens.

Staatliche oder amtliche Restriktionen sind beispielsweise
gegeben durch

◆ Gesetze (z.B. Mitbestimmung, Datenschutz, Umweltschutz, etc.)

◆ Verordnungen (z.B. Arbeitsstättenverordnung, Regelungen der Finanzbehörden)

◆ Wirtschaftsverbände, Tarifpartner oder - mächtige - Kunden können bestimmte
   Leistungen verlangen bzw. bestimmte Lösungen fordern wie z.B. die Einhaltung
   von Meldepflichten oder tarifvertraglichen Regelungen oder die Einrichtung
   eines formellen Qualitätsmanagement-Systems etc.

Vor der Bearbeitung eines aufbauorganisatorischen Projektes sollte auf jeden Fall
geklärt werden, welche externen Restriktionen in diesem Zusammenhang zu beachten
sind. Sie engen den Lösungsspielraum ein. Im Einzelfall erzwingen sie sogar eine
bestimmte Lösung. So erzwingt der Staat als Auftraggeber etwa bei Unternehmen, die
in der Wehrtechnik tätig sind, die Einrichtung bestimmter für die Sicherheit zuständi-
ger Stellen und schreibt deren hierarchische Einordnung vor. Zunehmend schreiben
„mächtige" Abnehmer ihren Lieferanten vor, welche qualitätssichernden Maßnahmen
sie zu ergreifen haben, in welcher Form und zu welchen Zeitpunkten der Zahlungsverkehr abgewickelt wird, wie die Logistik der Anlieferung zu regeln ist usw. Derartige „Vorschriften" sind für ein innerbetriebliches Projekt normalerweise K.O.-Kriteri-
en: Lösungen, die derartige Anforderungen vernachlässigen, werden nicht akzeptiert.

2.5.2 Rahmenbedingungen

Restriktionen geben klare Grenzen für den Lösungsbereich vor. Rahmenbedingungen
lassen bestimmte Lösungsrichtungen sinnvoll erscheinen, ohne sie jedoch eindeutig
zu erzwingen. Derartige *Rahmenbedingungen* haben also einen *Einfluss auf die Lösung*. Sie engen den sinnvollen Lösungsspielraum ein, *können aber durch das Projekt
normalerweise nicht verändert werden*. Einige wichtige Rahmenbedingungen für die
aufbauorganisatorische Gestaltung werden im Folgenden aufgelistet und erläutert.

Interne Rahmenbedingungen

◆ Kernkompetenzen der Unternehmung

◆ Art der zu erfüllenden Aufgaben (Wiederholungshäufigkeit, Gleichförmigkeit,
   Komplexität und Vorhersehbarkeit der Aufgaben)

◆ Leistungsfähigkeit und Leistungswilligkeit der Aufgabenträger

◆ Wirtschaftliche Situation

- ◆ Technische Ausstattung
- ◆ Alter und Entwicklungsstadium der Unternehmung.

Externe Rahmenbedingungen

- ◆ Wettbewerbssituation
- ◆ Kundenstruktur / Marktstruktur
- ◆ Verfügbare Technik
- ◆ Gesellschaftliche und kulturelle Bedingungen.

Was bedeuten diese Rahmenbedingungen nun im Einzelnen?

2.5.2.1   Interne Rahmenbedingungen

Kernkompetenzen

Kernkompetenzen sind *dauerhafte und auch auf andere Produkte oder Leistungen übertragbare Ursachen für den Wettbewerbsvorteil* einer Unternehmung. Dieser Wettbewerbsvorteil *basiert auf Ressourcen und Fähigkeiten*, die in der Unternehmung verfügbar sind (siehe dazu Krüger / Homp). Ein Beispiel ist die Kernkompetenz von Sony zur Miniaturisierung auf dem Gebiet der Unterhaltungselektronik, die dann auch auf andere Bereiche (z.B. Speichermedien) übertragen wurde.

Wenn ein Unternehmen für sich bestimmte Kernkompetenzen bestimmt und dazu strategisch entschieden hat, diese *Kernkompetenzen auszubauen* und zu vertiefen, hat das in aller Regel *unmittelbare Auswirkungen auf die Aufbau- und Prozessorganisation* dieses Unternehmens. Zum Beispiel ist es naheliegend, *organisatorische Einheiten zum Ausbau der Kernkompetenzen* zu schaffen und deren *Einfluss* auf das Unternehmen zu *sichern*. Insofern beeinflussen vorhandene oder angestrebte Kernkompetenzen die Organisation.

Art der zu erfüllenden Aufgaben

Sollen *Aufgaben* überhaupt organisatorisch geregelt werden, müssen sie sich *wiederholen*. Bei Aufgaben, die sehr häufig wiederkehren, bietet es sich an, sie spezialisierten Aufgabenträgern zu übertragen. Dieser Weg wurde in der Vergangenheit sehr häufig beschritten, seit Ford mit seiner Fließbandfertigung bei dem T-Modell so großen Erfolg

hatte. Wird eine *Spezialisierung* angestrebt, macht sie nur Sinn, wenn die Aufgaben sehr häufig gleichartig wiederkehren. Bei Aufgaben, die nur einmal oder sehr selten vorkommen, ergeben sich kaum Spezialisierungs- und Lerneffekte. Kommen Aufgaben sehr häufig vor, steigt darüber hinaus die Tendenz zur *Formalisierung*, d.h. die betreffenden Regelungen auch zu dokumentieren.

Mit steigender Größe eines Systems nimmt normalerweise insgesamt die Wiederholungshäufigkeit von Aufgaben zu. Wiederkehrende Aufgaben finden sich besonders oft auf den unteren Ebenen einer Unternehmung oder Verwaltung, während sie normalerweise seltener werden, je mehr man sich der Spitze der Hierarchie nähert.

Treten bestimmte *Aufgaben immer in der gleichen Form* auf (Verkauf von Büchern), ergeben sich andere Konsequenzen für die Strukturierung, als wenn gleichbleibende Aufgaben zu erfüllen sind, bei denen sich aber die Anforderungen der Aufgabenerfüllung ständig verändern (Vermögensberatung von Kunden). Im letzten Fall kann die Aufgabe nicht so weit formalisiert werden. Dem Mitarbeiter müssen Entscheidungsbefugnisse eingeräumt werden.

Die Komplexität einer Aufgabe kann gemessen werden an der *Zahl der zu verknüpfenden Elementaraufgaben*. So ist z.B. die Auslieferung eines Buches eine wenig komplexe Aufgabe, die Aufnahme eines neuen Titels in das Verlagsprogramm jedoch eher komplex, da hier der Autor, die Redaktion, die Herstellung, das Marketing usw. beteiligt sind, deren vielschichtige Aufgaben aufeinander abzustimmen sind. Je komplexer die Aufgaben einer Unternehmung oder eines Bereiches sind, desto mehr müssen Koordinationsmaßnahmen ergriffen werden, z.B. Prozessbeauftragte ernannt, Projektleiter eingesetzt, Abwicklungsverfahren formalisiert werden usw.

Aufgabenträger

Das Bild, das man sich vom Menschen macht, etwa die Unterstellung über die Motive eines „normalen" Mitarbeiters, kann die gewählte Organisation beeinflussen. Hier sind vereinfacht zwei Komponenten zu berücksichtigen, die Leistungsfähigkeit (Qualifikation) und der Leistungswille.

Aufgabenträger unterscheiden sich hinsichtlich ihrer Leistungsfähigkeit. In Organisationseinheiten, in denen tendenziell hoch qualifizierte Aufgabenträger eingesetzt sind, werden weniger strenge Formalisierungen benötigt, Entscheidungsbefugnisse können delegiert, Kommunikationsbeziehungen freigegeben und Kontrollen vermindert werden. Je besser ein Mitarbeiter ausgebildet ist, desto größer wird tendenziell der Freiraum der organisatorischen Gestaltung. Am Rande sei vermerkt, dass hier wesentliche Vorteile von Unternehmen liegen, die in Deutschland, Österreich oder der Schweiz tätig sind. Im deutschsprachigen Raum ist im Vergleich zu anderen europäischen Ländern und insbesondere zu den USA eine wesentlich höhere Qualifikation breiter Bevölkerungskreise durch die Berufsausbildung gegeben.

Jeder Mensch hat eigene Vorstellungen, eigene Ziele, eigene Werthaltungen. Der Leistungswille eines Menschen hängt u.a. von seinen Werten und davon ab, in welchem Umfang er eigene Ziele in einer Unternehmung erreichen kann. Sucht ein Mensch Anerkennung, strebt er nach Aufstieg, sieht er Chancen voranzukommen, dann lässt er sich auch durch mehr Verantwortung, mehr Delegation, mehr Information motivieren. Sieht jemand demgegenüber den Beruf nur als notwendiges Übel, um anderen Neigungen nachgehen zu können, so wird mehr Delegation nicht die erwünschte Steigerung der Motivation bewirken. Bei der Entscheidung für konkrete aufbauorganisatorische Lösungen ist deswegen auch immer zu prüfen, ob die personelle Situation mit der vorgesehenen Lösung verträglich ist.

Wirtschaftliche Situation

Die wirtschaftliche Situation, in der sich eine Unternehmung befindet, kann die geeignete organisatorische Lösung beeinflussen. Es ist eine einfache Lebensweisheit, dass gravierende organisatorische Veränderungen ein Mindestmaß an *„Leidensdruck"* voraussetzen, andernfalls sind die Beharrungskräfte zu groß und viele sinnvolle und gut gemeinte Vorhaben lassen sich nicht durchsetzen. Darüber hinaus erfordern bestimmte organisatorische Lösungen *finanzielle und personelle Ressourcen*, die aufgrund der wirtschaftlichen Situation unter Umständen nicht bereitgestellt werden können. Dann muss vielleicht die beste der zweitbesten Lösung weichen oder es wird eine punktuelle Veränderung anstelle einer grundlegenden Neuerung gewählt. Umgekehrt kann bei entsprechend massiven Problemen oft nur eine fundamentale Neuerung das Überleben sichern. Gerade in der Strukturkrise der neunziger Jahre waren viele Unternehmen dazu gezwungen, alte Lösungen über Bord zu werfen und grundlegend zu reorganisieren.

Technische Ausstattung

Art und Umfang der eingesetzten Sachmittel können im Fertigungs- wie im Dienstleistungsbereich erhebliche Einflüsse auf die geeignete Aufbauorganisation haben. Allgemein bekannt ist, dass der frühere Trend zur Zentralisierung in den ersten Jahrzehnten der Datenverarbeitung umgekehrt wurde, als leistungsfähige dezentrale Rechner und deren Verbindung durch Netzwerke aufkamen. Die Entwicklung leistungsfähiger Informationssysteme, mit  deren Hilfe heute an jeder Stelle innerhalb und außerhalb des Unternehmens alle notwendigen Informationen bereitgestellt werden können, hat ungeheure, früher kaum für möglich gehaltene Spielräume bei der Stellenbildung geschaffen. Der Generalist kann durch die verfügbaren Informationen und durch „künstliche Intelligenz" ganzheitlich Kunden bearbeiten. Für seine Aufgaben waren zuvor unter Umständen 5 bis 10 Spezialisten notwendig. Offenkundig beeinflussen also die eingesetzten Sachmittel und hier insbesondere die Informationstechnik aufbauorganisatorische Lösungen.

Alter und Entwicklungsstadium der Unternehmung

Das sehr junge Unternehmen von Herrn Buch hat schon aufgrund seines Alters eine weniger formalisierte Organisation als ein älteres Unternehmen. Die Mitarbeiter müssen am Markt und untereinander Erfahrungen sammeln, ehe sie überhaupt sinnvoll im Detail organisieren und formalisieren können. Viele Probleme müssen gemeinsam diskutiert werden. Jeder kümmert sich um alles. Die Spezialisierung ist wenig entwickelt. Je mehr ein Unternehmen reift, desto größer wird die Arbeitsteilung, desto größer werden auch die Koordinationsnotwendigkeiten, d.h. formale Regelungen z.B. darüber, wer wen in welcher Form zu informieren hat. Damit entstehen Planungs-, Steuerungs- und Kontrollsysteme, die sich in vielfältigen Regelungen und Detailvorschriften zeigen. Der Organisationsgrad wie auch der Grad an

Formalisierung steigt mit zunehmendem Alter eines Unternehmens normalerweise deutlich an.

2.5.2.2 Externe Rahmenbedingungen

Wettbewerbssituation

Der *Wettbewerb* kann auf unterschiedliche Art und Weise die aufbauorganisatorischen Lösungen beeinflussen. Je ausgeprägter die Konkurrenzsituation, desto stärker müssen die Kundenziele berücksichtigt werden. Das kann beispielsweise dazu führen, dass eine Unternehmung im Vertrieb nach Kundengruppen gegliedert wird, um sich auf die Belange der Kunden spezialisieren zu können. Andererseits können die Mitbewerber Leistungen bringen - etwa Auslieferung von Bestellungen im Versandhandel innerhalb von 24 Stunden - die ein Unternehmen zwingen, mitzuziehen und damit auch die interne Organisation anzupassen. Dabei kann ein *erfolgreicher Mitbewerber* auch als *Vorbild* herangezogen werden (Benchmarking), dessen Organisation weitgehend kopiert wird.

Kundenstruktur, Märkte

Die Struktur der Kunden, ihre Bedeutung, ihre regionale Verteilung usw. sind häufig maßgeblich für die Wahl der „richtigen" Aufbauorganisation. So spiegelt sich beispielsweise die Belieferung sehr unterschiedlicher Kundengruppen oder regionaler Märkte in aller Regel auch in der Vertriebsorganisation wider, die nach Kundengruppen und / oder Regionen gegliedert wird. Um ein weiteres Beispiel zu nennen: Eine Privatbank, die fast nur mit großen und mittleren Unternehmen als Kunden zu tun hat, wird sich anders strukturieren als eine Bank, die eine eng begrenzte Region bearbeitet und vorwiegend Massenkundschaft bedient.

Analog gilt beispielsweise, dass sich eine Organisationsabteilung in ihrer Struktur an ihrer „Kundschaft", nämlich den Fachabteilungen, orientiert, wenn die „Kundschaft" sehr unterschiedliche Anforderungen stellt und eine individuelle Bearbeitung durchsetzen kann.

Verfügbare Technik

Je schneller die *technische Entwicklung* voranschreitet, je größer die Entwicklungssprünge sind, desto mehr muss sich ein Unternehmen darauf vorbereiten, diese Entwicklung zu nutzen, um nicht „unter die Räder zu kommen". Das könnte etwa bedeuten, dass Spezialisten die Entwicklung verfolgen und unternehmensweit koordinieren. Aktuelle Entwicklungen in der Kommunikationstechnik z.B. die Internettechnologie werden in verschiedenen Märkten das Verhalten der Kunden verändern. Darauf müssen sich die betroffenen Unternehmen organisatorisch einstellen. Weiterentwickelte Technik der Kundenselbstbedienung, Spracheingabe, Schriftenlesung usw. sind technische Entwicklungen, die auf die Organisation einen wesentlichen Einfluss haben können.

Gesellschaftliche und kulturelle Bedingungen

Unternehmen werden in einem *gesellschaftlichen Rahmen* tätig. Diese gesellschaftlichen Bedingungen, ganz gleich ob sie in Gesetzen und Verordnungen formell festgelegt sind oder ob sie nur als allgemein anerkannte Normen gelten, führen oftmals zu bestimmten organisatorischen Regelungen. Bekannt ist beispielsweise das Phänomen, dass um langjährig verdiente Mitarbeiter „herum" organisiert wird, bis sie in den Ruhestand treten. Die zugehörigen gesellschaftlichen Normen könnten heißen „Besitzstandswahrung", „Dankbarkeit" etc. So ist vorstellbar, dass gesellschaftliche Normen dazu führen, vermehrt Teilzeitarbeit anzubieten, um die Arbeitslosigkeit zu bekämpfen, oder neue Arbeitszeitmodelle zu schaffen, um Frauen vermehrt Aufstiegschancen zu bieten, wenn sie gleichzeitig Kinder erziehen wollen usw.

Fassen wir zusammen: Organisatorische Gestaltungsmaßnahmen orientieren sich zwar an bestimmten Zielen, zusätzlich müssen jedoch selbst gesetzte oder fremd gesetzte Restriktionen und die situativen Bedingungen beachtet werden, die den Rahmen darstellen, innerhalb dessen organisiert wird.

Weiterführende Literatur zu diesem Abschnitt

Bleicher, K.: Organisation. Strategien - Strukturen - Kulturen. 2. Aufl., Wiesbaden 1991

Chandler, A.D.: Strategy and Structure. 13. Aufl., Cambridge Mass. 1984

Dülfer, E.: Kultur und Organisationsstruktur. In: Handwörterbuch der Organisation. Hrsg. v. E. Frese. 3. Aufl., Stuttgart 1992, Sp. 1201 - 1241

Ebers, M.: Situative Organisationstheorie. In: Handwörterbuch der Organisation. Hrsg. v. E. Frese. 3. Aufl., Stuttgart 1992, Sp. 1817 - 1838

Frese, E.: Grundlagen der Organisation. 7. Aufl., Wiesbaden 1998

Grochla, E.: Grundlagen der organisatorischen Gestaltung. Stuttgart 1982

Haldi, Ch.: Soziokulturelle Einflüsse auf Organisation und Personalwirtschaft im internationalen Management. Glattbrugg 1998

Hamel, G.; G.K. Prahalad: Wettlauf um die Zukunft. Wien 1995

Huber, Th.: Unternehmenskultur. In: Der Mensch in der Organisation. 5. Aufl., Gießen 2000

Krüger, W.: Organisation der Unternehmung. 3. Aufl., Stuttgart / Berlin / Köln *1994*

Krüger, W.; Ch. Homp: Kernkompetenz-Management. Steigerung von Flexibilität und Schlagkraft im Wettbewerb. Wiesbaden 1997

Probst, G.J.B.: Organisation. Strukturen, Lenkungsinstrumente und Entwicklungsperspektiven. Landsberg / L. 1993

Schreyögg, G.: Organisationskultur. In: Handwörterbuch der Organisation. Hrsg. v. E. Frese. 3. Aufl., Stuttgart 1992, Sp. 1525 – 1537

Senge, P.M.: Die fünfte Disziplin. Kunst und Praxis der lernenden Organisation. Stuttgart 1997

3 Prozesse als Rahmen der Aufbauorganisation

3.1 Business Process Reengineering

Zum besseren Verständnis dieses Themas wollen wir von zwei Beispielen ausgehen. Das erste Beispiel stammt aus dem Verlag von Herrn Buch und kann als ein Projekt bezeichnet werden. Das zweite spielt in einer Bank und betrifft eine häufig wiederkehrende Aufgabe.

Veröffentlichung eines Buches:

Ein Autor tritt an einen Verlag heran und bietet sein jüngstes Werk zur Veröffentlichung an. Das Manuskript wird von zwei Lektoren gelesen, die jeweils ein Gutachten zu Händen der Geschäftsleitung erstellen. Da das Urteil gut ausfällt, tritt der Geschäftsführer mit dem Autor in Vertragsverhandlungen. Sie treffen sich, ein erster Vertragsentwurf wird ausgetauscht, Änderungen werden eingearbeitet. Etwa 6 Wochen nach dem Eingang des Manuskriptes liegt ein von beiden Seiten unterschriebener Vertrag vor. Jetzt geht das Manuskript erneut in die Redaktion, um sprachlich, formal und drucktechnisch vorbereitet zu werden. Korrekturen und Ergänzungen werden in die Papiervorlage eingetragen. Anschließend erfolgt die Erfassung an spezialisierten Arbeitsplätzen. Parallel dazu werden die Abbildungen von der grafischen Abteilung erstellt. Die erfassten Texte und die Grafiken werden dann von dem zuständigen Lektor überprüft und erneut zur Korrektur an die Grafik bzw. an die Erfassung gegeben. Die Korrekturen werden überprüft und notfalls nochmals überarbeitet. Dann werden das erfasste Manuskript und die Abbildungen dem Autor zur Korrektur vorgelegt. Neben Korrekturen nimmt der Autor noch kleinere Änderungen und Ergänzungen vor und sendet diese an den Verlag. Der Lektor überprüft die Korrekturen, ergänzt Erfassungshinweise und leitet die Unterlagen an die Grafik und an die Erfassungsstelle weiter. Die überarbeiteten Ergebnisse bilden dann die Grundlage für den Umbruch - die Aufteilung auf Seiten und die Montage der Abbildungen in den Text. Diese Aufgaben übernimmt ein spezialisierter Setzer. Das Ergebnis des Umbruchs wird dem Redakteur zur Überprüfung vorgelegt, Korrekturen werden eingearbeitet. Schließlich erhält der Autor den Umbruch zur Korrektur und zur Freigabe. Parallel stimmt der Lektor mit der Grafikabteilung und mit der Marketingabteilung die Gestaltung des Umschlages ab. Der Umschlagentwurf wird ebenfalls dem Autor zur Genehmigung vorgelegt. Der vom Autor freigegebene Umbruch läuft über den Lektor an den Setzer, der die Autorenkorrekturen einarbeitet. Daraufhin erteilt der Lektor die Druckfreigabe. In der Technik wird der Druck vorbereitet, d.h. die Druckvorlagen werden erstellt. Dann folgt der Druck der Bögen und des Umschlages. Bögen und Umschläge werden an eine spezialisierte Buchbinderei geliefert, wo die Bögen gefalzt, geschnitten, zusammengetragen und in den Umschlag eingehängt werden müssen. Nach der Verpackung in Kartons werden die Bücher an den Verlag geliefert. Parallel zu den Buchbindearbeiten wird in der Marketingabteilung eine Umbruchkopie dazu verwendet, die Anzeigen und das begleitende Werbematerial vorzubereiten. In Abstimmung mit dem Lektor werden die Werbung und das

*Informationsmaterial freigegeben, Anzeigen geschaltet und die Materialien herge-
stellt. Mehr als 8 Monate nach dem Eingang des Manuskriptes beim Verlag kann die
Auslieferung an den Buchhandel beginnen.*

Bewilligung und Auszahlung eines Kredites

*Ein Kunde kommt zu einer Bank. Er benötigt für den Kauf einer Eigentumswohnung
ein Darlehen. Der Berater, der ihm sonst immer die Scheckvordrucke aushändigt und
Daueraufträge erfasst, ist in diesem Fall nicht für ihn zuständig. Er verweist ihn an
die Kreditabteilung im ersten Stock. Der Kunde wird in einen kleinen Besprechungs-
raum geführt und nach kurzer Zeit erscheint der Kreditberater. Dem trägt er sein Anliegen vor. Der Kreditberater erkundigt sich über die Einkommens- und Vermögens-
verhältnisse, über sonstige Belastungen und bittet darum - falls man sich einig wird -
eine genaue Objektbeschreibung und eine Einkommensbestätigung einzureichen.
Dann erläutert er verschiedene Möglichkeiten hinsichtlich fester und variabler Zinssätze, unterschiedlicher Fristen usw. und errechnet die effektiven Zinssätze für die
Varianten. Der Kunde macht sich Notizen und fragt nach der frühest möglichen Auszahlung. „Wird das Darlehen genehmigt, steht Ihnen das Geld in zwei bis drei
Wochen zur Verfügung" antwortet der Berater. Daraufhin verabschiedet sich der
Kunde mit der Bemerkung, dass er sich noch bei einer anderen Bank nach deren Kon-
ditionen erkundigen wolle.*

*Einige Tage später kommt der Kunde mit den gewünschten Unterlagen zurück. Der Bera-
ter nimmt sie zu seinen Akten, füllt einen Kreditantrag aus, lässt ihn vom Kunden unterschreiben und händigt ihm eine Kopie aus. Der Kunde wird mit der Bemerkung verabschiedet, dass er in spätestens drei Wochen eine definitive Aussage der Bank vorliegen
hätte. Die Auszahlung würde dann sehr schnell gehen. Der Berater stellt anschließend die
Unterlagen des Kunden zusammen, kommentiert seinen Eindruck von der Kreditwür-
digkeit und gibt den Vorgang an einen Kreditsachbearbeiter weiter. Der arbeitet sich in
den Vorgang ein, stellt fest, dass noch ein Grundbuchauszug fehlt und lässt diesen durch
den Berater beim Kunden nachfordern. Als die Unterlagen vollständig sind, leitet er sie
an die Kreditüberwachung weiter. Hier wird geprüft, ob der Vorgang bisher korrekt bearbeitet wurde und ob kein unangemessenes Risiko mit dem Vorgang verbunden ist. Der
Vorgang ist vollständig und kann nun in den offiziellen Genehmigungsweg einmünden.
Da es sich um einen Betrag von Euro 200.000 handelt, liegt die Entscheidungsbefugnis
bei dem Hauptabteilungsleiter der Kreditabteilung. Der Sachbearbeiter leitet den Vorgang an seinen Gruppenleiter weiter, der an den Abteilungsleiter weiterreicht. Dieser gibt
den Vorgang an den Hauptabteilungsleiter, der die Bewilligung erteilt. Anschließend geht
der Vorgang über die gleichen Stellen wieder zurück. Der Kreditsachbearbeiter schreibt
dem Kunden, dass seinem Antrag stattgegeben wurde, und leitet das Schreiben an den
Berater, der den Brief unterschreibt und zusammen mit dem Kreditvertrag dem Kunden
übersendet. Nachdem der Kreditvertrag vom Kunden unterschrieben vorliegt, erteilt der
Kreditsachbearbeiter die Freigabe zur Auszahlung. Die Auszahlung erfolgt dann kurz
darauf auf das Konto des Kunden - vier Wochen nach dem ersten Besuch bei der Bank.*

Zwei Beispiele, die einigermaßen komplex erscheinen, für die betroffenen Unternehmen aber letztlich Routine bedeuten.

Beide *Prozesse*, die Veröffentlichung eines neuen Buches wie auch die Gewährung eines Kredites, *laufen in traditionell gegliederten Unternehmen durch viele Abteilungen*, berühren viele Schreibtische, gehen oft „aus den Augen verloren". So weiß der Kreditberater nicht genau, wo sich der Vorgang gerade befindet, wenn der Kunde anruft, und der Lektor kann dem Autor nicht präzise sagen, wie weit „die in der Grafik" sind. Dabei ergeben sich viele Schnittstellen, die Vorgänge bleiben liegen, weil der zuständige Mitarbeiter gerade nicht da ist oder etwas anderes zu tun hat. Die Durchlaufzeiten addieren sich zu erheblichen Größen, in den Beispielen 8 Monate und 4 Wochen. Eine wesentliche *Ursache* ist die *Aufbaustruktur* der beiden Unternehmen. Im ersten Kapitel wurde schon erläutert, weshalb *Unternehmen* normalerweise *hierarchisch von oben nach unten gegliedert* werden; die berufliche Spezialisierung ist dafür ebenso verantwortlich wie die Abgrenzung von Machtbereichen. In den beiden geschilderten Fällen sind die Prozesse offensichtlich durch ein ausgeprägtes *Sicherheitsdenken* zusätzlich kompliziert worden, das als Kehrseite des Misstrauens auch Rückschlüsse auf das dort herrschende Menschenbild zulässt.

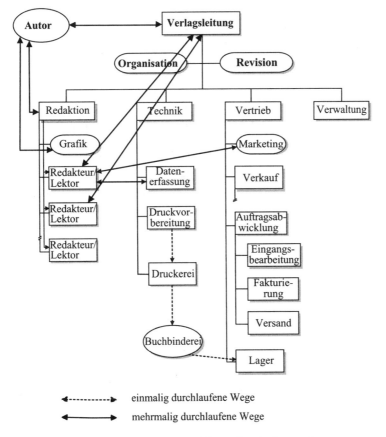

Abb. 3.1: Komplexe Prozesse in klassischen Aufbaustrukturen

Vor diesem Hintergrund fordert das Denken in Prozessen (Business Process Reengineering = BPR), das in den USA entwickelt wurde, alle bisherigen Regeln der

Arbeitsteilung und des Bereichsdenkens zu verlassen und Unternehmen nach Prozessen und nicht nach spezialisierten Einheiten zu gliedern. Vereinfacht ist dann ein - oder es sind einige wenige - Mitarbeiter für einen gesamten Prozess zuständig. Oft können auch eingefahrene Wege verlassen werden, bisher wahrgenommene Aufgaben eliminiert werden.

Das sagt eigentlich auch schon der „gesunde Menschenverstand", wie am Beispiel der Kreditgewährung gezeigt werden kann. Dem Kundenberater Hammer in der Kreditabteilung ist schon lange bewusst, wie unzweckmäßig die gegenwärtige Lösung ist. Er muss auf die Entscheidungen Dritter warten, bis er „seinem" Kunden eine Zusage machen kann. Herr Hammer sieht nicht so recht ein, was die Kreditüberwachung eigentlich für eine Funktion bei einem Routinekredit hat. Außerdem ärgert er sich immer wieder darüber, dass der Vorgang über etliche Schreibtische geht, bis der Kompetenzträger erreicht wird. Herr Hammer hat mehrfach vorgeschlagen, den Vorgang direkt an den jeweils zuständigen Kompetenzträger weiterzuleiten. Auch stört ihn, dass es für ihn keine EDV-Unterstützung zur Erfassung der Kunden- und der Antragsdaten gibt. Das was er per Hand einträgt, muss der Kreditsachbearbeiter noch einmal in das System eingeben. Herrn Hammer ist völlig klar, dass es vielerlei Möglichkeiten gäbe, die Bearbeitung zu beschleunigen. Und genau so kann der Lektor viele Möglichkeiten für die Beschleunigung des Prozesses bei der Neuerscheinung nennen. Warum muss beispielsweise auf den fertigen Vertrag gewartet werden, ehe mit der Bearbeitung des Manuskriptes begonnen wird, wenn Verlag und Autor sich im Prinzip einig sind? Warum „zwingt" man die Autoren nicht, bereits erfasste Texte abzuliefern, warum kann der Setzer die notwendigen Erfassungsarbeiten nicht selbst machen usw.?

Für die Beteiligten in der Praxis ist diese Einsicht also durchaus nicht neu. Allerdings reicht es meistens nicht, dass sie es einsehen. Für derartige Veränderungen müssen traditionelle Abteilungsgrenzen eingerissen werden. Dazu braucht es entscheidungsbefugte Menschen, die das wirklich - auch gegen den massiven Widerstand der „Verlierer" - durchsetzen wollen. Auch die Entscheider sind sich häufig über derartige Notwendigkeiten klar, aber sie entscheiden nicht, weil dazu viel Kraft und unter Umständen sogar eigene Opfer - Abgabe eigener Zuständigkeiten - gehören würden.

Neu an der Prozessorientierung, und damit erklärt sich auch der Erfolg des Business Process Reengineering im Management, ist die *Konsequenz*, mit der eigentlich *bekannte Prinzipien offensiv vertreten* und *in das Bewusstsein des oberen Management gebracht* wurden. Durch eine geschickte Vermarktung dieses Ansatzes wurde dem Top-Management bewusst, daß *Organisation ein strategischer Erfolgsfaktor* ist, mit dessen Hilfe wesentliche Wettbewerbsvorteile erreicht werden können.

Neu am Business Process Reengineering ist auch, dass der Betrachtungshorizont nicht bei organisatorischen Regelungen im engeren Sinn endet sondern weiter reicht. *Vor der Optimierung* wichtiger Prozesse ist die *Strategie* zu *überprüfen*. Es ist also erst die Frage zu stellen, ob man das Richtige tut (doing right things), ehe man sich der Frage widmet, wie man es richtig macht (doing things right). Bisher wurde bei organisatorischen Vorhaben immer unterstellt, dass die Strategie feststehe und die Organisation sich innerhalb des strategischen Rahmens zu bewegen habe. Da das Business Process Reengineering konsequent davon ausgeht, dass Organisation eine strategische

Managementaufgabe ist, kann auf dieser Ebene auch über strategische Fragen nachgedacht und entschieden werden.

Als *Fazit* kann also festgestellt werden, dass die Forderung einer prozessorientierten Aufbauorganisation eigentlich nichts Neues ist. Business Process Reengineering - zur rechten Zeit, richtig vermarktet - hat jedoch zu einem wichtigen Bewusstseinswandel beim Management beigetragen.

3.2 Kaizen oder Business Process Reengineering

Hinter den Begriffen *Kaizen* und *Business Process Reengineering* verbergen sich zwei unterschiedliche *Vorgehensstrategien* in organisatorischen Vorhaben, die auch als empirische und konzeptionelle Vorgehensweise bezeichnet werden. Beide unterscheiden sich insbesondere in der *Radikalität* ihres Ansatzes, wie die folgende Übersicht zeigt.

	Kaizen = *empirisches Vorgehen*	Business Process Reengineering = *konzeptionelles Vorgehen*
Beschreibung	Politik der kleinen Schritte, stufenweise Verbesserung einer vorhandenen Lösung durch „Feintuning"	Radikaler Ersatz einer vorhandenen Lösung durch eine komplett neue Lösung
Zielsetzung	kleine Verbesserungen – „aus vielem wenig wird ein viel"	Verbesserungen in „dramatischen" Größenordnungen
Strategie	unverändert	überprüft und evtl. verändert
Hauptstoßrichtung	Aufgaben, dezentrale Prozesse, Sachmitteleinsatz, Informationstechnik	Kernprozesse auf der obersten Ebene des Unternehmens oder von Unternehmensbereichen, informationstechnische Unterstützung, veränderte Qualifikation der Mitarbeiter
Zuständigkeit/ Richtung im Vorgehen	von unten nach oben, Vorschläge werden an der Front erarbeitet	Vorgehen von oben nach unten. Die zentralen Weichen kann nur das oberste Management stellen
Hauptaktivitäten	gründliche Erhebung und Analyse des Ist-Zustandes, der Schwachstellen und deren Ursachen, um die Ursachen für Probleme zu beseitigen.	globale Ermittlung wesentlicher Fakten, völliger Neuentwurf alternativer Lösungen.

Abb. 3.2: Vergleich Kaizen und Business Process Reengineering

Die Vertreter des Business Process Reengineering sind der Auffassung, dass *grund-sätzlich radikale organisatorische Veränderungen* vorgenommen werden müssen, dass also das Kaizen nicht mehr ausreicht. *Man solle mit der Vergangenheit brechen, um für die Zukunft gewappnet zu sein.* Diese Aussage kann im Einzelfall durchaus richtig sein. So haben viele Unternehmen in den letzten Jahren ihre Strategie grundlegend überarbeitet und sich radikal neue Strukturen gegeben. Einige von ihnen hätten andernfalls kaum eine Überlebenschance gehabt. Weltweit bekannte Namen wie IBM, Kodak, Bell Atlantic Corp, Lufthansa, Asean Brown Boveri sind Beispiele für Unternehmen, die Business Process Reengineering betrieben haben, ohne es immer auch so zu nennen.

Es darf daraus aber nicht der Schluss gezogen werden, dass zukünftig nur noch radikale Änderungen sinnvoll sein werden. Das zeigt sich insbesondere in Unternehmen, die wichtige Einschnitte hinter sich haben. Sie versuchen dann eine Zeit lang, diese neue Lösung per Kaizen zu verbessern, bis irgend wann der Zeitpunkt kommt, zu dem eine punktuelle Verbesserung nicht mehr ausreicht. Ein erneuter radikaler Schnitt wird notwendig. Wenn man sich vor Augen führt, wie lange in der Praxis ein Unternehmen benötigt, um nach einer „schweren Operation" wieder auf die Beine zu kommen - in der Neuerungsphase wird vom Management sehr viel mehr Energie auf die Reorganisation als auf den Markt verwendet - wird klar, dass radikale Schnitte von einem Unternehmen nur in Abständen von mehreren Jahren verkraftet werden. Zwischen diesen tiefen Einschnitten wird dann Kaizen betrieben.

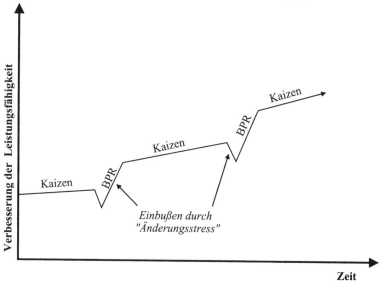

Abb. 3.3: Business Process Reengineering (BPR) und Kaizen im Zeitablauf

3.3 Identifizieren und Gestalten von Prozessen

Strategische Projekte zur Prozessorganisation greifen über die reine organisatorische Fragestellung hinaus und stellen die verfolgte Strategie in Frage. Dadurch soll vermieden werden, „einen Trampelpfad zu asphaltieren". Da hier Fragen der Unternehmensführung angesprochen sind, soll der Punkt an dieser Stelle nicht weiter vertieft werden.

Das zentrale Anliegen der prozessorientierten Organisation ist eine wesentlich verbesserte Ablaufstruktur auf der Basis einer neuen Aufbauorganisation.

In einem ersten Schritt werden dazu alle möglichen *Prozesse gesammelt* und *geordnet*. Bei der Abgrenzung von Prozessen ist darauf zu achten, dass jeder *Prozess bei einem Kunden* (Bankkunde oder interner Kunde) *beginnt und endet*, da eine Leistung für Dritte verbessert werden soll.

Nehmen wir die Bank wiederum als Beispiel, die auf der obersten Ebene nach Kunden gegliedert ist, z.B. nach Geschäftskunden, Individualkunden (vermögende Private) und Privatkunden (Massengeschäft). Da eine Bank *nicht beliebig oft gegliedert* werden kann - es kann nicht für jedes Produkt und für jede mögliche Zielgruppe eine eigene Aufbauorganisation geschaffen werden - *müssen die Prozesse priorisiert werden*. Einige wenige *Kernprozesse* sind zu ermitteln, die dann als *Grundlage der Aufbauorganisation* dienen. Die Aufbauorganisation sollte sich an den Prozessen ausrichten, die

- ◆ häufig vorkommen
- ◆ strategische Bedeutung haben (Misserfolg bei diesen Geschäften bedroht das Unternehmen als Ganzes)
- ◆ einen großen Beitrag zur Wertschöpfung leisten, also wirtschaftlich wichtig sind (hier bringt das Unternehmen seine Kernkompetenzen ein).

In der Praxis wird empfohlen, *nicht mehr als 3 bis 5 Kernprozesse* für ein *Unternehmen* oder für einen abgegrenzten *Unternehmensbereich* zu *isolieren*. Für den Privatkundenbereich könnten folgende Kernprozesse abgegrenzt werden:

- ◆ Vergabe von Krediten
- ◆ Einlagengeschäft (Spar- und Anlageformen)
- ◆ Zahlungs- und Überweisungsverkehr.

Innerhalb des Privatkundenbereiches besteht die am Anfang dieses Kapitels geschilderte Organisation des Kreditgeschäftes. Die Immobilienfinanzierung macht von der Menge, von der strategischen Bedeutung und von der Wertschöpfung einen wesentlichen Anteil des Kreditgeschäftes aus.

Nachdem die Immobilienfinanzierung als ein Kernprozess identifiziert wurde, stellt sich die Frage, ob bei diesem Prozess nicht typische Varianten auftreten, die eigene Unterprozesse rechtfertigen. Hier könnte beispielsweise nach der Höhe des Darlehens bzw. nach der Quote der Beleihung von Sicherheiten abgegrenzt werden. Denkbar sind im Beispielfall drei Prozessvarianten

Ermittlung von Prozessvarianten		
Darlehensbetrag bis Euro 200.000, weniger als 50% Beleihung von Sicherheiten	Darlehensbetrag bis Euro 200.000, mehr als 50% Beleihung	Darlehen, die beide Werte einzeln oder gemeinsam überschreiten
75% der Fälle	15% der Fälle	10% der Fälle

Abb. 3.4: Prozessvarianten

Neben diesen eigentlichen Leistungsaufgaben gibt es immer auch noch Verwaltungsaufgaben, die den Kernprozessen nicht oder nicht unmittelbar zugeordnet werden können, wie z.B. Personalverwaltung, Buchhaltung, Organisation/EDV usw. Wenn derartige Einheiten ausreichend groß sind, ist es durchaus sinnvoll, auch hier Kernprozesse abzugrenzen, ausgehend von den Leistungen, die diese Einheiten für Dritte erbringen. Die Organisation der Bereiche kann dann an den zentralen Prozessen ausgerichtet werden.

Im Verlagsbeispiel könnten folgende *Kernprozesse* abgegrenzt werden:

◆ Auslieferungen an den Buchhandel
◆ Auslieferungen an Grossisten
◆ Auslieferungen von Zeitschriften an Endabnehmer
◆ Aufnahme neuer Titel nach Vertrag mit Autor
◆ Aufnahme neuer Titel nach Vertrag mit Lizenzgeber.

Bei der Ermittlung von Kernprozessen ist es wichtig, nicht zu sehr in die Details einzusteigen. Es geht nur darum, die *Prozesse* zu *verstehen*. Man geht von den gewünschten Ergebnissen aus und lässt „den gesunden Menschenverstand arbeiten". Detaillierte Ablaufuntersuchungen verführen dazu, in den Einzelheiten zu versinken und dabei den Überblick zu verlieren. Konzeptionelle Arbeit setzt auch den Mut voraus, ohne Detailkenntnisse über effiziente Prozessstrukturen nachzudenken.

Bei den Prozessen werden *Schwachstellen gesucht,* wie z.B. die Anzahl der Schnittstellen, Systembrüche (Daten erst manuell und später informationstechnisch erfassen), typische Fehler im Prozess oder im Ergebnis (z.B. Häufigkeit von Nacharbeit, Besorgung fehlender Informationen).

Um Schwachstellen zu ermitteln, wird ein *Maßstab* benötigt, an dem die eigene Leistung gemessen werden kann. So sagt eine Fehlerquote von 5% noch nicht allzuviel aus. Vielleicht ist das schon ein Wert, der kaum noch verbessert werden kann. Um den eigenen Standort besser bestimmen zu können, bietet sich hier das *Benchmarking* an. Man *vergleicht* sich mit anderen, die als besonders leistungsfähig angesehen werden, möglichst nimmt man *den Besten zum Maßstab.* Der Beste kann in der eigenen Branche gesucht werden, es ist aber auch denkbar, etwa den Besten im Versandhandel als Maß für die Durchlaufzeit bei Buchbestellungen zugrunde zu legen. Dieser Schritt endet mit einer Aussage zu den Zielen, die zukünftig erreicht werden sollen. So könnte bei den Immobilienkrediten vom Antrag bis zur Auszahlung eine Durchlaufzeit von zwei Werktagen vorgegeben werden, sowie eine einmalige Erfassung aller relevanten Daten. Die Ausfallquote von Darlehen soll nicht über 3% steigen. Im Verlagsbeispiel könnte das Ziel lauten: Beschleunigung bei neuen Publikationen von 8 auf 2 Monate bei gleichbleibender Qualität der redaktionellen Arbeit.

Die Erarbeitung von Lösungen ist der eigentlich konzeptionelle Schritt im Business Process Reengineering.

Wie bei allen organisatorischen Vorhaben wird der „Würfel" bearbeitet, d.h. die notwendigen Elemente werden bestimmt, deren Verknüpfung zur Aufbau- und Prozessorganisation wird geregelt.

Aufgaben und Stellenbildung

Im Vordergrund der Gestaltung steht die Auseinandersetzung mit den *Aufgaben*. In der folgenden Übersicht werden Fragen gestellt, die auf Verbesserungen abzielen, und an dem Verlags- sowie an dem Bankbeispiel verdeutlicht.

Frage	Konkretisierung	Verlagsbeispiel	Bankbeispiel
Kann der Prozess früher oder später beginnen oder enden?	Welche Leistungen können bereits vorab erbracht werden?	Der Autor kann die Texte selbst erfassen und auf Disketten anliefern. Das Lektorat beginnt bereits vor dem endgültigen Vertragsabschluss.	Architekten liefern Objektbeschreibungen in einer standardisierten Form.
Welche Aufgaben sollten wir nicht mehr selber tun?	Was können andere besser, billiger, schneller?	Die Aufbereitung der Grafiken kann an Dritte vergeben werden. Die Technik kann als selbständige Einheit ausgegliedert werden (Outsourcing).	Der Kunde gibt seine persönlichen Daten und die Daten des Beleihungsobjektes selbst in ein System ein. Die Besichtigung von Beleihungsobjekten wird extern vergeben.
Welche Aufgaben sind überhaupt entbehrlich?	Bei welchen Aufgaben besteht kein vernünftiges Verhältnis von Aufwand und Ertrag?	Nachkorrekturen vor dem Versand an den Autor können entfallen. Es reicht ein Korrekturgang mit dem Autor.	Einkommensbestätigungen brauchen bei Darlehen bis Euro 150.000 und einer Beleihung von maximal 50% nicht mehr vorgelegt zu werden.

Fortsetzung siehe nächste Seite

Frage	Konkretisierung	Verlagsbeispiel	Bankbeispiel
Welche Aufgaben können sinnvoll an andere Stellen verlagert werden?	Können Kontrollaufgaben von den Bearbeitungsstellen erledigt werden? Welche Entscheidungen können dezentralisiert werden? Welche Aufgaben sind sinnvollerweise zentral zu erledigen?	Der Lektor hat anstelle des Autors die letzte Verantwortung für die formale Richtigkeit. Korrekturen, Montage der Abbildungen und Seitenumbruch macht ein Informationsdesigner mit Hilfe eines EDV-Systems.	Bei Darlehen bis Euro 150.000 und einer Beleihung von maximal 50% entscheidet der Kundenberater selbst. Er erteilt in diesem Fall sofort eine mündliche Zusage. Alle eingegebenen Daten werden zentral verwaltet.
Welche Aufgaben können zusammengelegt werden, so dass weniger Schnittstellen entstehen?	Können mehrere Aufgabenschritte zusammengefasst werden? Können vorgelagerte Planungs- und nachgelagerte Kontrollaufgaben zusammengelegt werden?	Konzentration wichtiger Aufgaben auf den Lektor, ausgenommen das Informationsdesign (Erfassung, Grafik, Umbruch) und die Herstellung. Auch das Marketingkonzept wird vom Lektor erstellt, unterstützt vom Marketing.	Der Kundenberater nimmt nach der Beratung den Antrag entgegen, prüft und entscheidet sofort, gibt eine definitive mündliche Zusage vorab, erstellt den Kreditvertrag, legt ihn dem Kunden zur Unterschrift vor und veranlasst die Auszahlung.

Abb. 3.5: Beispiele für Lösungsvarianten im BPR

Der Lektor ist nun *für den gesamten Prozess* der Buchherstellung *verantwortlich*, obwohl er nicht alle Aufgaben selbst erledigt. Ihm ist die Koordination der übrigen Beteiligten übertragen. Dazu hat er das Recht, zu bestimmten Terminen klar definierte Leistungen zu fordern. Man spricht dann auch von einem *Caseworker* bzw. von einem *Processowner*. Er ist jederzeit über den Stand des Vorganges informiert, sorgt für einen koordinierten, zügigen Ablauf und ist der *einzige Ansprechpartner des Autors* (das ist sein Kunde). Die Durchlaufzeit eines Buchprojektes kann dadurch erheblich verkürzt werden.

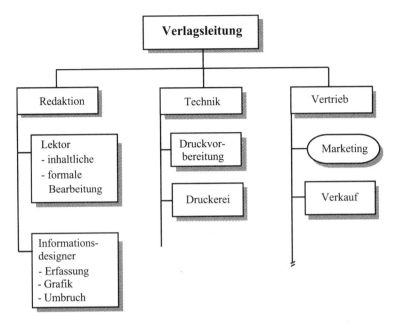

Abb. 3.6: Prozessorientierte Aufgabenverteilung im Verlag

In dem Kreditinstitut ist mit Ausnahme der Auszahlung der Kundenberater nun ebenfalls für den gesamten Prozess zuständig, soweit bestimmte Wert- und Beleihungs-
grenzen nicht überschritten werden. Schnittstellen und damit Transport- und Liegezeiten der Kreditanträge entfallen. Durch die direkte Zusage beim ersten Besuch des
Kunden besteht nicht mehr die Gefahr, dass ein Mitbewerber aufgesucht wird, der
möglicherweise ein günstigeres Angebot unterbreitet. Bei höheren Darlehensbeträgen
bzw. bei einer höheren Beleihung könnte zukünftig ebenfalls der Kundenberater zuständig sein, es werden dann allerdings ein oder zwei weitere Kontrollen bzw. Bewil-
ligungsstufen eingebaut. Die Vorgänge werden den Entscheidungsbefugten - unter
Umständen sogar Online mit Hilfe eines Workflow-Management - direkt vorgelegt.

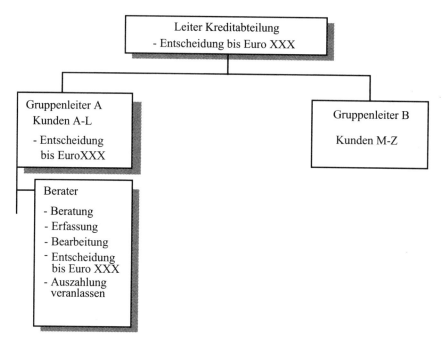

Abb. 3.7: Prozessorientierte Aufgabenverteilung in der Kreditgewährung

Eine ähnliche Lösung wie im Verlag findet sich in der Industrie, etwa wenn neue Produkte entwickelt werden. Von der Produktidee bis zur Fertigungsreife werden Projektgruppen (Case Teams) zusammengestellt, deren Zusammensetzung sich im Projektfortschritt verändern kann - hier wird auch von *virtuellen Teams* gesprochen. Diese Teams sind für das neue Produkt verantwortlich. Ein Vorhaben wandert also nicht mehr von Abteilung zu Abteilung - die Mitarbeiter der Abteilungen wandern zu den Projekten. Das kann im Extremfall etwa bei Entwicklungs- oder Marketingabteilungen dazu führen, dass diese Abteilungen gar keine - oder nur noch rudimentäre - eigenen Aufgaben mehr haben. Sie bilden einen Expertenpool, der von Projekt zu Projekt wandert.

Bei der Gestaltung der Prozesse ist auf einige *Grundsätze* zu achten

- ❑ Prozesse beginnen und enden bei (internen oder externen) Kunden
- ❑ für die Aufbauorganisation sollten nicht mehr als 3 - 5 Kernprozesse isoliert werden (diese Aussage kann auch für kleinere Organisationseinheiten gelten)
- ❑ Prozesse sollten möglichst einfach gehalten werden (evtl. Unterscheidung in Prozessvarianten)
- ❑ die „natürliche" Reihenfolge der Bearbeitung sollte möglichst eingehalten werden
- ❑ möglichst wenige Schnittstellen
- ❑ durch Parallelarbeit, Eliminieren von Aufgaben, Automatisieren, früheren oder späteren Beginn sollen Prozesse beschleunigt werden.

Prozesse als Rahmen der Aufbauorganisation wurden hier an den Anfang der aufbau-organisatorischen Teilthemen gestellt, weil *von der Struktur der Kernprozesse* die gesamte *Aufbauorganisation* einer Unternehmung oder einer Organisationseinheit *abhängt*. Damit können Lösungen geschaffen werden, die schnelle Abläufe, flexible Anpassung an Veränderungen, insbesondere auch eine an den Wünschen des Kunden orientierte Arbeit ermöglichen. Der zunehmende Wettbewerbsdruck lässt den Unter-nehmen kaum eine andere Wahl, als diese Ziele sehr hoch zu gewichten.

In den folgenden Kapiteln werden die klassischen Themen der Aufbauorganisation

- ◆ Stellenbildung
- ◆ Leitungssysteme
- ◆ Informationssysteme
- ◆ Kommunikationssysteme

behandelt. Ganz gleich, ob eine Unternehmung auf der obersten oder auf tieferen Ebenen prozessorientiert organisiert ist oder nicht, in jedem Fall müssen Regelungen zu diesen Sachverhalten (Teilsystemen) erarbeitet werden.

Weiterführende Literatur zu diesem Abschnitt

Bullinger, H.-J.: Customer Focus und Business Reengineering - Neue Trends für eine zukunftsorientierte Unternehmensführung. In: 13. IAO-Arbeitstagung: Neue Impulse für eine erfolgreiche Unternehmensführung. Berlin 1994

Davenport,Th.H.: The New Industrial Engineering: Information Technology and Business Process Redesign. Sloan Management Review, Summer 1990, S. 11 - 25

Davenport,Th.H.: Process Innovation. Reengineering Work through Information Technology. Boston Mass. 1993

Gaitanides,M.: Prozeßorganisation. Entwicklung, Ansätze und Programme prozeß-orientierter Organisationsgestaltung. München 1983

Gaitanides, M. et al.: Prozeßmanagement. Konzepte, Umsetzungen und Erfahrungen des Reengineering. München / Wien 1994

Hafen, U.; D. Brütsch: Am Ende entscheidet der Kunde. Keine Prozeßorganisation ohne Anpassung der Aufbauorganisation. IO Management. 1-2 / 1997, S. 52 - 56

Hall, G.; J. Rosenthal; J. Wade: How to Make Reengineering Really Work. Harvard Business Review, Nov-Dec. 1993, Seite 119 - 131

Hammer, M; J. Champy: Business Reengineering. Die Radikalkur für das Unternehmen. Frankfurt / New York 1994

Kamiske, G.F.; T. Füermann: Reengineering versus Prozeßmanagement. Zeitschrift Führung + Organisation 3 / 95, S. 142 - 148

Kaplan, R.H.; L. Murdock: Core process redesign. The McKinsey Quarterly, 2 / 1991, S. 27 - 43

Krickl, O. (Hrsg.): Geschäftsprozeßmanagement. Heidelberg 1994

Majchrzak, A,; Q. Wang: Breaking the Functional Mind-Set in Process Organizations. Harvard Business Review Sep / Oct. 1996, S. 93 - 99

Metken, M.: Prozeßorientierte Organisationsoptimierung - Ein Erfahrungsbericht. Office Management 3 / 1993, S. 6 - 12

Morris, D.; J. Brandon: Revolution im Unternehmen. Reengineering für die Zukunft. Landshut a.L. 1994

Oesterle, H.: Business Engineering – Prozeß und Systementwicklung. Berlin 1995

Osterloh, M.; J. Frost: Business Engineering – Prozeß und Systementwicklung. Berlin 1995

Osterloh, M.; J. Frost: Prozeßmanagement als Kernkompetenz. 2. Aufl., Wiesbaden 1998

Rebstock, M.: Grenzen der Prozeßorientierung. Zeitschrift Führung + Organisation 5 / 97, S. 272 - 278

Wittlage, H.: Organisationsgestaltung unter dem Aspekt der Geschäftsprozeßorganisation. Zeitschrift Führung + Organisation, 4 / 95, S. 210-214

4 Stellenbildung

4.1 Begriff

Der Kreditberater soll zukünftig für die gesamte Bearbeitung von Krediten aller Kunden in einer bestimmten Region zuständig sein. Ausgenommen ist die Bewilligung ab bestimmten Wertgrenzen und ausgenommen ist weiterhin die Auszahlung. Er berät, nimmt Daten entgegen und gibt sie ein, erstellt einen Kreditvertrag usw. Diese von ihm wahrzunehmenden Aufgaben bilden das Fundament seiner Stelle. Um diese Aufgaben erfüllen zu können, benötigt er Informationen und Sachmittel. Abstrakt gesprochen geht es bei der Stellenbildung um die Verknüpfung der organisatorischen Elemente unter Berücksichtigung der Dimensionen. Die gerasterten Flächen des Würfels sind somit angesprochen. Eine Stelle ist dann vollständig beschrieben, wenn alle zugehörigen Elemente und die Dimensionen geregelt sind. Sie wird folgendermaßen definiert:

> Eine Stelle ist ein nach Art und Menge abgegrenzter Aufgabenkomplex für einen Aufgabenträger, dem zur Aufgabenerfüllung Informationen und Sachmittel zur Verfügung gestellt werden.

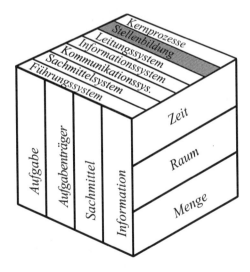

Abb. 4.1: Bestandteile der Stellenbildung

Element	Inhalt	Zeit	Raum	Menge
Aufgabe	Art der Aufgaben	Zeitverbrauch je Aufgabener- füllung / Zeit des Aufgabenanfalls	Raumbedarf für die Erle- digung	Anzahl der zu erfüllenden Aufgaben
Aufgaben- träger	Art der Qualifikation	Zeitliche Kapazi- tät / Zeitraum der Verfügbarkeit	Raumbedarf des Arbeits- platzes	Anzahl der Aufgaben- träger
Sachmittel	Funktionalität / Leistungs- merkmale	Zeit der Verfüg- barkeit	Raumbedarf der Sachmittel	Anzahl der Sachmittel
Information	Art und Qua- lität (z.B. Genauigkeit, Sicherheit)	Zeitraum oder Zeitpunkt der Verfügbarkeit	Raumbedarf (z.B. für Registratur, Archiv)	Umfang der Informationen

Abb. 4.2: Regelungsinhalte der Stellenbildung

Bei der Stellenbildung wird von einer bestimmten *qualitativen und quantitativen Kapazität* eines *Aufgabenträgers* ausgegangen. Quantitativ können ihm so viele Aufgaben übertragen werden, wie er mit einem normalen *Leistungsgrad* bewältigen kann (siehe dazu Abschnitt 4.7 Personalbemessung). Der *Schwierigkeitsgrad* sollte das qualitative Leistungsniveau des Aufgabenträgers nicht übersteigen.

Eine Stelle besteht somit aus einem Aufgabenpaket, das von *einem* - gedachten oder konkreten - *Aufgabenträger* erfüllt werden kann. Die Betonung liegt dabei auf „einem".

In dem Konzept des *Job-Sharing* bzw. der *Teilzeitarbeit* wird vorgesehen, dass sich zwei oder mehr Personen eine oder mehrere Stellen teilen. Die Mitarbeiter leisten in diesem Fall weniger als die in Tarifverträgen festgelegte Normarbeitszeit von beispielsweise 40 Wochenstunden. Arbeiten zwei Kreditberaterinnen jeweils nur 20 Stunden in der Woche, kann auch in diesem Fall von zwei (Teilzeit-) Stellen gesprochen werden, auch wenn diese Aufgaben ursprünglich von einer Vollzeitkraft wahrgenommen wurden. Die Kapazität dieser Mitarbeiterinnen beträgt 20 Stunden. Auf diese Kapazität ist das Aufgabenvolumen abzustimmen.

4.2   Prinzipien der Stellenbildung

4.2.1   Einheit von Aufgabe, Kompetenz und Verantwortung

Bei der Stellenbildung ist das „Gesetz" der Einheit von

❑ Aufgabe
❑ Kompetenz und
❑ Verantwortung

zu beachten.

Jeder Stelleninhaber muss die Kompetenzen (Befugnisse) erhalten, die er benötigt, um seine Aufgaben erfüllen zu können. Der Kreditberater kann keine Zusagen zur Gewährung von Krediten machen, wenn ihm die Befugnis fehlt, innerhalb bestimmter Grenzen selbst zu entscheiden. Seine Verantwortlichkeit darf nicht weiter reichen als seine Kompetenz, d.h. er kann nur für Sachverhalte zur Rechenschaft gezogen werden, die im Rahmen seiner Aufgabe liegen und für die er entsprechende Kompetenzen besitzt - es sei denn, er würde seine Befugnisse überschreiten.

Abb. 4.3: Einheit von Aufgabe, Kompetenz und Verantwortung

In der Praxis ist der Fall relativ oft anzutreffen, dass *Mitarbeiter* zwar bestimmte *Aufgaben* haben, ihnen die *dazu notwendigen Kompetenzen jedoch nicht* zugestanden werden. So gibt es Verwaltungen und Unternehmen, in denen Vorgesetzte Vorgänge „blind" unterschreiben, die ihre Mitarbeiter fachlich bearbeitet haben. Ein wichtiger Grund für derartige Lösungen ist oft das *Vergütungssystem*. Wenn der sachbearbeitende Mitarbeiter selbst unterschreiben würde, müsste er in eine höhere Vergütungsgruppe eingeordnet werden. Um das zu vermeiden, unterschreibt ein „Kompetenzträger" für mehrere Mitarbeiter. Es kann aber auch daran liegen, dass Vorgesetzte bestimmte *Befugnisse nicht loslassen können oder wollen*, weil sie damit ihren eigenen Status bedrohen würden.

Das Thema Aufgabe, Kompetenz und Verantwortung soll noch aus einem anderen Blickwinkel betrachtet werden. Herrn Buch sind insgesamt sieben Mitarbeiter direkt unterstellt. Einer von ihnen ist der Leiter des Einkaufs. Dieser Mitarbeiter hat mit den Lieferanten Absprachen getroffen. Der Verlag hat überhöhte Preise gezahlt und der Einkaufsleiter wurde dafür von Lieferanten persönlich „prämiert". Für den Verlag ist ein beträchtlicher Schaden entstanden. Klar ist, dass der Einkaufschef für dieses Fehlverhalten - auch juristisch - verantwortlich ist. Er muss mit seiner sofortigen Kündigung rechnen. Inwieweit ist nun aber Herr Buch für die Manipulationen seines

Mitarbeiters verantwortlich. Unterstellt, er hat von der ganzen Angelegenheit nichts gewusst, kann er dennoch verantwortlich sein. Zu seinen Aufgaben gehört zwar nicht der Einkauf, zu seinen Aufgaben gehört es aber, die Mitarbeiter

- ❑ vor dem Einsatz auf ihre *Eignung* zu *prüfen* (Personalauswahl)
- ❑ ausreichend *laufend anzuleiten* (fachliche Hilfen geben)
- ❑ mit allen *notwendigen Informationen* zu versorgen
- ❑ zu *überwachen*.

Wenn er in allen Punkten korrekt gehandelt hat, ist er nicht für das Fehlverhalten seines Mitarbeiters verantwortlich. Dazu muss er auch nicht jeden einzelnen Vorgang kontrollieren. Es reichen Stichproben und Kontrollen der Einkaufsrichtlinien. Sollte Herr Buch allerdings Hinweise darauf haben, dass der Mitarbeiter nicht zuverlässig ist, sind eventuell schon früher Unregelmäßigkeiten vorgekommen, dann kann er dafür verantwortlich gemacht werden, dass er diesen Mitarbeiter nicht enger überwacht hat oder dass er keine organisatorischen Lösungen vorgesehen hat, die eine Manipulation verhindern oder zumindest erschweren. Fazit: Auch ein *Vorgesetzter* ist *immer nur für sein eigenes Fehlverhalten*, nicht aber für das Fehlverhalten seiner Mitarbeiter *verantwortlich* zu machen.

Etwas anders sieht es bei der *politischen Verantwortung* aus. Hier kann es durchaus sein - und es zählte einmal zu den guten Sitten in der Politik - dass z.B. ein Minister gehen musste, weil in seinem Verantwortungsbereich Unregelmäßigkeiten aufgetreten waren - selbst wenn er sie beim besten Wissen und Wollen nicht hätte verhindern können. Ein bekanntes, heute schon „geschichtliches Ereignis" ist der Rücktritt des damaligen Bundeskanzlers Brandt, nachdem festgestellt wurde, dass ein Spion in sein unmittelbares Umfeld eindringen konnte. Die Sicherheitsdienste und Sicherheitsprüfungen hatten versagt - Brandt übernahm mit seinem Rücktritt dafür die politische Verantwortung.

4.2.2 Freie oder gebundene Stellenbildung

Im Verlag von Herrn Buch gibt es einen Mitarbeiter, der eine Lehre in einer Druckerei gemacht hat und der außerdem sehr geschickt ist beim Einsatz von Hard- und Software der individuellen Datenverarbeitung. Um diesen Mitarbeiter seinen Fähigkeiten entsprechend zu nutzen, hat Herr Buch dessen Stelle so gebildet, dass er für die folgenden Aufgaben zuständig ist:

- ◆ Erfassen und Bearbeiten von Manuskripten
- ◆ Installation von Hard- und Software
- ◆ Benutzerservice in der individuellen Datenverarbeitung für alle Verlagsmitarbeiter.

Diese Regelung kann durchaus sinnvoll sein. Wenn Qualifikationen und Neigungen vorhandener Mitarbeiter berücksichtigt werden - *gebundene Organisation* - können sich folgende *Vorteile* ergeben:

◆ *Gute* Nutzung der Fähigkeiten *vorhandener Personen*

◆ hohe Leistungsbereitschaft der Mitarbeiter, wenn sie ihrer Eignung und Neigung entsprechend eingesetzt werden

◆ kostengünstige Lösung (so würde sich im Verlag ein Spezialist für den Benutzerservice als Hauptaufgabe nicht lohnen).

Tendenziell nimmt die Bereitschaft zu, Lösungen auf konkrete Personen zuzuschneiden, wenn

◆ dadurch Kosten in nennenswertem Umfang eingespart werden können

◆ es um knappe und teuere Qualifikationen geht - hochkarätige Spezialisten

◆ die betroffenen Mitarbeiter in der Hierarchie weit oben stehen - sie können maßgeschneiderte Lösungen für sich leichter durchsetzen

◆ aus der Sicht der Unternehmenskultur die Arbeitszufriedenheit stark gewichtet wird.

Da eine oder mehrere dieser Bedingungen relativ häufig vorliegen, wird oft bewusst gegen den klassischen organisatorischen Grundsatz verstoßen, *sachorientiert (ad rem)* statt *personenorientiert (ad personam)* zu organisieren.

Unbestreitbar gibt es auch *Vorteile einer „ungebundenen Organisation"*, bei der man sich an vorhandenen *Berufsbildern* wie den Bankkaufmann, den Einkäufer, den Buchhalter usw. orientiert:

◆ Leichtere Besetzung von Stellen

◆ erleichterte Stellvertretungsregelungen

◆ weniger Reorganisationsaufwand beim Ausscheiden oder bei der Versetzung eines Mitarbeiters, für den eine Lösung maßgeschneidert wurde.

4.2.3 Zentralisation und Dezentralisation

Im Verlag werden derzeit alle Abbildungen, die in Bücher, Zeitschriften, Werbedrucke usw. eingehen, von Spezialisten in der Abteilung Grafik angefertigt. Wenn ein Mitarbeiter eine Abbildung benötigt, skizziert er seine Ideen und legt sie der Grafik vor, die sie dann reproduktionsreif herstellt. Nun wird eine andere Lösung diskutiert. Da alle Setzer selbst über PC verfügen und leistungsfähige Grafiksoftware im Haus vorhanden ist, könnten - nach entsprechender Einweisung - auch die Setzer (die dadurch zum Informationsdesigner werden könnten) die benötigten Grafiken erstellen. Aus einer Zentralisation würde dann eine Dezentralisation.

Von *Zentralisation* wird gesprochen, wenn Aufgaben an einem *Mittelpunkt* (im Beispiel die Grafikabteilung) *zusammengefasst* werden. Zur exakten Beschreibung müssen sowohl der Mittelpunkt (Ziel) - z.B. Stelle, Abteilung, Person, Raum - als auch die Aufgabenart, die zentralisiert werden soll - wie z.B. Erstellen von Grafiken nach Vorlagen - angegeben werden. *Dezentralisation* bedeutet allgemein gesagt die Verteilung *gleicher Aufgaben auf verschiedene Stellen*, also ein Streben weg vom Mittelpunkt.

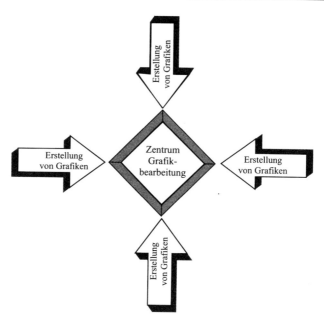

Abb. 4.4: Zentralisation

Um ein weiteres Beispiel zu geben: Wenn die Organisationsaufgaben in einer Abteilung zusammengefasst werden, die für das gesamte Unternehmen zuständig ist, liegt eine - nach der Verrichtung „organisieren" gebildete - Zentralisation vor. Wenn demgegenüber alle wichtigen Fachbereiche über eigene Organisatoren verfügen, handelt es sich um eine teilweise dezentrale Lösung. Wenn die Organisationsarbeit nicht mehr von Spezialisten sondern „nebenbei" von den Vorgesetzten und Mitarbeitern der Fachbereiche erledigt wird, liegt eine komplette Dezentralisation vor.

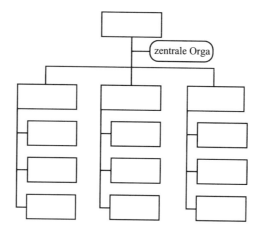

Abb. 4.5a: Zentralisation der Organisation

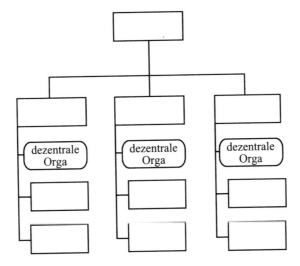

Abb. 4.5b: (teilweise) Dezentralisation der Organisation

Aus einem anderen Blickwinkel wird hier auch die *Art-* und die *Mengenteilung* unterschieden. Das soll wiederum am Beispiel von Herrn Buch verdeutlicht werden.

Ein personell starker Bereich des Verlags ist der Vertrieb. Allein im Versand arbeiten 4 Mitarbeiter, die Partien zusammenstellen und versandfertig machen. *Jeder Mitarbeiter hat hier die gleichen Aufgaben.* Keiner ist auf irgendwelche Teilaufgaben spezialisiert. Die große Anzahl täglich zu versendender Lieferungen erzwang diese Lösung, die als *Mengenteilung* bezeichnet wird. Mengenteilung ist die Zuordnung gleichartiger Aufgabenkomplexe auf mehrere Stellen.

Anders sieht die organisatorische Lösung bei den benachbarten Stellen aus. Sie wurden so gebildet, dass *jeder Mitarbeiter einen spezialisierten Aufgabenbereich* zu bearbeiten hat. Die Auftragsannahme kümmert sich lediglich um die eingehenden Bestellungen. Sie sortiert vor, verfügt Erledigungsvermerke, prüft, ob Lieferhemmnisse vorliegen, ermittelt die Rabattstaffel und die Versandkosten und leitet die Ergebnisse an die Fakturierung, also an die Stelle weiter, wo die Rechnungen geschrieben werden. In der Fakturierung werden neben der Rechnung die Versandpapiere erstellt. Die Rechnungsprüfung zeichnet die Rechnungen ab usw. Die nebeneinander stehenden Stellen haben also ungleiche Aufgaben. Hier spricht man von Artteilung. *Artteilung ist die Zuordnung ungleichartiger - spezialisierter - Aufgabenkomplexe auf verschiedene Stellen.*

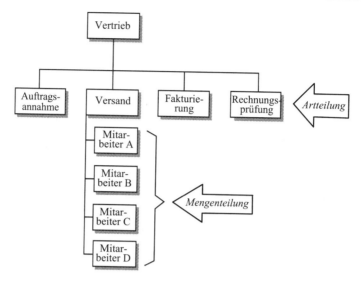

Abb. 4.6: Mengen- und Artteilung in der Stellenbildung

Die *Artteilung* ist gleichzeitig ein Beispiel für eine *Zentralisation* der Verrichtungen Auftragsannahme, Fakturierung, Rechnungsprüfung und Versand.

4.3 Stellenarten

Stellen können nach verschiedenen Gesichtspunkten klassifiziert werden. Nach ihrer *hierarchischen Einordnung* (*Rangaspekt*) - lassen sich Leitungs- und Ausführungsstellen unterscheiden. Nach der *Art der überwiegenden Aufgaben* unterscheidet man verrichtungs- und objektorientiert gebildete Stellen. Die Abb. 4.7 zeigt eine Übersicht der Stellenarten, die hier noch näher behandelt werden.

Stellenarten					
Rangaspekt				**Aufgabenaspekt**	
Leitungsstellen = Instanzen		Ausführungsstellen		Verrichtungsorientierte Stellenbildung nach dem Merkmal:	Objektorientierte Stellenbildung nach dem Merkmal
Singularinstanzen	Pluralinstanzen	Realisationsstellen	Stabsstellen	• Entscheidungsvorbereitung • Entscheidung • Realisation • Kontrolle	• Prozess • Produkt • Raum • Kunde

Abb. 4.7: Stellenarten

Diese Stellenarten und deren Vor- und Nachteile werden nun vertieft behandelt.

4.3.1 Rangaspekt der Stellenbildung

4.3.1.1 Leitungsstellen

Der Chef der Kreditabteilung hat eine Leitungsstelle inne. Ihm sind direkt sieben Mitarbeiter unterstellt. Was bedeutet das nun aus organisatorischer Sicht? Leitungsstellen sind *Stellen mit Fremdentscheidungsbefugnissen*. Der Leiter der Kreditabteilung darf für andere verbindliche Entscheidungen fällen. Er kann ihnen Aufgaben übertragen, er kann ihre Urlaubsgesuche akzeptieren oder ablehnen, er kann ihnen vorschreiben, wie bestimmte Kreditabläufe zu behandeln sind usw. Aus dem Recht zur Fremdentscheidung leitet sich unmittelbar das *Anordnungsrecht* ab; eine unabdingbare Voraussetzung, wenn die fremdentschiedenen Sachverhalte auch durchgesetzt werden sollen. So kann der Leiter der Kreditabteilung mündliche oder schriftliche Weisungen erteilen, welche für die Mitarbeiter verbindlich sind. Der Inhaber einer Leitungsstelle kann auch zur Verantwortung gezogen werden für Handlungen oder Unterlassungen seiner Mitarbeiter. Diese Verantwortung gilt - wie oben bereits erwähnt - jedoch nur insofern, als er seine Auswahl-, Anleitungs-, Informations- und Kontrollaufgaben vernachlässigt hat. Der Leitungsstelleninhaber besitzt auch ein *Fremdverantwortungsrecht*, da er seine Mitarbeiter zur Rechenschaft ziehen kann, d.h. er kann von ihnen Antwort verlangen zu Fragen über Handlungen und Unterlassungen und *Fehlverhalten sanktionieren*. Die Sanktionsmöglichkeiten reichen von informellen Gesprächen, in denen lediglich *Kritik* geübt wird, über formelle sogenannte *Abmahnungen*, in denen weitere Konsequenzen angedroht werden bis hin zu Entlassungen. Dazu müssen allerdings bestimmte Voraussetzungen gegeben sein, die von der jeweiligen Rechtsordnung abhängig sind.

Leitungsstellen sind somit durch folgende Merkmale gekennzeichnet:

◆ Fremdentscheidung
◆ Anordnung
◆ Fremdkontrolle
◆ Fremdverantwortungsrecht.

Eine *Leitungsstelle* ist immer nur *von einer Person besetzt*. Instanzen können sowohl aus einer Stelle (Singularinstanz) als auch aus mehreren Stellen (Pluralinstanz) bestehen.

Wenn der Verlag weiter wächst, ist es durchaus denkbar, dass die Einmann-Leitung (Singularinstanz) des Herrn Buch ersetzt wird durch ein Leitungskollegium, in das dann weitere Mitglieder (z.B. heutige Bereichsleiter) mit aufgenommen werden (Pluralinstanz).

Bei *Singularinstanzen* (Leitung nach dem Direktorialprinzip) ist der Inhaber der Leitungsstelle allein für seinen abgegrenzten Aufgabenbereich zuständig. In einer *Pluralinstanz* (Abb. 4.8: Organigramm Verlag) gibt es immer bestimmte *Aufgaben*, die das *Gremium gemeinsam erledigen* muss, z.B. Entscheidungen über Investitionen,

Einstellung leitender Mitarbeiter oder Aufnahme neuer Produkte. Daneben kann jedes einzelne Mitglied auch noch einzelverantwortlich einen Bereich leiten. Hier wird von einer ressortgebundenen Geschäftsleitung gesprochen. In diesem Fall muss in einem sogenannten *Geschäftsverteilungsplan* geregelt sein, welche Sachverhalte von der Pluralinstanz gemeinsam und welche Entscheidungen von den Mitgliedern einzeln getroffen werden dürfen.

Bei den gemeinsam zu treffenden Entscheidungen in einer Plural-Instanz ist *die Form der Willensbildung* zu regeln, ob also beispielsweise Einstimmigkeit notwendig ist, ob Mehrheitsentscheidungen gefällt werden können, ob einzelne Mitglieder Vetorechte haben usw. Zur organisatorischen Regelung dieser Sachverhalte sind verschiedene Formen der Willensbildung entwickelt worden, die später gesondert behandelt werden.

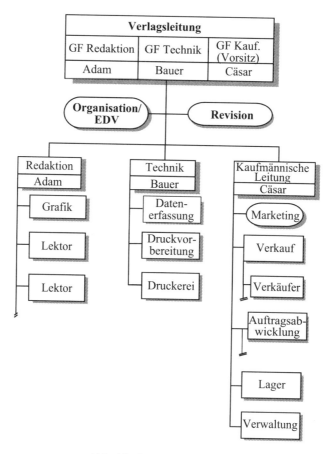

Abb. 4.8: Organigramm Verlag

4.3.1.2 Ausführungsstellen mit Realisationsaufgaben

Ausführungsstellen bilden die unterste Ebene der Hierarchie. Ihnen sind keine Mitarbeiter und damit keine fachlichen Weisungsrechte gegenüber Dritten zugeordnet.

4.3.1.3 Stabsstellen

In der Abb. 4.8 finden sich Stabsstellen für Organisation / EDV und Revision. *Stäbe unterstützen die Instanzen*, denen sie zugeordnet sind, hier also die Geschäftsleitung unmittelbar. Darüber hinaus gibt es noch einen Stab Marketing unter der Vertriebsleitung. Stäbe können auf nahezu allen Ebenen einer Hierarchie eingerichtet werden.

Stäbe übernehmen die *Entscheidungsvorbereitung* bzw. die *auf eine Entscheidung* der Instanz *folgenden Abwicklungs- oder Überwachungsaufgaben*. So fertigt die Marketingabteilung ein Vertriebskonzept für einen neuen Titel an (Entscheidungsvorbereitung). Der Kaufmännische Leiter entscheidet sich gemeinsam mit dem Verkaufschef für eine bestimmte Lösung. Marketing sorgt dann im Auftrag des Kaufmännischen Leiters dafür, dass dieses Konzept umgesetzt wird - Herstellung von Werbematerial, Schaltung von Anzeigen, Schulung der Verkäufer usw.

Normalerweise werden immer dann Stäbe eingerichtet, wenn eine *Instanz* mengenmäßig und / oder qualitativ überlastet ist. Für den Fall einer *mengenmäßigen Überlastung* werden zumeist

◆ *generalisierte Stabsstellen* - Stäbe mit allgemeinen Aufgaben, wie z.B. der Direktionsassistent oder
◆ *adjutantive Stabsstellen* - Stäbe mit allgemeinen Aufgaben, wie z.B. die Sekretärin

eingerichtet.

Bei qualitativer Überlastung eignen sich

◆ *spezialisierte Stabsstellen* - Stäbe mit fundierten Detailkenntnissen in einem abgegrenzten Fachgebiet, z.B. Organisation / EDV, Revision, Unternehmensplanung, Recht oder Marketing.

Neben einzelnen Stabsstellen gibt es auch *Stabsabteilungen*, die sich in ihren *Innenbeziehungen nicht von Linienabteilungen unterscheiden*. Die Leiter von Stabsabteilungen (Stabsinstanzen) haben auch Fremdentscheidungskompetenzen innerhalb ihrer Abteilungen, d.h. fachliche und disziplinarische Weisungsbefugnisse. Die *Ergebnisse* der Stabsarbeit können vom Stab jedoch *nicht* verbindlich für andere Linien- oder Stabsstellen *angeordnet* werden. Stäbe besitzen kein nach außen wirkendes Fremdentscheidungsrecht. Erst durch die *Entscheidung einer Instanz* werden die Ergebnisse der Stabsarbeit *verbindlich*. Wenn also beispielsweise die Revision formelle Mängel entdeckt, kann sie nicht aus eigener Kompetenz verlangen, dass diese Mängel abgestellt werden. Sie muss vielmehr versuchen, eine Entscheidung der Instanz herbeizuführen, der sie zugeordnet ist (in der Regel Vorsitzender der Geschäftsleitung bzw. des Vorstandes). Erst mit dieser Entscheidung - die auch nicht immer nach dem

Willen der Revision ausfallen muss - kann eine gewünschte Änderung durchgesetzt werden.

Mit Stäben wird die Kapazität und damit auch die *Macht der Entscheider erweitert.* Die Entscheider müssen ihre Macht nicht mit anderen teilen. Da gleichzeitig durch den Einsatz von Stäben auch die Zahl der Entscheidungsträger begrenzt wird, kann die Koordination erleichtert werden, da es weniger Abstimmungsprozesse gibt. Dadurch wird die Tendenz gefördert, Befugnisse an wenigen Stellen zu konzentrieren, statt „zeitgemäßere" Formen der gemeinsamen Willensbildung wie z.B. Projektarbeit oder Workshops einzuführen. Kritiker behaupten deswegen, dass *Stäbe ein überholtes zentralistisches Führungsmodell* - alle Macht liegt an der Spitze - *festigen.* Darüber hinaus geraten Stäbe immer wieder in die Kritik als praxisferne, kostenaufwendige *Wasserköpfe,* die sich mehr mit sich selbst als mit ihren Aufgaben beschäftigen. Gerade auch Entwicklungen zu schlanken Unternehmen - *Lean Management* - haben dazu geführt, dass *zentrale Stäbe deutlich ausgedünnt* wurden.

Im Einzelfall kann es schwierig sein zu beurteilen, ob eine Organisationseinheit als Linienstelle oder als Stabsstelle anzusehen ist. Das gilt immer dann, wenn *im Stab auch eigenständige Aufgaben* angesiedelt sind, so zum Beispiel die verbindliche Verabschiedung von Richtlinien für die Beschaffung von Hard- und Software in einer Organisationsabteilung. Hier handelt es sich um Aufgaben, die nichts mehr mit Stabsfunktionen (Unterstützung der Instanz) zu tun haben. In der Literatur werden Stäbe, die neben den klassischen Stabsfunktionen zusätzlich *eigene Aufgaben* und damit unter Umständen sogar funktionale Kompetenzen, d.h. *begrenzte Weisungsrechte* erhalten haben (z.B. Organisation muss neue Softwareprodukte freigeben oder Investitionen für Sachmittel bewilligen), als *zentrale Dienststellen* bezeichnet. Zentrale Dienststellen sind Stäbe, die über ihre Stabsaufgaben hinaus eigene Aufgaben haben und gelegentlich sogar Weisungsrechte gegenüber Dritten besitzen.

Die *Arbeit mit Stäben* kann besondere *organisatorische Probleme* aufwerfen, von denen hier abschließend einige erwähnt werden sollen.

◆ Stäbe haben oft *Schwierigkeiten,* für ihre Entscheidungsvorbereitung an die *richtigen Informationen* zu kommen und diese Informationen richtig zu bewerten. Speziell wenn Erhebungen durchgeführt werden müssen, ist der Stab oft „in der Hand" der Auskunftspersonen. Die Entfernung zur Front erschwert ihre Urteilsfähigkeit, sie sind relativ leicht manipulierbar.

◆ Für den Stab bedeuten Änderungen kein Risiko, da der Stab von seinen Vorschlägen normalerweise nicht selbst betroffen ist. Er neigt deswegen eher dazu, Lösungen in Frage zu stellen, als es die betroffenen Fachbereiche tun. Das kann dazu führen, dass - unter Umständen sehr teure - *Experimente* gemacht werden.

◆ Zwischen Stab und Linie bestehen oft deutliche *Unterschiede in der Mentalität.* Die „Macher an der Front" haben gelegentlich ihre - auch emotionalen - Probleme mit „denen vom grünen Tisch, die uns nur von der Arbeit abhalten". Derartig polarisierte Einstellungen führen oft dazu, dass Stabsarbeit blockiert oder neutralisiert wird.

◆ *Stäbe* können sehr *mächtig* werden, wenn sie einen großen Informationsvorsprung vor den Entscheidern haben. Die *Entscheider* sind zwar *formell* in der

Verantwortung, müssen sich oft aber auf ihre Stäbe nahezu blind verlassen. Das kann dazu führen, dass wichtige *Entscheidungen von Mitarbeitern beeinflusst* oder dominiert werden, die *letztlich dafür keine Verantwortung tragen* müssen.

◆ Stabsarbeit ist *für die Betroffenen* oft *frustrierend*, weil sie sich als machtlos empfinden und weil andere die Lorbeeren ihrer Arbeit ernten.

Die ausführliche Schilderung der Probleme der Stabsarbeit soll jedoch nicht davon ablenken, dass insbesondere die *spezialisierte Stabsarbeit aus der modernen Wirtschaft nicht mehr wegzudenken* ist. Viele der genannten Probleme können bei gutem Willen aller Beteiligten auch vermieden werden. Hier ist vor allem auch das Selbstverständnis der Stäbe wichtig. Versteht sich zum Beispiel der Stab Organisation eher als Berater der Fachabteilungen und arbeitet er mit den Fachabteilungen eng zusammen, wird Stabsarbeit nach wie vor akzeptiert, ja von den Fachabteilungen sogar gesucht. Sieht sich jedoch eine Stabsabteilung als zentrale Versandstelle von Anweisungen der Geschäftsleitung, werden Fachabteilungen den Stäben ablehnend gegenüberstehen.

Stäbe haben - in begrenztem Umfang - auch heute noch ihre Berechtigung. Allerdings müssen die Stäbe ihre Rolle und ihren Umgang mit Entscheidern und Betroffenen kritisch überprüfen. Stäbe bieten auch „Parkpositionen" für qualifizierte Mitarbeiter, die dann in wechselnden Projekten eingesetzt werden. Sie bevorraten also *Kapazitäten für* die sogenannte *Sekundärorganisation* (siehe dazu Kapitel 5.7).

4.3.2 Prozessorientierte Stellenbildung

Im Kapitel 3 wurde schon darauf eingegangen, dass die *Aufbauorganisation* als Ganzes an zentralen *betrieblichen Prozessen ausgerichtet* werden soll, *die bei* einem externen oder internen *Kunden beginnen und enden.* Diese Forderung kann in bestimmten Bereichen bis in die *Stellenbildung* durchschlagen.

Wenn in einer Bank die Gewährung von Darlehen ein zentraler Prozess ist, dann sollte dieser Prozess von der ersten Beratung bis zur Auszahlung, ja eventuell sogar bis zur Schließung des Darlehenskontos möglichst wenige Schnittstellen aufweisen, d.h. möglichst von einer Person - oder einer Gruppe - wahrgenommen werden. Von der Beratung und der Antragsannahme, über die Entscheidung in Standardfällen bis hin zur Freigabe der Auszahlung könnten die Kompetenzen reichen. Auch wenn Teilaufgaben aus Gründen der Spezialisierung oder aus Gründen der Überwachung (Vier-Augen-Prinzip) auf andere Mitarbeiter übertragen werden, *koordiniert er den gesamten Prozess (process owner)* und bleibt *für den Kunden der einzige Ansprechpartner.*

Diese prozessorientierte Stellenbildung hat große Ähnlichkeiten mit der unten noch zu behandelnden *Stellenbildung nach den Kunden* und mit den *autonomen Arbeitsgruppen.* Auch in diesen Fällen wird praktisch ein Ansprechpartner für den Kunden geschaffen, der als process owner angesehen werden kann. Allerdings betont die prozessorientierte Stellenbildung noch deutlicher das *Prinzip*, bei der Bündelung der Aufgaben *Prozesse so wenig wie möglich zu zerschneiden.*

Stellenbildung nach Prozessen	
❧ Vorteile	❦ Nachteile / Gefahren
• *Spezialisierung auf den Kunden.* Da Prozesse bei Kunden beginnen und enden, gewinnt der Prozessverantwortliche gute Kenntnisse über seine Kunden • Kunde hat nur *einen Ansprechpartner,* den process owner • Mitarbeiter fühlt sich für die *Qualität* und *Schnelligkeit* gegenüber seinen Kunden besonders verantwortlich • *Spezialisierung auf den Prozess.* Effiziente Bearbeitung aufgrund der Routine • *Einheitliches Vorgehen* bei der Prozessbearbeitung (Standardisierung) • Einfachere *Bereitstellung von Informationen* über den Kunden bei einem Prozessverantwortlichen • Erleichterte *Koordination* dieses Prozesses. Informationen über den Status eines Vorganges sind leicht bei dem Prozessverantwortlichen abzufragen • Weniger *Schnittstellen.* Dadurch können insbesondere auch die Durchlaufzeiten von Prozessen wesentlich verringert werden (weniger Liege- und Transportzeiten).	• *Entspezialisierung* hinsichtlich anderer Prozesse (Produkte) • *Kunde* hat bei anderen Prozessen im gleichen Unternehmen *andere Ansprechpartner* • *Erschwerter Kapazitätsausgleich,* da bei dieser Lösung keine größeren Organisationseinheiten sinnvoll sind, durch die ein Vorgang wandern kann • Starke Bindung des process owners an seine Kunden führt zu einer großen *Abhängigkeit* von diesem Mitarbeiter.

Abb. 4.9: Bewertung einer prozessorientierten Stellenbildung

4.3.3 Aufgabenorientierte Stellenbildung

4.3.3.1 Stellenbildung nach Verrichtungen

Insbesondere in der Vergangenheit wurden Stellen oft nach *Verrichtungen* gebildet, d.h. die Verrichtungen wurden zusammengefasst, *zentralisiert.* Den Stellen im Verlag Bestellannahme, Fakturierung, Versand, Erfassung usw. sind spezialisierte Verrichtungen (Tätigkeiten) übertragen. Auch die gerade behandelten Stäbe sind sehr oft nach Verrichtungen gebildet wie zum Beispiel Organisation, Revision, Unternehmensplanung, Marketing usw.

Hier werden *reine* und *gemischte Formen der Stellenbildung* beschrieben. Um den Blick für die Eignung organisatorischer Lösungen zu schärfen, werden im folgenden Kapitel dann die Vor- und Nachteile dieser Formen behandelt.

Um Stellen bilden zu können, müssen die Aufgaben bekannt sein. Diese Aufgaben werden mit Hilfe einer *Aufgabenanalyse* ermittelt. In der Aufgabenanalyse werden unterschiedliche *Phasen einer Aufgabe* unterschieden. Für jede dieser Phasen müssen die Zuständigkeiten geregelt, d.h. auf Stellen übertragen werden.

Planung		Realisation	Kontrolle
Entscheidungs-vorbereitung	Entscheidung		

Abb. 4.10: Phasengliederung

4.3.3.1.1   Stellen mit Entscheidungsvorbereitungsaufgaben

Ehe in einer Bank ein Kredit bewilligt wird, findet eine Entscheidungsvorbereitung statt. Es werden Informationen über den Kunden (z.B. seine Vermögenssituation, seine Einkommensverhältnisse aber auch seine Vorstellungen über die Laufzeit und die monatliche Belastung) eingeholt. Der Berater unterbreitet alternative Angebote, von denen der Kunde sich für eines entscheidet. Damit ist - verkürzt gesagt - die Entscheidungsvorbereitung aus der Sicht der Bank abgeschlossen. Es liegen alle Informationen vor, die benötigt werden, um zu entscheiden, ob ein Darlehen gewährt und welche Sicherheiten verlangt werden sollen. Diese Entscheidungsvorbereitung wird von einem Berater und / oder von einem Kreditsachbearbeiter vorgenommen. In einfachen Fällen kann der Berater und / oder Sachbearbeiter nach der Entscheidungsvorbereitung selbst entscheiden. Ab bestimmten Wertgrenzen muss er eine Entscheidung von einer befugten Stelle einholen.

Ein anderes Beispiel für typische Stellen mit Entscheidungsvorbereitungsaufgaben sind *Stäbe*. In einem Organisationsvorhaben ermittelt etwa die Organisation den Ausgangszustand, untersucht Stärken und Schwächen der vorhandenen Lösung, erarbeitet Lösungsvarianten und legt sie dann mit einer begründeten Empfehlung den Entscheidern vor.

Auch *Leitungsstellen* (Instanzen) haben neben ihrer Entscheidungsaufgabe immer auch gleichzeitig Aufgaben der Entscheidungsvorbereitung. Ehe sie entscheiden, bereiten sie diese Entscheidungen vor.

Der Prozess der Entscheidungsvorbereitung lässt sich grob in die folgenden Schritte gliedern:

◆ Anstoß - Auslösung eines Entscheidungsproblems (incl. Auftrag)

◆ Erhebung und Analyse (Sammlung und Ordnung von Informationen zum Ist-Zustand und zur voraussichtlichen Entwicklung des Ist-Zustandes)

◆ Würdigung (Ermittlung von Stärken und Schwächen, Chancen und Risiken des Ist-Zustandes - Erarbeitung von Zielen aus den Ergebnissen der Würdigung)

◆ Lösungsentwurf (Entwicklung von Alternativen zur Lösung des Problems)

◆ Bewertung der Alternativen.

4.3.3.1.2   Stellen mit Entscheidungsaufgaben

Der Kundenberater in der Kreditabteilung kann bis zu einer bestimmten Wertgrenze selbst über die Gewährung von Krediten entscheiden. Jenseits dieser Grenze muss er eine Entscheidung von dem jeweiligen Kompetenzträger einholen. In der Praxis gibt es dazu meistens eine ganze Kompetenzkette, d.h. die Entscheidungsbefugnisse sind auf mehrere Hierarchieebenen verteilt, bis hin zur Geschäftsführung / Vorstand.

Das Beispiel zeigt, dass *Leitungsstellen* immer auch *Entscheidungsaufgaben* haben, dass aber *auch Ausführungsstellen* derartige Befugnisse erhalten können. Allgemein hängt die Zuordnung von Entscheidungsaufgaben auf eine konkrete Stelle unter anderem von folgenden Faktoren ab:

◆ Von der Reichweite der zu treffenden Entscheidungen (z.B. abteilungs-, bereichs-, unternehmensrelevant)

◆ von der Bedeutung etwa hinsichtlich der möglichen wirtschaftlichen Auswirkungen (Risiken und Chancen)

◆ vom zeitlichen Horizont (kurz-, mittel-, langfristig wirksame Entscheidungen)

◆ vom Informationsstand des Stelleninhabers, d.h. letztlich von den Möglichkeiten und Kosten der Bereitstellung von Informationen (gerade die zunehmende Leistungsfähigkeit moderner Informationssysteme hat gravierende Einflüsse auf die Verlagerung von Entscheidungsbefugnissen auf tiefere Ebenen und auf die Verbindung von Entscheidungsvorbereitungs- und Entscheidungsaufgaben)

◆ von der Qualifikation des Stelleninhabers

◆ vom Vorhandensein von Stäben

◆ von der Dringlichkeit, mit der Entscheidungen normalerweise zu fällen sind - tendenziell müssen dringliche Entscheidungsaufgaben „realisationsnah", d.h. auf relativ niedrigen hierarchischen Ebenen angesiedelt werden

◆ von der Komplexität der Entscheidung. Auf den oberen Ebenen der Hierarchie sind die Entscheidungsaufgaben normalerweise komplexer als auf den unteren Ebenen.

4.3.3.1.3   Stellen mit Realisationsaufgaben

Nach der Entscheidungsvorbereitung und Entscheidung für ein Darlehen muss dieser Kredit ausgezahlt, müssen Zins- und Tilgungszahlungen angefordert und verbucht werden, sind Zinsänderungen mitzuteilen usw. Das sind Realisationsaufgaben. Wurde - um ein anderes Beispiel aufzugreifen - in einem Organisationsprojekt entschieden, eine Organisationseinheit zu vernetzen und neue Hardware zu beschaffen, dann wird diese Entscheidung realisiert, indem Hard- und Software bestellt, installiert und getestet werden. Die *Realisation folgt der Planung*, die Planung wird in die Tat umgesetzt.

Alle Stellen in einer Unternehmung haben auch Realisationsaufgaben. Selbst ein Mitglied der Geschäftsleitung realisiert, beispielsweise wenn er einem Großkunden eine Leistung „verkauft", einen Besuchsbericht anfertigt oder einen Vortrag hält. Der Anteil der Realisationsaufgaben nimmt normalerweise zu, je näher man der Basis einer Hierarchie kommt.

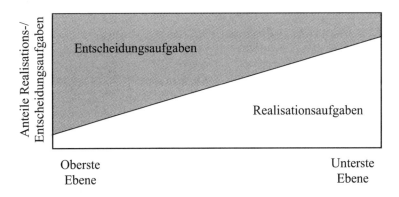

Abb. 4.11: Anteile Realisations- und Entscheidungsaufgaben

4.3.3.1.4   Stellen mit Kontrollaufgaben

Die vom Kundenberater bearbeiteten Vorgänge werden in der Form von Stichproben von der Kreditüberwachung kontrolliert. Dabei wird zum einen überprüft, ob bestimmte Verfahrensvorschriften eingehalten wurden - z.B. sind alle notwendigen Daten des Darlehensnehmers erfasst worden - und zum anderen, ob die Gewährung des Darlehens sachlich korrekt ist - z.B. ob die Sicherheiten ausreichen.

Durch Kontrollen werden Ist-Größen mit den zugehörigen Vorgaben (Soll-Größen) verglichen. Solche Kontrollen bedeuten nicht nur einen Blick zurück. Die Ergebnisse von Kontrollen können auch in die Planung eingehen. So werden z.B. Vorgaben geändert, wenn sich die bisherige Planung als unrealistisch erwiesen hat.

Wenn Herr Buch wöchentlich die Absatzzahlen analysiert und mit den Planwerten vergleicht, kontrolliert er auf diesem Wege die Ergebnisse des Vertriebs (*Ergebniskontrolle*). Stellt er beispielsweise fest, dass in einem Marktgebiet mehrfach die geplanten Umsatzzahlen nicht erreicht wurden, kann er das zum Anlass nehmen, sich die Arbeit des zuständigen Mitarbeiters einmal näher anzusehen. Er überprüft die Art und den Umfang der Aktivitäten, kontrolliert, ob Vorgaben eingehalten wurden. Er verschafft sich also ein Bild darüber, wie diese Ergebnisse zustande gekommen sind. In diesem Fall wird von einer *Verfahrenskontrolle* gesprochen.

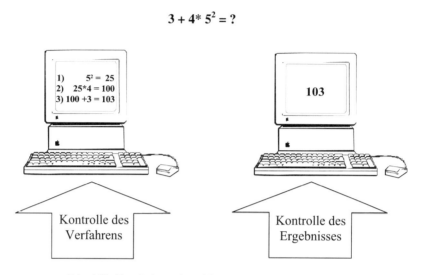

Abb. 4.12: Ergebnis- und verfahrensorientierte Kontrollen

Ergebnisorientierte Kontrollen betreffen eingetretene Resultate. Typische Fälle sind Qualitätskontrollen in der Produktion oder im Wareneingang oder auch der Vergleich von Zielvorgaben mit tatsächlichen Ergebnissen. *Verfahrensorientierte Kontrollen* vergleichen die tatsächlich durchgeführten Prozeduren mit vorgeschriebenen Verfahren. Verfahrenskontrollen dienen oft auch dazu, Unregelmäßigkeiten wie z. B. die Nichtbeachtung von Sicherheitsvorschriften oder die Verletzung von Gesetzen und Verordnungen zu erkennen bzw. vorbeugend zu verhindern.

Ergebnis- wie auch verfahrensorientierte Kontrollen können als Selbstkontrolle oder als Fremdkontrolle geregelt werden: Bei der *Selbstkontrolle* führen die betroffenen Stellen die Kontrollen durch. Für diese Regelung spricht, dass damit die *Eigenverantwortlichkeit* gefördert wird. Gerade in neueren Ansätzen der Gruppenarbeit werden die Kontrollaufgaben den Gruppen übertragen. So wird die Haltung, Fehler zu vertuschen, ersetzt durch die Einstellung, Fehler zu vermeiden. Das Qualitätsbewusstsein wird dadurch wesentlich gefördert, zumal in Gruppen sehr wirksame Sanktionsmöglichkeiten vorhanden sind, wenn ein Mitglied z.B. Qualitätsnormen nicht beachtet. Ein viel beachtetes Beispiel für die Selbstkontrolle bietet Toyota. Hier hat jeder Mitarbeiter in der Fertigung das Recht und die Pflicht, das gesamte Fließband anzuhalten - was mit enormen Folgekosten verbunden ist - wenn er einen Fehler entdeckt, den er nicht selbst beheben kann. Dadurch wird jedem Mitarbeiter bewusst, welche weitreichenden Folgen eigene Fehler haben können. Das Qualitätsbewusstsein wird gefördert und Fremdkontrollen werden weitgehend überflüssig.

Bei einer *Fremdkontrolle* werden die Kontrollinformationen von anderen, häufig darauf spezialisierten Stellen erfasst wie zum Beispiel der Revision, Prüfstellen usw. Die spezialisierten Stellen leiten die Ergebnisse ihrer Kontrolltätigkeit üblicherweise an entscheidungsberechtigte Stellen weiter, die bei Bedarf entsprechende Maßnahmen ergreifen. Auf die Vor- und Nachteile derartig spezialisierter Kontrollstellen wird weiter unten eingegangen.

In der folgenden Übersicht finden sich *Beispiele für Stellentypen*, die nach den genannten Merkmalen gebildet wurden. Gerade in der Praxis vor allem großer Unternehmen gibt es viele Stellen, die nach dem *Phasenprinzip* gebildet wurden.

Stellentypen = Stellen mit vorwiegend	Praktische Beispiele
Entscheidungsvorbereitungsaufgaben	• Organisation • Unternehmensplanung • Controlling • Recht • Assistent • Arbeitsvorbereitung
Entscheidungsaufgaben	• Leitungsstellen • Entscheidungsgremien
Realisationsaufgaben	• Einkäufer • Verkäufer • Monteur • Expediteur • Sachbearbeiter • Rechnungswesen
Kontrollaufgaben	• Wareneingangskontrolle • Fertigungskontrolle • Rechnungskontrolle • Revision / Inspektorat

Abb. 4.13: Phasenorientierte Stellentypen

4.3.3.2 Stellenbildung nach Objekten

In dem mehrfach schon verwendeten Beispiel ist der Kundenberater der Bank für Kredite zuständig. Er hat nichts zu tun mit den übrigen Produkten der Bank wie z.B. Sparen, Wertpapiere, Zahlungsverkehr usw. Seine Stelle ist nach dem Merkmal Produkt gebildet. Es wird von einer *produktorientierten Stellenbildung* gesprochen.

Ein Kollege leitet eine Geschäftsstelle. In dieser Organisationseinheit werden nahezu alle Bankleistungen für Kunden erbracht, die in einer bestimmten Region wohnen. Der Zuständigkeitsbereich des Geschäftsstellenleiters ist regional abgegrenzt. Diese Lösung wird als eine *regionale bzw. raumorientierte Stellenbildung* bezeichnet.

Alle gewerblichen Kunden der Bank, die eine Mindestgröße überschreiten, werden nicht von den Geschäftsstellen bedient sondern von einer Organisationseinheit in der Zentrale. Dort ist ein Mitarbeiter z.B. für alle Bauunternehmen zuständig. Alle Bankleistungen, die von dieser Kundengruppe in Anspruch genommen werden, gehören zum Zuständigkeitsbereich dieses Mitarbeiters. Seine *Stelle* wurde *kundenorientiert* gebildet.

Stellentypen	Beispiele
Produktorientierte Stellen	• Kreditspezialist • Anlagespezialist • Spezialist elektronischer Zahlungsverkehr
Kundenorientierte Stellen	• Privatkunden • Geschäftskunden • Institutionelle Kunden
Raumorientierte Stellen	• Beauftragter Region D • Beauftragter Region CH • Beauftragter Region A

Abb. 4.14: Objektorientierte Stellentypen

Selbstverständlich gibt es neben diesen reinen Formen auch noch *Mischformen*. So sind Kreditberater (produktorientierte Stellenbildung), oft nur für gewerbliche Kunden zuständig (kundenorientierte Stellenbildung). Eventuell werden sie sogar nur in einer bestimmten Region tätig, wenn das Unternehmen einen entsprechend großen Markt hat.

Auch sind Mischformen der verrichtungs- und der objektorientierten Stellenbildung häufig. So gibt es Einkaufsspezialisten (verrichtungsorientierte Stellenbildung), die für bestimmte Produkte, z.B. für Hard- und Software (produktorientierte Bildung) zuständig sind. Diese letzten Beispiele zeigen, dass Stellen sowohl nach dem Verrichtungs- wie auch gleichzeitig nach dem Objektprinzip gebildet werden können. Die Einkäufer sind sowohl Einkaufsspezialisten als auch Produktspezialisten. Solche Lösungen sind jedoch nur bei Unternehmen möglich, in denen das Aufgabenvolumen eine entsprechende Arbeitsteilung ermöglicht. Derartige Optionen gibt es in kleineren Unternehmen meistens nicht.

4.3.4 Bewertung der Verrichtungs- und Objektzentralisation

Im Folgenden sollen die Vor- und Nachteile der verschiedenen Formen der Verrichtungs- und Objektzentralisation einander gegenübergestellt werden. Aus dieser Übersicht wird deutlich, dass jede Lösung immer gleichzeitig Stärken und Schwächen hat. Zum besseren Verständnis werden konkrete Stellentypen genannt, für die diese Vor- bzw. Nachteile gelten.

In der Praxis müssen die möglichen Lösungen der Stellenbildung anhand der verfolgten Ziele und anhand der Bedeutung der Ziele (Zielgewichte) bewertet werden. Dazu können Bewertungstechniken eingesetzt werden.

4.3.4.1 Bewertung der Verrichtungszentralisation

Zentralisation der Entscheidungsvorbereitung am Beispiel einer zentralen Organisationsabteilung	
♦ **Vorteile**	♥ **Nachteile**
• *Spezialisierung* / Einsatz von Spezialisten. Spezialwissen über organisatorische Methoden, Techniken, Lösungsmöglichkeiten. Dadurch billigere und bessere Lösungen • *Einheitliches Vorgehen* bei der Projektbearbeitung (Standardisierung) • Erleichterte *Koordination* • Die Lösungen können besser auf die gesamtbetrieblichen Belange ausgerichtet werden, da die Organisatoren einen Überblick über das Gesamtunternehmen haben. Dadurch wird *Bereichsegoismus* in Grenzen gehalten.	• Probleme bei der *Informationsbeschaffung*. Geringe Kenntnisse der Bedingungen und Probleme in den Abteilungen, für die organisiert wird. Abhängigkeit von der Auskunftsbereitschaft der Fachabteilungen (leicht manipulierbar) • *Manipulation* von Entscheidern. Die Organisatoren können die Entscheider relativ leicht beeinflussen, da sie in ihrem Fachgebiet meistens einen unaufholbaren Informationsvorsprung besitzen • Negative Beeinflussung der *Motivation* bei den Betroffenen. Die Betroffenen können sich als Opfer fremder Planung empfinden, was eine Abwehrhaltung hervorrufen kann • Zentrale Planungsstellen entwickeln leicht eine *Eigendynamik*, indem sie immer mehr Aufgaben an sich ziehen, damit immer mehr Personal benötigen und immer größere „Wasserköpfe" bilden.

Zentralisation der Entscheidung - geringere Delegation - am Beispiel eines Vertriebsleiters	
☙ **Vorteile**	☙ **Nachteile**
• *Einheitliche* Entscheidungen gegenüber allen Kunden, damit gute Koordination • *Spezialisierung* auf Entscheidungen kann auch zu qualitativ besseren Entscheidungen führen, weil der Entscheider viele oft gleichartige Fälle oder auch spezielle Entscheidungsverfahren kennt, weil es sich für ihn auch eher lohnt, sich auf bestimmte Entscheidungsfälle gründlich vorzubereiten, etc. • Hohe *Autorität* von Entscheidern, bei denen viele Befugnisse angehäuft sind.	• *Risiko* bei Fehleinschätzungen, da dann eventuell gleich eine große Zahl von Fällen gleichermaßen falsch entschieden wird. Abhängigkeit von einem Entscheider. Bei Abwesenheit oder Krankheit ist er schwer zu vertreten • *Nachfolgeprobleme* möglich, weil sich keiner richtig auskennt • *Entfernung von der Front.* Die Entscheidungen können praxisfremd sein, da die Bedingungen, unter denen die Mitarbeiter arbeiten, evtl. kaum bekannt sind • *Schwerfällige Entscheidungen.* Entscheidungen lassen lange auf sich warten, weil u.U. gleich mehrere hierarchische Ebenen durchlaufen werden müssen (Briefträgerfunktion der dazwischenliegenden Stellen) und weil die zentrale Entscheidungsstelle häufig überlastet ist (Nadelöhr) • Entscheidungen können auf dem Weg von oben nach unten *verwässert* bzw. verfremdet werden • Beeinträchtigung der *Motivation* der Mitarbeiter, die selbst nicht entscheiden dürfen.

Zentralisation der Realisation am Beispiel einer Schreibkraft in einem zentralen Schreibbüro	
☙ **Vorteile**	☙ **Nachteile**
• *Spezialisierung* führt zu höherer Schreibleistung, weniger Fehlern, geringeren Kosten • Es lohnt sich der Einsatz von *Spezialgeräten*, die ebenfalls die Qualität fördern bzw. Kosten senken helfen • Besser ausgenutzte *Kapazitäten*, weil sich die an mehreren Stellen anfallenden Belastungsschwankungen an einer zentralen Stelle besser ausgleichen. Bei mehreren Schreibkräften auch leichtere gegenseitige Vertretungsmöglichkeiten • *Einheitliches Erscheinungsbild* nach außen, da einheitliche Regeln befolgt werden • Leichtere *Ausbildung* für die Spezialaufgaben, da die Anforderungen geringer sind, als wenn zusätzlich noch andere Aufgaben wahrgenommen werden müssten.	• Fehlende *Flexibilität* der Spezialisten. Sie sind für andere Aufgaben nicht ohne weiteres einsetzbar. Das erschwert Vertretungen außerhalb des Schreibbüros • *Monotonie.* Einseitige Belastung durch immer gleiche Aufgaben; kann zu Gesundheitsschäden führen (Augenbelastung, Verspannung) • Die einseitige Belastung beeinträchtigt unter Umständen die *Motivation* • Die Lösung ist dann *störanfällig*, wenn es nur einen oder wenige Spezialisten (und / oder Spezialgeräte) gibt, da bei einem Ausfall sofort stark spürbare Engpässe entstehen.

| Zentralisation der Kontrolle am Beispiel eines Revisors ||
☝ Vorteile	☝ Nachteile
• Spezialisierung (Fachwissen) • Einheitliche Kontrollmaßstäbe werden angelegt, d.h. alle werden anhand der gleichen Kriterien beurteilt, was zu einer größeren Objektivität führt • Standardisierung der Kontrolle ist möglich, weniger Planungsaufwand • Eine zentralisierte Kontrollfunktion führt zu größerer Unabhängigkeit des Revisors. Er ist üblicherweise nicht den Bereichen zugeordnet, die er zu überwachen hat. Damit kann er unbefangen auch unangenehme Sachen anfassen, ohne für sich selbst nachteilige Folgen befürchten zu müssen • Ein besserer Überblick ergibt sich aus dem Tatbestand, dass er für mehrere Bereiche zuständig ist, Abhängigkeiten erkennen und untersuchen kann • Die Neutralität ist gewährleistet, da er nicht selbst für die ermittelten Schwächen verantwortlich ist. So könnten Vorgesetzte beispielsweise ihre Mitarbeiter aus den verschiedensten Gründen decken, evtl. sogar aus Gründen des Selbstschutzes. Viele Vorgesetzte empfinden Kontrolle der eigenen Mitarbeiter auch als sehr unangenehm und nehmen sie nicht in dem notwendigen Umfang wahr.	• Die Konzentration auf Kontrollaufgaben kann zu *Einseitigkeiten* führen, z.B. Überbetonung formaler Regeln und extremes Sicherheitsdenken. Beides kann wirtschaftliches Arbeiten behindern. So fordern Revisoren oftmals schriftliche Anweisungen, um überhaupt einen Sachverhalt prüfen zu können • Das kann zu einem hohen *Formalisierungsgrad* führen. Die betroffenen Mitarbeiter flüchten sich dann in buchstabengetreues Verhalten - Dienst nach Vorschrift - was die Motivation und die Risikobereitschaft negativ beeinflussen kann • Der Revisionsspezialist hat oft wenig Kenntnisse von der Arbeit des Kontrollierten und ist deswegen anfällig für *Manipulationen*.

4.3.4.2 Bewertung der Objektzentralisation

Zentralisation nach dem Produkt am Beispiel eines Kreditberaters	
✍ Vorteile	✍ Nachteile
• *Spezialisierung* auf das Produkt oder die Produktgruppe. Gute Kenntnisse des Kreditangebots, gesetzlicher oder sonstiger Vorschriften. Rationelle Bearbeitung durch Routine • Erleichterte *Koordination* hinsichtlich des Produktes. Einheitliche Konditionen, einheitliche Beurteilungsmaßstäbe der Kundenbonität, einheitliche Verkaufsargumente für das Produkt • Leichtere *Steuerung des Informationsflusses.* Die das Produkt betreffenden Informationen müssen ausschließlich dem / den Spezialisten zugeleitet werden • Damit auch erleichterte *Steuerung des Kreditberaters* durch die vorgesetzten Ebenen, z.B. durch Zielvorgaben und geschäftspolitische Grundsätze • *Erleichterte Ausbildung* insbesondere im Vergleich mit Universalisten, die eine ganze Reihe unterschiedlicher Produkte zu betreuen haben • *Identifikation* mit dem Produkt. Dadurch Intensivierung der Bemühungen zur Förderung des Produktes • *Eindeutige Ansprechpartner* für die Kunden, die dieses Produkt verlangen.	• *Entspezialisierung* nach anderen Merkmalen. Beherrscht keine anderen Produkte und ist oft weniger ein Kunden- oder Marktspezialist. Das stimmt allerdings nur, wenn er nicht gleichzeitig auch nach Märkten und Kundengruppen spezialisiert ist • Verminderte *Flexibilität* im Einsatz. Der Spezialist kann nicht für andere Produkte eingesetzt werden. Dadurch erschwerter Kapazitätsausgleich, z.B. wenn in anderen Abteilungen sehr viel zu tun ist • Hohe *Abhängigkeit* vom Spezialisten. Das gilt wiederum nur, wenn es einen oder wenige Spezialisten gibt • *Produkt-(Abteilungs-) patriotismus.* Er stellt seine eigenen Belange in den Vordergrund, forciert unabhängig von der Bonität den Verkauf von Krediten bzw. fördert ganz allgemein sein Produkt, u.U. zu Lasten anderer Produkte • Erschwerte *Koordination*, da er z.B. keine umfassenden Kenntnisse über den Kunden besitzt. So sieht er im Kunden nur den Kreditnehmer und nicht gleichzeitig den Inhaber eines Depots oder den Träger eines umfangreichen Zahlungsverkehrs.

Zentralisation nach dem Kunden am Beispiel eines Ärztebesuchers	
♦ **Vorteile**	♥ **Nachteile**
• *Spezialisierung* auf die Kundengruppe. Gute Kenntnisse der Anforderungen, Erwartungen, Einstellungen zu Produkten und Leistungen • Gute *Koordination* aller Aktivitäten hinsichtlich der Kunden • Aufbau einer *vertrauensvollen Beziehung* zu den besuchten Kunden, damit eine stärkere Bindung des Kunden an das Unternehmen • *Identifikation* des Mitarbeiters mit „seinen" Kunden, für die er sich persönlich verantwortlich fühlt • Erhöhte *Flexibilität* der Mitarbeiter im Einsatz; sie können ohne große Probleme - zumindest was die Sachkenntnisse anbetrifft - auch für andere Kundengruppen eingesetzt werden • *Eindeutige Ansprechpartner* für die Kunden. Umfassende Bedienung / Beratung des Kunden aus einer Hand • *Verminderung von Reibungen* und Widersprüchlichkeiten vor allem im Vergleich zu dem Fall, indem mehrere Mitarbeiter (z.B. Produktspezialisten) die gleichen Kunden besuchen.	• *Entspezialisierung* besonders im Hinblick auf die Produkte. Der Mitarbeiter kann sich nicht bei allen Produkten im Detail auskennen (Universaldilletant), was die Akzeptanz, das Vertrauen in die fachliche Kompetenz unterminieren kann • Steigerung des *Risikos*. Wegen des engen Vertrauensverhältnisses kann es zu Gefälligkeiten kommen, die den Interessen des Unternehmens zuwiderlaufen. So setzt sich der Mitarbeiter sehr stark für Interessen des Kunden hinsichtlich Sonderleistungen, Konditionen etc. ein. Im Extremfall ist es sogar denkbar, dass Unregelmäßigkeiten begangen oder gedeckt werden, um den Kunden nicht zu verlieren (im Beispiel: Übermäßige Versorgung mit Ärztemustern etc.) • *Abhängigkeit* vom Mitarbeiter, der beim Wechsel zur Konkurrenz unter Umständen wichtige Kundenbeziehungen „mitnehmen" kann • Schwierige *Ausbildung*, weil ein unter Umständen sehr breites Produktwissen notwendig ist • Erschwerte *Koordination* auf das Produkt oder die Region. So können Verkaufsargumentationen von unterschiedlichen Mitarbeitern unterschiedlich gehandhabt werden • Eine umfangreiche und damit aufwendige *Informationsversorgung* der Mitarbeiter ist notwendig.

Zentralisation nach dem Raum am Beispiel eines Gebietsbeauftragten für alle Produkte eines Maschinenherstellers	
♨ Vorteile	⚑ Nachteile
• *Spezialisierung* auf dem Markt. Er kennt die regionalen Besonderheiten, z.B. die Wettbewerbssituation, die gesetzlichen oder politischen Bedingungen, die Sprache und Mentalität im Markt • Erleichterte regionale *Koordination*. Im Markt werden einheitliche Konditionen, ein einheitliches Erscheinungsbild gewahrt • Kurze *Wege* zum Kunden sowie kurze Wege des Kunden durch die räumliche Nähe • Intensive *Betreuung* des Gebiets, da er nicht in andere Gebiete ausweichen kann, wenn es in seiner Region nicht so gut läuft • Eindeutige *Ansprechpartner* für den Kunden. Er ist für alle Produkte zuständig und damit immer der richtige Ansprechpartner. Die Kunden der Region werden nur von einem Mitarbeiter betreut.	• *Entspezialisierung* nach den Produkten. Er kennt sich nicht in allen Produkten gleich gut aus, was dazu führen kann, dass er nicht immer ein kompetenter Ansprechpartner ist, oder dass er sich primär den Produkten widmet, die er besonders gut kennt. Entspezialisierung nach den Kunden, d.h. er muss evtl. sowohl in der Baubranche als auch in der Landwirtschaft und in der Holzindustrie tätig werden. (Das gilt allerdings nur, wenn er nicht gleichzeitig nach Kunden spezialisiert ist) • Hohe *Abhängigkeit* vom Gebietsbeauftragten. Er kann beim Ausscheiden bzw. beim Wechsel zur Konkurrenz unter Umständen große Teile des Marktes mitnehmen • *Filtermöglichkeiten* durch den Gebietsbeauftragten. Wenn er allein für sein Gebiet zuständig ist, gibt er aus seiner Region nur Informationen weiter, die für ihn vorteilhaft sind • Zerschneiden von *Kundenbeziehungen* für den Fall, dass ein Kunde in mehreren Gebieten ansässig ist (Hauptsitz und Filialen) • Quelle von *Konflikten*, wenn der Kunde in mehreren Gebieten ansässig ist. Wie werden dann beispielsweise Umsätze zugerechnet, die von einer zentralen Einkaufsabteilung für die verschiedenen Regionen getätigt werden • Regionale *Autonomiebestrebungen* durch Versuche, sich von der Zentrale unabhängig zu machen oder zentrale Weisungen zu unterlaufen („Russland ist groß, der Zar ist weit") • Schwierige Ausbildung, weil er ein sehr breites Produktwissen benötigt.

Stellenbildung						
Vor- und Nachteile der Zentralisation nach						
der Verrichtung				dem Objekt		
Entschei-dungsvor-bereitung	Entschei-dung	Reali-sation	Kontrolle	Produkt	Raum	Kunde
Vor-teile Qualität Schnellig-keit Wirtschaft-lichkeit Verrich-tungsspe-zialisierung Einheit-lichkeit Koordi-nation weniger Bereichs-egoismus	Qualität Speziali-sierung Einheit-lichkeit Koordi-nation Autorität der Ent-scheider	Qualität Schnel-ligkeit Wirtschaft-lichkeit Speziali-sierung Kapazitäts-ausnutzung Einheit-liche Auf-gaben-erfüllung Ausbil-dung	Qualität Speziali-sierung Einheitliche Maßstäbe Objekti-vität Standardi-sierung Unabhän gigkeit Überblick Neutralität	Produkt-spezialist Produkt-koordi-nation Informa-tionsfluss Steuerung Ausbildung auf Produkt Identifi-kation mit Produkt Ansprech-partner eindeutig	Speziali-sierung auf Gebiet Kurze Wege Betreuung Ansprech-partner im Gebiet	Speziali-sierung auf Kunde Kunden-Koordi-nation Vertrauen Ansprech-partner für Kunde eindeutig
Nach-teile Informa-tionsbe-schaffung Manipula-tion von Entschei-dern Akzeptanz Motivation der Betrof-fenen Eigendy-namik	Fehlein-schätzun-gen Abhängig-keit Frontferne Schwer-fälligkeit Verwäs-sern von Entschei-dungen Motiva-tion vor Ort	Flexibilität Monotonie Motivation Störanfäl-ligkeit	Einseitig-keit Formali-sierungs-neigung Manipula-tionsan-fälligkeit	Entspezia-lisierung nach Ver-richtung, Raum, Kunden Flexibilität Abhän-gigkeit Produkt-patriotis-mus Koordina-tion auf Kunde, Raum	Entspezi-alisierung nach Verr. Produkt, Kunde Filterung Zerschnei-den Kun-denbezie-hungen Konflikte Abhängig-keit Gebietspa-triotismus Ausbildung Koordina-tion auf Kunde, Produkt	Entspezia-lisierung nach Ver-richtung, Produkt, Gebiet Risiko Abhängig-keit Kunden-patriotis-mus Ausbildung Koordina-tion auf Raum, Produkt

Abb. 4.15: Zusammenfassende Übersicht über wichtige Vor- und Nachteile der Stellenbildung nach dem Verrichtungs- bzw. Objektprinzip

4.4 Regelung der Arbeitsteilung

Die Arbeitsteilung und ihre möglichen Folgen werden plastisch in dem berühmten Stecknadelbeispiel des bekannten Nationalökonomen Adam SMITH beschrieben. Er vergleicht im 18. Jahrhundert die klassische Produktionsweise in den alten Zünften, in denen ein Mitarbeiter einen Gegenstand ganzheitlich bearbeitet, mit der revolutionären Neuerung einer arbeitsteiligen Herstellung von Stecknadeln.

> Ein Arbeiter, der noch niemals Stecknadeln gemacht hat und auch dazu nicht angelernt ist..., so dass er auch mit den eingesetzten Maschinen nicht vertraut ist..., könnte, selbst wenn er sehr fleißig ist, täglich höchstens eine, sicherlich aber keine zwanzig Nadeln herstellen. Aber so, wie die Herstellung von Stecknadeln heute betrieben wird, ist sie nicht nur als Ganzes ein selbständiges Gewerbe. Sie zerfällt vielmehr in eine Reihe getrennter Arbeitsgänge, die zumeist zur fachlichen Spezialisierung geführt haben. Der eine Arbeiter zieht den Draht, der andere streckt ihn, ein dritter schneidet ihn, ein vierter spitzt ihn zu, ein fünfter schleift das obere Ende, damit der Kopf aufgesetzt werden kann...

> Um eine Stecknadel anzufertigen, sind somit etwa 18 verschiedene Arbeitsgänge notwendig, die in einigen Fabriken jeweils verschiedene Arbeiter besorgen, während in anderen ein einzelner zwei oder drei davon ausführt. Ich selbst habe eine kleine Manufaktur dieser Art gesehen, in der nur zehn Leute beschäftigt waren, so dass einige von ihnen zwei oder drei solcher Arbeiten übernehmen mussten. Obwohl sie nur sehr arm und nur recht und schlecht mit dem nötigen Werkzeug ausgerüstet waren, konnten sie zusammen am Tag doch etwa 12 Pfund Stecknadeln anfertigen, wenn sie sich einigermaßen anstrengten. Rechnet man für ein Pfund über 4.000 Stecknadeln mittlerer Größe, so waren die 10 Arbeiter imstande, täglich etwa 48.000 Nadeln herzustellen, jeder also ungefähr 4.800 Stück. (SMITH)

Ohne irgendeine wesentliche technische Neuerung, ist in dem Beispiel nahezu ausschließlich durch organisatorische Maßnahmen - nämlich durch die Arbeitsteilung - eine *Produktivitätssteigerung* von mehreren tausend Prozent möglich geworden. Derartige Erkenntnisse führen zur sogenannten *industriellen Revolution*, die schließlich das Ende der alten Zunftordnung und den Übergang zur *Massenproduktion* einläutet.

Wesentliche Anstöße hat dazu Anfang des 20. Jahrhunderts der amerikanische Ingenieur Frederick Winslow TAYLOR gegeben, einer der wichtigsten Väter der sogenannten *wissenschaftlichen Betriebsführung* (scientific management). Zur Rationalisierung der Produktion führt TAYLOR zahlreiche Zeitstudien durch und ergänzt die vorhandenen Lohn- und Anreizsysteme durch leistungsorientierte Lohnformen. Er führt die *Arbeitsteilung* auf der ausführenden Ebene konsequent fort und erweitert sie auf die *steuernde Ebene*. Dazu schlägt er sogenannte *Funktionsmeister* vor (je ein spezialisierter Meister für Schulung, Arbeitsgeschwindigkeit, Versorgung mit Werkzeugen usw.). Die Mitarbeiter an der Front sind nur noch ausführende Stellen, denen jede Verantwortung entzogen, jedes Mitdenken verboten ist. Diese Lösung wird in reiner Form nie umgesetzt. Ihre praktische Konsequenz besteht in Fertigungsunternehmen zum Teil bis heute darin, dass Arbeitsvorbereitung und Materialdisposition als Steuerungseinheiten der Produktion eingerichtet werden.

In den zwanziger Jahren dieses Jahrhunderts setzt Henry FORD dann konsequent die Arbeitsteilung in der Produktion von Automobilen um, und ergänzt sie durch das *Fließprinzip*. Er fördert die *Mechanisierung der Fertigung und der Transporte*. Es entsteht das Fließband, das mit einer hochgradigen Arbeitsteilung verbunden wird. Damit können auch ungelernte Mitarbeiter eingesetzt werden. Das Fließband gibt die *Arbeitsgeschwindigkeit* vor. Die Koordination der Mitarbeiter erfolgt über vorgeplante Bearbeitungsprozesse. Deswegen sind wesentlich weniger zentrale Koordinationseinheiten notwendig als beim Ansatz nach TAYLOR. FORD ist mit diesem Weg unvorstellbar erfolgreich. („He increased his business 26.400 % in 11 years" FORD). Das Luxusgut Auto wird zu einem für breite Kreise erschwinglichen Gebrauchsartikel. Die Folgen für die beteiligten Arbeiter sind - zwar überzeichnet aber letztlich doch treffend - in dem Film *Moderne Zeiten* sichtbar.

Beschränkt sich die hochgradige Arbeitsteilung anfangs auf die Fertigung, wird sie seit den zwanziger Jahren und dann - besonders gefördert durch das Aufkommen der EDV (z.B. spezialisierte Erfasser) - auch in die Büros hinein getragen. Die letzte Spezialisierungswelle läuft in den achtziger Jahren aus, als in Wirtschaft und Verwaltung unzählige spezialisierte Schreibdienste eingerichtet werden, um die Vorteile der damaligen Textsysteme und der noch relativ teuren Textverarbeitung auf dem Computer ausnutzen zu können.

Die *Vorteile* einer hochgradigen Arbeitsteilung ergeben sich im Wesentlichen aus folgenden Gründen:

◆ Spezialisierungseffekte führen zu mehr Menge und zu besserer Qualität

◆ verringerte Rüstzeiten

◆ Einsatz leistungsfähiger spezialisierter Sachmittel

◆ gut ausgenutzte Sachmittel und Mitarbeiter

◆ leichtere Koordination und Überwachung der Mitarbeiter

◆ einheitliche Arbeitsergebnisse

◆ leichtere Ausbildung, Wechsel vom Lehrberuf zum Anlernberuf

◆ leichtere Stellvertretung durch gleichartig tätige Mitarbeiter usw.

Art und Umfang der *Arbeitsteilung* werden jedoch trotz der unbestreitbaren Vorteile seit einigen Jahrzehnten heftig *diskutiert*, nachdem nicht nur in der Fertigung die mit der hochgradigen Arbeitsteilung verbundenen Nachteile sichtbar wurden. Die in dieser Diskussion vorherrschenden Begriffe und Schlagworte wie *Humanisierung der Arbeitswelt, Verbesserung der Qualität des Arbeitslebens* oder *Neue Formen der Arbeitsgestaltung, Einführung von Teamarbeit* kennzeichnen Bestrebungen, bestimmte, einseitig die Spezialisierung fördernde Prinzipien der Stellenbildung einzuschränken oder aufzuheben. Einseitige Belastungen sollen ebenso reduziert werden wie Entfremdung von der Arbeit. In neuerer Zeit wird die Forderung nach einer Entspezialisierung wieder weniger aus humanen Gründen denn aus Gründen der organisatorischen Effizienz erhoben. Prozessorientierte Organisation, so wie sie oben schon an verschiedenen Stellen beschrieben wurde, führt zu geringerer Arbeitsteilung. Damit gibt es unter anderem weniger Schnittstellen, weniger Abstimmungsprobleme, eindeutigere Ansprechpartner für die Kunden usw.; alles wirtschaftliche Erwägungen, die allerdings in vielen Fällen mit den Forderungen nach Humanisierung verträglich sind. Derartige prozessorientierte Tendenzen finden sich heute sowohl in den Werkstätten wie auch in den Büros. In der Industrie wird die hochgradige Arbeitszerlegung durch neue Formen der Gruppenarbeit teilweise rückgängig gemacht.

Die schon erwähnten *Nachteile einer hochgradigen Arbeitsteilung* sollen hier noch einmal kurz zusammengefasst werden:

◆ Fehlende Flexibilität der Spezialisten und Spezialmaschinen

◆ fehlende Identifikation mit der Arbeit, da es kaum sichtbare Arbeitsergebnisse gibt - das behindert fehlerfreie, qualitativ hochwertige Arbeit

◆ viele Schnittstellen führen zu Abstimmproblemen und langen Durchlaufzeiten

◆ erschwerte Transparenz

◆ Störanfälligkeit (wenn ein Spezialist oder eine Spezialmaschine ausfällt, kann damit der ganze Betrieb ins Stocken kommen, es sei denn, es gibt ausreichende Kapazitäten)

◆ Motivationsprobleme durch die mit der Spezialisierung verbundene Monotonie

◆ einseitige geistige oder körperliche Belastung.

Wegen dieser möglichen negativen Wirkungen werden schon seit Jahrzehnten neue Verfahren der Arbeitsteilung diskutiert und ausprobiert. Einige dieser Ansätze, die hauptsächlich in Fertigungsbetrieben entwickelt wurden - der schwedische Automobilhersteller Volvo war unter anderen einer der Vorreiter - sollen nun vorgestellt und erörtert werden.

4.4.1 Aufgabenwechsel (Job Rotation)

Der Aufgabenwechsel wurde hauptsächlich in Produktionsbetrieben und hier wiederum vorrangig bei der Produktion von Automobilen und Maschinen eingeführt. Bei einem *Aufgabenwechsel (Job Rotation)* lösen sich die Mitarbeiter in einem bestimmten zeitlichen Rhythmus ab. A übernimmt die Aufgaben von B, B die Aufgaben von C und C die Aufgaben von A. Dieser Wechsel kann nach Stunden - so z.B. bei sehr einseitigen Belastungen im Produktionsbereich - oder auch nach Tagen oder Wochen stattfinden.

In unserem Beispiel könnte die Lösung wie folgt aussehen.

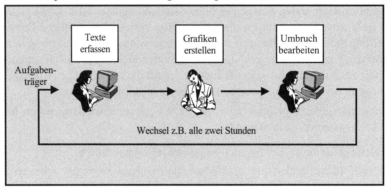

Abb. 4.16: Aufgabenwechsel

Dadurch können u.U. einige Nachteile der Spezialisierung wie z.B. einseitige Belastung der Arbeitnehmer, fehlende Flexibilität, Störanfälligkeit und Monotonie beseitigt werden. Nachteilig sind der erhöhte Anlernaufwand, die normalerweise höheren Personalkosten (höhere Qualifizierung der Mitarbeiter) sowie Übergabe- oder Schnittstellenprobleme, wenn der Nachfolger nicht über die Sachverhalte Bescheid weiß, die vom Vorgänger bearbeitet wurden.

4.4.2   Aufgabenerweiterung (Job Enlargement)

Aufgabenerweiterung liegt dann vor, wenn Mitarbeiter zusätzlich vor- oder nachgelagerte Aufgaben bekommen. Damit vergrößert sich das Aufgabenspektrum. Die Spezialisierung wird teilweise rückgängig gemacht.

Wenn in einem Verlag der ursprünglich auf reine Erfassungsaufgaben spezialisierte Setzer zusätzlich für die Erstellung von Grafiken und die Gestaltung des Umbruchs (Layout, Aufteilung von Text und Grafik auf die Seiten) zuständig gemacht wird, liegt eine Aufgabenerweiterung vor. Der ehemalige Setzer wird zu einem Informationsdesigner. Dieses Modell lässt sich folgendermaßen darstellen:

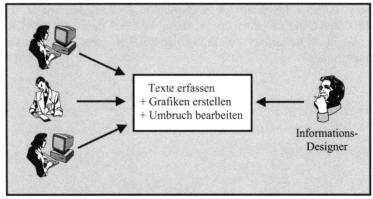

Abb. 4.17: Aufgabenerweiterung (Job Enlargement)

Durch das Konzept des *Job Enlargement* soll vor allem die mit der Spezialisierung verbundene Entfremdung vom Arbeitsergebnis teilweise wieder aufgehoben, d.h. ein Bezug zu den Ergebnissen der eigenen Arbeit erleichtert werden. Damit kann auch die Leistungsmotivation gesteigert werden. Zusätzlich verringern sich die Monotonie der Arbeit und schädliche Auswirkungen einseitiger Belastung.

Für die Aufgabenerweiterung soll hier noch ein Beispiel aus einem Unternehmen der Lebensmittelindustrie dienen. Es geht dabei um Planungs- und Dispositionsaufgaben für bundesweit vertriebene Markenartikel z.B. Margarinesorten. Untereinander stehen die Ausgangslösung, in der die damit verbundenen Aufgaben auf vier verschiedene Stellen verteilt waren, sowie eine Zwischenlösung, in der Absatzschätzung und Produktionsplanung zusammengefasst wurden, und eine Endstufe, in der heute alle relevanten Aufgaben von einem Stelleninhaber erledigt werden. Dieser Prozess des Enlargement hat insgesamt 10 Jahre gedauert, weil insbesondere sehr viel in die Ausbildung der betroffenen Mitarbeiter investiert werden musste.

Stellenbildung			
Stellen in den Lager-Standorten	**Stellen in der Zentralplanung der Hauptverwaltung**		
Zentrallagerplaner: Zentrallager - Zugangsdisposition Lieferbereitschafts- Kontrolle	*Verkaufsplaner:* Absatzschätzung	*Produktionsplaner:* Produktionsplanung	*Materialplaner:* Materialplanung
Zentrallagerplaner: Zentrallager - Zugangsdisposition Lieferbereitschafts- Kontrolle	*Fertigwarenplaner:* Absatzschätzung Produktionsplanung		*Materialplaner:* Materialplanung
	Operationsplaner: Absatzschätzung Produktionsplanung Materialplanung Zentrallager - Zugangsdisposition Lieferbereitschafts- Kontrolle		

Abb. 4.18: Job Enlargement in einem Unternehmen der Nahrungsmittelindustrie

4.4.3   Aufgabenbereicherung (Job Enrichment)

Im Verlag wird dem Informationsdesigner ein Termin gegeben, bis zu welchem Zeitpunkt eine Druckvorlage fertiggestellt sein muss. Darüber hinaus sind für ihn bestimmte Standards etwa der Datenformate, des Layouts etc. verbindlich. Alle anderen Bestandteile seiner Arbeit kann er selbst planen, z.B. den zeitlichen Ablauf der Bearbeitung und den Einsatz geeigneter Werkzeuge. Die Kontrolle seiner Arbeit übernimmt er selbst. Nachdem die erste Autorenkorrektur vorliegt, erfolgt kein weiterer Korrekturgang mit dem Autor. Lediglich die Endabnahme vor dem Druck wird ausgegliedert und dem Lektor übertragen.

Während im Wege des *Job Enlargement* eine Aufgabenerweiterung dadurch erfolgt, dass vergleichbare oder ähnliche Aufgabenelemente hinzugefügt werden, die Qualität der Arbeit aber im Prinzip unverändert bleibt, führt *Job Enrichment* zu einer *qualitativen Aufwertung der Stellen*. Wie im *Job Enlargement* werden verschiedenartige Aufgabenelemente zusammengefasst. Darüber hinaus - und das macht das Wesen der Bereicherung aus - werden die Realisationsaufgaben um Planungs- (Entscheidungsvorbereitungs- und Entscheidungsaufgaben) und Kontrollaufgaben erweitert. Dazu werden den Mitarbeitern Entscheidungskompetenzen eingeräumt.

Die Autonomie wird erweitert, um ganzheitliche Prozesse bearbeiten zu können. Damit werden Schnittstellen vermieden, Durchlaufzeiten verkürzt und Prozesse transparenter (wenn der Autor anruft, ist sein Werk entweder beim Lektor oder beim Informationsdesigner, es muss nicht lange gesucht werden). Der Informationsdesigner kann auch mit dem Autor oder mit dem Lektor Vereinbarungen treffen, ohne sich nach allen Seiten absichern zu müssen. Das fördert sachgerechte Ergebnisse und steigert die Identifikation des Informationsdesigners „mit seinem Buch". Die erweiterte Autonomie fördert die Motivation und damit die Bereitschaft, möglichst perfekt zu arbeiten, Termine einzuhalten usw.

In der Abbildung 4.19 findet sich ein Beispiel aus einer Versicherung, in der in vier Stufen hochgradig spezialisierte Aufgaben immer stärker verdichtet wurden, was für die betroffenen Mitarbeiter zu einer erheblichen Aufgabenbereicherung geführt hat.

Arbeitsanreicherung in der Privatkundenabteilung einer Lebensversicherung						
Antragsabteilung			**Bestands- verwaltung**		**Auszahlungs- abteilung**	
Risiko- prüfung	Policierung	Antragsdaten- erfassung	Schrift- wechsel	Vertrags- verwaltung	Abläufe	Sterbe- fälle
Antragsabteilung			**Bestands- verwaltung**		**Auszahlungs- abteilung**	
Risikoprüfung und Policierung		Antragsdaten- erfassung	Schrift- wechsel	Vertrags- verwaltung	Abläufe	Sterbe- fälle
Antragsabteilung			**Bestands- verwaltung**		**Auszahlungs- abteilung**	
Risikoprüfung Policierung Antragsdatenerfassung			Schriftwechsel Vertragsverwaltung		Abläufe	Sterbe- fälle
Privatkundenabteilung Risikoprüfung Policierung Antragsdatenerfassung Schriftwechsel Vertragsverwaltung Abläufe Sterbefälle						

Abb. 4.19: Aufgabenbereicherung Allianz Lebensversicherung

4.4.4   Autonome Arbeitsgruppen

Die Neuerscheinung eines Buches wurde einer Gruppe übertragen, die sich aus dem Redakteur, dem Informationsdesigner und einem Marketingspezialisten zusammensetzt. Wie im letzten Beispiel erhalten sie Zielvorgaben, bis wann welche spezifizierte Leistung zu erbringen ist. Wie sie dabei vorgehen, ist ihnen freigestellt. Eine solche autonome Arbeitsgruppe ist nahezu identisch mit einer Projektorganisation. Allerdings gibt es keine Instanz, die Zwischenergebnisse abnehmen muss. Kontrolliert wird erst das fertige Ergebnis.

Die autonomen Arbeitsgruppen stellen eine *logische Fortentwicklung des Konzeptes der Aufgabenbereicherung* dar. Deswegen gelten auch alle Aussagen über die Wirkungen der Aufgabenbereicherung. Zusätzlich ist die Gruppe auch noch frei, ihre eigene *Arbeitsteilung*, die *Arbeitsverfahren, Zeiteinteilung*, die *Gruppenstruktur* usw. festzulegen. Die Fremdsteuerung beschränkt sich auf die vorgegebenen Leistungen, die im Idealfall auch mit der Gruppe abgestimmt werden. Den Weg zur Leistung bestimmt die Gruppe selbst. Darüber hinaus ist die Gruppe auch noch dafür zuständig, Arbeitsverfahren zu verbessern, geeignete technische Hilfen einzusetzen oder zu entwickeln etc. Solche autonomen Arbeitsgruppen sind damit ein wesentlicher Bestandteil einer sogenannten *lernenden Organisation*.

Autonome bzw. *teilautonome Arbeitsgruppen* sind in jüngster Zeit in großem Umfang in *Fertigungsunternehmen* eingeführt worden. Die Gruppengröße liegt meistens zwischen 8 und 15 Mitgliedern. Facharbeiter und angelernte Arbeiter werden üblicherweise gemischt. In der folgenden Abb. 4.20 werden die Aufgaben einer teilautonomen Arbeitsgruppe (TAG) allgemein dargestellt. Es bleibt jeder Gruppe überlassen, sie für sich zu spezifizieren. In der Übersicht Abb. 4.21 werden zwei konkrete Beispiele aus der Praxis von Fertigungsbetrieben gezeigt, in denen die Aufgaben der Gruppen weiter konkretisiert wurden.

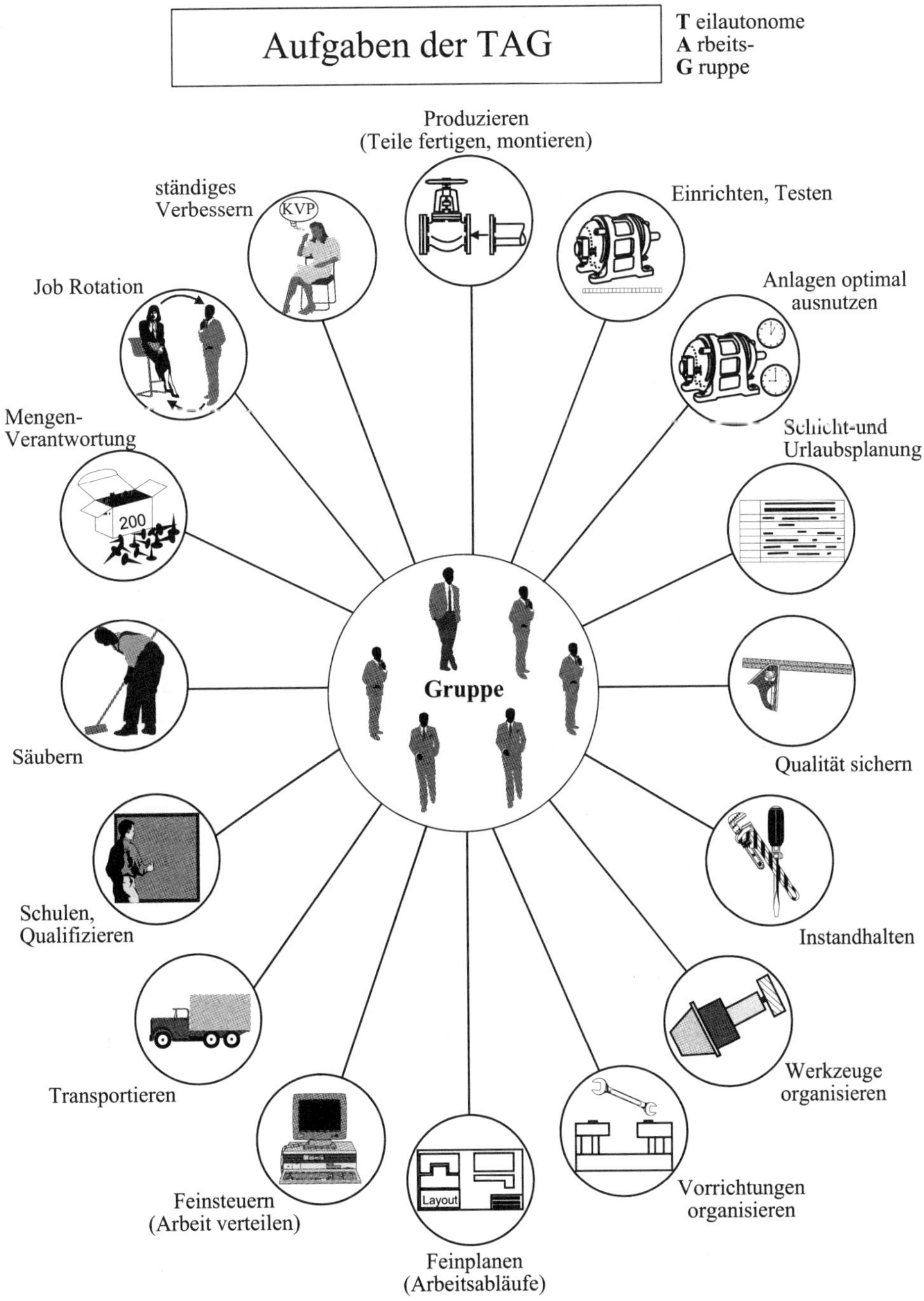

Aufgaben der TAG

T eilautonome
A rbeits-
G ruppe

Produzieren
(Teile fertigen, montieren)

ständiges
Verbessern

KVP

Einrichten, Testen

Job Rotation

Anlagen optimal
ausnutzen

Mengen-
Verantwortung

Schicht-und
Urlaubsplanung

200

Gruppe

Säubern

Qualität sichern

Schulen,
Qualifizieren

Instandhalten

Transportieren

Werkzeuge
organisieren

Feinsteuern
(Arbeit verteilen)

Vorrichtungen
organisieren

Feinplanen
(Arbeitsabläufe)

Abb. 4.20: Aufgaben einer teilautonomen Arbeitsgruppe im Maschinenbau

Gruppe Mechanische Fertigung	Gruppe Maschinenmontage
Dispositive Aufgaben	**Dispositive Aufgaben**
• Koordination der Material-Bereitstellung • Optimale Maschinenbelegung und Aufgabenverteilung • Rüstzeit-Optimierung • Reaktion auf Störungen (z.B. Material, Defekte, Personalausfall) • Terminüberwachung • Urlaubsplanung • Qualifizierung der Gruppen-mitglieder • Verbesserung von Arbeitsabläufen und Arbeitsergebnissen • Abstimmung und Koordination mit anderen Abteilungen • Schnittstellen-Definition • Auswahl der optimalen Fertigungs-art - in Abhängigkeit von der Losgröße • Koordination von Arbeitsfolgen in der Auswärtsfertigung • Reaktion auf kurzfristige Auftrags-schwankungen (z.B. Alternativ-maschinen, Überzeit) • Selbststeuerung bei Ausschuss oder Nacharbeit	• Koordination der Material-Bereitstellung • Terminüberwachung • Urlaubsplanung • Abstimmung und Koordination mit anderen Abteilungen • Qualifizierung der Gruppen-mitglieder • Zeitliche Abstimmung der Bau-gruppenmontage für die End-montage • Optimale Aufgabenverteilung (in personeller und sachlicher Hinsicht) • Verbesserung von Arbeitsabläufen und Arbeitsergebnissen • Reaktion auf kurzfristige Auftrags-schwankungen und Personalausfall • Selbststeuerung bei Nacharbeit
Operative Aufgaben	**Operative Aufgaben**
• Rohmaterial-Bereitstellung und Lagerverwaltung • Sägen von Rund- und Stangen-materialien • Späne entsorgen • Überwachen der zentralen Kühl-mittelanlage • Anfertigung und Verwaltung von Vorrichtungen • Werkzeug schleifen und Werkzeug-verwaltung	• Material-Bereitstellung und Lager-verwaltung im Maschinenbau mit Zu- und Abbuchungen • Transport von Teilen und Fertigungsmitteln • Montage von Baugruppen und Ma-schinen nach Zeichnung und Stück-liste • Anfertigung und Verwaltung von Vorrichtungen

• Überprüfen von Werkzeugen und Vorrichtungen • Überprüfen von Messwerkzeugen • Qualitätssicherung und Dokumentation • Vorbeugende Instandhaltung und Wartung • Programme und Arbeitspläne optimieren • Werkzeug-Voreinstellung • Arbeitssicherheit • Transport von Teilen und Fertigungsmitteln • Teile entgraten • Behebung von Maschinenstörungen • Verteilen der Fertigteile an die verschiedenen Empfänger • Einrichten und Umrüsten von CNC-Maschinen • Überwachen und Bedienen von CNC-Maschinen • Bedienung von konventionellen Bearbeitungsmaschinen • Anreißen und Zentrieren	• Vorbeugende Instandhaltung und Wartung • Montage von Prototypen nach Angabe der Konstruktion • Qualitätssicherung und Dokumentation • Arbeitssicherheit • Transport von Baugruppen und Maschinen • Verpacken von Maschinen • Maschinen aus Rücklieferungen überprüfen und instand setzen

Abb. 4.21: Aufgaben von teilautonomen Gruppen in zwei Fertigungsbetrieben

Einige Fertigungsunternehmen haben sich völlig von ihren klassischen Organisationseinheiten (Abteilungen, „klassische" Gruppen) verabschiedet. Die Arbeit an Kundenaufträgen, an Neuentwicklungen usw. findet nur noch in Gruppen statt. Diese Gruppen stehen untereinander in Lieferanten / Abnehmer - Beziehungen. Das wird auch als *fraktale Organisation* bezeichnet.

Mit der Freiheit, die Arbeit selbst so verteilen zu können, wie es die Gruppe für richtig hält, hat sich in der Praxis der Prozess des *Job Enlargement* oft wieder zurück entwickelt. In den autonomen Arbeitsgruppen wurde oft *freiwillig* zu einer *Spezialisierung* zurückgekehrt. Wenn dieses freiwillig geschieht, besteht im Bewusstsein der Betroffenen ein wesentlicher Unterschied gegenüber der klassisch arbeitsteiligen Arbeit. Jeder Mitarbeiter der Gruppe übernimmt solche Aufgaben, für die er aus der Gruppensituation heraus besonders geeignet erscheint. Dadurch steigt das Selbstwertgefühl der Mitglieder. Jeder übernimmt die Aufgaben, die der Gruppe besonders gut helfen, ihre Ziele zu erreichen.

In autonomen Arbeitsgruppen ergeben sich soziale Beziehungen und Verhaltensnormen, die sich auf die Leistungsbereitschaft der Einzelnen auswirken können. Der *Einzelne ordnet sich den Normen der Gruppe unter*, weil er *andernfalls* riskiert, *von der Gruppe bestraft* zu werden. Die Liste möglicher Maßnahmen ist lang. Sie beginnt mit der Art der Begrüßung, geht weiter über vorsichtige Ermahnungen und reicht bis zu den stärksten Maßnahmen wie Missachtung oder die Empfehlung, die Gruppe zu verlassen. Die Sanktionsmöglichkeiten einer Gruppe gegenüber ihren Mitgliedern sind sehr wirksam - sogar wirksamer als das Instrumentarium eines formalen Vorgesetzten - da Menschen normalerweise sehr darauf angewiesen sind, insbesondere von Kollegen und Kolleginnen anerkannt zu werden.

Wenn eine Gruppe als Ganzes bestimmte *Leistungen* erbringen muss, dabei Termine einzuhalten und Qualitätsnormen zu erfüllen hat, werden diese *Vorgaben auch für alle einzelnen Mitglieder wirksam.* Wenn jemand einen Tag fehlt, fehlt er nicht dem Unternehmen sondern den Kollegen in der Gruppe, die sein Fehlen ausgleichen müssen. Wenn jemand Fehler macht, muss die Gruppe die Fehler nacharbeiten. Wenn jemand Überstunden oder hohe Arbeitsintensität verweigert, muss die Gruppe die Folgen tragen. In *autonomen Arbeitsgruppen* achtet jeder Mitarbeiter darauf, dass die Gruppe nicht in vermeidbare Schwierigkeiten kommt. Diese Lösung funktioniert selbstverständlich nur dann, wenn die Gruppe als Ganzes die Vorgaben des Unternehmens akzeptiert und als angemessen empfindet. Sonst könnte sich eine Gruppe auch gegen das Unternehmen solidarisieren.

Mit der *Einführung* der Gruppenarbeit können allerdings auch *Probleme* verbunden sein, die hier nicht verschwiegen werden sollen. Die Menschen in den Unternehmen sind oft nicht gewohnt, in Gruppen zu arbeiten. Sie haben Schwierigkeiten, sich sprachlich unmissverständlich auszudrücken. Missverständnisse können sich schnell zu Konflikten auswachsen. Viele Menschen unseres Kulturkreises haben es auch nicht gelernt, mit aufgetretenen Konflikten konstruktiv umzugehen. Diese Probleme treten in Produktionsbetrieben verschärft auf, wenn Sprachbarrieren bestehen und wenn unterschiedliche Kulturen aufeinandertreffen. Dann funktioniert eine Gruppe oft nicht als Gruppe sondern nur als Ansammlung von Mitarbeitern.

Unternehmen in der Wirtschaftspraxis mussten feststellen, dass weniger die Organisation und die technische Ausstattung bei der Einführung der Gruppenarbeit Probleme bereiten, sondern eben die *fehlende soziale Kompetenz* der betroffenen Mitarbeiter. Wenn beispielsweise eine Gruppe über Verbesserungsmöglichkeiten nachdenkt und ein Mitglied wird wegen eines „blödsinnigen" Vorschlages oder wegen seiner mangelhaften sprachlichen Ausdrucksfähigkeit ausgelacht, dann wird dieses Mitglied zukünftig den Mund halten. Eine Quelle wertvoller Ideen ist für immer versiegt. Wenn viele Mitglieder diese Erfahrung machen mussten, ist von dieser sogenannten Gruppe im Hinblick auf Verbesserungsvorschläge nicht mehr viel zu erwarten. Da helfen auch keine Appelle und keine Anreizsysteme. Dieses Beispiel zeigt auch, weshalb es in Europa und in den USA so große Probleme bereitet, in Japan erfolgreiche Ansätze, wie das Kaizen, zu kopieren. Wenn Verallgemeinerungen überhaupt zulässig sind, kann der Japaner eher als ein Gruppenwesen und der europäisch geprägte Mensch eher als ein Individualist angesehen werden. Ein weiterer Hinweis darauf, dass Organisation und Kultur zusammenpassen müssen.

Aus den genannten Gründen wird die *Einführung der Gruppenarbeit* heute in vielen Produktionsunternehmen *begleitet von Hilfen zur Entwicklung der notwendigen sozialen Kompetenz.* Kommunikationsverhalten, Umgang mit Konflikten, Regeln und

Rollen der Gruppenarbeit sind Inhalte derartiger Entwicklungsmaßnahmen, die normalerweise nur dann erfolgreich sind, wenn die Gruppe über einen längeren Zeitraum vor Ort betreut wird. Einmalige Schulungen sind zwar sinnvoll aber meistens nicht ausreichend. Unternehmen, deren Mitarbeiter schon weit entwickelt sind, haben gegenüber Mitbewerbern einen wesentlichen Wettbewerbsvorteil, der auch durch erhebliche technologische Investitionen kaum aufgewogen werden kann. Der Wettbewerb entscheidet sich zukünftig immer mehr an der Qualifikation der Mitarbeiter, und dazu zählt auch deren soziale Kompetenz. Die Bedeutung der sozialen Kompetenz wurde in der Vergangenheit wesentlich unterschätzt, das gilt auch für die Auswahl von Vorgesetzten, Projektleitern und Projektmitarbeitern, und wird teilweise noch heute unterschätzt.

4.5   Stellenbesetzung

Nachdem eine Stelle gebildet wurde, muss sie besetzt werden. Die *Stellenbesetzung* gehört nicht mehr in den Bereich der Organisation. Hier handelt es sich vielmehr um eine *Leitungsaufgabe*, bei der die *Personalabteilung unterstützend mitwirkt*. Zu einem Organisationsvorhaben gehören die Stellenbildung und die *Formulierung der Anforderungen* an den vorgesehenen Aufgabenträger. Der jeweils zuständige Vorgesetzte ist für die Besetzung zuständig. Häufig beauftragt er dann die Personalabteilung, ihm geeignete Kandidaten nachzuweisen. Die Auswahlentscheidung fällt der zuständige Vorgesetzte, ganz gleich ob die Personalabteilung die Kandidaten vorselektiert und testet oder nicht. *In dieser Funktion* wird also die *Personalabteilung* wie ein *Stab* tätig.

Die Stellenbesetzung ist relativ problemlos, wenn bei der Stellenbildung von bekannten Berufsbildern ausgegangen wurde oder wenn *ad personam* - also auf eine konkrete Person hin - organisiert wurde. Die Stelle kann innerbetrieblich auf dem Wege der Vermittlung oder über eine Ausschreibung - nach dem deutschen Betriebsverfassungsgesetz (BVG § 93) kann der Betriebsrat verlangen, dass offene Stellen erst intern ausgeschrieben werden - oder über den Arbeitsmarkt durch die Arbeitsverwaltung, Personalvermittler oder Anzeigen besetzt werden.

4.6   Stellvertretung

Im Zusammenhang mit der Stellenbildung ist auch die *Stellvertretung* (eigentlich Stellenvertretung) zu regeln. Im Falle der Stellvertretung *nimmt* der *Vertreter* des Stelleninhabers *fremde Stellenaufgaben wahr* und erfüllt damit die Aufgaben desjenigen, den er vertritt. Die *mit der Stelle verbundenen Befugnisse*, auch das Recht, Anordnungen zu geben, *gehen auf den Stellvertreter über. Er handelt im Namen und im Sinne des Vertretenen, aber in eigener Verantwortung.*

Diese Aussage gilt zumindest für die sogenannte *unbegrenzte Stellvertretung*. In der Praxis haben sich jedoch einige weitere Formen herausgebildet, die alle eines gemeinsam haben: Sie sollen *Vorsorge* treffen für den Fall, dass der *Stelleninhaber nicht selbst handeln kann* - z.B. wegen Urlaub, Krankheit, dienstlicher Abwesenheit -

oder nicht selbst handeln will. Es ist auch *Stellvertretung bei Anwesenheit* von Stelleninhabern möglich, etwa im Fall der hauptamtlichen Stellvertretung. Welche Form der Stellvertretung zu wählen ist, hängt von verschiedenen *Einflussgrößen* ab, von denen hier nur einige beispielhaft genannt werden sollen:

♦ Häufigkeit der Abwesenheit eines Stelleninhabers

♦ Dringlichkeit der anfallenden Geschäftsfälle

♦ Bedeutung der Geschäftsfälle

♦ Anzahl der Geschäftsfälle, die das Unternehmen rechtlich binden

♦ Anzahl der direkt unterstellten Mitarbeiter

♦ Umfang der Mitarbeit in Ausschüssen, Kollegien usw.

Eine Form der Vorsorge für den Fall, dass der Stelleninhaber nicht handeln kann, ist die *Platzhalterschaft*. Aufgabe des Platzhalters ist es, „eine Entscheidung darüber zu treffen

1. ob eine in Abwesenheit des Stelleninhabers anfallende Angelegenheit so wichtig ist, dass der Stelleninhaber davon Kenntnis erhalten muss, gleichgültig, wo immer er sich aufhält

2. ob eine dritte Stelle des Unternehmens zu informieren und um eine Entscheidung zu bitten ist

3. ob die Angelegenheit bis zur Rückkehr des Stelleninhabers aufgeschoben werden kann.

Der *Platzhalter* ist also nicht berechtigt, im Namen des Stelleninhabers zu handeln und zu entscheiden. Er ist *kein Stellvertreter.*"

Die Platzhalterschaft kann sinnvoll sein, wenn kaum Anlässe für eine echte Stellvertretung zu erwarten bzw. wenn die Aufgaben nicht dringlich sind. Vorteile der Platzhalterschaft sind die eindeutigen - auch rechtlich wirksamen - Zuständigkeiten und normalerweise auch niedrigeren Gehaltskosten, da für echte Stellvertretung zumeist die Vergütung angehoben werden muss. Typische Mitarbeitergruppen, die als Platzhalter in Frage kommen, sind die Sekretärin, der Assistent oder ein anderer Mitarbeiter des Stelleninhabers.

4.6.1   Formen der Stellvertretung

Wird die Form der Stellvertretung gewählt, muss dafür gesorgt werden, dass der Stellvertreter kein Stelleninhaber zweiter Wahl ist, sondern *vollwertig* den *Vertretungsbereich wahrnehmen* kann. Die dazu erforderliche Qualifikation muss er entweder bereits besitzen oder erwerben, bevor er mit der Stellvertretung betraut wird. Häufig wird ein Stellvertreter aufgebaut, indem von einer *begrenzten* - der Stellvertreter vertritt nur hinsichtlich einiger, genau zu definierender Aufgaben - auf eine *unbegrenzte Stellvertretung* schrittweise übergegangen wird.

Der zu vertretende *Stelleninhaber* sollte seinen *Vertreter selbst vorschlagen*. Da ein menschlich positives Verhältnis zu einer vorbehaltlosen Zusammenarbeit und offener gegenseitiger Information unerlässlich ist, muss der Stelleninhaber auf jeden Fall an der Entscheidung über den Vertreter beteiligt sein.

Bei der Stellvertretung können folgende Formen unterschieden werden:

Stellvertretung			
hauptamtlich		nebenamtlich	
unbegrenzt	begrenzt	unbegrenzt	begrenzt

Abb. 4.22: Formen der Stellenvertretung

Hauptamtliche Stellvertretung bedeutet, dass der Vertreter vorwiegend Aufgaben der Stellvertretung wahrnimmt. Hierfür gibt es folgende *Gründe*:

◆ Sorge um die Kontinuität der Führung beim Ausfall des Stelleninhabers

◆ Förderung sachgerechter Entscheidungen durch gemeinsame Beratung

◆ Entlastung des Vorgesetzten, ohne einen Kompetenzbereich aus der Hand zu geben

◆ Vorsorge für die Nachfolge

◆ ständig notwendige Anwesenheit eines Verantwortlichen.

Die *nebenamtliche unbegrenzte oder begrenzte Stellvertretung* kann durch verschiedene Stelleninhaber wahrgenommen werden:

◆ Gleichrangige Stellvertretung (durch einen Kollegen)

◆ Stellvertretung durch einen Mitarbeiter

◆ Stellvertretung durch einen Vorgesetzten

◆ Stellvertretung durch einen Springer

◆ geteilte Stellvertretung.

Zum Schluss noch ein Wort zu der Frage, ob *Stellvertretung und Nachfolge* miteinander gekoppelt werden sollen. Die meisten Praktiker raten dringend davon ab - von Ausnahmefällen abgesehen, in denen die Stelle bald neu besetzt werden muss (Ausscheiden, Versetzung, Aufstieg des Stelleninhabers). Insbesondere bei relativ geringem Altersunterschied provoziert diese Kopplung den Vertreter, den Zeitpunkt des Ausscheidens des Stelleninhabers zu beschleunigen. Vermutet ein Stelleninhaber diese Gefahr, wird er versuchen, statt eine vertrauensvolle Zusammenarbeit anzustreben, die Chancen des Vertreters zu verringern. Diese Konstellation dürfte sich negativ auf die Kooperation und damit auch auf die Stellvertretung auswirken.

4.7 Stellenbildung und Personalbemessung

4.7.1 Ausgangssituation

Zum Einstieg in das Thema soll wiederum ein Beispiel aus der Bank dienen.

In dem Institut war es bisher üblich, dass die Vorgesetzten den Arbeitsanfall über-wachten und insbesondere darauf achteten, dass sich im Schalterbereich nicht zu lange Schlangen bildeten. Wenn nach Ansicht der Vorgesetzten die personelle Decke zu kurz wurde, wendeten sie sich an die Organisationsabteilung mit der Forderung nach weiterem Personal. Wenn die Organisationsabteilung zustimmte, wurde die Personalabteilung eingeschaltet, um das Personal bereitzustellen.

In der Vergangenheit hatte es immer wieder Ärger gegeben. Vorgesetzte und deren Mitarbeiter empfanden die Ablehnung von Stellenbewilligungen oft als willkürlich oder als ungerecht. Dem hielt die Organisationsabteilung entgegen, dass bekannter-maßen die Personalanforderungen überzogen seien, weil

◆ *der Bedarf aufgrund der Spitzenbelastung (und nicht der Normalbelastung) ange-meldet werde*

◆ *einige Chefs sich offensichtlich ein personelles Polster anlegen wollten*

◆ *die Vorgesetzten mit der Zahl der Mitarbeiter auch ihren innerbetrieblichen Sta-tus verbinden würden*

◆ *aufgrund von Vergleichszahlen die Kapazität reichen müsste.*

Faktisch führte das dann dazu, dass besonders durchsetzungsfähigen Vorgesetzten eher weitere Mitarbeiter zugestanden wurden, als anderen, die weniger massiv auf-traten. Die Situation verschärfte sich durch den wachsenden Zwang, gerade bei den Personalkosten zu sparen.

In dieser Bank soll nun eine neue Organisationsform eingeführt werden. Die alte Abteilungsgliederung nach Kredit, Wertpapiere, Spar usw. wird aufgegeben. Statt dessen wurden Kundensegmente abgegrenzt wie z.B. Geschäftskunden, vermögende Privatkunden und Individualkunden (Massengeschäft). Die Mitarbeiter an der Front sind für alle Produkte zuständig, die der jeweiligen Kundengruppe angeboten werden. Wenn sie dazu fachlich überfordert sein sollten, können sie entsprechend ausgebildete Spezialisten hinzuziehen. Außerdem übernehmen die Frontmitarbeiter auch noch eine ganze Reihe der Aufgaben, die bisher im sogenannten Backoffice - Folgeverarbeitung - erledigt wurden. Dazu wurden EDV-Anwendungen bereit-gestellt, die eine computerunterstützte Sachbearbeitung ermöglichen. Vor diesem Hintergrund taucht die Frage auf, wieviele Mitarbeiter zukünftig in den neu geschaffenen Organisationseinheiten benötigt werden.

Die in dem Beispiel behandelte Problematik wird in der Fachsprache als *Personal-bemessung* bezeichnet. Dabei geht es ausschließlich um die *quantitative* Seite des *Per-sonalbedarfs*, d.h. die Zahl der Teil- oder Vollzeitstellen. Die qualitative Seite wird in dem sogenannten Anforderungsprofil der Stellenbeschreibung festgelegt, bzw. ist sie in den meisten Branchen durch sogenannte Berufsbilder definiert. Die quantitative Per-sonalbemessung ist immer dann besonders brisant, wenn

◆ die *Bemessung „gewachsen"* ist, wie im ersten Teil des Beispiels und Personalkosteneinsparungen gefordert werden - oft greift man dann zu der sehr willkürlichen *Rasenmähermethode* - dabei kommen diejenigen gut weg, die sich ein personelles Polster für solche Fälle zugelegt haben

◆ eine völlig *neue Organisation* gewählt wird, für die es noch keine Erfahrungswerte gibt.

Für eine systematische Personalbemessung müssen die Nachfrage - der Bedarf - ermittelt und das erforderliche Angebot bereitgestellt werden. Darüber hinaus sind Maßnahmen zu ergreifen, mit deren Hilfe kurzfristig Bedarfsspitzen abgedeckt werden können.

4.7.2 Personalbedarf (Nachfrage nach personeller Kapazität)

Der Personalbedarf hängt von drei Faktoren ab

◆ Art der Aufgaben

◆ Menge und Zeit des Anfalls der Aufgaben

◆ Zeit je Aufgabenerfüllung.

Im Prinzip ist die Formel einfach:
Aufgabe(n) * Menge * Zeit je Aufgabenerfüllung = quantitativer Personalbedarf. Aber eben nur im Prinzip, wie noch zu zeigen ist.

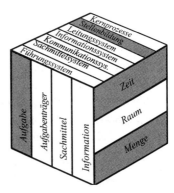

Abb. 4.23: Formel für den Personalbedarf

Die *Art der Aufgaben* geht aus der jeweiligen organisatorischen Lösung hervor bzw. kann relativ einfach bei den Betroffenen z.B. durch Aufgabeninterviews erhoben werden. Hier gibt es methodisch kaum Probleme.

Die Ermittlung der *Menge und der Zeit des Anfalls der Aufgaben* kann demgegenüber zum Teil gravierende methodische Schwierigkeiten bieten, und zwar aus folgenden Gründen:

◆ Die Zahl der Aufgaben schwankt zum Teil erheblich im Zeitablauf

◆ neben *bekannte Einflüsse* wie z.B. monatliche und jahreszeitliche Schwankungen treten *noch unbekannte* Einflüsse wie Konjunktur, Gesetzgebung und Kundenverhalten

◆ je nach der Art der Aufgaben sind Schwankungen mehr oder weniger gravierend. Es gibt *gut lagerbare Aufgaben* (z.B. nicht eilbedürftige interne Abechnungen), *teilweise lagerbare Aufgaben* (z.B. Aufgaben im Zahlungsverkehr, die zwar tagfertig erledigt werden müssen, bei denen es aber Spielräume gibt, wann die Arbeit getan wird) und *nicht lagerbare Aufgaben* (z.B. steht ein Kunde am Schalter und möchte umgehend bedient werden).

Vergangenheitszahlen lassen sich meistens relativ leicht ermitteln, etwa durch Postenstatistiken, DV-Auswertungen, Rechnungsnummern usw. aber auch durch Befragungen oder Selbstaufschreibungen der Betroffenen (die mit den verschiedenen Erhebungstechniken verbundenen Probleme werden im Band 1 dieser Schriftenreihe ausführlich behandelt). Selbst wenn gute Zahlen über die Vergangenheit vorliegen, besteht bei der Personalbemessung ein *Prognoseproblem*, das nicht ohne weiteres zu lösen ist. Zahlen und Trends der Vergangenheit können nicht immer einfach in die Zukunft verlängert werden. In jedem Fall bleibt hier ein *Ermessensspielraum*, der nur dadurch entschärft werden kann, dass das Mengenvolumen laufend erfasst und bei Veränderungen der Personalbestand entsprechend angepasst wird.

Noch größere Probleme kann es bereiten, die *Zeit je Aufgabenerfüllung* zu ermitteln. Folgende Fälle können unterschieden werden - ohne Anspruch auf Vollständigkeit:

Aufgabe	Beispiel	Lösungsansätze zur Zeitermittlung
Mensch bedient Sachmittel, Sachmittel gibt die Arbeitsgeschwindigkeit vor	• Arbeiter an Automat oder Fließband	• Messen durch Uhr • Rückgriff auf vorhandene Standardzeiten aus entsprechenden Katalogen
Vorwiegend manuelle Tätigkeit, geistiger Anteil eher unbedeutend	• Bedienung der EDV (z.B. Abfragen in EDV-Datenbanken) • Eingabe von Daten in ein System	• Zeitmessung • Beobachtung z.B. durch Multimomentstudie • Messung durch das System • Standardzeiten

Vorwiegend geistige Routinetätigkeit / selbst-bestimmte Zeit	• Bearbeiten von Wertpapieraufträgen • Kreditsachbearbeitung	• Ermittlung von Werten an vergleichbaren Stellen • Selbstaufschreibung
Vorwiegend geistige Routinetätigkeit mit fremdbestimmtem Anteil	• Beratung von Kunden	• Messung wenig sinnvoll • Geschäftspolitische Entscheidung, welche Bedeutung Beratung für den Erfolg hat
Vorwiegend geistige Arbeit mit geringem Routineanteil / selbst- und fremdbestimmte Zeit	• Arbeit im Organisationsprojekt • Vorbereitung einer Sitzung durch einen Stabsmitarbeiter	• Erfahrungswerte aus ähnlichen Vorhaben in der Vergangenheit • Geschäftspolitische Entscheidung, welche Bedeutung diese Aufgabe hat

Abb. 4.24: Aufgabenarten und Möglichkeiten der Zeitermittlung

Selbst in den Fällen, wo es scheinbar relativ einfach ist, richtige Werte zu ermitteln, tauchen Probleme auf. So hängt der Zeitwert bei einer vorwiegend manuellen Tätigkeit ganz entscheidend von der *Intensität* ab, mit der gearbeitet wird. Ungeübte Beobachter können zu sehr verzerrten Werten kommen, wenn sie nicht darin trainiert sind, den *Leistungsgrad* zu bestimmen, mit dem der beobachtete Mitarbeiter tätig ist.

In dem Katalog (Abb. 4.24) nehmen die Probleme der Ermittlung „richtiger Zeiten" von oben nach unten deutlich zu. Bei den beiden *letztgenannten Aufgabenkategorien* kann im Prinzip überhaupt *nicht mehr gemessen* werden. Vielmehr sind *geschäftspolitische Entscheidungen* zu fällen, welche Bedeutung den jeweiligen Aufgaben zukommt. So wird man möglicherweise in einem hart umkämpften Markt mehr Zeit für die Beratung vorsehen, als für die rein sachliche Bearbeitung notwendig wäre, weil Intensität und Qualität der Beratung für die eigene Wettbewerbsposition wichtig sein können.

Diese Ausführungen machen deutlich, dass es bei der Bemessung Bereiche gibt, in denen keine eindeutigen Aussagen möglich sind, selbst wenn versucht wird, methodisch - analytisch die Fragestellung anzugehen.

4.7.3 Angebot (Kapazität der Aufgabenträger)

Relativ leicht kann die Kapazität der Aufgabenträger ermittelt werden. Allerdings bleiben auch hier Ermessensspielräume, wie gleich gezeigt wird.

Kapazität einer Normalarbeitskraft (Berechnungsbeispiel)	
Anzahl der Tage pro Jahr	365
Wochenende und Feiertage	116
Urlaub	30
Krankheit / Kur / Arztbesuche / Schulung / Sonstige Fehlzeiten	13
Netto-Arbeitstage	206
Stunden pro Tag (38 Stunden pro Woche)	7,6
Arbeitsstunden pro Jahr (Anwesenheitszeit)	**1.565,6**

Abb. 4.25: Berechnungsbeispiel Arbeitskapazität

Diese Zahl kann dann jedoch nicht einfach der Nachfrage gegenübergestellt werden, weil zwei *weitere Faktoren* berücksichtigt werden müssen

◆ *Persönliche Verteilzeit* z.B. für Erholungszeit (Werte liegen zwischen 5% und 15 %, je nach Art der Aufgaben)

◆ Faktor für *Wartezeiten der Mitarbeiter*, um besser Belastungsspitzen ausgleichen zu können (sogenannte *Bereitschaftszeiten*). Dieser Zuschlag kann im kundennahen Bereich bis zu 30% der Kapazität ausmachen.

Die Anwesenheitszeit ist noch einmal um Faktoren für diese Zeitarten zu bereinigen, um die *Arbeitszeit für die Aufgabenerfüllung* zu ermitteln. Wenn beispielsweise 10 % Erholungszeiten und 20% Bereitschaftszeiten angesetzt werden, vermindert sich die Anwesenheitszeit um 10 + 20% = 30%

Anwesenheitszeit 1.565,6 * 0,7 = 1.096.

Es stehen also pro Vollzeitmitarbeiter circa 1.100 Stunden * 60 Minuten = 66.000 Minuten zur Verfügung. Durch diesen Wert sind die ermittelten Zeitbedarfe zu teilen, um die Zahl der notwendigen Stellen zu berechnen.

Berechnungsbeispiel Personalbedarf			
Aufgabe	**Vorgänge pro Jahr**	**Zeit je Vorgang in Minuten**	**Zeit pro Jahr**
Konto eröffnen	10.200	16	163.200
Dauerauftrag anlegen / ändern	12.000	4	48.000
Sicherheiten anfordern	1.500	9	13.500
Effektive Zinsbelastung berechnen	4.200	4	16.800
Summe			**241.500**
Personalbedarf 241.500 : 66.000 = 3,66 Stellen			

Abb. 4.26: Berechnungsbeispiel Personalbedarf

Diese scheinbar korrekten Zahlen können nicht „richtig" sein. Bei der Berechnung des Personalbedarfes gibt es relativ weite *Ermessensspielräume* bei der Frage, welche Zeiten für bestimmte Aufgaben angemessen und welche Abzüge bei der Mitarbeiterkapazität für persönliche Verteilzeiten und Bereitschaftszeiten angesetzt werden müssen. Außerdem ist nach der obigen Formel der Personalbestand für den Durchschnitt ermittelt (sieht man einmal von den Reserven ab, die durch die Bereitschaftszeiten vorhanden sind). In bestimmten Branchen - insbesondere in Kreditinstituten aber auch im Handel, im Reisesektor usw. - gibt es zum Teil erhebliche wöchentliche, monatliche oder jährliche Schwankungen, für die organisatorisch vorgesorgt werden muss.

4.7.4   Maßnahmen zum Kapazitätsausgleich

Folgende Maßnahmen stehen zur Verfügung, um die Kapazität an schwankende Auslastung anzupassen:

◆ Einsatz von Teilzeit- / Ultimokräften

◆ Überstunden

◆ intensitätsmäßige Anpassung

◆ variable Arbeitszeit

◆ Jahresarbeitszeit

◆ Zwischenlagerung von Arbeit

◆ Springer.

Zur Feinabstimmung an *bekannte periodische Schwankungen* ist der Einsatz von *Teilzeit- oder Ultimokräften* insbesondere im Dienstleistungssektor weit verbreitet. In den Belastungsspitzen werden Aushilfskräfte - oft ehemalige Vollzeitmitarbeiter, die inzwischen eine Familie gegründet haben, und nur noch tageweise zur Verfügung stehen, aber auch studentische Hilfskräfte - fest eingeplant. Bei *unvorhergesehenen Schwankungen* kann unter Umständen situativ die Kapazität verändert werden. Dabei sind in Deutschland allerdings Regelungen zum Arbeitsrecht, zum Steuerrecht und zum Sozialversicherungsrecht zu beachten.

Eine organisatorisch relativ einfache Lösung sind *Überstunden* zum Ausgleich von Belastungsspitzen. Die zu zahlenden Überstundenzuschläge sind bei kurzfristigen Belastungen wesentlich kostengünstiger als die dauerhafte Aufstockung der Kapazität. Allerdings gibt es im Arbeitsrecht und in Tarifverträgen Obergrenzen, bis zu denen Überstunden „gefahren" werden dürfen.

Viele Unternehmen verlassen sich bei Spitzenbelastungen auf die *intensitätsmäßige Anpassung der Mitarbeiter*. Menschen sind innerhalb einer relativ breiten Spanne in der Lage, zumindest für eine begrenzte Zeit die Arbeitsintensität erheblich über die Normalleistung zu erhöhen, auch wenn das gelegentlich die Qualität der Ergebnisse beeinträchtigt. Bei ausreichend motivierten Mitarbeitern regelt sich die Kapazitätsanpassung innerhalb bestimmter Grenzen nahezu von selbst.

Die weit verbreitete *variable Arbeitszeit* ist ebenfalls ein bewährtes Instrument, um Belastungsschwankungen aufzufangen. Allerdings begrenzen hier insbesondere tarifvertragliche Regelungen die Spielräume erheblich. Bei variabler Arbeitszeit wird häufig mit Zielvereinbarungen gearbeitet, die den Mitarbeitern relativ große Freiräume in der Ausgestaltung der Arbeitszeit geben - Selbststeuerung von Gruppen - verbunden mit klaren Aussagen (Zielen) über maximale Durchlaufzeiten oder Wartezeiten von Aufträgen.

Die sogenannte *Jahresarbeitszeit* und in konsequenter Fortsetzung die *Lebensarbeitszeit* wird in der Baubranche, zunehmend aber auch in anderen Wirtschaftszweigen diskutiert. Damit soll es möglich werden, in weit größerem Umfang als es bei der variablen Arbeitszeit möglich ist, die Arbeitsleistung an den Bedarf anzupassen. In der Baubranche würde dann beispielsweise bei fehlender Arbeit oder bei schlechtem Wetter die Arbeit eingestellt, um sie dann später nachzuholen. Derartige Modelle werden insbesondere bei Tarifverhandlungen heftig diskutiert und speziell von der Arbeitgeberseite gefordert.

Relativ einfach ist die *Kapazitätsanpassung, wenn die Arbeit warten kann.* Das hängt von der Art der Arbeit aber auch von der Marktsituation ab - interne Aufgaben können oft ohne Probleme verschoben werden. Öffentliche Stellen, etwa Bauämter, Gerichte oder Finanzbehörden, die *keinem Wettbewerbsdruck* ausgesetzt sind, lassen die Arbeit einfach so lange liegen, bis die Kapazität ausreicht. Dieser Weg ist privatwirtschaftlichen Unternehmen normalerweise versperrt, wenn sie überleben wollen.

Springer bilden eine *Personalreserve*, die bei Bedarf eingesetzt werden kann. Allerdings werden mit Springern meistens Ausfälle (Krankheiten, Urlaub, Schulung etc.) kompensiert. Wenn solche Belastungsschwankungen jedoch in verschiedenen Organisationseinheiten zu unterschiedlichen Zeiten auftreten, kann eine zentrale Personalreserve auch als Ausgleich für periodische Schwankungen dienen.

Mit diesen Hinweisen auf organisatorische Lösungsansätze zur Kapazitätsanpassung an Schwankungen in der Auslastung von Stellen und Organisationseinheiten ist das Kapitel Stellenbildung nahezu abgeschlossen. Als Letztes sollen noch einige Techniken der Gestaltung und Dokumentation der Stellen kurz behandelt werden.

4.8   Techniken der Stellenbildung

4.8.1   Aufgabenanalyse

Die Stellenbildung kann durch organisatorische Techniken unterstützt werden. Die wichtigste Technik, die dazu dient, die Aufgaben als Elemente der Stellen zu ermitteln, ist die *Aufgabenanalyse*, die auch als *Aufgabengliederungstechnik* bezeichnet wird. Eine formale Fragetechnik wird mit der Interviewtechnik verbunden. In sogenannten *strukturierten Interviews* können Aufgaben

- ◆ vollständig erfasst
- ◆ systematisch gegliedert
- ◆ beliebig tief detailliert
- ◆ eindeutig und übersichtlich dokumentiert sowie
- ◆ für die Dokumentation der Stellenbildung aufbereitet werden.

Diese Technik wird im Band 1 dieser Schriftenreihe ausführlich dargestellt. Deswegen soll sie hier nicht weiter behandelt werden. Zur Dokumentation der ermittelten Aufgaben gibt es leistungsfähige Standardsoftware. Das folgende Beispiel einer Aufgabenanalyse wurde mit dem *ibo Aufbau-Manager 4.0* erstellt (siehe Abb. 4.28)

4.8.2   Darstellung der Stellen

Die Ergebnisse der Stellenbildung können auf verschiedene Art und Weise dokumentiert werden

◆ Stellenbeschreibungen

◆ Funktionendiagramme.

Zu einer *Stellenbeschreibung* gehören vier - auch als Bilder bezeichnete - Inhaltsblöcke

◆ Instanzielle Einordnung der Stelle

◆ Ziele, Aufgaben und Kompetenzen

◆ Informations- und Kommunikationssystem und meistens auch noch das

◆ Anforderungsprofil, das auch als Besetzungsbild bezeichnet wird.

Instanzielle Einordnung	Ziele, Aufgaben, Kompetenzen	Informations-, Kommuni- kationssystem	Anforderungs- profil
• Bezeichnung der Stelle • (Dienst-)Rang des Stellen- inhabers • Vorgesetzter (Unterstellung) • Mitarbeiter (Überstellung) • Stellvertretung	• Allgemeine Zielsetzung der Stelle • Einzelaufgaben (Fach-/Sonder- aufgaben) • Kompetenzen (Befugnisse) • Einzelaufträge	• Eingehende Informationen • Ausgehende Informationen • Zusammenar- beit mit anderen Stellen • Mitarbeit in Ausschüssen, Kollegien etc.	• Vorbildung, Erfahrung, Qualifikation etc.

Abb. 4.27: Themenblöcke einer Stellenbeschreibung

Software	ORGANISATIONSHANDBUCH	AUFBAUORGANISATION		
	Sachgebiet:	KAPITEL	ABSCHNITT	SEITE
	Betreff:			

Matrix / Funktionendiagramm

Auftrag annehmen	telef. Aufträge	entgegennehmen		
			Kundendaten	
			Auftragsdaten	
	schriftl. Aufträge	annehmen		
		Eingang stempeln		
		weiterleiten		
Auftrag prüfen	Voll- ständigkeit	nachfragen		
		ergänzen		
	Bonität	klären		
		vermerken	Rechnung	
			Nachnahme	
	Liefer- fähigkeit	absagen	Brief verfassen	
			Brief schreiben	
			Brief unterschreiben	
			Brief versenden	
		Papiere erstellen	Auftragspapiere	
			Versandpapiere	
		Papiere weiterleiten		
fakturieren	Rechnung erstellen	aufrufen Maske		
		eingeben Kundennummer		
		eingeben Auftrags- daten	Artikel	
			Menge	
			Mehrwertsteuer	
			Lieferart	
			Zahlweise	
	Papiere prüfen	Rechnung		
		Versandpapiere		
		Nachnahme		
	trennen Rechnungssatz			
	weiter- leiten	A-Papiere	Versandpapiere	
			Rechnungsoriginal	
			Nachnahmeschein	
		Rechnungskopien		
versenden	Sendung zusammenstellen			
	Sendung verpacken			
	Sendung an Poststelle			
	Post ausliefern			

Verantwortlich für den Inhalt	Hierdurch wird ungültig	Kapitel	Abschnitt	Seite	Datum

Abb. 4.28: Aufgabengliederung als Ergebnis einer Aufgabenanalyse

Software	**Stellenbeschreibung**	Druckdatum:

Stellenbezeichnung:　　Gruppenleiter Versicherungen

Stellennummer:　　　　　　**Kostenstelle**:　4711

Abteilung:　　　　　　Rechtsabteilung

Stelleninhaber:

Instanzielle Einordnung:

　　　　1. die Stelle ist unterstellt:　　Abteilungsleiter
　　　　2. der Stelle sind unterstellt:　　Sachbearbeiter der Gruppe

Vertretung:　　　　　　durch Sachbearbeiter

Hauptaufgaben:
1. Bearbeitung aller Versicherungsangelegenheiten
   - Neuabschlüsse
   - Vertragserweiterungen und -aktualisierung
   - Verwaltung
   - Kündigungen
2. Abwicklung von Schäden aus
   - Personalgarantieversicherungen
   - Vermögensschadenhaftpflicht
   - Kreditversicherungen
   - Sonstige Haftpflicht und Kfz- Versicherungen

Einzelaufgaben vgl. Rückseite

Eingehende Informationen
- Meldung der Schadensfälle
- Fachliteratur der Versicherungswirtschaft und Versicherungsverbände
- Meldung von Bestandserhöhungen für Werte von Fachabteilungen

Ausgehende Informationen
- Halbjährliche Berichte an den Vorstand über
  - Schadensfälle
  - Neuabschlüsse und Erweiterungen
  - anhängige Auseinandersetzungen mit Versicherungen
- Laufende Information des Abteilungsleiters über Abschlüsse und Rechtsstreitigkeiten im Zusammenhang mit Versicherungen

Kompetenzen:
- Neuabschlüsse / Erweiterungen von Versicherungen bis Euro 2500,00

Datum	Erstellt am:	Geändert am:	Gültig ab:	bis
Unterschriften von:	Stelleninhaber		Vorgesetzter	

Abb. 4.29a: Beispiel für eine Stellenbeschreibung (Vorderseite)

	Einzelaufgaben	
Neuabschluss einer Versicherung	Vorgespräche im Hause führen / Risikobeurteilung	
	Anhörung der betroffenen Abteilungen	
	Führung des hausinternen Schriftverkehrs	
	Verhandlungen mit Versicherern	
	bis 5 TDM Jahresprämie Eigenabschluss	
	> 5 TDM Jahres-Prämie	Vertragsabschluss vorbereiten
		Vertrag unterzeichnen lassen
	Information an Vorstand und Abteilung	
	ggf. Info oder Rückfragen beim Vers.-Schutzverband	
	Wünsche bzw. Eingänge von Fachabteilungen bearbeiten	
Erweiterungen / Aktualisierung	Vorgespräche im Hause führen	
	Anhörung der betroffenen Stellen	
	Führung des hausinternen Schriftverkehrs	
	Verhandlungen mit Versicherern	
	Info oder Rückfragen beim Vers.-Schutzverband	
	Vertragsänderung bzw. Nachtrag beantragen	
	bis 5 TDM Jahresprämie Eigenabschluss	
	> 5 TDM Jahres-Prämie	Vertragsabschluss vorbereiten
		Vertrag unterzeichnen lassen
	Information an Vorstand und Abteilung	
Verwaltung der Versicherungs-Akten incl. allgem. Schriftverkehr		
Kündigungen von Versicherungen		
Versicherungssonderfälle	kurzfristige Höherversicherungen der Kassenbestände	
	Sonderveranstaltung	Ausstellungen / Empfänge
		Lehrer-Schüler-Fahrten
	Gefahrerhöhungen / Notrufausfälle	
ec-Schäden Sonderbearbeitung	Belobigungen	Briefe Schreiben
		üb. Revision u. Vorstand an Haftungsfonds
	Quartalsmeldung der Schäden	
Fertigung von Vorstandsvorlagen		
für Mitarbeiter	Rundschreiben fertigen	
	Auskünfte in Versicherungsfragen	
	Sportverein in Versicherungsfragen beraten	
Orga.-Arbeiten	Mitarbeit am Organisationshandbuch	
	Vordruckentwürfe	
Information für	sporadisch: Instituts-Vergleich	
	Deutscher Versicherungsschutzverband	
Wirtschaftlichkeitskontrolle in Versicherungsfragen		
Aktenführung		
jährl. Aufgaben	Ansätze für Handlungskostenvoranschlag	
	Jahresrechnungslegung	
Div. Statistiken führen		

Abb. 4.29 b: Beispiel für eine Stellenbeschreibung (Rückseite)

Ein *Funktionendiagramm* ist eine Zuordnung von Stellen und Aufgaben in der Form einer Matrix. Dem Nachteil, dass nicht alle Inhalte einer Stellenbeschreibung in einem Funktionendiagramm abgebildet werden können, stehen wesentliche Vorteile gegenüber:

◆ Guter Überblick über die Aufgaben und deren Verteilung auf mehrere Stellen

◆ Vollständigkeit und Überschneidungsfreiheit der Aufgabenverteilung sind leichter zu erkennen

◆ einfach zu erstellen

◆ einfach zu pflegen und anzupassen (DV-gestützt möglich).

Aus diesen Gründen sind Funktionendiagramme in der Praxis heute weiter verbreitet als die klassischen Stellenbeschreibungen. In der Abb.4.30 wird ein Beispiel für ein Funktionendiagramm dargestellt, das mit dem *ibo Process – Designer 4.0* erstellt wurde.

Software	ORGANISATIONSHANDBUCH Sachgebiet: Betreff:			AUFBAUORGANISATION		
				KAPITEL	ABSCHNITT	SEITE

Matrix / Funktionendiagramm				PO	AA	RE	VE	SB	RW
Auftrag annehmen	telef. Aufträge	entgegennehmen			X				
			Kundendaten		X				
			Auftragsdaten		X				
	schriftl. Aufträge	annehmen		X					
		Eingang stempeln		X					
		weiterleiten		X					
Auftrag prüfen	Vollständigkeit	nachfragen			X				
		ergänzen			X				
	Bonität	klären			X				X
		vermerken	Rechnung		X				
			Nachname		X				
	Lieferfähigkeit	absagen	Brief verfassen		X				
			Brief schreiben			X			
			Brief unterschreiben		X				
			Brief versenden	X					
	Papiere erstellen	Auftragspapiere			X				
		Versandpapiere			X				
		Papiere weiterleiten			X				
fakturieren	Rechnung erstellen	aufrufen Maske				X			
		eingeben Kundennummer				X			
		eingeben Auftragsdaten	Artikel			X			
			Menge			X			
			Mehrwertsteuer			X			
			Lieferart			X			
			Zahlweise			X			
	Papiere prüfen	Rechnung							X
		Versandpapiere					X		
		Nachnahme					X		
	trennen Rechnungssatz					X			
	weiterleiten	A-Papiere	Versandpapiere			X			
			Rechnungsoriginal			X			
			Nachnahmeschein			X			
		Rechnungskopien				X			
versenden	Sendung zusammenstellen						X		
	Sendung verpacken						X		
	Sendung an Poststelle						X		
	Post ausliefern						X		

Verantwortlich für den Inhalt	Hierdurch wird ungültig	Kapitel	Abschnitt	Seite	Datum

Abb. 4.30: Funktionendiagramm

Weiterführende Literatur zu diesem Abschnitt

Bartölke, K.: Teilautonome Arbeitsgruppen. In: Handwörterbuch der Organisation. Hrsg. v. E. Frese. 3. Aufl., Stuttgart 1992, Sp. 2384 - 2399

Bleicher, K.: Organisation - Formen und Modelle. Wiesbaden 1981

Bleicher, K.: Organisation: Strategien - Strukturen - Kulturen. 2. Aufl., Wiesbaden 1991

Bronner, R.: Verantwortung. In: Handwörterbuch der Organisation. Hrsg. v. E. Frese. 3. Aufl., Stuttgart 1992, Sp 2503 - 2513

Davenport, Th.H.: Process Innovation. Reengineering Work through Information Technology. Boston Mass. 1993

Ford, H.: How I Made a Success of my Business. Zitiert nach Frese, E.: Organisationstheorie. Historische Entwicklung - Ansätze - Perspektiven. 2. Aufl., Wiesbaden 1992

Frese, F.: Grundlagen der Organisation. Konzept - Prinzipien - Strukturen. 7. Aufl., Wiesbaden 1998

Frese, E.: Organisationstheorie. Historische Entwicklung - Ansätze - Perspektiven. 2. Aufl., Wiesbaden 1992

Hill, W.; R. Fehlbaum; P. Ulrich: Organisationslehre 2. 4. Aufl., Bern / Stuttgart 1992

Kosiol, E.: Organisation der Unternehmung. 2. Aufl., Wiesbaden 1976

Pfeiffer, W.; E. Weiß: Lean Management. Grundlagen der Führung und Organisation lernender Unternehmen. 2. Aufl., Berlin 1994

Reiß, M.: Arbeitsteilung. In: Handwörterbuch der Organisation. Hrsg. v. E. Frese. 3. Aufl., Stuttgart 1992, Sp. 167 - 178

Smith, A.: Der Wohlstand der Nationen. Eine Untersuchung seiner Natur und seiner Ursachen. München 1978 (Original: An Inquiry into the Nature and Causes of the Wealth of Nations. London 1776)

Steinle, C.: Stabsstelle. In: Handwörterbuch der Organisation. Hrsg. v. E. Frese. 3. Aufl., Stuttgart 1992, Sp. 2310 - 2321

Taylor, F.W.: The Principles of Scientific Management. New York 1911

Warnecke, H.-J.: Revolution der Unternehmenskultur. Das Fraktale Unternehmen. 2. Aufl., Berlin / Heidelberg u.a. 1993

Wildemann, H.: Die modulare Fabrik. Kundennahe Produktion durch Fertigungssegmentierung. München 1988

Womack, J.P.; D.T. Jones; D. Roos: Die zweite Revolution in der Automobilindustrie. Frankfurt/M. / New York 1991

5 Leitungssystem

5.1 Begriff

Für den Verlag wurde das Organigramm Abb. 5.1 erarbeitet und in Kraft gesetzt. In einem Organigramm werden Leitungsbeziehungen dargestellt. Die Verbindungslinien zwischen den Stellen entsprechen Weisungswegen, auf denen Ziele, Aufgaben, Richtlinien und Einzelanweisungen verbindlich übermittelt werden. In einem Leitungssystem werden die hierarchischen Über- und Unterordnungsbeziehungen geregelt, die in einem Organigramm sichtbar gemacht werden können.

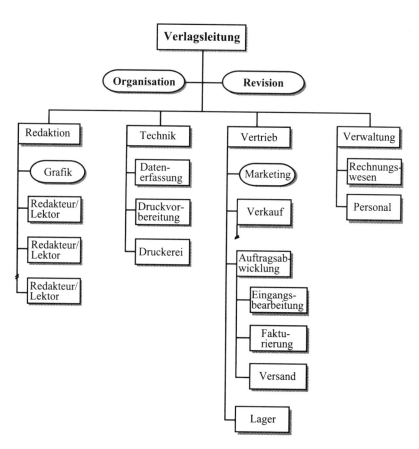

Abb. 5.1: Organigramm eines Verlages

Jedes Feld in einem Organigramm bildet eine *Stelle* oder eine *Stellenmehrheit* ab, d.h. Aufgabenpakete für Aufgabenträger. Die Gesamtheit der Leitungsbeziehungen eines Unternehmens wird als *Leitungssystem* bzw. als Hierarchie bezeichnet. Die *Hierarchie* dient in erster Linie dazu, die *Leistungen aller Beteiligten auf gemeinsame*

Ziele auszurichten. Sie soll die *Koordination* aller Aktivitäten sicherstellen, die voraussichtlich über einen längeren Zeitraum immer wieder zu bewältigen sind. Für diese nachhaltig wiederkehrenden Aufgaben, die auch als Routine bezeichnet werden können, wird ein fester organisatorischer Rahmen geschaffen, dessen Eckwerte - grobe Bezeichnung der Zuständigkeiten - sich im Organigramm finden. Dieses Leitungssystem wird auch als *Primärorganisation* bezeichnet.

In der Abb. 5.1 gibt es unter der Verlagsleitung vier Bereiche: Redaktion, Technik, Vertrieb und Verwaltung. Innerhalb des Vertriebs ist die Auftragsabwicklung noch einmal weiter untergliedert in Eingangsbearbeitung, Fakturierung und Versand. In der Praxis haben sich unterschiedliche Bezeichnungen für derartige Organisationseinheiten herausgebildet, die allerdings von Unternehmen zu Unternehmen unterschiedlich vergeben werden. Wieder andere Bezeichnungen finden sich in der öffentlichen Verwaltung, wie die folgende Übersicht zeigt.

Deutschland - Wirtschaft	Deutschland - Bundesministerien	Schweiz z.B.
Bereich	Minister	Departement
Hauptabteilung	Staatssekretär	Ressort
Abteilung	Abteilung	Bereich
Unterabteilung	Unterabteilung	Abteilung
Gruppe	Referat	Sektion
	Referent	Gruppe

In dieser Schrift wird grundsätzlich nur von Abteilungen gesprochen oder allgemein von Organisationseinheiten.

In jedem Unternehmen gibt es auch *Aktivitäten*, die *außerhalb der Routine* liegen. Beispielsweise will der Verlag in neue Medien einsteigen. Zukünftig sollen auch Optical Discs als Informationsträger für Publikationen hergestellt und vertrieben werden. Das vorhandene Leitungssystem ist voraussichtlich nicht geeignet, um dieses Vorhaben in die Tat umzusetzen. Wenn alle Meinungsbildungsprozesse und Abstimmungen über die Hierarchie laufen müssen, wird es sehr lange dauern, bis die erste Optical Disc ausgeliefert wird. Um derartige Vorhaben, die auch als *Projekte* bezeichnet werden, *zielgerichtet und schnell zu bewältigen*, kann eine *Projektorganisation* eingerichtet werden, die sich um das Vorhaben kümmert und mit deren Hilfe die Weisungswege „kurzgeschlossen" werden. Eine Projektorganisation ist ein Beispiel für eine Organisationsform, die der Koordination einmaliger Vorhaben dient und die über das vorhandene Leitungssystem gestülpt wird. Die Projektorganisation zählt zur sogenannten *Sekundärorganisation*.

Das *Leitungssystem* kann *von weiteren Einrichtungen überlagert* werden, die auch der *Koordination* dienen und ebenfalls zur Sekundärorganisation gerechnet werden. Dazu zählen beispielsweise Strategische Geschäftseinheiten, Ausschüsse und Workshops, die weiter unten im Kapitel Sekundärorganisation behandelt werden. Sie ergänzen die

Koordination durch das Leitungssystem und erleichtern eine schnelle, flexible, zielgerichtete Abstimmung der Beteiligten.

Die beiden Formen der Leitungsorganisation werden in der folgenden Übersicht noch einmal einander gegenübergestellt.

Primärorganisation	Sekundärorganisation
Dauerhafte Regelungen zur Koordination planbarer Aufgaben	Die Hierarchie überlagernde zeitlich befristete oder dauerhafte Einrichtungen zur Koordination neuartiger oder einmaliger Aktivitäten, sowie zur Verbesserung der Koordination bei dauerhaften Aufgaben
Leitungssystem = Hierarchie	Projektorganisation Strategische Geschäftseinheiten Kollegien / Ausschüsse Workshops

Abb. 5.2: Primär- und Sekundärorganisation

Im Folgenden soll als erstes der Frage nachgegangen werden, ob hierarchische Strukturen überhaupt noch in die heutige Zeit passen. Danach werden die Merkmale von Leitungssystemen erörtert. Dazu gehören die Aufgabenverteilung und die Gestalt der Gesamtorganisation sowie die Inhalte der Leitungsbeziehungen (z.B. fachliche, disziplinarische). Im Anschluss daran werden Modellvarianten von Leitungssystemen vorgestellt und auf ihre Vor- und Nachteile untersucht.

Als Spezialprobleme werden schließlich die

◆ Organisation der Unternehmungsleitung und die

◆ Sekundärorganisation

behandelt. Den Abschluss bildet ein Kapitel zur Dokumentation von Leitungssystemen.

Der schon mehrfach vorgestellte Würfel soll nun ein wenig modifiziert werden. Zwar geht es nach wie vor um die Verknüpfung der organisatorischen Elemente - so müssen in einem Leitungssystem auch die Entscheidungsaufgaben für einen Aufgabenträger gebündelt sowie die für diese Aufgaben notwendigen Informationen bereitgestellt werden -, jedoch sind *Stellen und Abteilungen die wesentlichen Elemente der Leitungsbeziehungen.* Vereinfacht kann man sich vorstellen, daß bei der Gestaltung des Leitungssystems die Stellen weitgehend „fertig"" sind. Es geht dann primär um die Verknüpfung zu einer Hierarchie. Die Verknüpfungen sind gekennzeichnet durch:

◆ Art und Umfang der Beziehung (fachlich und / oder disziplinarisch)

◆ Modellvarianten, d. h. typische in Praxis und Theorie anzutreffende Beziehungsmuster.

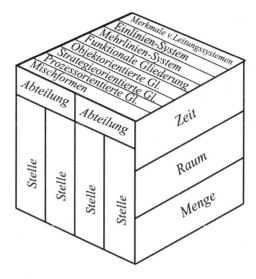

Abb. 5.3: Leitungswürfel

5.2   Notwendigkeit der Hierarchie

Immer wieder ist die Hierarchie in die Schusslinie geraten. Sie gilt bei einigen Autoren - weniger bei Praktikern - als ein *überholtes Machtinstrument*, das weder mit den heute *dominierenden Anforderungen* wie z.B. Flexibilität, Innovationskraft und hohe Qualität noch mit den *herrschenden kulturellen Werten* wie z.B. Eigenverantwortlichkeit und Kooperation verträglich sei.

Ironisierend werden die hierarchischen Ebenen auch folgendermaßen gekennzeichnet:

Allerdings zeigt schon die Alltagserfahrung, dass völlig *hierarchiefreie Systeme* kaum erfolgreich, oft sogar *nicht* einmal *überlebensfähig* sind. Am Beispiel einer Schüler-Fußballmannschaft kann leicht beobachtet werden, dass der gute Wille aller noch lange nicht zum Erfolg führen muss. Wenn alle gleichzeitig zum Ball streben, stehen sie sich selbst mehr im Weg, als es die gegnerische Abwehr jemals könnte. Es müssen also - und nicht nur in Schüler-Mannschaften - Rollen verteilt, Kompetenzträger

(Trainer und Spielführer) benannt und mit Sanktionsmöglichkeiten ausgestattet sein, um ein koordiniertes Spielgeschehen zu gewährleisten.

Die Notwendigkeit der Hierarchie ergibt sich aus dem *Koordinationsbedarf*, der *bei arbeitsteiliger Aufgabenerfüllung* entsteht. Die Einzelaktivitäten sind auf übergeordnete Ziele auszurichten und so aufeinander abzustimmen, dass ein Gesamtergebnis möglichst effizient hervorgebracht werden kann.

Grundsätzlich ist es denkbar, dass die *Beteiligten sich selbst abstimmen* und koordinieren. Das kann jedoch schon bei kleinen und mittleren Unternehmen so komplex werden, dass die interne Abstimmung die gesamte Kapazität der Beteiligten bindet. Die Hierarchie dient dazu, den notwendigen Koordinationsaufwand zu vereinfachen und zu beschleunigen. Ihr Ziel ist damit die *Beherrschbarkeit komplexer Systeme*.

Darüber hinaus muss bei arbeitsteiliger Aufgabenerfüllung von zum Teil tiefgreifenden *Meinungsunterschieden* ausgegangen werden, die weniger durch die Personen als durch die von ihnen zu erledigenden Aufgaben bedingt sind. So gibt es typischerweise einen Sachkonflikt zwischen dem Vertrieb, der alle Sonderwünsche der Kunden berücksichtigen möchte, und der Produktion, die effizienter produzieren kann, wenn es keine Sonderwünsche gibt. Derartige Konflikte können zur völligen Handlungsunfähigkeit oder zumindest zu sehr langwierigen Entscheidungsprozessen in Unternehmungen führen, wenn es keine *Träger von Macht* gibt, die das letzte Sagen haben und ihre *Entscheidung verbindlich vorgeben* können.

Die *äußere Form* einer Hierarchie lässt außerdem noch *keine Schlüsse* darüber zu, *wie diese Hierarchie gelebt wird*. Eine vielstufige Hierarchie kann sehr wohl mit Entscheidungsdezentralisation, mit Delegation und mit Partizipation gefüllt sein. Wird eine Hierarchie jedoch dazu benutzt, eigene Vorstellungen mit Hilfe der hierarchischen Position und nicht mit Hilfe von Argumenten durchzusetzen, kann eine derartig gelebte Hierarchie sehr wohl kritisiert werden.

Im Kapitel 9 „Führungssystem" werden Ansätze zu einer Abschwächung rein formaler Macht behandelt, also einer Macht, die ausschließlich oder vorwiegend auf der Position des Stelleninhabers beruht. Dort wird auf die inhaltliche Ausgestaltung der Hierarchie unter den Begriffen *Delegation* und *Partizipation* eingegangen.

Kritisiert wird immer wieder ein tiefgliedriges Leitungssystem. Die aktuelle Forderung heißt „flache Hierarchien". Auf diese Thematik wird im Abschnitt 5.2.2 eingegangen.

Kritik wird an der Hierarchie oft auch aus einem anderen Blickwinkel geübt. In Abb. 5.4 wird symbolisiert, dass *zwischen den hierarchischen Ebenen Barrieren* bestehen, die den Informationsfluss behindern können. Es kommt zu zeitlichen Verzögerungen wie auch zu inhaltlichen Verzerrungen der Informationen. Je weiter oben jemand in der Hierarchie steht, desto „schlechter" ist er über das informiert, was an der Front passiert. Zusätzlich ergeben sich *Barrieren zwischen den nebeneinander angeordneten Einheiten*, die als *funktionale Barrieren* bezeichnet werden (z.B. der „Kampf" zwischen dem Markt und dem Backoffice). Beide Einflüsse verstärken sich gegenseitig, so dass es zum *Gärtchendenken* kommt, zum *Abteilen statt* zum *Mitteilen*.

Konstruktionsmängel "traditioneller" Organisationsformen

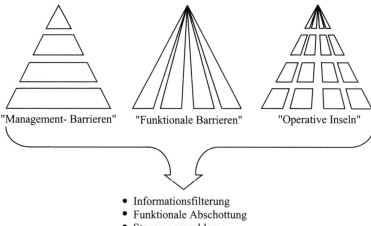

"Management- Barrieren"   "Funktionale Barrieren"   "Operative Inseln"

- Informationsfilterung
- Funktionale Abschottung
- Steuerungsprobleme
- Koordinationsprobleme

Abb. 5.4: Konstruktionsmängel der Hierarchie (nach HÖRRMANN / TIBY)

Mängel und Missbrauch der Hierarchie wie zum Beispiel:

◆ Betonung von hierarchischer Macht

◆ übersteigerte Entscheidungszentralisation

◆ Filterung von Informationen

◆ lange Entscheidungswege

◆ gegeneinander statt miteinander arbeiten (Bereichsegoismus)

sind in der Praxis häufig zu beobachten und werden auch zunehmend als bedrohlich empfunden. Sie *stellen jedoch nicht die Hierarchie als Koordinationsinstrument in Frage.* Die Hierarchie ganz zu beseitigen würde bedeuten, „den Teufel mit dem Beelzebub zu vertreiben". Die genannten Punkte weisen zwar auf mögliche Problemfelder hin, die jedoch beispielsweise durch

◆ geeignete Formen der Hierarchie

◆ angemessenes Verhalten der Beteiligten

◆ geeignete Informationssysteme und

◆ Regelungen in der Sekundärorganisation

bewältigt werden können.

5.3   Merkmale von Leitungssystemen

Leitungssysteme können mit Hilfe folgender Merkmale beschrieben werden:

❑ Aufgabenverteilung

❑ äußere Form der Hierarchie

❑ Inhalte der Leitungsbeziehungen.

5.3.1   Aufgabenverteilung

Die Verteilung von Aufgaben wurde bereits im Abschnitt *Stellenbildung* erörtert. Dort wurde herausgestellt, dass Leitungsstellen durch folgende Aufgabenmerkmale gekennzeichnet sind:

❑ Fremdentscheidung

❑ Anordnung

❑ Fremdkontrolle

❑ Fremdverantwortungsrecht.

Unabhängig von der äußeren Form einer Hierarchie, die sich beispielsweise durch die Zahl der Leitungsebenen beschreiben lässt, kann die Aufgabenverteilung auf die hierarchischen Ebenen sehr unterschiedlich sein. Dabei spielen die Entscheidungsaufgaben eine sehr wichtige Rolle. Es wird von einer *Entscheidungszentralisation* gesprochen, wenn Entscheidungsbefugnisse fast ausschließlich auf den obersten Ebenen angesiedelt sind. Demgegenüber sind im Falle einer ausgeprägten *Entscheidungsdezentralisation* nahezu alle Entscheidungsbefugnisse unteren Ebenen zugeteilt. Zwischen diesen beiden Extremen, die in reiner Form in der Praxis nicht vorkommen, gibt es noch eine Fülle von Zwischenformen, wie die folgende Übersicht nach KRÜGER zeigt.

	Verteilung von Entscheidungsbefugnissen auf obere Ebenen			**Verteilung von Entscheidungsbefugnissen auf untere Ebenen**	
Charakterisierung	Obere Hierarchieebenen behalten alle Entscheidungsbefugnisse in der Hand	Alle wichtigen Entscheidungsprozesse laufen auf oberen Ebenen der Hierarchie ab	Keine ausgeprägte Zentralisations- oder Dezentralisationstendenz	Teilweise Autonomie unterer Ebenen	Entscheidungsautonomie unterer Ebenen
Bezeichnung	Vollständige Entscheidungszentralisation	Überwiegende Entscheidungszentralisation	Neutrale Verteilungstendenz	Überwiegende Entscheidungsdezentralisation	Vollständige Entscheidungsdezentralisation

Abb. 5.5: Stufen der Entscheidungs(de)zentralisation

Leitungsstellen haben sowohl strategische wie auch operative Entscheidungsaufgaben. *Strategische*, d.h. für den Erfolg eines Unternehmens wesentliche und langfristig wirksame *Entscheidungen* z.B. über Produkte, Vertriebswege und Märkte liegen normalerweise auf den obersten Ebenen einer Hierarchie. Der Anteil *operativer Entscheidungen*, mit deren Hilfe strategische Entscheidungen im Tagesgeschäft umgesetzt werden, nimmt zu, je mehr man sich der Basis der Hierarchie nähert.

Leitungsstellen können neben ihren Leitungsaufgaben auch noch eigene Ausführungsaufgaben haben. Das ist z.B. der Fall, wenn der Verlagsleiter selbst Großkunden besucht und dabei Verkaufsaufgaben wahrnimmt. Der Anteil der Ausführungsaufgaben nimmt auf den unteren Ebenen der Hierarchie normalerweise zu. Alle Leitungsstellen haben außerdem noch Durchsetzungsaufgaben. Diese Zusammenhänge werden in der folgenden Abbildung in Anlehnung an GROCHLA gezeigt. Es ist zu beachten, dass die Anteile dieser Aufgabenarten auf den verschiedenen Ebenen von dem Umfang der Entscheidungszentralisation bzw. -dezentralisation abhängig ist.

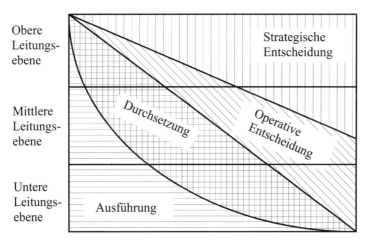

Abb. 5.6: Aufgabenverteilung in der Hierarchie (Grochla)

5.3.2 Äußere Form der Hierarchie

Die äußere Form der Hierarchie wird nur sehr grob und unvollständig durch das geläufige Bild der Pyramide wiedergegeben. Im Einzelfall unterscheiden sich die Leitungssysteme der Betriebe ganz erheblich.

Die Konfiguration wird bestimmt durch:

- ◆ Leitungsbreite
- ◆ Leitungstiefe
- ◆ Modellvarianten der Leitungsbeziehungen (z.B. Einlinien-, Mehrliniensystem).

Leitungsbreite und Leitungstiefe, die wesentlichen Merkmale der Konfiguration, sollen hier erörtert werden. Die Modellvarianten der Aufbaubeziehungen werden weiter unten in Kapitel 5.4 und 5.5 behandelt.

Eine gegebene Anzahl von Mitarbeitern kann modellmäßig in der Form der schlanken oder der breiten Pyramide hierarchisch miteinander verknüpft werden. Die Form der Pyramide wird durch die beiden Größen Leitungsspanne und Leitungstiefe bestimmt.

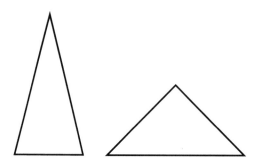

Abb. 5.7: Schlanke und breite Pyramide

Unter einer *Leitungsspanne* (Span of Control) versteht man die *Anzahl der einer Leitungsstelle direkt zugeordneten Mitarbeiter*; gleich ob es sich um Linien- oder um Stabsmitarbeiter handelt. So hat der Verlagsleiter eine Leitungsspanne von sechs, der Leiter Auftragsabwicklung eine Leitungsspanne von drei (Abb. 5.1). Die Summe der Leitungsstellen auf einer hierarchischen Ebene wird als die *Leitungsbreite* eines Systems bezeichnet und die Gesamtzahl der hierarchischen Ebenen als *Leitungstiefe*.

Leitungsbreite und Leitungstiefe hängen - bei einer gegebenen Anzahl von Mitarbeitern - von der Leitungsspanne ab. Je kleiner die Leitungsspanne ist, desto tiefer muss zwangsläufig das Leitungssystem gegliedert sein. Je breiter die Spanne ist, desto weniger Hierarchieebenen sind notwendig.

Die klassischen Versuche, die „richtige" Leitungsspanne zu bestimmen, müssen als gescheitert angesehen werden. Heute weiß man, dass die „richtige" Leitungsspanne in einem Fall drei in einem anderen Fall fünfzig betragen kann. Ob eine Leitungsspanne angemessen ist oder nicht, hängt von verschiedenen Faktoren ab:

◆ *Gleichartigkeit der zu erfüllenden Aufgaben.* Je homogener die Aufgaben sind, desto leichter fällt es, die Mitarbeiter zu koordinieren. So kann ein Abteilungsleiter im Zahlungsverkehr einer Bank unter Umständen 30 bis 50 Mitarbeiter „verkraften", wohingegen der Leiter einer Betriebsorganisation schon bei 5 direkt unterstellten Mitarbeitern an die Grenzen seiner Kapazität stoßen dürfte.

◆ *Komplexität der Aufgaben.* Damit ist die innere Struktur der Aufgaben ebenso gemeint wie die Zahl der äußeren Abhängigkeiten, die bei der Aufgabenerfüllung zu berücksichtigen sind. Hier gilt die gleiche Aussage. Im Zahlungsverkehr fallen weniger komplexe Aufgaben an, wohingegen im Organisationsbereich sehr komplexe Aufgaben zu bewältigen sind. Je komplexer die Aufgaben, desto kleiner die Leitungsspanne.

◆ *Ausmaß des Entscheidungsspielraumes der nachgeordneten Stellen.* Der Entscheidungsspielraum fördert das eigenverantwortliche Handeln. Der Vorgesetzte braucht nicht laufend eingeschaltet zu werden, was tendenziell eine größere Leitungsspanne erlaubt. Allerdings muss ein Vorgesetzter seine autonomen Mitarbeiter ausführlich informieren und kontrollieren (siehe dazu auch Abb. 5.8, die noch näher erläutert werden wird).

◆ *Entlastung durch Stäbe.* Leitungsstellen, die durch Stäbe entlastet werden, haben mehr Kapazität für ihre Mitarbeiter frei und können sich damit auch um mehr Mitarbeiter kümmern.

◆ *Zeitanteil für eigene Ausführungsaufgaben.* Vorgesetzte nehmen neben der Mitarbeiterführung auch noch eigene Aufgaben wahr. Je mehr Zeit durch diese Aufgaben beansprucht wird, desto schmaler muss die Leitungsspanne sein. Wenn der Leiter einer Kreditabteilung einen großen Teil seiner Zeit mit Kundenbesuchen und Kreditverhandlungen verbringt, schrumpft seine Leitungskapazität.

◆ *Unterstützung durch Sachmittel oder Verfahren.* Wenn beispielsweise ein Leiter der Betriebsorganisation ein EDV-gestütztes Projektplanungs- und -steuerungsverfahren einsetzen kann, erweitert sich damit seine Kapazität.

◆ *Verfügbarkeit von Informationen.* Je besser der Informationsstand von Vorgesetzten ist, je leistungsfähiger also die ihm zur Verfügung stehenden Informationssysteme sind, desto größer kann die Leitungsspanne sein.

◆ *Persönliche Momente wie Arbeitsstil und Autorität der Vorgesetzten.* Vorgesetzte mit hoher Autorität und effizientem Arbeitsstil können mehr Mitarbeiter leiten.

◆ *Führungsverhalten des Vorgesetzten.* Ein Vorgesetzter, der seine Mitarbeiter an der Meinungsbildung beteiligt, beansprucht einen großen Teil seiner Zeit für diese Beteiligung.

◆ *Leistungswille und Leistungsfähigkeit der Mitarbeiter.* Je qualifizierter und motivierter die Mitarbeiter sind, desto eher können sie „an der langen Leine gehalten" werden, wodurch sich die Leitungsspanne erweitern lässt.

◆ *Geographische Situation des Mitarbeitereinsatzes.* Je weiter die Mitarbeiter regional gestreut sind, desto mehr Zeit ist für die Koordination aufzuwenden und desto kleiner wird die Spanne.

Diese Faktoren sind in unterschiedlichen Situationen unterschiedlich *gewichtig.* Im Einzelfall können auch noch weitere Einflussgrößen hinzutreten. Deswegen ist eine Aussage über die optimale Leitungsspanne immer abhängig von den Einflussgrößen und deren Gewicht.

Abb. 5.8 zeigt die klassische Organisation unterhalb der Meisterebene in einem Fertigungsbetrieb und daneben eine Lösung mit autonomen Arbeitsgruppen. Die Gruppen haben keinen Leiter sondern einen gewählten Sprecher. Die Hierarchieebene Einrichter/ Vorarbeiter ist entfallen, weil diese Aufgaben von der Gruppe selbst wahrgenommen werden. Dem Vorgesetzten (Meister) verbleiben jetzt noch folgende Aufgaben:

◆ Vermitteln der Unternehmensziele

◆ vereinbaren von Zielen mit der Gruppe

◆ vereinbaren von Kompetenzen und Handlungsspielräumen mit der Gruppe

◆ Zielerreichung und Abweichungen zurückmelden

◆ Mitarbeiter in Problemlösungen und Entscheidungen einbeziehen

◆ Gruppen Hilfe zur Selbsthilfe geben

◆ bei der Umsetzung von Verbesserungsvorschlägen helfen

◆ Anregungen für Verbesserungen geben

◆ Führungsaufgaben gemeinsam mit den Gruppensprechern wahrnehmen.

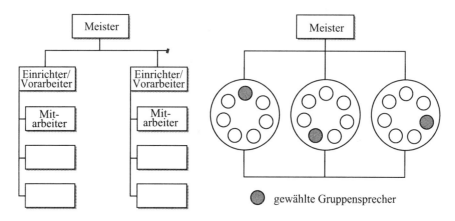

Abb. 5.8: Tiefe und flache Leitungsorganisation in einem Fertigungsunternehmen

Ähnlich sind verschiedene Großbanken dazu übergegangen, anstelle einer dreistufigen Filialorganisation - mit entsprechend gestaffelten Kompetenzen und Bewilligungsstrukturen - eine zweistufige Filialorganisation einzuführen (z.B. Deutsche Bank AG, Commerzbank AG). Gleichzeitig wurden damit Entscheidungsbefugnisse dezentralisiert, um die größeren Leitungsspannen der Hauptfilialen realisieren zu können.

Generell kann man feststellen, dass *flache* bzw. *tiefe Leitungssysteme* bestimmte *Vor- und Nachteile* haben.

Bewertung flacher und tiefer Leitungssysteme	
Vorteile flacher Leitungssysteme (breite Leitungsspannen)	**Vorteile tiefer Leitungssysteme (kleine Leitungsspannen)**

• Kurze Kommunikationswege
  – schnellerer Informationsfluss
  – weniger Filter und damit bessere Information der oberen Ebenen
• größere Flexibilität, bessere Anpassungsfähigkeit an veränderte Bedingungen
• schnellere Entscheidungen - es müssen nicht viele Hierarchieebenen durchlaufen werden, wenn eine Entscheidung benötigt wird
• mehr Autonomie der unteren Ebenen mit Vorteilen für die Motivation wie auch für „frontnahe" Entscheidungen.
	• Bessere Beherrschbarkeit durch Vorgesetzte möglich
	• mehr Zeit für die Führungsaufgaben
	• erleichterte Koordination
	• einheitliches Auftreten nach außen.

Die Forderung nach *flachen Hierarchien* ist sicherlich berechtigt, da insbesondere *Schnelligkeit und Flexibilität* in vielen Branchen *kritische Erfolgsfaktoren* sind. Auf der anderen Seite muss beachtet werden, dass Vorgesetzte sowohl ausreichend Zeit für die sachlichen Leitungsaufgaben wie auch für die Führung ihrer Mitarbeiter benötigen. Wird die *Spanne zu breit*, können sich Nachteile ergeben. So müssen Mitarbeiter z.B. lange auf Entscheidungen warten oder die Vorgesetzten haben keine Zeit für persönliche Gespräche mit ihren Mitarbeitern. In diesen Fällen bildet sich eine informale Organisation heraus. Die Lücken werden durch starke Persönlichkeiten gefüllt. Das kann gut gehen, wenn diese *informalen Führer* im Sinne des Unternehmens denken und handeln. Es kann aber auch dazu führen, dass Organisationseinheiten ein Eigenleben entwickeln, das mit den Zielen des Unternehmens nicht verträglich ist.

5.3.3   Inhalte der Leitungsbeziehungen

Leitungsbeziehungen können fachliche und disziplinarische Befugnisse umfassen. Im Normalfall liegen *fachliche und disziplinarische Befugnisse in einer Hand*. Bei den später noch zu behandelnden Mehrliniensystemen wie auch bei bestimmten Formen der Projektorganisation können sie jedoch aufgeteilt sein.

Es gilt als organisatorisches Prinzip, dass nur die fachlichen Befugnisse geteilt werden, die disziplinarischen Befugnisse jedoch grundsätzlich in einer Hand liegen. Von diesem Prinzip wird lediglich in einigen Formen der Projektorganisation abgewichen.

Was sind fachliche Befugnisse? *Fachliche Befugnisse* beziehen sich auf:

◆ Ziele

◆ grundsätzliche Regelungen (Kompetenzen, Handlungsspielräume)

◆ Aufgaben, Art der Aufgaben, Qualität, anzuwendendes Verfahren

◆ Sachmitteleinsatz

◆ Informationen - was ist zu berücksichtigen

◆ Aufgabenträger - wer soll es tun

◆ Zeit - bis wann, wie lange ist die Aufgabe zu erfüllen

◆ Ort - wo ist die Leistung zu erbringen, wohin ist etwas zu schaffen, woher ist etwas zu besorgen

◆ Menge - wieviel, wie oft ist etwas zu tun.

Demgegenüber beziehen sich *disziplinarische Befugnisse* beispielsweise auf

◆ die langfristige Mitarbeiterentwicklung
  – Einstellung des geeigneten Mitarbeiters
  – Sicherstellen einer ausreichenden Qualifikation durch Aus- und Weiter-bildungsmaßnahmen
  – Mitarbeiterbeurteilung
  – Gehaltsfindung
  – Beförderungen
  – Entlassung

◆ die kurzfristige Mitarbeitersteuerung
  – Anwesenheits-, Pünktlichkeitskontrolle
  – disziplinarische Eingriffe wie Abmahnungen
  – Regelung von Abwesenheitszeiten, Ferienterminen etc.
  – Regelungen im Rahmen der Gleitzeit
  – innerbetriebliche Bewilligungsverfahren wie Dienstreisen etc.
  – Unterstützung des Mitarbeiters bei betrieblichen und evtl. auch bei persön-lichen Problemen.

Die kurzfristige Mitarbeitersteuerung kann in Projekten, in die ein Mitarbeiter für län-gere Zeit delegiert wird, auch dem Projektleiter übertragen werden. Ansonsten sollten diese Befugnisse in einer Hand bleiben und zwar u. a. aus folgenden Gründen:

◆ Sicherheit für den Mitarbeiter, wer für ihn zuständig ist. Er ist nicht zwischen verschiedenen Vorgesetzten hin und her gerissen

◆ ein Vorgesetzter fühlt sich für „seine" Mitarbeiter auch langfristig verantwortlich und ist damit auch eher bereit, in diese Mitarbeiter „zu investieren"

◆ gibt es mehrere Vorgesetzte, neigen sie bei unangenehmen Entscheidungen dazu, sich gegenseitig für zuständig zu erklären.

5.4 Grundmodellvarianten der Leitungssysteme

Als Grundmodellvarianten werden hier unterschieden:

❑ Einlinien-System

❑ Mehrlinien-System.

Das sogenannte Stab-Linien-System, das oft noch als ein weiteres Grundmodell genannt wird, ist keine eigenständige Modellvariante. Vielmehr handelt es sich um ein Einliniensystem, das um Stäbe erweitert wird. Beim Stab-Linien-System gelten alle Aussagen, die auch für das Einlinien-System zutreffen. Aus diesem Grund sollen hier nur die beiden reinen Systemtypen behandelt werden.

5.4.1 Einlinien-System

Die Abb. 5.9 stellt ein Einlinien-System dar. Es gilt das Prinzip der *Einheit der Auftragserteilung* bzw. der *Einheit des Auftragsempfanges* (FAYOL). Jeder Mitarbeiter hat nur einen direkten Vorgesetzten. Von der Spitze der Hierarchie bis zur letzten Ausführungsebene läuft eine klare und ungebrochene Linie der Kompetenzen und Verantwortlichkeiten.

Auch für die Vorgesetzten gelten diese Grenzen. So darf beispielsweise der Leiter des Vertriebes keine direkten Weisungen an den Mitarbeiter *Auftragsannahme* geben. Er muss seine Wünsche dem Leiter *Verkaufsabwicklung* mitteilen, der sie dann an seinen Mitarbeiter weitergibt.

Auf den Weisungswegen laufen von oben nach unten Anordnungen, Entscheide, Vorgaben und Informationen und von unten nach oben Vorschläge, Vollzugsmeldungen, Rückfragen, Fehlermeldungen etc. Werden *alle Kommunikationsvorgänge an die Weisungswege gebunden*, wird von einem *völlig indirekten Verkehrsweg* bzw. dem *Dienstweg* gesprochen.

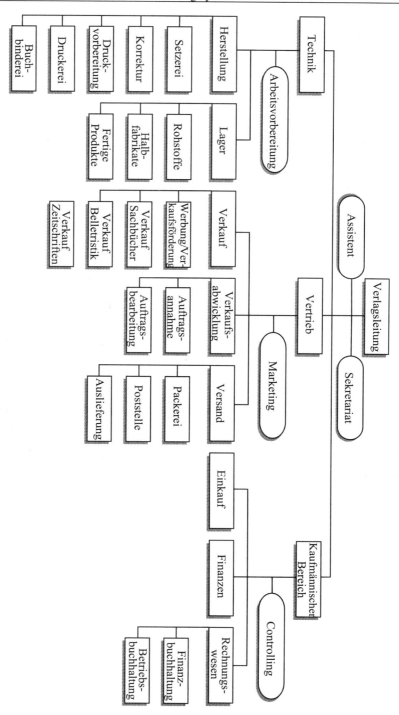

Abb. 5.9: Einlinien-System (mit Stäben)

Vorteile des Einlinien-Systems:

◆ Klare Zuständigkeiten, Kompetenzen und Verantwortlichkeiten (keine Kompetenzstreitigkeiten)

◆ klare Anlaufpunkte für die Mitarbeiter

◆ ein einheitlicher Wille lässt sich von oben nach unten durchsetzen

◆ auch unpopuläre Entscheidungen lassen sich durchsetzen. Es werden weniger „faule Kompromisse" geschlossen im Vergleich zu dem Fall, in dem sich mehrere Zuständige einigen müssen

◆ schnellere Entscheidungen sind möglich - weniger Abstimmungsaufwand

◆ leichtere Kontrolle

◆ leichteres Erkennen der Qualifikation von Mitarbeitern

◆ klare und einfache Kommunikation.

Diesen unbestreitbaren Vorteilen stehen aber auch einige mögliche *Nachteile* gegenüber:

◆ Quantitativ große Beanspruchung der oberen Instanzen durch Kommunikationsprozesse und durch die Verlagerung der Einigungsprozesse auf die Ebene eines für alle Betroffenen gemeinsamen Vorgesetzten. Wenn der Leiter Vertrieb mit dem Leiter Technik nicht einig wird, muss der Verlagsleiter entscheiden

◆ Gefahr der fachlichen Überforderung der oberen Instanzen, die theoretisch über alles Bescheid wissen müssten

◆ langwierige und meistens auch stark gefilterte Kommunikation; daraus ergeben sich

◆ Anpassungsprobleme - geringe Flexibilität und mangelhafte Kenntnisse der oberen Führungskräfte über die Probleme an der Front

◆ Gefahr einseitiger Machtverhältnisse. Wenn der Verlagsleiter von seiner Ausbildung Ingenieur wäre und er dort nach wie vor seine Interessen sähe, würde das Unternehmen sicherlich stärker fertigungsorientiert (perfekte Technik) und weniger kaufmännisch (solide Finanzierung, ausreichende Technik) ausgerichtet sein

◆ Bereichsegoismus breitet sich in derartigen Unternehmen leicht aus. Jeder „macht die Türen zu" und versucht, für sich das Beste herauszuholen.

Werden Vor- und Nachteile abgewogen, zeigt sich, dass das Einlinien-System am ehesten dann geeignet ist, wenn stabile Umweltverhältnisse vorliegen, gleichförmige, langfristig konstante Leistungen zu erbringen sind und die Aufgabenstellungen von der Komplexität her relativ leicht beherrscht werden können. Da diese Bedingungen heute nur noch selten gegeben sind, wundert es nicht, dass *Mehrlinien-Systeme* in Großunternehmen *oft vorkommen* und *Einlinien-Lösungen* häufig *durch* Formen der *Sekundärorganisation überlagert* werden.

5.4.2 Mehrlinien-System

5.4.2.1 Grundmodell

In einem Mehrlinien-System erhalten Mitarbeiter von mehr als einem Vorgesetzten Weisungen, wie es aus der Abb. 5.10 ersichtlich ist. Innerhalb des Vertriebs empfangen die Verkäufer Weisungen vom Leiter Verkauf, der auch die disziplinarischen Befugnisse ausübt, und fachlich begrenzte Weisungen von den Leitern Marketing, Belletristik und Sachbücher. So könnte der Leiter Marketing etwa verbindlich den Einsatz bestimmter Werbehilfen festlegen und die Leiter Belletristik und Sachbücher verbindlich vorgeben, welche Titel zu welchen Preisen dem Handel angeboten werden sollen.

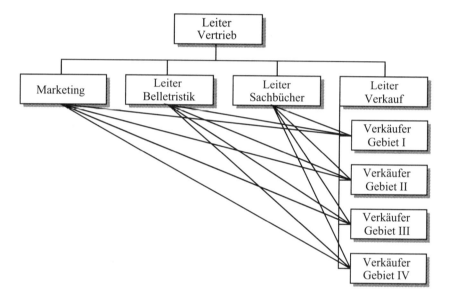

Abb. 5.10: Mehrlinien-System

In einem *Mehrlinien-System* haben einzelne *Mitarbeiter also mehrere* - mindestens zwei - *Vorgesetzte*, die sich die Weisungsbefugnisse aufteilen.

Welche *Vorteile* hat ein derartiges Modell?

◆ *Spezialisierung.* Jeder Vorgesetzte ist Fachmann in seinem Gebiet. Er kann sein Fachwissen direkt an den Mann bringen

◆ *Weniger Abteilungsegoismus.* Der Leiter Verkauf kann seinen Bereich nicht abschotten, indem er sich auf seine ausschließliche Zuständigkeit beruft

◆ *Entlastung der oberen Leitungsstellen*, da die Koordination jetzt nicht mehr über sie läuft sondern direkt zwischen den Beteiligten erfolgt

◆ *Kürzere Kommunikationswege*, die nicht mehr der Linie folgen, fördern schnellere Kommunikation

◆ *Erhöhte Flexibilität*, die sich aus der schnelleren Kommunikation ergibt

Diesen Vorteilen stehen jedoch einige gravierende *Nachteile* gegenüber:

◆ *Kompetenzkonflikte* sind kaum vermeidbar, da es keine klaren Kriterien für die Zuständigkeiten gibt. Mitarbeiter erhalten u. U. einander widersprechende Weisungen, die zu einer

◆ *Verunsicherung der Mitarbeiter* führen können und zu einer Verlagerung von Konflikten der Führungskräfte untereinander auf die Schultern der betroffenen Mitarbeiter. Das kann sich bei diesen leistungsmindernd und frustrationsfördernd auswirken

◆ *Hoher Kommunikationsbedarf.* Da mehrere Vorgesetzte für das gleiche Aufgabengebiet zuständig sind, müssen sie sich sehr intensiv abstimmen. Das kostet viel Zeit

◆ *Gefahr fauler Kompromisse.* Wenn sich die Spezialisten untereinander nicht einigen können, besteht die Tendenz, den kleinsten gemeinsamen Nenner zu wählen

◆ wenn sich Pannen ergeben, versucht jeder, den schwarzen Peter weiterzuschieben.

Das Modell stellt sehr hohe Anforderungen an die beteiligten Mitarbeiter hinsichtlich ihrer Kooperationsfähigkeit und ihrer Fähigkeit, mit Konflikten umzugehen. Andernfalls entstehen leicht zwischenmenschliche Spannungen, da jeder weisungsberechtigte Vorgesetzte seine Ziele und Probleme in den Vordergrund rückt und auch rücken muss. Dadurch tritt er nahezu automatisch in Konkurrenz zu den übrigen weisungsberechtigten Vorgesetzten.

Dieses reine Modell des Mehrlinien-Systems wurde von TAYLOR entwickelt, der es für Produktionsbetriebe vorsah. TAYLOR wollte insgesamt acht sogenannte Funktionsmeister - vier Werkstattmeister und vier Meister im Arbeitsbüro - einrichten, von denen jeder für ein abgegrenztes Spezialgebiet gegenüber der Ausführungsebene weisungsberechtigt sein sollte. Dieses Modell wurde in reiner Form jedoch niemals angewandt. In abgeschwächter Form sind die Grundgedanken TAYLOR's dann allerdings realisiert worden, etwa in Gestalt der fachlich begrenzenden Befugnisse der *Arbeitsvorbereitung* in Produktionsbetrieben. Viele dieser ausgegliederten Aufgaben werden heute wieder vermehrt auf sogenannte autonome Arbeitsgruppen übertragen, die für ihre Arbeitsvorbereitung weitgehend selbst verantwortlich sind. Damit sind die Mehrlinienbeziehungen in diesem Bereich auf dem Rückzug.

In Abb. 5.11 findet sich ein Praxisbeispiel für ein Mehrlinien-System in einer Filiale der Karstadt AG. Der sogenannte Organisationsleiter und der Personalleiter haben fachliche Weisungsbefugnisse gegenüber den Abteilungsleitern (zuständig für die Verkaufsabteilungen), dem Schauwerbeleiter (Werbung, Auslagen), dem Hausinspektor und dem Atelierleiter.

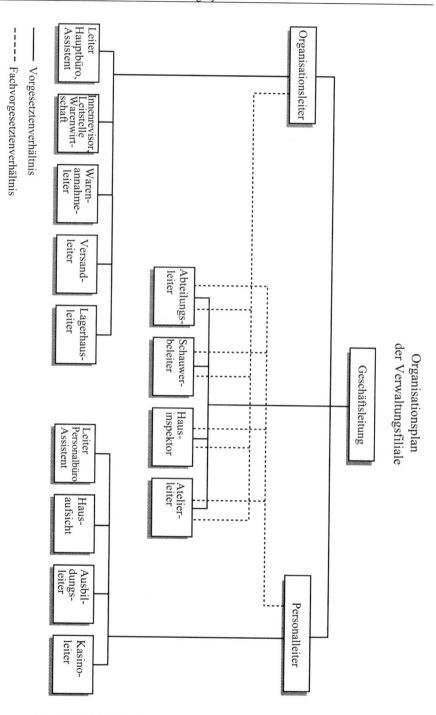

Abb. 5.11: Mehrlinien-System in einer Kaufhausfiliale der Karstadt AG

5.4.2.2 Matrix-Organisation

Die Matrix-Organisation ist ein Sonderfall eines Mehrlinien-Systems. Es überlagern sich zwei unterschiedliche Gliederungsprinzipien; typischerweise die Objekt- und die Verrichtungsgliederung. Dazu wiederum ein Beispiel aus dem Vertrieb des Verlages.

Durch einen darstellungstechnischen Trick wird das Organigramm als Matrix dargestellt, indem die nach Objekten (Belletristik, Sachbücher) gebildeten Stellen statt in der Horizontalen - sie sind hierarchisch den Verkaufsleitern gleichgestellt - in der Vertikalen abgebildet werden. So ergibt sich eine matrixförmige Darstellung, die jedoch insofern vereinfacht ist, als beispielsweise der Leiter Belletristik sowohl gegenüber dem Verkäufer 1 wie gegenüber dem Verkäufer 2 Weisungsrechte besitzt.

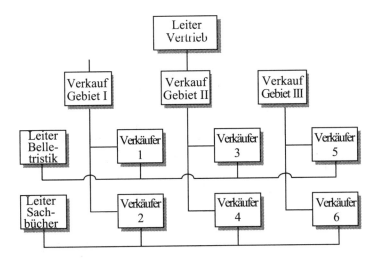

Abb 5.12: Matrix-Organisation

In der Matrix-Organisation wird unterstellt, dass - um im Beispiel zu bleiben - die Verkäufer disziplinarisch unbegrenzt und fachlich begrenzt dem Verkaufsleiter zugeordnet sind. Die für die Produkte zuständigen Leiter haben lediglich fachlich begrenzte Befugnisse.

Mit dieser Lösung wird versucht

◆ Spezialisierungsvorteile zu nutzen

◆ neben der verrichtungsorientierten Koordination auch die objektorientierte Koordination sicherzustellen.

Es gelten die oben genannten Vor- und Nachteile des Mehrlinien-Systems.

5.4.2.3 Tensor-Organisation

In einer Tensor-Organisation überlagern sich drei oder mehr Weisungssysteme. Für den Verlag könnte das vereinfacht folgendermaßen aussehen (Abb. 5.13):

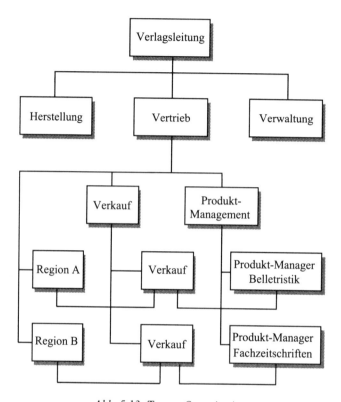

Abb. 5.13: Tensor-Organisation

In diesem Beispiel überlagern sich drei Gliederungskriterien

❏ Verrichtung (Verkauf)

❏ Region und

❏ Produkt.

Allerdings dürfte das Beispiel etwas ungewöhnlich sein, da in einem solchen Fall der Verkauf vermutlich bereits in sich nach der Region gegliedert worden wäre. Bei Unternehmen mit einem sehr differenzierten Produktprogramm ist eine derartige Lösung durchaus denkbar. Außerdem sind weitere Weisungswege etwa aus zentralen Fachabteilungen wie Personal, Finanzen oder Organisation denkbar.

Die Tensor-Organisation ist ein Modell, das die zugrundeliegende Problematik sehr gut verdeutlicht: Die Gliederung nach einem Merkmal erschwert die Koordination nach den übrigen Merkmalen. In einem Einlinien-System muss man sich für ein Gliederungsprinzip entscheiden, mit der Gefahr, dass die übrigen, nicht durch weisungsberechtigte Stellen vertretenen Koordinationsnotwendigkeiten zu kurz kommen, bzw. nur nachrangig - auf unteren Ebenen - wahrgenommen werden.

Vor- und Nachteile dieses Modells entsprechen denen der Matrix-Organisation, weswegen sie hier nicht wiederholt werden sollen. Insbesondere die Nachteile kommen verstärkt zum Tragen.

Trotz der erwähnten, zum Teil gravierenden Nachteile finden sich in der Praxis vor allem in Großunternehmen immer wieder Mehrlinien-Systeme, da dort *verschiedene Koordinationsrichtungen gleichzeitig beachtet*, also „unter einen Hut" gebracht werden müssen z.B. die Koordination nach Produkten, nach Kunden und nach Märkten (Regionen). Faktisch führen derartige Lösungen fast immer dazu, dass eine Koordinationsrichtung eindeutig überwiegt und sich im Konfliktfall durchsetzt. Bei sehr großen, multinationalen Unternehmungen dominiert meistens die Region oder das Produkt. Die Weisungskompetenzen sind dann nicht mehr gleichgewichtig, was praktisch wieder zu Einlinien-Systemen zurückführt. Abgeschwächte Varianten - etwa in der Form des Produktmanagement - mit sehr begrenzten Befugnissen einzelner Verantwortlicher sind weit verbreitet. Darauf wird unten noch näher eingegangen.

Abb. 5.11 (Seite 146) bietet auch ein Beispiel für eine Tensor-Organisation.

Unter folgenden *Bedingungen* können sich Mehrlinien-Systeme entwickeln und als leistungsfähig erweisen:

◆ Das Unternehmen liefert sehr *komplexe*, innovative und risikoreiche *Leistungen*

◆ das Unternehmen kann in mehrere Einheiten *aufgegliedert* werden, die aber auf zahlreiche *gemeinsame Ressourcen* zurückgreifen müssen. Es bedarf eines ständigen Kapazitätsausgleichs

◆ diese *Kapazitäten* können aus wirtschaftlichen Gründen *nicht aufgeteilt* werden, oder die Koordination wäre im Falle der Aufteilung nicht gewährleistet

◆ das Unternehmen muss ständig *neue Anforderungen der Umwelt* (Kunden, Techniken) *verarbeiten* bzw. *schnell* darauf *reagieren*.

5.5 Spezialmodelle der Leitungsorganisation

Oben wurden Grundmodelle der Leitungsorganisation behandelt. Innerhalb dieser Grundmodelle gibt es spezielle Ausprägungen auf die im Folgenden eingegangen wird. Dabei handelt es sich im Einzelnen um

◆ Verrichtungsorientierte Modelle

◆ Objektorientierte Modelle

◆ Mischformen verrichtungs- und objektorientierter Modelle

◆ Strategieorientierte Modelle

◆ Prozessorientierte Modelle.

5.5.1 Verrichtungsorientierte Modelle (Funktionale Gliederung)

Normalerweise bestimmt die Gliederung der zweiten Ebene, ob von einer verrichtungs- oder von einer objektorientierten Lösung gesprochen wird. Wenn also unter der Geschäftsleitung nach Verrichtungen gegliedert wird, liegt eine verrichtungsorientierte (funktionale) Lösung vor. Es ist auch denkbar, dass bereits auf der obersten Ebene nach Verrichtungen gegliedert wird.

Bei der Entwicklung von Unternehmungen ergibt sich häufig mit wachsender Größe eine zunehmende Aufspaltung und damit Spezialisierung nach Verrichtungen. Im Folgenden sind am Beispiel des Verlages drei denkbare Stufen in der Entwicklung einer verrichtungsorientierten Lösung dargestellt.

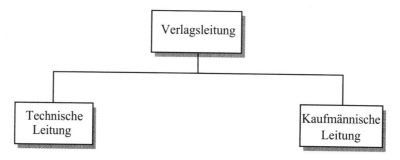

Abb. 5.14: Einfaches verrichtungsorientiertes Modell

Diese Lösung findet sich vor allem bei gewachsenen Einzelunternehmen, in denen ein technischer Spezialist alle technischen Funktionen und ein kaufmännischer Spezialist die mehr verwaltenden, daneben aber auch die Vertriebsfunktionen übernimmt. Schwierig ist oft die Frage zu beantworten, wo der Einkauf zuzuordnen ist? Der technische Leiter fordert ihn oftmals für sich, weil der größte Einkaufswert - außer bei Dienstleistungsunternehmen - in der Fertigung eingesetzt wird. Der kaufmännische Leiter sieht demgegenüber die Aufgabe bei sich, weil das „Einkaufen" eher eine - wie der Name schon sagt - kaufmännische Funktion ist.

Die dritte Ebene - die erste und zweite werden oft von der „Unternehmensleitung" in Personalunion übernommen - könnte wie folgt nach Verrichtungen gegliedert sein.

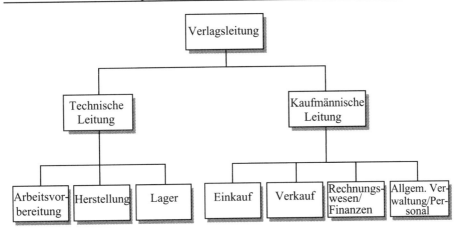

Abb. 5.15: Mehrstufige Verrichtungsgliederung

Typische, in nahezu allen größeren Unternehmungen anzutreffende „Verwaltungsaufgaben", die fast immer dem kaufmännischen Bereich zugeordnet werden, sind:

◆ Finanzwesen

◆ Rechnungswesen

◆ Personalwesen

◆ Sozialverwaltung (Verwaltung von Kantine, sozialen Einrichtungen etc.)

◆ Sachanlagenverwaltung (Hausverwaltung, Instandhaltung etc.)

◆ Allgemeine Hilfsdienste (Registratur, Vervielfältigung, Botendienste etc.).

Daneben werden, üblicherweise dem kaufmännischen Bereich die häufig als Stäbe konzipierten Einheiten

◆ Organisation / Datenverarbeitung

◆ Revision

◆ Recht

◆ Public Relations / Öffentlichkeitsarbeit

unterstellt.

Bei weiterem Wachstum wird die quantitative und qualitative Belastung der Leitung u.a. auch durch die zunehmende Leitungsspanne zu groß, so dass die zweite Ebene weiter aufgegliedert wird, wie es beispielhaft in der folgenden Abbildung dargestellt ist.

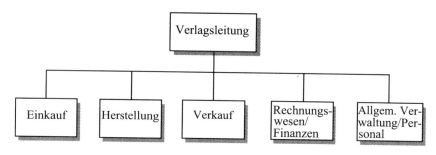

Abb. 5.16: Verrichtungsgliederung

Auf der nächsten Ebene kann dann weiter nach Verrichtungen oder auch nach Objekten gegliedert werden.

Zur Verrichtungsgliederung sollen hier noch einige Modelle aus der Praxis gezeigt werden.

Die Organisation der *Allianz Leben* ist sowohl auf der obersten Ebene wie auch fast durchgängig auf der zweiten Ebene nach Verrichtungen gegliedert. Die *Karstadt AG* weist ebenfalls eine reine Verrichtungsgliederung auf. Dabei ist interessant, dass auf Direktionsebene 8 Einkaufsdirektoren und 9 Verkaufsdirektoren - ihnen unterstehen unter anderem auch die Verkaufshäuser - neben den übrigen funktionalen Einheiten stehen. Das spiegelt die überragende Bedeutung von Einkauf und Verkauf in einem Handelsunternehmen wider. Ausgenommen die Verkaufsdirektion sind auch in dieser Lösung die Direktionen fast ausschließlich weiter nach Verrichtungen untergliedert.

Die *Lufthansa Technik AG* (Abb. 5.19, Seite 155) bietet ein gutes Beispiel für die klassische Organisation einer Geschäftsleitung in technische und kaufmännische Aufgaben. Unter dem technischen Vorstand findet sich eine Mischung aus Verrichtungs- und Objektgliederung, während der kaufmännische Bereich auf der zweiten Ebene in Reinform und auf der dritten Ebene teilweise - daneben findet sich eine regionale Gliederung - nach Verrichtungen gegliedert ist.

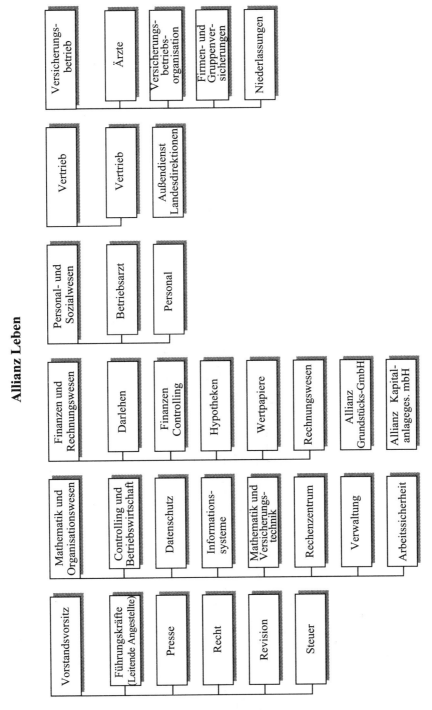

Abb. 5.17: Verrichtungsorientierte Gliederung der Allianz Leben

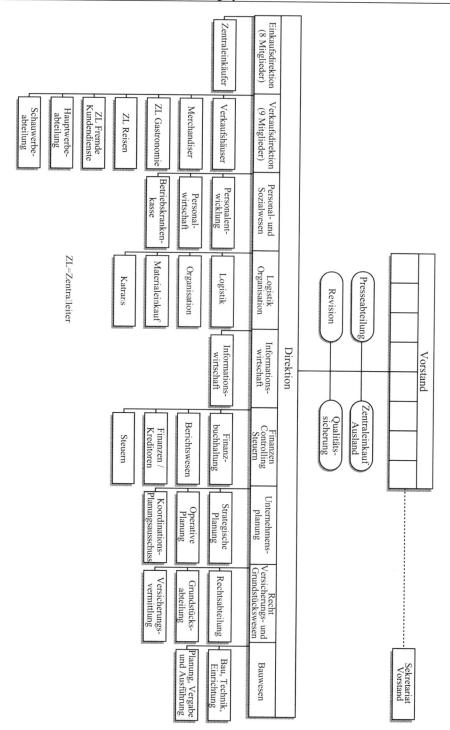

Abb. 5.18: Verrichtungsorientierte Gliederung der Karstadt AG

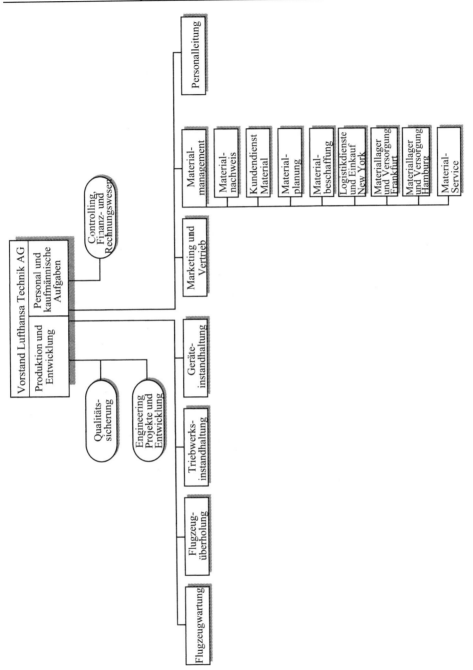

Abb. 5.19: Verrichtungsorientierte Gliederung der Lufthansa Technik AG

Als weiteres Beispiel für eine verrichtungsorientierte Gliederung auf der obersten Ebene wird in Abb. 5.20 das Organigramm eines Energieversorgungsunternehmens gezeigt.

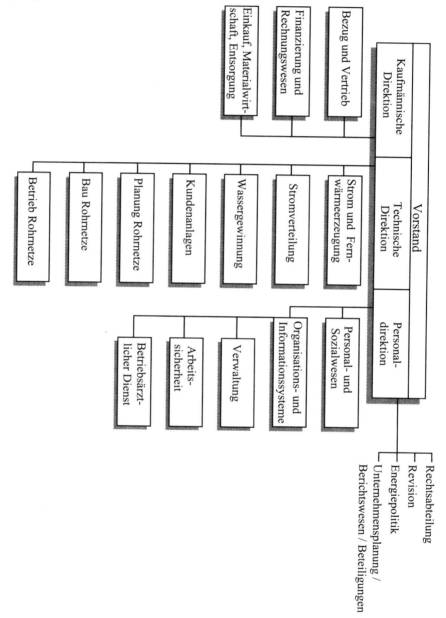

Abb. 5.20: Verrichtungsorientierte Gliederung in einem
Energieversorgungsunternehmen

Verrichtungsorientierte Gliederungen in Teilbereichen sind sehr oft anzutreffen, wie auch die Untergliederungen der Organigramme der Allianz Leben und der Karstadt AG zeigen.

Verrichtungsorientierte Gliederungen auf der ersten oder zweiten Ebene, die in den verschiedensten Branchen anzutreffen sind, bewähren sich normalerweise unter den folgenden Bedingungen:

◆ Keine sehr großen Unterschiede in den Absatzmärkten, z. B. nach Ländern mit unterschiedlichen Sprachen, Gesetzen, Usancen. Wenn es solche Unterschiede gibt, kann es auch ausreichen, lediglich den Vertrieb regional zu untergliedern. Die drei Beispiele zeigen nationale Gesellschaften, die in einem weitgehend homogenen Markt operieren

◆ keine gravierenden Unterschiede in den Kundengruppen, die eine Spezialisierung auf diese Kunden auf höchster Ebene nahelegen

◆ Unterschiede im Produktionsprogramm erfordern keine Gliederung nach Produkten, beispielsweise weil die Produkte im Wesentlichen mit den gleichen Kapazitäten hergestellt werden

◆ die Verrichtungen erfordern komplexe Leistungen, die auf oberster Ebene zu koordinieren sind. Hinter den Verrichtungen verbergen sich oftmals die Kernkompetenzen der Unternehmen wie z.B. Herstellung und Vertrieb von Nahrungsmitteln oder Einkauf und Verkauf von Waren in einem Handelsunternehmen.

Obwohl immer mehr Unternehmen zu einer objektorientierten Gliederung übergehen (Divisionalisierung / Spartengliederung), gibt es in der Wirtschaftspraxis immer noch sehr viele Beispiele für verrichtungsorientierte Gliederungen. Sie haben unter anderem folgende *Vorteile*:

◆ Spezialisierung auf die Verrichtung

◆ weniger Notwendigkeiten, mehrfach gleiche Kapazitäten in Divisionen oder Sparten aufzubauen

◆ bessere Auslastung der Kapazitäten bei Beschäftigungsschwankungen

◆ weniger Verselbständigungstendenzen der geschaffenen Einheiten (im Vergleich etwa zu Divisionen)

◆ weniger Konflikte, ob übergreifende Ressourcen - z. B. Forschung und Entwicklung, Rechenzentrum - der Zentrale oder den objektorientierten Einheiten zugeordnet werden sollen.

Diesen Vorteilen stehen, insbesondere bei großen Unternehmungen, auch einige mögliche *Nachteile* gegenüber:

◆ Die Verrichtungsorientierung auf oberster Ebene führt zwangsläufig zu großen Einheiten, die relativ schwerfälliger sind als kleinere Einheiten. Die Reaktionsgeschwindigkeit auf Anforderungen des Marktes wird dadurch herabgesetzt

◆ Abgrenzung von Verrichtungen (funktionale Einheiten) erschwert eine bereichsübergreifende Zusammenarbeit

◆ Schnittstellenprobleme zwischen den funktionalen Einheiten erschweren eine prozessorientierte Organisation

◆ fehlende Konzentration auf einzelne Produkte, Kunden oder Regionen, da alle in dem gleichen „großen Topf" liegen

◆ Gewinnverantwortung nur für das Gesamtunternehmen möglich, da sich nur auf dieser Ebene Erlöse und Kosten zurechnen lassen. Damit wird unternehmerisches Denken nur auf der obersten Ebene gezielt gefördert.

Diese und weitere mögliche Nachteile haben zur Entwicklung objektorientierter Leitungssysteme geführt. Nach einer Welle der Konzentration und des damit verbundenen Wachstums (Unternehmenskäufe, Mergers, internationale Aktivitäten) konnten dadurch wieder kleinere, beweglichere Einheiten geschaffen werden.

5.5.2   Objektorientierte Modelle

Der Verlag hätte auf oberster Ebene auch nach Objekten gegliedert werden können. Dafür werden einige verkürzte Beispiele gezeigt.

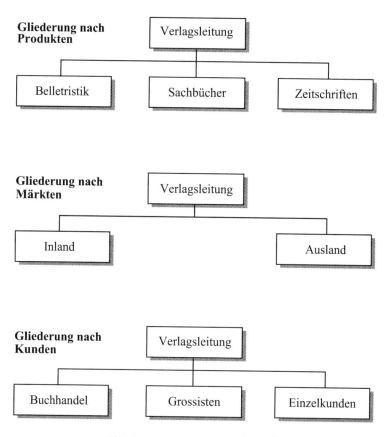

Abb. 5.21: Objektorientierte Modelle

Von objektorientierten Modellen wird normalerweise gesprochen, wenn die zweite Ebene von Unternehmungen nach dem Objektmerkmal gegliedert ist. Objektorientierte Lösungen werden auch als *Divisionalisierung* (Bildung von Divisionen) bzw. als *Spartengliederung* (Bildung von Geschäftssparten) bezeichnet. Gelegentlich findet sich in der Praxis auch die Bezeichnung *Bereiche* für derartig gebildete Organisationseinheiten.

Typisch für diese Modelle ist, dass die auf die Objektgliederung folgende hierarchische Ebene (normalerweise die dritte) meistens wieder nach Verrichtungen gegliedert wird.

Nahezu allen Formen der Objektorientierung ist gemeinsam, dass bestimmte *Querschnittsfunktionen* weiterhin *zentralisiert* bleiben. Typische Querschnittsfunktionen sind:

◆ Unternehmungsplanung und -politik

◆ Finanzierung

◆ Forschung und Entwicklung - bei forschungsintensiven Unternehmungen zumindest die Grundlagenforschung

◆ Zentrale Revision

◆ Organisation und Datenverarbeitung - zumindest die unternehmensweite Koordination

◆ Zentrales Rechnungswesen

◆ Personalpolitik

◆ Recht

◆ Public Relations / Corporate Identity.

Diese Aufgaben können Stäben oder Zentralabteilungen übertragen werden. Hier gibt es ein weites Spektrum von Möglichkeiten, welche Aufgaben und vor allem welche Rechte die zentralen Einheiten haben. Das kann von Informations- und Empfehlungsrechten bis hin zu fachlichen Weisungsbefugnissen reichen. So kann eine zentrale Personalabteilung Grundsätze der Personalpolitik verbindlich vorgeben oder die Corporate Identity wird zentral verbindlich erarbeitet. Durch die letztgenannten Lösungen entstehen Mehrliniensysteme (ein Beispiel dafür findet sich in Abb. 5.11).

Besonders problematisch kann es sein, wenn die Divisionen Leistungen von den zentralen Einheiten einkaufen müssen. Wenn also beispielsweise der Einkauf zentral erledigt wird oder wenn die Leistungen einer zentralen Datenverarbeitung in Anspruch genommen werden müssen. Hier kann die Autonomie der Divisionen wesentlich eingeschränkt werden, was in der Praxis immer wieder zu Konflikten und zu Versuchen führt, derartige Regelungen zu umgehen. Solche Versuche werden gefördert, wenn eine Division am Markt die gleichen Leistungen billiger oder mit besserer Qualität oder bedarfsgerechter einkaufen kann.

Die Tendenz, betriebliche Einheiten auszugliedern (Outsourcing) und dem Wettbewerbsdruck auszusetzen, hat unter anderem ihren Ursprung darin, dass den Divisionen marktgerechte Leistungen zu marktgerechten Preisen geboten werden können. In vielen Unternehmen sind deswegen die Divisionen nicht gezwungen, sich der „eigenen" ausgegliederten Einheiten zu bedienen. So stellt es die Daimler-Chrysler

AG den zugehörigen Unternehmen frei, ob sie bei der zum Konzern gehörenden Gesellschaft debis (Daimler Benz Inter Service AG) ihre EDV-Leistungen beschaffen, sie selbst erbringen oder am Markt einkaufen.

5.5.2.1   Produktorientierte Gliederung

5.5.2.1.1   Spartenorganisation

In der reinen Form der produktorientierten Gliederung ist die zweite Ebene nach Produktbereichen gegliedert, wie es beispielhaft in dem folgenden Organigramm (Abb. 5.22) dargestellt ist. Bei der produktorientierten Gliederung sind im Prinzip in den Einheiten (Divisionen, Sparten) alle notwendigen Funktionen (die Verrichtungen von der Beschaffung über die Leistungserstellung bis zum Vertrieb) enthalten - Ausnahmen bestätigen die Regel, etwa wenn der Einkauf oder die Entwicklung zentral vorgenommen werden. Von diesem ganzheitlichen Ansatz unterscheidet sich das Produktmanagement. Hier wird lediglich der Vertrieb (Marketing, Absatz) nach Produkten untergliedert. Näheres dazu im folgenden Abschnitt.

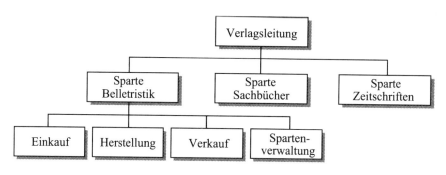

Abb. 5.22: Produktorientierte Gliederung

Dieses Lösungsmodell dürfte für einen Verlag eher untypisch sein, da die Herstellung allen Produkten dient, die Beschaffung ebenfalls für alle Produkte gemeinsam bewältigt werden kann und die Vertriebswege zumindest der Belletristik und der Sachbücher die gleichen sind. Oft anzutreffen ist diese Lösung bei sehr stark „diversifizierten" Unternehmungen (Unternehmen mit sehr heterogenen Produktprogrammen) wie etwa den sogenannten Agglomeraten oder auch bei großen Unternehmungen, z. B. in der chemischen Industrie (Pharma, Düngemittel, Kunststoffe), Versicherungen (Sach-, Lebens-, Haftpflichtversicherung), Banken (Kredit, Anlage, Ausland, Zahlungsverkehr). Aber auch bei sehr großen Unternehmungen mit weitgehend ähnlichen Produkten, die in kleinere, flexiblere Einheiten gegliedert werden, wie z. B. General Motors in die Divisionen *Chevrolet, Oldsmobile, Opel, Vauxhall, Saturn, Buick, Cadillac* etc., ist die produktorientierte Lösung durchaus üblich. Bei dem Aufbau einer eigenen Division für die Marke *Lexus* im Toyota-Konzern standen vor allem Marketingüberlegungen im Vordergrund – es soll ein „höheres Marktsegment" mit diesen Produkten angesprochen werden. So erklärt sich auch der

„teure" Einkauf klassischer, renommierter Namen in der Automobilindustrie, der ebenfalls produktorientierte Divisionen zur Folge hat. In den folgenden Abbildungen werden wiederum einige praktische Beispiele für die objektorientierte Gliederung nach Produkten gegeben. Wenn diese Beispiele zum Teil schon wieder überholt sind, liegt das in der Natur der Sache – Strukturen verändern sich in immer kürzeren Abständen. Dennoch macht es Sinn, sie als Beispiele beizubehalten, da aus ihnen die – zumindest für die Zeit der Gültigkeit – dominierende Koordinationsrichtung hervorgeht.

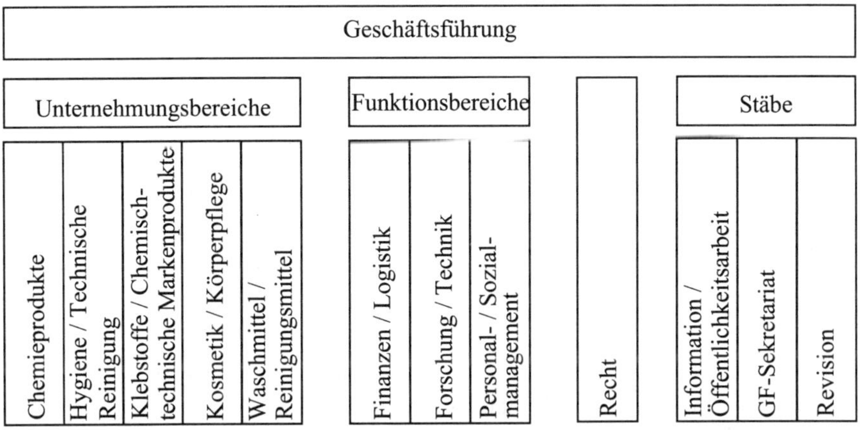

Abb. 5.23: Henkel KGaA (nach FRESE)

Das Organigramm der Henkel KGaA (Abb. 5.23) zeigt eine Produktgliederung (Chemieprodukte, Hygiene usw.) mit zentralen Stabsbereichen und Funktionsbereichen. Die objektorientierten Einheiten (Bereiche) sind hier weitgehend selbständig hinsichtlich Marketing, Verkauf, Produktion und Verwaltung.

In Abb. 5.24 ist die SIEMENS AG in 13 Geschäftsbereiche gegliedert. Daneben gibt es noch 5 Zentralabteilungen und 3 Zentralstellen.

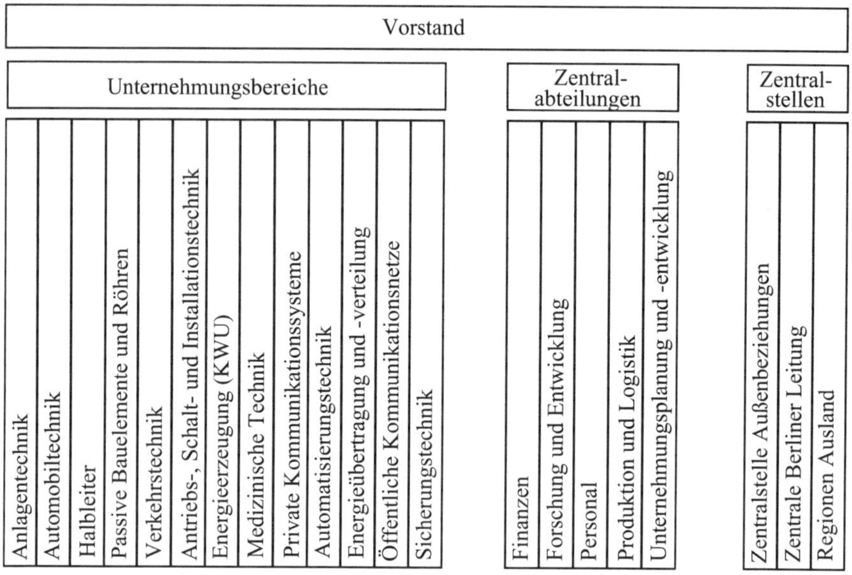

Vorstand
Unternehmungsbereiche
Zentral-abteilungen
Zentral-stellen
Anlagentechnik
Automobiltechnik
Halbleiter
Passive Bauelemente und Röhren
Verkehrstechnik
Antriebs-, Schalt- und Installationstechnik
Energieerzeugung (KWU)
Medizinische Technik
Private Kommunikationssysteme
Automatisierungstechnik
Energieübertragung und -verteilung
Öffentliche Kommunikationsnetze
Sicherungstechnik
Finanzen
Forschung und Entwicklung
Personal
Produktion und Logistik
Unternehmungsplanung und -entwicklung
Zentralstelle Außenbeziehungen
Zentrale Berliner Leitung
Regionen Ausland

Abb. 5.24: Objektorientierte Gliederung SIEMENS AG (nach FRESE)

In Abb. 5.25 ist die Abteilung für Firmenkunden in einer Gebietsfiliale der Commerzbank AG nach den Produkten Electronic Banking, Anlage, Ausland und Kredit untergliedert. Dieses Organigramm zeigt, dass eine produktorientierte Gliederung bei ausreichend großen Unternehmen auch auf unteren Ebenen möglich ist - der Leiter Abteilung für Firmenkunden steht auf der vierten Hierarchieebene.

Abteilung für Firmenkunden
Sekretariat
Firmenkunden-betreuung
Gruppe Firmenkunden Ausland
Firmenkunden Anlage
Electronic-Banking
Gruppe Firmenkunden Kredit
Auslands-spezialist
Dokumenten-geschäft
Nicht doku-mentärer AZV
Kreditsach-bearbeitung
Sicherheiten/ Abwicklung

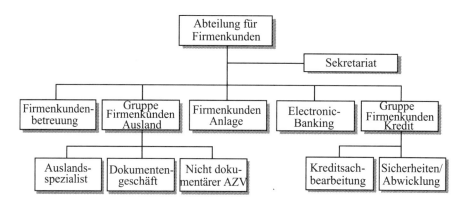

Abb. 5.25: Abteilung für Firmenkunden in einer Gebietsfiliale der Commerzbank AG

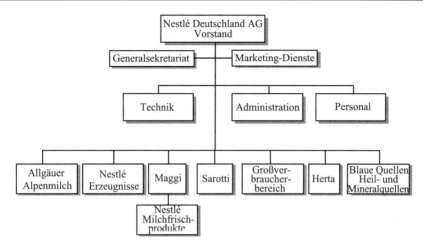

Abb. 5.26: Objektorientierte Gliederung der Nestlé-Gruppe Deutschland GmbH
(nach BLEICHER)

In Abb. 5.26 ist die Nestlé-Gruppe Deutschland GmbH nach Produkten gegliedert. Lediglich die Division Großverbraucher durchbricht dieses Gliederungsprinzip. Es gibt eine Fülle von Stäben und (für die Divisionen gemeinsam zuständigen) Zentralstellen, was aus dieser Abbildung nur unvollständig hervorgeht (BLEICHER „Organisation"). So werden beispielsweise der Einkauf und das Lager- und Transportwesen zentral vorgenommen. Abb. 5.27 zeigt die Untergliederung der Nestlé Erzeugnisse - eine Division der Nestlé-Gruppe Deutschland GmbH - die wieder klassisch nach Verrichtungen strukturiert ist.

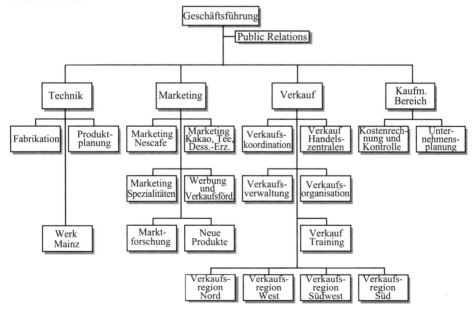

Abb. 5.27: Nestlé Erzeugnisse (nach BLEICHER)

5.5.2.1.2 Produkt-Management

Herr Buch hat in den letzten Jahren die Erfahrung gemacht, dass das stetige Wachstum seines Verlages bei stark schwankendem Erfolg der einzelnen Produktlinien (Belletristik, Sachbücher und Zeitschriften) zustande gekommen ist. Das mindert seine Genugtuung, da er der Ansicht ist, dass alle Produkte gleiche Entwicklungschancen in sich tragen. Des weiteren hat er beobachtet, wie sich immer mehr Firmen verlegerisch betätigen. Auch sind die Lebenszyklen einzelner Bücher sehr viel kürzer geworden. Manche Titel sind schon nach zwei Jahren nahezu unverkäuflich. Die Tatsache, dass immer häufiger Bücher über neue Vertriebsformen verkauft werden (Verbrauchermärkte etc.), macht ihm ebenso Sorge wie die Erfahrung, dass von 5 neuen Titeln bestenfalls 3 die von ihnen verursachten Kosten wieder einspielen.

Die Argumentation seines Vertriebsleiters, dass man „... bei ca. 10% durchschnittlichen Wachstums in den letzten Jahren doch wirklich gut gefahren sei, ..." kann ihn nicht ganz überzeugen. Beide überlegen gemeinsam, wie sie die Probleme noch besser in den Griff bekommen können.

Auf jeden Fall wird ihnen bewusst, dass sie die Maßnahmen zur Vertriebsunterstützung ausbauen müssen. Dazu zählen:

◆ Marktforschung

◆ Werbung

◆ Verkaufsförderung (z. B. Verkäuferschulung).

Darüber hinaus wollen sie stärker ausgeprägte Verantwortlichkeiten für die drei Produktgruppen schaffen.

Damit haben sie einen Grundgedanken des Produkt-Managements ins Auge gefasst. Das *Hauptziel des Produkt-Management-Konzepts* ist es, bestimmten *Organisationseinheiten eine ergebnisbezogene Verantwortung für ein Produkt bzw. eine Produktlinie zu übertragen, ohne die funktionale bzw. verrichtungsorientierte Organisationsform aufzugeben.* Diese Form des Produkt-Managements bezieht sich normalerweise lediglich auf die Untergliederung des Vertriebs.

Das organisatorische Konzept des Produkt-Managements (auch Produkt-Manager-Konzept genannt) ist in den 30er Jahren in den USA entwickelt worden und hat sich nach dem 2. Weltkrieg u. a. auch in deutschsprachigen Ländern durchsetzen können, insbesondere in der Pharmaindustrie, im Konsumgüterbereich (z.B. Lebensmittel, Reinigungsmittel, Getränke).

Es können drei unterschiedliche Modellvarianten unterschieden werden:

◆ Produktorientierte Teilbereiche

◆ Produkt-Matrix-Organisation

◆ Produktorientierte Fachstellen.

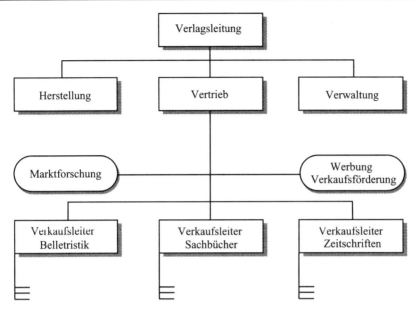

Abb. 5.28: Produktorientierte Teilbereiche

Produktorientierte Teilbereiche

Die obige Lösung wird auch als „Produktorientierter Teilbereich" und die Verkaufsleiter als Produkt-Manager bezeichnet. Die wesentlichen Vorteile einer solchen Lösung sind in der folgenden Übersicht zusammengefasst.

Bewertung Produktorientierte Teilbereiche	
✤ **Vorteile**	✤ **Nachteile**
• starke Position der für das Produkt Verantwortlichen, da sie weisungs-berechtigt sind • ungeteilte Konzentration auf eine Produktgruppe • verbesserte Koordination eines Pro-duktes bzw. einer Produktgruppe und • intensivere Betreuung (ein Verkaufs-leiter kann nicht bei anderen Pro-dukten kompensieren, wenn sein Produkt nicht so gut geht).	• Verkauf kann am Markt gegen-einander arbeiten • gleiche Kunden werden von ver-schiedenen Verkäufern des gleichen Unternehmens besucht • Auslastungsschwankungen können nur schwer zwischen den einzelnen Verkaufsleitungen ausgeglichen werden, dadurch • relativ hohe Personalausstattung.

Die Nachteile erscheinen Herrn Buch zu gravierend, so dass er eine andere Konzeption ins Auge fasst: die Produkt-Matrix-Organisation.

Produkt-Matrix-Organisation

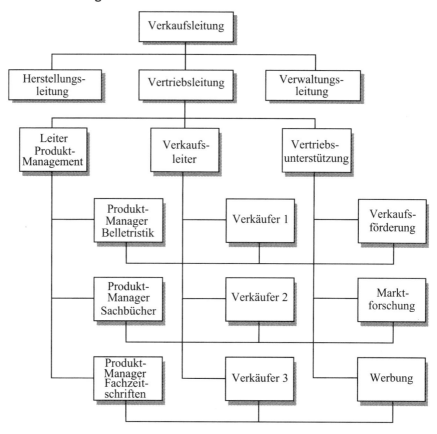

Abb. 5.29: Produkt-Matrix-Organisation

In dieser Lösung haben die Produkt-Manager fachlich begrenzte Weisungsrechte gegenüber den Verkäufern und gegenüber den Mitarbeitern der „Vertriebsunterstützung".

Es wurde bereits früher erwähnt, dass bei Mehrlinien-Systemen die disziplinarischen Befugnisse in einer Hand bleiben und lediglich die fachlichen Befugnisse aufgeteilt werden.

Da die Produkt-Manager in diesem Beispiel die Leistungen aller Mitarbeiter der Abteilungen Vertriebsunterstützung und Verkauf benötigen, würden sich im praktischen Fall nicht nur die eingezeichneten Weisungswege ergeben, sondern darüber hinaus auch Weisungswege zu allen anderen Stellen. Der Produkt-Manager Belletristik wäre also z. B. fachlich weisungsberechtigt gegenüber den Mitarbeitern Verkaufsförderung, Marktforschung, Werbung, Verkäufer 1, Verkäufer 2 und Verkäufer 3. Gleiches gilt auch für die übrigen Produkt-Manager. Damit hätte in diesem Beispiel ein Verkäufer neben seinem Verkaufsleiter drei weitere weisungsberechtigte Vorgesetzte; in großen Unternehmungen könnten das noch wesentlich mehr sein. Es dürften daraus nicht nur Konflikte zwischen einem Produkt-Manager und dem Verkaufsleiter oder Verkäufer entstehen, sondern darüber hinaus Konflikte zwischen den Produkt-Managern, die sich um - im Zweifel knappe - Kapazitäten bewerben und dabei sehr unterschiedliche Zielsetzungen verfolgen können.

Bewertung der Produkt-Matrix-Organisation	
♦ Vorteile	♥ Nachteile
• Spezialisierung auf das Produkt • weniger Abteilungsegoismus in den Verrichtungsbereichen • Entlastung der Leitungsstellen von Koordinationsaufgaben • kürzere Kommunikationswege • erhöhte Flexibilität.	• Kompetenz- und Zielkonflikte • Verunsicherung der Mitarbeiter • Belastung der Leitungsstellen mit Schlichtungsaufgaben • hoher Kommunikationsbedarf • Gefahr fauler Kompromisse • Weiterreichen des „schwarzen Peters".

Einige Autoren behaupten, dass die *Konflikte* sich *positiv* auf die *Kreativität und das Finden neuer, unkonventioneller Lösungen* auswirken können. Dieser Vorteil wird jedoch unter Umständen teuer erkauft, wie die aufgeführten Nachteile zeigen.

In der Praxis haben sich deswegen bei der Matrix-Organisation eher Lösungen herausgebildet, die zwar *fachlich begrenzte Weisungsbefugnisse* vorsehen, jedoch nicht direkt gegenüber den betroffenen Mitarbeitern, sondern *gegenüber der jeweiligen vorgesetzten Ebene*. Der Produkt-Manager würde sich dann nicht direkt an einen Verkäufer wenden, sondern seine Anforderungen mit dem Verkaufsleiter abstimmen. Bei Meinungsverschiedenheiten würde der Konflikt dann auf der nächst-höheren Leitungsebene ausgetragen, die für alle gemeinsam zuständig ist; in diesem Beispiel zwischen Verkaufsleiter und dem Leiter Produkt-Management. Sollte es dort zu keiner Einigung kommen, wird das Problem dem Vertriebsleiter vorgelegt. So kann die Ausführungsebene von Konflikten freigehalten werden.

Produktorientierte Fachstellen

Die produktorientierten Fachstellen können, wie in Abb. 5.30 gezeigt, realisiert werden.

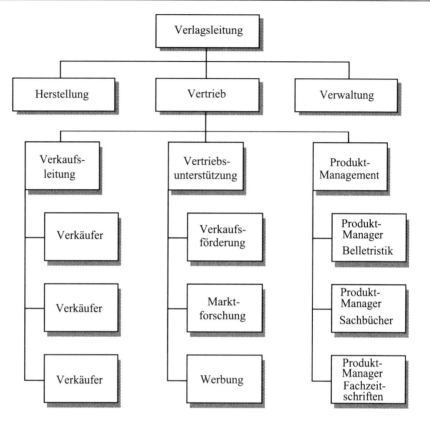

Abb. 5.30: Produktorientierte Fachstellen

Im Unterschied zum vorhergehenden Modell besitzen die *Produkt-Manager keine Weisungsbefugnisse.* Sie fungieren gegenüber dem Verkauf ebenso wie die Vertriebsunterstützung als *nicht weisungsberechtigte Fachstellen*, d. h. sie agieren wie Stäbe. Ihr *Aufgabenschwerpunkt* liegt bei *Marketingaktivitäten.*

Was sind nun *Aufgaben* dieser Produkt-Manager?

◆ Sie sammeln alle das Produkt (die Produktgruppe) betreffende Informationen

◆ sie sammeln Informationen über die Mitbewerber und deren Aktivitäten

◆ sie sammeln Informationen über mögliche Produkt-Neuerungen oder Verbesserungen

◆ sie entwickeln Produkt-Strategien (Weiterentwicklung, Vertrieb, Verkaufsförderung usw.)

◆ sie beraten die Geschäftsleitung in allen Belangen des Produktes

◆ sie erstellen Absatzprognosen

◆ sie erarbeiten - in Zusammenarbeit mit Werbung, Marktforschung, Verkaufsförderung usw. - Marketingkonzeptionen

◆ sie entwickeln Eventualpläne etwa für den Fall, dass die Konkurrenz überraschend Aktivitäten ergreift

◆ sie koordinieren Entwicklung, Beschaffung, Vertrieb und Produktion im Hinblick auf ihr Produkt

◆ sie sind Ansprechstelle für Verkäufer und andere betriebliche Stellen, soweit Informationen über ihre Produkte benötigt werden.

Hinsichtlich eng begrenzter und genau umschriebener Sachverhalte haben Produkt-Manager normalerweise auch *Entscheidungsbefugnisse*, etwa bei der Auswahl einer Werbeagentur und der Auftragsvergabe an diese Agentur. Dazu verfügen sie über ein eigenes *Budget*, mit dem sie interne oder externe Leistungen für ihr Produkt einkaufen.

Zusammenfassend kann gesagt werden, dass die Produkt-Manager *für den Erfolg ihrer Produkte verantwortlich gemacht werden, ohne* jedoch *eigene Weisungsrechte zu haben.* Konsequenterweise können sie damit *nicht unmittelbar* für den Gewinn ihrer Produkte oder für deren Marktanteile *zur Rechenschaft gezogen* werden. Sie sind lediglich beratend, empfehlend, informierend und überwachend tätig, ihnen *fehlen* also wesentliche *Hebel* für den Gewinn oder für die Marktanteile. Es ist jedoch üblich, sie für die *Kontrolle der Faktoren* verantwortlich zu machen, *die den Gewinn oder den Marktanteil beeinflussen.* Sie sind gefordert, bei Bedarf den Entscheidungs- und Weisungsberechtigten der Linie notwendig erscheinende Eingriffe vorzuschlagen. Man spricht hier von einer „*watchdog-Funktion*". Wenn sie nicht rechtzeitig „bellen", werden sie dafür zur Verantwortung gezogen. Auch müssen sie dafür den Kopf hinhalten, wenn sie *Vorschläge* für ihr Produkt unterbreitet haben, die sich im nachhinein als *ungeeignet* erweisen.

Die produktorientierten Fachstellen sind heute relativ weit verbreitet. Vor allem in der Pharmaindustrie, in Unternehmen des Konsumgütermarktes und dort speziell bei den Verbrauchsgütern (z. B. Waschmittel), hat sich das Modell der produktorientierten Fachstelle (Stabs-Produkt-Management) weitgehend durchgesetzt.

Die Lösung in einem Unternehmen, das zu den ersten Anwendern des Produkt-Managements gehört, der Unilever-Tochter *Union Deutsche Lebensmittelwerke,* wird in Abb. 5.31 verkürzt dargestellt.

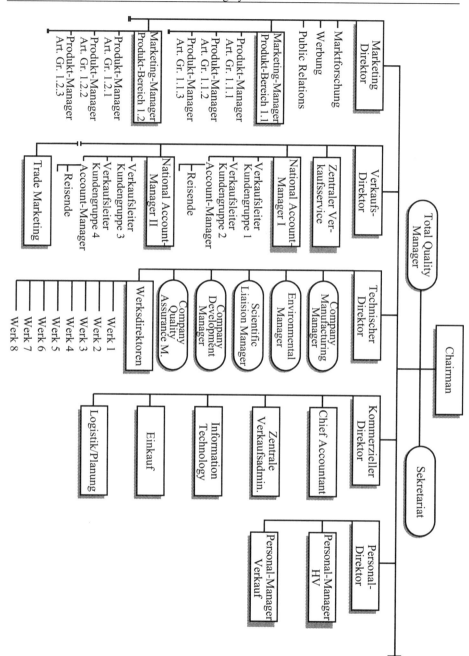

Abb. 5.31: Produkt-Management in der Union Deutsche Lebensmittelwerke GmbH

Abschließend sollen die produktorientierten Fachstellen auf ihre Vor- und Nachteile untersucht werden.

Bewertung Produktorientierte Fachstellen	
◊ **Vorteile**	◊ **Nachteile**
• Keine Mehrfachunterstellungen und damit keine Kompetenzkonflikte • die Produkt-Manager müssen qualifiziert argumentieren, sie können nicht schwache Argumente durch Weisungen ersetzen • guter Informationsstand der Leitungsstellen, da sie laufend informiert und um ihre Entscheidung gebeten werden müssen • der Verkauf ist ganzheitlich für die Kunden zuständig.	• Umständliche Entscheidungsvorbereitung (was jedoch nicht so gravierend ist, als es sich normalerweise um mittel- bis langfristige Perspektiven handelt) • permanenter Kampf um die Ressourcen (was erwünscht sein kann, da so eher sichergestellt wird, dass knappe Kapazitäten sinnvoll genutzt werden) • relativ hohe Belastung der Linienstellen • zusätzliche Personalkosten.

Die Vorteile kommen nur zum Tragen, wenn die Produkt-Manager

◆ fachlich qualifiziert sind

◆ Geschick im Umgang mit den Beteiligten haben

◆ kommunikationsfähig und

◆ kompromissfähig sind.

Generell, ganz gleich bei welcher der drei genannten Lösungen, bringt das Produkt-Management folgende *Vorteile* mit sich:

◆ Volle Konzentration auf das Produkt oder die Produktgruppe; das fördert
  - schnellere Reaktionen im Markt
  - qualifizierte Absatzplanung für das Produkt
  - gute Koordination von der Forschung und Entwicklung bis zum Verkauf (Verkürzung der Einführungszeit neuer Produkte)
  - besseres Erkennen des Lebenszyklus eines Produktes
◆ höheres Qualitäts- und Kostenbewusstsein.

5.5.2.2 Regionale Gliederung

Insbesondere bei internationalen Unternehmungen ist eine regionale Gliederung anzutreffen. Das Organigramm des Verlages könnte dann wie folgt aussehen:

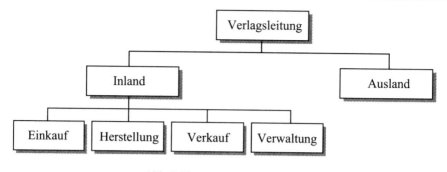

Abb. 5.32: Regionale Gliederung

Dieses Modell liegt immer dann nahe, wenn die meisten oder die wichtigsten Funktionen „vor Ort" wahrgenommen werden; insbesondere auch dann, wenn gesetzliche Vorschriften - etwa um Märkte abzuschotten - festlegen, dass in einem bestimmten Mindestumfang in dem Markt produziert werden muss, um den Status eines inländischen Unternehmens zu erhalten und damit Zölle und sonstige Grenzabgaben oder Einfuhrkontingente zu umgehen. Typische Beispiele sind japanische Unternehmungen, die Firmen in der EU oder den USA gründen, sowie US-amerikanische Unternehmen, die in Europa Töchter aufgebaut haben, die inzwischen so „europäisch" sind, dass sich kaum noch jemand ihres amerikanischen Ursprungs erinnert (Opel, Ford usw.). Ein weiterer Grund für eine regionale Gliederung kann sich auch daraus ergeben, dass Nähe zum Kunden, persönliche Kontakte und schnelle umfassende Betreuung vor Ort kritische Erfolgsfaktoren sind, wie es typischerweise in Kreditinstituten der Fall ist. So sind schon kleine Sparkassen oder Genossenschaftsbanken normalerweise regional untergliedert.

In einer Sparkasse werden auf der zweiten Ebene zwei Regionalmarktbereiche abgegrenzt, die jeweils in mehrere Teilmärkte - regional zuständige Leistungszentren und Geschäftsstellen - untergliedert sind. In den Geschäftsstellen ist das Standardgeschäft angesiedelt. Die Leistungszentren sind zusätzlich für bestimmte Firmen- und Individualkunden ihrer Region zuständig (sie wurden aus Gründen der Spezialisierung aus den Geschäftsstellen herausgelöst). Leistungszentren wie Geschäftsstellen sind somit regional gebildet. Neben der regionalen Gliederung steht eine Kundengliederung. Im Firmen- und Privatkundenbereich werden herausgehobene Kunden zentral betreut. Außerdem werden dort zentrale Koordinationsfunktionen wahrgenommen sowie Folgearbeiten für die Leistungszentren und die Geschäftsstellen erledigt. Schließlich gibt es neben der regionalen Gliederung noch zentrale Funktionen (Steuerung, Betrieb, Revision), die in fast allen praktisch nachweisbaren Lösungen neben die reinen Formen der Objektgliederung treten.

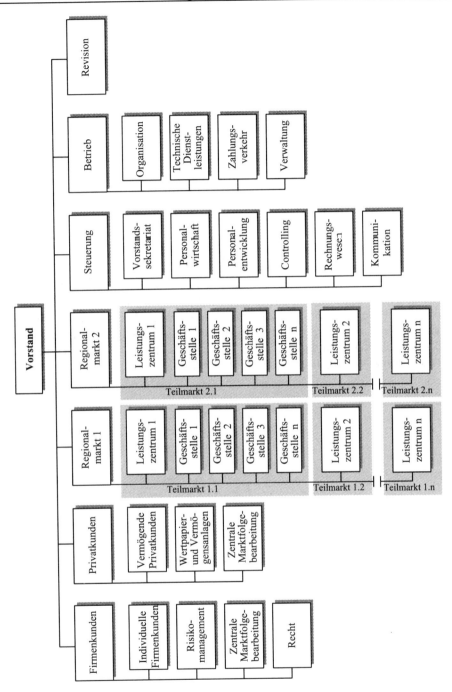

Abb. 5.33: Regionale Gliederung in einer Sparkasse (Detmold)

5.5.2.3 Kundenorientierte Gliederung

Bei einer kundenorientierten Gliederung ist die zweite Ebene oder eine tiefere nach Kunden aufgeteilt.

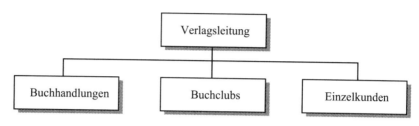

Abb. 5.34: Kundenorientierte Gliederung

Eine solche Gliederung kann dann sinnvoll sein, wenn sich die Produkte und die Leistungen für verschiedene Kundengruppen unterscheiden. In einem Bankbetrieb nehmen beispielsweise gewerbliche Kunden Leistungen in Anspruch, für die ein Privatkunde keinen Bedarf hat (z.B. Auslandsgeschäfte, Emissionen). Hier liegt es nahe, und wird auch immer öfter so praktiziert, dass sich Banken schon auf oberen Ebenen nach Kundengruppen gliedern, wie das Beispiel einer Regionalfiliale der Commerzbank AG zeigt (siehe Abb. 5.35)

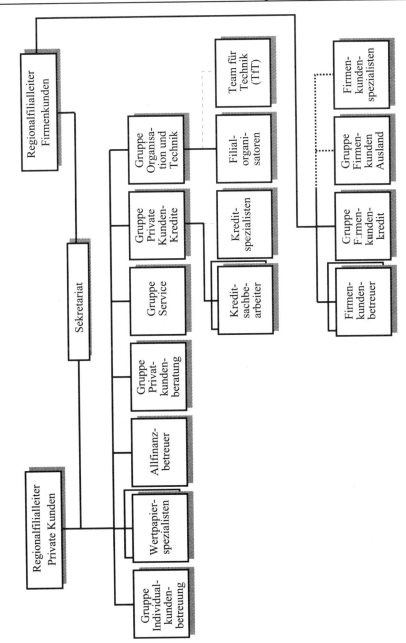

Abb. 5.35: Kundenorientierte Gliederung einer Regionalfiliale der Commerzbank AG

Oft geht eine produktorientierte Gliederung mit einer kundenorientierten Gliederung Hand in Hand (Beispiel: Sparte Pharma, Kunden: Apotheken, Ärzte, Krankenhäuser; Sparte Düngemittel, Kunden: landwirtschaftliche Genossenschaften und Händler).

Beispiele für eine kundenorientierte Gliederung auf der zweiten Ebene sind selten, wenn die Produkte sich nicht unterscheiden.

Typisch ist dann eher die Untergliederung einer Abteilung nach Kundengruppen, wie es in Abb. 5.36 dargestellt wird.

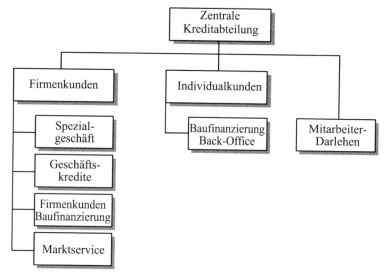

Abb. 5.36: Kundenorientierte Gliederung in der Kreditabteilung einer Großsparkasse

Zum Abschluss dieses Abschnittes sollen Anwendungsbedingungen sowie Vor- und Nachteile dieser drei objektorientierten Lösungsmodelle diskutiert werden.

Folgende ***Anwendungsbedingungen*** für diese Modelle sind Voraussetzung:

◆ *Ausreichend große Unternehmungen*. In die verrichtungsorientierte Gliederung wächst ein Unternehmen nahezu von selbst hinein. Der Schritt zur Objektorientierung kann bei Dienstleistungsunternehmen sehr früh erfolgen - hier reichen einige Dutzend Mitarbeiter, um eigene Bereiche (Divisionen, Tochtergesellschaften) zu gründen. In Fertigungsbetrieben wird die Schwelle meistens erst deutlich später erreicht, da in aller Regel unterschiedliche Produkte auf gleichen Fertigungsanlagen erstellt werden, ein gemeinsamer Einkauf, ein gemeinsamer Vertrieb genutzt werden soll usw. Eine Objektorientierung bietet sich in diesen Fällen meistens zuerst im Vertrieb an:

◆ Die *Einheiten müssen die wichtigsten erfolgswirksamen Funktionen beinhalten*, um einen nennenswerten Einfluss auf die Ergebnisse zu haben. So müssen in einem Produktionsbetrieb zumindest die Fertigung und der Vertrieb in der Division angesiedelt sein. Diese Aussage gilt nicht ohne Einschränkungen. So beschaffen Kaufhauskonzerne normalerweise zentral. Deren Filialen sind dann nur für den Verkauf zuständig

◆ *möglichst klar abgrenzbare Produkte, Kunden, Märkte*, da sonst zum einen die Notwendigkeit zur objektorientierten Gliederung fehlt, zum anderen aber auch viele Schnittstellen geschaffen werden, die in der täglichen Arbeit „schmerzen"

◆ der Wille, relativ *autonome Einheiten sich entwickeln zu lassen* und damit auch die Bereitschaft zur Delegation

◆ deutlich *unterschiedliche Anforderungen* die in / von den Märkten, Produkten und Kunden an die Unternehmung gestellt werden.

Wenn diese Bedingungen gegeben sind, kann die objektorientierte Gliederung folgende *Vorteile* mit sich bringen:

◆ *Ungeteilte Konzentration* auf ein Produkt, einen Kunden, eine Kundengruppe, einen Markt und damit

 – qualifizierte Bearbeitung (gute Kenntnisse der objektorientierten Sonderheiten, Anforderungen, Vorschriften etc.)
 – intensivere Bearbeitung

◆ höhere *Flexibilität* und größere *Marktnähe* kleinerer Einheiten (von Palästen zu Zelten)

◆ höhere *Innovationsfähigkeit* durch mehr Marktnähe. Es werden neue Anforderungen schneller erkannt und aufgrund der Autonomie der kleineren Einheiten meistens auch schneller umgesetzt

◆ bessere *Koordination der Verrichtungen auf das Objekt* (z. B. Abstimmung der Produktion auf spezielle Anforderungen eines Marktes oder einer Kundengruppe)

◆ schaffen *kleinerer Verantwortungsbereiche mit gleichzeitiger Delegation* umfassender Zuständigkeiten für das „Objekt". Das bringt meistens einen spürbaren Motivationszuwachs bei der dadurch aufgewerteten Ebene

◆ die Schaffung kleinerer, sinnvoll abgegrenzter Einheiten bringt *weniger Konflikte im Tagesgeschäft* mit sich (es bewerben sich nicht mehrere Interessenten um die gleichen Ressourcen)

◆ leichtere *Steuerung des Kapitaleinsatzes*, da die erreichte Verzinsung des eingesetzten Kapitals leichter bestimmten Objekten zugeordnet werden kann, was sonst nur über komplizierte und meistens nicht befriedigend bestimmbare Verrechnungspreise erfolgen muss

◆ weitere Motivationsvorteile können durch eine gezielte *Förderung des Wettbewerbs* zwischen den Einheiten erreicht werden. So fördern einige amerikanische Spitzenunternehmen wie z.B. 3M und Hewlett Packard gezielt den Qualitätswettbewerb zwischen Organisationseinheiten

◆ insbesondere für die kundenorientierte Gliederung sprechen die größere räumliche *Nähe zum Kunden* und die größeren Möglichkeiten, den Kunden an sich zu binden.

Mögliche *Nachteile* eines objektorientierten Leitungssystems sind:

◆ Verselbständigen der teilweise autonomen Einheiten, das zu folgenden Problemen führen kann:

 – *erschwerte Koordination* nach den Merkmalen, nach denen nicht zentralisiert wurde (so kann bei einer regionalen Gliederung die Koordination nach Produkten erschwert sein)
 – Autonomiebestrebungen im Sinne von „*Objektegoismus*", der übergeordneten Zielsetzungen zuwiderlaufen kann (so kann das Ziel einer effizienten Nutzung

von Ressourcen durch den Aufbau dezentraler zusätzlicher Ressourcen beeinträchtigt werden)

– *unerwünschtes Wettbewerbsdenken* zwischen den dezentralen Einheiten (z. B. gegeneinander arbeiten, abjagen von Kunden bei produktorientierter Bildung, wenn die Produkte miteinander konkurrieren)

◆ umsetzen einer *gemeinsamen Strategie* (Corporate Strategy) kann *erschwert* werden

◆ die Zentralisation und damit die Spezialisierung nach einem Merkmal bringt fast immer auch eine *Entspezialisierung nach den anderen Merkmalen* mit sich

◆ Tendenz, bestimmte *Leistungen mehrfach zu erbringen* (z.b. mehrfacher Einkauf, mehrere Entwicklungsabteilungen), kann zu *höherem Aufwand* führen. Größendegressionseffekte können nicht ausgenutzt werden

◆ *zersplittern von Kundenbeziehungen*, wenn Kunden von mehreren Einheiten bearbeitet werden oder wenn bei regionaler Gliederung Kunden in mehreren Regionen einen Sitz haben

◆ bei einer großen Anzahl von Divisionen oder Sparten kann die *Beherrschbarkeit* beeinträchtigt sein. In solchen Fällen kann es sinnvoll sein, eine Holdingstruktur zu schaffen, die mit der Steuerung der Divisionen betraut wird.

Wenn die oben genannten Voraussetzungen gegeben sind, wiegen oft die Vorteile der objektorientierten Leitungssysteme stärker als deren mögliche Nachteile. Gerade deren erhöhte Flexibilität und Kundenorientierung führt oft dazu, dass insbesondere Großunternehmen - meistens in rechtlich selbständige - kleinere Einheiten aufgegliedert werden. Dieser Schritt geht oft mit der Bildung einer Holding einher (siehe dazu Kapitel 10.3 Holdingstrukturen). Ein bekanntes Beispiel ist Asean Brown Boveri als weltweit operierendes Unternehmen. Allerdings müssen bei der Aufgliederung in kleinere selbständige Organisationseinheiten auch Wege gesucht werden, um die oben genannten Nachteile zu beherrschen.

5.5.3 Mischformen der Verrichtungs- und Objektgliederung

Jede Lösung bringt neben Vorteilen immer auch Nachteile mit sich. So ist es nicht verwunderlich, dass viele Unternehmen sich nicht zu einer „reinen" Gliederung entschließen können, sondern auf Mischformen ausweichen. Hier sollen einige Mischformen vorgestellt, jedoch nicht näher diskutiert werden.

Eine Mischform stellt die Konzernleitung der ehemaligen Schweizerischen Bankgesellschaft dar (Abb. 5.37). Auch hier stehen Produkte (z.B. Corporate and Institutional Finance, Anlageberatung und Vermögensverwaltung), Verrichtungen (Ressourcen und Management Support) und Regionen (Schweiz, Europa usw.) nebeneinander. Nicht aus dem Organigramm erkennbar sind die Zuständigkeiten der Mitglieder der erweiterten Konzernleitung für besondere Kunden, um die sie sich gezielt kümmern. Eine kundenorientierte Spezialisierung tritt also neben die ausgewiesene regionale und Sparten- (produktbezogene) Spezialisierung.

Die Spartenleiter (z.B. Anlageberatung und Vermögensverwaltung) sind für die Rentabilität ihrer Sparte zuständig. Dazu beeinflussen sie das Angebot an Produkten (die

Entwicklung neuer, die Eliminierung vorhandener Produkte). Darüber hinaus sind sie im Sinne eines Vier-Augen-Prinzips zuständig für das Risikomanagement ihres Produktes. Sie müssen also darauf achten, dass nur kalkulierbare Risiken eingegangen werden. Um diese Verantwortlichkeiten wahrnehmen zu können, haben die Sparten- leiter produktbezogene Weisungsbefugnisse in die Regionen hinein. Es besteht damit ein Mehrlinien-System. Da in den Regionen nahezu alle Produkte angeboten werden, gibt es mehrfach überlagerte Weisungsbeziehungen (Tensor-Organisation).

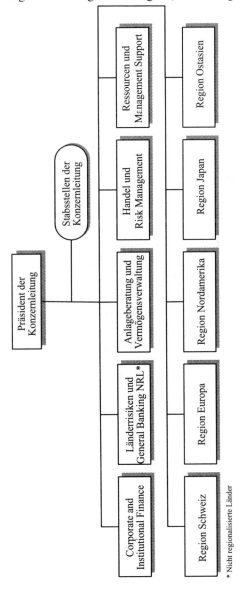

Abb. 5.37: Konzernorganisation der (ehemaligen) Schweizerischen Bankgesellschaft

5.5.4 Strategieorientierte Gliederung

Die bisher behandelten *Modelle der Leitungsorganisation leiten sich aus* der klassischen *Aufgabenanalyse* ab. Aufgaben können nach *Verrichtungen* (Funktionen) und nach *Objekten* (Produkten, Regionen oder Kunden) zerlegt werden. Diese Merkmale finden sich dann sowohl bei der Stellenbildung wie auch bei der Abgrenzung größerer Organisationseinheiten wieder. Seit den achtziger Jahren wird ein Konzept diskutiert, demzufolge *strategische Geschäftsfelder abzugrenzen* und *organisatorisch zu verankern* sind. Dabei entstehen Organisationseinheiten, die nicht mehr eindeutig als Verrichtungs- oder Objektgliederung bezeichnet werden können - sogenannte *Strategische Geschäftseinheiten*.

Hier soll die Thematik in zwei Stufen erörtert werden:

◆ Abgrenzen strategischer Geschäftsfelder

◆ organisatorische Gliederung in strategische Geschäftseinheiten.

5.5.4.1 Abgrenzung strategischer Geschäftsfelder

Die klassischen Lösungen der Organisation waren nach innen gerichtet. Es ging darum, bestimmte Leistungen möglichst effizient zu erbringen. *Strategisches Management* bedeutet demgegenüber, *Verfahren und Strukturen* zu entwickeln, *die sich primär an den Marktverhältnissen ausrichten* und die zudem die Möglichkeit bieten, sich rechtzeitig an veränderte Marktbedingungen *anzupassen*.

Ein strategisches Geschäftsfeld definiert ein Marktsegment der Unternehmung, das sich durch eine eigene Marktaufgabe, eine spezifische Wettbewerbsfähigkeit und eigene Konkurrenten auszeichnet. Weiterhin erlaubt das Geschäftsfeld eine eigene Strategie, die von anderen Geschäftsfeldern abgegrenzt werden kann.

Die *Abgrenzung strategischer Geschäftsfelder* kann mit Hilfe von *Kriterien* vorgenommen werden, die sich teilweise mit den bereits behandelten Modellen der Leitungsorganisation decken. Das besondere an einem strategischen Geschäftsfeld ist jedoch, dass *mehrere Kriterien gemeinsam zur Definition eines Geschäftsfeldes verwendet* werden und dass die Strategie Ausgangspunkt der Organisation ist.

Diese abstrakt erscheinenden Zusammenhänge sollen an einem Beispiel aus dem Verlag verdeutlicht werden. Der Verlag beabsichtigt, Reiseliteratur mit detaillierten Landkarten neu in sein Verlagsprogramm aufzunehmen. Interessenten sollen die Literatur in digitalisierter Form direkt vom Verlag gegen Entgelt abrufen können. Für dieses Produkt ist im Verlag heute weder die Technik vorhanden noch ist der Vertrieb dafür gerüstet, solche Produkte statt über den Handel direkt dem Endabnehmer zu verkaufen. Wie kann nun ein strategisches Geschäftsfeld definiert werden? In der folgenden Übersicht finden sich in der linken Spalte die allgemeinen Kriterien, die in der rechten Hälfte beispielhaft auf den Fall übertragen werden.

Abgrenzung strategischer Geschäftsfelder	
Allgemeine Kriterien	**Beispiel aus dem Verlag**
Produkt	Herstellung und Vertrieb von Reiseliteratur einschließlich detaillierter Landkarten
Werkstoff	Ersatz des Papiers als Informationsträger durch elektronische Medien
Technologie	Digitalisierung der Text-, Grafik- und Bildinformationen, so dass integrierte Netze (ISDN oder „Datenautobahnen") zur Übermittlung an die Kunden verwendet werden können
Region	Gesamter deutscher Sprachraum
Kundengruppe	Alle privaten Haushalte
Kundenbedürfnis	Detaillierte Länderinformationen mit der Möglichkeit, anhand von Suchkriterien Informationen über bestimmte Ziele oder Interessenschwerpunkte wie z.B. Kultur, Sport, Wandern, Bildung zu selektieren und aufzubereiten
Konkurrenz	Anbieter von Reiseliteratur, Anbieter von Informationen auf elektronischen Medien

Abb. 5.38: Abgrenzung eines strategischen Geschäftsfeldes im Verlag

Das strategische Geschäftsfeld besteht hier also aus einem bestimmten Produkt (Reiseinformation), einem neuen Werkstoff, der Nutzung von Kommunikationsmedien und einer veränderten Zielgruppe (Kunden sind nicht mehr Grossisten und Buchhandlungen sondern die Endverbraucher) sowie deren vermutete Informationsbedürfnisse. Der Verlag tritt mit diesem Angebot zukünftig voraussichtlich in Wettbewerb mit anderen Anbietern aus der Filmwirtschaft, der Unterhaltungsindustrie usw. Dieses strategische Geschäftsfeld ist nicht nach der Funktion, dem Produkt, dem Markt oder dem Kunden gebildet, sondern nach mehreren dieser Merkmale gemeinsam. Für dieses strategische Geschäftsfeld ist eine geeignete Organisationsform zu finden.

5.5.4.2 Bildung strategischer Geschäftseinheiten

Das oben abgegrenzte strategische Geschäftsfeld lässt sich nicht ohne weiteres in die vorhandene Organisation des Verlages (Abb. 5.1) einbauen. Es kann nicht in die Technik integriert werden, da dann mit Sicherheit die Vertriebsaktivitäten zu kurz kämen. Andererseits passt es auch nicht in den Vertrieb, da der Vertrieb kaum den neuartigen technischen Anforderungen gewachsen wäre. Es liegt also nahe, eine neue strategische Geschäftseinheit zu bilden, für die sich unterschiedliche Möglichkeiten anbieten. Strategische Geschäftseinheiten können in zwei Formen geschaffen werden:

◆ Neue Organisationseinheiten werden eingerichtet (Ergänzung der Primärorganisation)

◆ die Aufgaben des Geschäftsfeldes werden auf bereits vorhandene Stelleninhaber übertragen (Lösung über die Sekundärorganisation).

Hier sollen nur Lösungen der Primärorganisation behandelt werden. Im Abschnitt 5.7.3 wird auf Lösungen der Sekundärorganisation eingegangen.

Ist das strategische Geschäftsfeld *ausreichend groß* oder bietet es ein *ausreichendes Entwicklungspotential*, kann eine *selbständige Geschäftseinheit* gegründet werden, die sich ausschließlich dem strategischen Geschäftsfeld widmet. In letzter Konsequenz ist es dann möglich, diese strategische Geschäftseinheit auszugliedern und rechtlich zu verselbständigen. Eine Lösung innerhalb des Verlages könnte wie in Abb. 5.39 dargestellt aussehen.

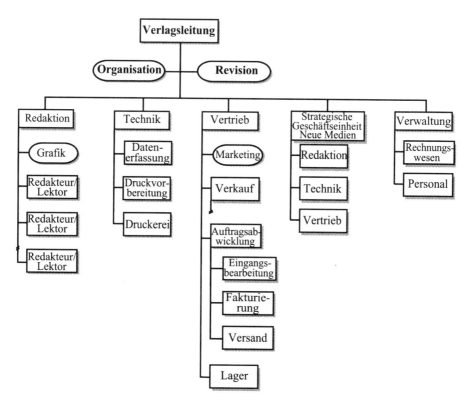

Abb. 5.39: Selbständige strategische Geschäftseinheit innerhalb einer bestehenden Organisation

Es ist gut vorstellbar, dass ein Unternehmen aus einer Gruppe solcher strategischen Geschäftseinheiten besteht. Eine solche Lösung entspricht im Prinzip einer *Spartenorganisation. Jede Sparte bearbeitet ein eigenes strategisches Geschäftsfeld.*

Eine andere Variante sieht so aus, dass *eine strategische Geschäftseinheit innerhalb einer bereits bestehenden Organisationseinheit* geschaffen wird. In der folgenden Abbildung ist eine strategische Geschäftseinheit innerhalb des Vertriebs des Verlages eingerichtet. Eine derartige Lösung liegt immer dann nahe, wenn die wesentliche Herausforderung für dieses Geschäftsfeld im Vertrieb (oder allgemein: innerhalb dieser Organisationseinheit) zu sehen ist. Diese Lösung ist dem Produktmanagement sehr ähnlich.

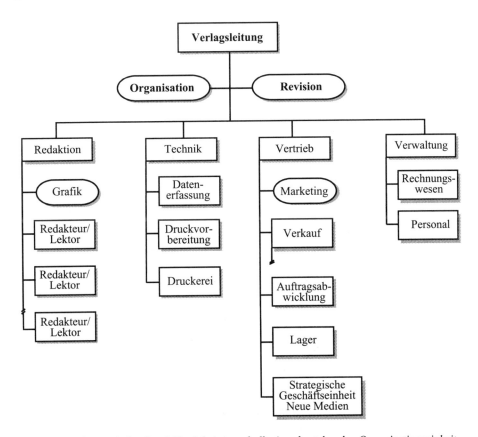

Abb. 5.40: Strategische Geschäftseinheit innerhalb einer bestehenden Organisationseinheit

Eine weitere Variante soll hier vorgestellt werden. In einer *Matrixorganisation* wird eine zusätzliche Koordinationsrichtung für strategische Geschäftsfelder geschaffen. Eine solche Lösung wird in Abb. 5.41 gezeigt. Die Mitarbeiter in der strategischen Geschäftseinheit *koordinieren über die nach Funktionen gegliederte Grundstruktur hinweg alle Belange ihres Geschäftsfeldes.* Hier können die im Produkt-Management behandelten Varianten unterschieden werden, je nachdem, ob die strategischen Geschäftsfelder weisungsberechtigt sind oder nicht. Die Vor- und Nachteile derartiger Lösungen wurden bereits in dem Abschnitt 5.5.2.1 erörtert.

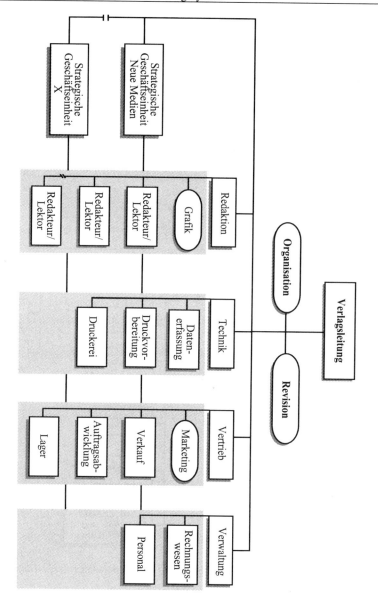

Abb. 5.41: Strategische Geschäftseinheit als Matrixorganisation

Man kann sich auf den Standpunkt stellen, dass *strategische Geschäftseinheiten nichts Neues* sind. So hat eine nach dem Produktmerkmal gebildete Sparte in aller Regel auch einen eigenen Markt, bietet einen eigenen Kundennutzen, ist in abgegrenzten Märkten tätig usw. Gleiches gilt auch für die anderen Lösungsansätze strategischer Geschäftseinheiten. Wenn dieser Thematik hier dennoch ein eigener Abschnitt gewidmet wird, dann deswegen, weil die Einrichtung strategischer Geschäftseinheiten voraussetzt, *sich bewusst mit Fragen des strategischen Managements* zu beschäftigen.

Die enge *Wechselbeziehung* von *Strategie* und *Struktur* wird hier besonders deutlich. Die *Strategie prägt die Struktur.*

Die *Bildung strategischer Geschäftseinheiten wird* also *durchaus zu klassischen Organisationsformen führen*, die bereits im Abschnitt 5.5.2 behandelt wurden. Eine solche Lösung wird aber nicht über eine formale Gliederung nach dem Merkmal Verrichtung oder Objekt erreicht, sondern *über eine bewusste Auseinandersetzung mit der Strategie für jedes einzelne abgegrenzte Geschäftsfeld.* Dieses Bewusstsein wird gefördert, wenn strategische Geschäftsfelder am Ausgangspunkt der Überlegungen für aufbauorganisatorische Lösungen stehen.

5.5.5 Prozessorientierte Gliederung

5.5.5.1 Begriff

Bei der Gliederung eines Unternehmens oder eines Teilbereiches nach Verrichtungen oder nach Objekten stehen entweder die zu erbringenden Funktionen (Verrichtungen) oder die zu erstellenden Produkte, die Regionen bzw. die Kunden (Objekte) im Vordergrund. Die *klassischen Formen der Organisation* wurden hauptsächlich gewählt, um die Vorteile der Spezialisierung zu nutzen. So wurden Stellen nach spezialisierten Verrichtungen gebildet, mit der Folge, dass diese Leistungen von entsprechend gut ausgebildeten Mitarbeitern effizient erbracht werden konnten. Oder es wurden Stellen oder Abteilungen nach Produkten eingerichtet, mit der Folge einer Spezialisierung auf das Produkt und einer guten Koordination hinsichtlich des Produktes.

Wenn ein Kunde zwischen verschiedenen Lieferanten wählen kann, zählt neben der Qualität einer Leistung und dem Preis auch die *Schnelligkeit*, mit der eine Leistung erbracht werden kann. Außerdem wird es wichtig, den *Kunden an einen Lieferanten* möglichst eng zu *binden*. Das kann beispielsweise dadurch geschehen, dass er eine Bezugsperson hat, die sich umfassend um ihn kümmert und seine Interessen wahrnimmt. Ein derartiges Interesse ist weder bei einer verrichtungsorientierten Gliederung vorhanden noch bei einer Gliederung nach Regionen oder Produkten. Prozessorientiertes Denken setzt beim (internen oder externen) Kunden an. Die *Organisation wird so gewählt, dass Prozesse* aus der Sicht eines Kunden

- ♦ *schnell* ablaufen (Schnelligkeit als Wettbewerbsfaktor - time-based competition)
- ♦ *fehlerfrei* und gut *koordiniert* erledigt werden
- ♦ *bedarfsgerechte Leistungen* für den Kunden bereitstellen (z.B. Reaktion auf veränderte Anforderungen eines Kunden)
- ♦ *wenige Brüche* (z.B. erfassen auf Papier, eingeben in ein System) aufweisen
- ♦ *transparent* sind (Kunden und Mitarbeiter wissen, wo sich ein Vorgang gerade befindet).

Um diese Ziele zu erreichen, sind aufbauorganisatorische Lösungen so zu gestalten, dass beim Kunden beginnende und endende Prozesse möglichst optimiert werden. Hier können im Wesentlichen zwei Ansätze unterschieden werden:

- ♦ Prozessoptimierte Struktur von Organisationseinheiten
- ♦ prozessoptimierende Koordinationsstellen.

5.5.5.2 Prozessoptimierte Struktur von Organisationseinheiten

In dieser Lösung wird versucht, die Aufbauorganisation (Stellen- und Abteilungs-bildung) so zu gestalten, dass die beim Kunden beginnenden und endenden Prozesse möglichst effizient bewältigt werden können. Die Basisorganisation wird also auf die Prozesse ausgerichtet. Hier können folgende *Formen* unterschieden werden:

◆ Gliederung nach Prozessen (Schnittstellenminimierung)

◆ Gliederung nach Kunden (unternehmensweit oder innerhalb eines Bereiches).

Gliederung nach Prozessen - Schnittstellenminimierung

Eine prozessorientierte Organisation auf einer der oberen Ebenen der Hierarchie ist immer dann gegeben, wenn *ganzheitliche Abläufe*, die das Kerngeschäft betreffen und die damit auch einen Großteil der Arbeit ausmachen, *einer gemeinsamen Leitung unterstellt* werden. Die Vertriebsorganisation in dem bereits mehrfach verwendeten Verlagsbeispiel entspricht dieser Lösung (Abb. 5.1, Seite 128). Der Kernprozess *Aus-lieferung von Buchtiteln* ist unterhalb des Leiters Vertrieb angesiedelt, einschließlich des Lagers. Der Zuständige kann also den Prozess vom Eingang einer Bestellung bis zur Auslieferung koordinieren und effizient gestalten. Schwieriger ist das bei dem Kernprozess *Aufnahme neuer Titel nach Vertrag mit dem Autor*. Neben der Verlags-leitung sind hier die Redaktion und die Technik eingeschaltet. Es ist zu erwarten, dass dieser Prozess wesentlich mehr zeitliche und inhaltliche Bruchstellen hat, da mehrere Organisationseinheiten beteiligt sind. Dieser Prozess wäre vermutlich wesentlich bes-ser beherrschbar, wenn der Redaktion auch die Aufgaben der Datenerfassung und Druckvorbereitung zugeordnet wären.

Ein Weg, um *Prozesse* zu *optimieren*, wurde bereits behandelt. Im Abschnitt 4.4 sind die *Formen der Aufgabenerweiterung*, der *Aufgabenbereicherung* und der *autonomen Arbeitsgruppen* dargestellt. Werden diese Formen konsequent umgesetzt, wird also die Spezialisierung zugunsten einer *ganzheitlichen Bearbeitung* zurückgenommen, verringern sich die Schnittstellen, damit auch die Transport- und Liegezeiten zwi-schen den Bearbeitungsstationen. Da erfahrungsgemäß bei klassischer Arbeitsteilung für die eigentliche Bearbeitung eines Vorganges oft nur zwischen 3 und 5% der Durchlaufzeit aufgewendet werden, ist leicht vorstellbar, dass durch diese Formen der Arbeitsorganisation die Durchlaufzeit wesentlich verkürzt werden kann. Wenn die zuständigen Mitarbeiter (-gruppen) dann noch ihre Kunden und deren Wünsche kennen, dürften sich weitere wesentliche Verbesserungen hinsichtlich der Qualität der Arbeit, der schnellen Information des Kunden usw. ergeben. In dem eben erwähnten Beispiel könnten die Aufgaben der Datenerfassung, der Grafik und des Satzes (Layoutgestaltung) zusammengefasst und einem Informationsdesigner übertragen werden, der als einzigen Partner den Redakteur hätte, mit dem er sich abstimmen müsste. Dadurch ist eine wesentliche Verbesserung der Prozesse zu erwarten. Glei-ches gilt für das Beispiel der Versicherung, in dem vom Vertragsabschluss bis zur Vertragsablösung alle Aufgaben unter einer gemeinsamen Leitung von Generalisten bearbeitet werden, die alle Teilaufgaben beherrschen (Abb. 5.19).

Gliederung nach Kunden

Diese Thematik wurde bereits oben behandelt. In Abb. 5.34 und Abb. 5.35 finden sich Beispiele, wie *Unternehmen nach Kunden gegliedert* wurden. Bei einer solchen Organisation gibt es normalerweise *einen Ansprechpartner für den Kunden*, der sich ganzheitlich für die Belange seines Kunden einsetzt, der über den Kunden und die für den Kunden zu erbringenden Leistungen *umfassend informiert* ist und der die *Prozesse* aus der Sicht des Kunden *optimiert*.

Diese Lösung findet sich sehr oft in Dienstleistungsunternehmen wie z.B. Banken und Versicherungen, Beratungsunternehmen, Anwaltskanzleien und Wirtschaftsprüfungsgesellschaften. Dort kann die Idee, dass ein Kunde nur einen Ansprechpartner hat, relativ leicht umgesetzt werden. Es ist in diesen Fällen möglich, einen *Kundenbetreuer* so auszubilden, dass er einen *Großteil aller Leistungen für den Kunden selbst erbringen kann*. Wenn er aus mengenmäßigen oder insbesondere aus fachlichen Gründen dazu nicht in der Lage sein sollte, kann er sich Dritter bedienen, die ihn unterstützen. Der Kundenbetreuer bleibt aber der *zentrale Ansprechpartner* seiner Kunden. Häufig sieht das dann so aus, daß der *Kundenspezialist weitere Mitarbeiter hinzuzieht*. Wenn also beispielsweise ein Berater in einer Bank sich in der Vermögensverwaltung nicht so gut auskennt, ein Kunde aber derartige Leistungen wünscht, dann wird ein entsprechender Spezialist konsultiert. Wenn es sich um eine komplexere Thematik handelt, kann es auch sinnvoll sein, dass der Spezialist hinzugezogen wird - der eigentlich für den Kunden Zuständige ist aber prinzipiell mit anwesend. In der betrieblichen Praxis führen derartige Lösungen nicht automatisch zu optimalen Prozessen, weil oft viele andere Stellen in die Leistung mit eingebunden werden (neben dem Marktbereich der sogenannte Marktfolgebereich) und weil oft zeitaufwendige Genehmigungsverfahren - z.B. Einholen von Entscheidungen - zu durchlaufen sind. In der *Tendenz* kann man aber davon ausgehen, dass eine *kundenorientierte Organisation* zu *effizienteren Prozessen* aus Sicht des Kunden führt.

In produzierenden Unternehmen ist eine Gliederung nach Kunden auf der zweiten oder dritten Ebene meistens nicht möglich bzw. nicht sinnvoll. Hier kann jedoch der *Vertrieb nach Kunden gegliedert* werden. Der Kunde hat dann wiederum nur einen Ansprechpartner, der sich umfassend um seine Anliegen kümmert. Neben den eigentlichen Verkaufsaufgaben übernimmt dieser Mitarbeiter auch *die Koordination aller Leistungen in den übrigen Abteilungen*. Wenn also beispielsweise ein Kunde eine Sonderanfertigung wünscht, koordiniert dieser Mitarbeiter von der Entwicklung über die Herstellung bis zur Auslieferung einen derartigen Leistungsprozess. Wenn der Kunde eine Frage über den Stand seines Auftrages hat, wird er nicht weiterverbunden. Der für den Kunden zuständige Mitarbeiter besorgt die notwendigen Informationen. Hier wird deutlich, dass ein *schneller Zugriff auf kunden- bzw. auftragsbezogene Informationen Voraussetzung für eine prozessoptimierte Organisation* ist. Prozessoptimierung stellt also hohe Anforderungen an die Qualität der Informationssysteme.

Bei einer kundenorientierten Gliederung ist zu entscheiden, ob der Kundenspezialist *Weisungsrechte* haben soll oder nicht. Werden ihm Weisungsrechte eingeräumt, entsteht ein *Mehrlinien-System* mit allen Vor- und Nachteilen, die bereits im Abschnitt 5.4.2 behandelt worden sind. Oft werden den Kundenspezialisten lediglich Empfehlungs- und Informationsrechte eingeräumt. Wenn sie sich mit ihren Empfehlungen nicht durchsetzen können, müssen sie die Hierarchie einschalten, wenn sie es für notwendig halten.

5.5.5.3 Prozessoptimierende Koordinationsstellen

Eine prozessorientierte Gliederung kann auch eine nach anderen Gesichtspunkten gebildete Struktur überlagern. Hier sollen zwei solche Lösungen unterschieden werden:

♦ Dauerhafte prozessorientierte Koordinationsstellen (processowner, Ausschüsse)
♦ zeitlich befristete prozessorientierte Koordinationsstellen (Projektorganisation).

Wenn eine Organisation beispielsweise auf der zweiten Ebene nach Verrichtungen gegliedert ist, entstehen an den Grenzen der Verrichtungsbereiche oft störende Schnittstellen. Nun ist es aber nicht immer möglich oder sinnvoll, deswegen die Organisation ganzheitlich umzustellen. Das macht etwa dann wenig Sinn, wenn die Produktion für alle Produkte genutzt wird oder wenn ein Vertrieb die unterschiedlichsten Produkte über die gleichen Kanäle leitet. In diesen Fällen würde es viele Nachteile bringen, das Unternehmen nach Kernprozessen oder nach Kunden zu gliedern.

Eine prozessorientierte Verantwortung kann die Organisation eines *Unternehmens mit einer anderen Grundstruktur* überlagern, indem *für bestimmte Prozesse Verantwortliche benannt* werden, die auch als *processowner* bezeichnet werden. Diese Lösung kann *analog* dem *Produkt-Management* ausgestaltet werden. Processowner oder Process-Manager werden für die Koordination zentraler Prozesse verantwortlich gemacht. Dabei haben sie entweder *keine Weisungsbefugnisse* - wie die produktorientierten Fachstellen, können sie nur empfehlen, informieren, hinweisen - oder sie sind *bezogen auf ihre Prozesse weisungsberechtigt* - *Prozess-Matrix-Organisation*. Im Verlagsbeispiel könnte ein Redakteur für einen von ihm bearbeiteten Buchtitel zum processowner ernannt werden. Die organisatorische Regel heißt dann, der Redakteur, dem ein neuer Titel übertragen wird, ist gesamtverantwortlich für den Prozess vom Vertragsabschluss mit dem Autor bis zur Übergabe des fertigen Buches an den Vertrieb, einschließlich der Erarbeitung der Marketingkonzeption für die Publikation. Je nachdem, welche strategische Bedeutung die Publikation neuer Titel für den Verlag hat, können dem processowner hier Weisungsrechte eingeräumt werden oder nicht.

Eine solche *Prozessverantwortung* wird oft auch einem *Gremium übertragen*, einem *Ausschuss* zur Koordination, in dem Repräsentanten der am Prozess beteiligten Organisationseinheiten vertreten sind. Dieser Ausschuss trifft sich in - meistens kürzeren - Abständen, um Maßnahmen zu besprechen und zu vereinbaren, die dazu beitragen, Prozesse effizient abzuwickeln. In einem Verlag könnten Mitarbeiter aus Redaktion, Technik und Vertrieb wöchentlich zusammensitzen, um geeignete Schritte zu vereinbaren.

Die *Projektorganisation* ist ein weiteres, seit Jahrzehnten bewährtes organisatorisches Instrument, um Prozesse wirksam zu koordinieren. Die Projektorganisation ist immer dann zur *Koordination von Prozessen* geeignet, wenn es sich um *einmalige Vorhaben*, also nicht um Daueraufgaben handelt. Der *Projektleiter ist der processowner*. Je nachdem, welche Rechte ihm eingeräumt werden, ist er mit Weisungsbefugnissen ausgestattet oder er muss überzeugen und bei Bedarf die Linie einschalten. Im Verlag könnte jede Neuerscheinung als ein Projekt angesehen werden, für das ein Projektverantwortlicher ernannt wird, der für die Prozesskoordination zuständig gemacht wird. Diese Lösung ist nur graduell unterschiedlich zu der dauerhaften Prozessverantwortung etwa eines Redakteurs.

Sowohl die Arbeit mit Ausschüssen wie auch die Formen der Projektorganisation gehören zur Sekundärorganisation. Sie wird im Kapitel 5.7 vertieft behandelt, so dass hier ein Hinweis genügen soll.

5.6 Organisation der Unternehmensleitung

5.6.1 Grundlagen

Herr Buch ist Geschäftsführer des Verlages in der Rechtsform einer Gesellschaft mit beschränkter Haftung (GmbH). Er besitzt keine Anteile am Kapital der Gesellschaft. Er leitet das Unternehmen als angestellter Manager grundsätzlich allein. Allerdings ist er nicht ganz frei in seinen Entscheidungen. Als Geschäftsführer einer GmbH ist er an Weisungen der Gesellschafterversammlung (d.h. der Eigentümer) gebunden. Möglicherweise lassen sie ihm nur einen minimalen Entscheidungsspielraum im Tagesgeschäft und behalten sich alle grundsätzlichen Entscheidungen selbst vor. Im anderen Extrem ist er sehr autonom. Das heißt er legt die Unternehmensstrategie fest, entscheidet über die Besetzung der Stellen für Führungskräfte, legt deren Gehälter fest usw. Er wird nur über die betriebswirtschaftlichen Ergebnisse gesteuert. Solange das Unternehmen gut läuft, solange also beispielsweise das eingesetzte Kapital gut verzinst wird, ist er seiner Position sicher. Sollte er das über eine längere Zeit hinweg nicht schaffen, muss er damit rechnen, dass die Gesellschafterversammlung seinen Vertrag nicht verlängert.

Die Unternehmensleitung ist die oberste Entscheidungsinstanz eines Unternehmens. Im Beispiel besteht sie aus der Gesellschafterversammlung und dem Geschäftsführer. Sie kann sehr unterschiedlich ausgestaltet sein. Ihre *Ausgestaltung*, die zugeordneten *Befugnisse* und die konkrete *Form der Zusammenarbeit hängen von* verschiedenen *Faktoren ab*, insbesondere von

- *rechtlichen Bedingungen* wie z.B. GmbH-Gesetz, Aktiengesetz, Handelsgesetz, Obligationenrecht, Mitbestimmungsgesetzen, Betriebsverfassungsgesetz
- *organisatorischen Regelungen* innerhalb der rechtlichen Vorgaben (z.B. Regelung zustimmungsbedürftiger Geschäfte)
- der gelebten *Kultur*, d.h. den allgemein anerkannten und praktizierten Normen (z.B. praktiziert Herr Buch eine kollegiale Führung mit seinen direkt unterstellten Mitarbeitern, obwohl er als alleiniger Geschäftsführer auch direktiv führen könnte).

Folgende Aufgaben werden der obersten Unternehmensleitung (auch als Unternehmensführung bezeichnet) zugeordnet (HOFFMANN zitiert nach SEIDEL/ REDEL):

- Grundsatzentscheidungen über die Unternehmungsziele, -politik und –strategie, das Leistungspotential, die Organisationsstruktur

- Grundsatzentscheidungen über prozessuale Regeln, Programme und allgemeine Verhaltensrichtlinien als Instrumente zur Zielerreichung und Kontrolle
- Förderung und Auswahl des Führungsnachwuchses
- Koordination der Teilbereiche
- Führung unmittelbar unterstellter Mitarbeiter (Stäbe)
- Einzelentscheidungen mit weitreichenden Konsequenzen
- Vertretung der Gesamtunternehmung nach außen.

Bei allen Entscheidungen und Maßnahmen in einem Unternehmen sind verschiedene Interessensphären berührt. So muss Herr Buch darauf achten, dass die Anteilseigner zufriedengestellt werden. Das ist am ehesten möglich, wenn nachhaltig Gewinne erzielt und in nennenswertem Umfang ausgeschüttet werden. Daneben muss Herr Buch auch auf die Interessen der Mitarbeiter achten, unabhängig davon, ob das Unternehmen mitbestimmt ist oder nicht. Die Mitarbeiterinteressen liegen in einer guten Bezahlung, in sicheren Arbeitsplätzen - keine Entlassungen, wenn einmal weniger Arbeit vorhanden ist - in einer guten Ausstattung ihrer Arbeitsplätze usw. Schließlich muss Herr Buch auch dafür sorgen, dass ausreichend Gewinne gemacht werden, die im Unternehmen verbleiben, beispielsweise um damit Wachstum zu finanzieren, um Reserven für Notzeiten anzulegen usw. Schon aus diesen wenigen Beispielen wird deutlich, dass der Geschäftsführer immer wieder zwischen konkurrierenden Interessen abwägen muss. Die Gesellschafterversammlung kann seinen Vorschlägen folgen, etwa über die Gewinnverwendung, muss es aber nicht. Sie kann Herrn Buch überstimmen. Dieser Interessenkonflikt wird in Abb. 5.42 dargestellt.

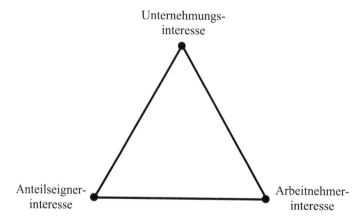

Abb. 5.42: Interessendreieck der Unternehmensleitung

Es können drei grundlegende Modelle der Unternehmensleitung abgegrenzt werden, die sich nach der Zahl der beteiligten Organe unterscheiden. Für diese unterschiedlichen Lösungen sind rechtliche Regelungen maßgebend.

Modelle der Unternehmensleitung		
Eingremien- Modell	**Zweigremien- Modell**	**Dreigremien- Modell**
Praktische Beispiele	*Praktische Beispiele*	*Praktische Beispiele*
Offene Handelsgesell-schaft OHG	GmbH	Aktiengesellschaft nach deutschem Recht
Einzelkaufmann	Kommanditgesellschaft	
	Aktiengesellschaft nach schweizerischem Recht	
	Aktiengesellschaft nach amerikanischem Recht	
Beteiligte Organe		
Gesellschafter	Gesellschafter-versammlung	Hauptversammlung der Aktiengesellschaft
	Aktionärsversammlung Schweiz	Aufsichtsrat einer Aktiengesellschaft nach deutschem Recht
	Shareholders Meeting	
Gesellschafter-versammlung OHG	Geschäftsführer GmbH	
	Verwaltungsrat Schweiz	Vorstand einer Aktien-gesellschaft nach deutschem Recht
	Board of Directors USA	

Abb. 5.43: Modelle der Unternehmensleitung

Im *Eingremien-Modell* wie bei der Offenen Handelsgesellschaft und dem Einzelkaufmann *fallen* die *Interessen der Kapitalgeber und des Managements zusammen*, weil es die gleichen Personen sind. Insofern ist hier weder eine gesonderte Vertretung der Eigner noch ein Aufsichtsgremium notwendig, um die Interessen der Eigner stellvertretend wahrzunehmen, wie etwa der Aufsichtsrat einer Aktiengesellschaft. Immer dann, *wenn Eigenkapitalgeber und Management nicht die gleichen Personen* sind, liegt es nahe, eine *Kontrollinstitution* zu schaffen, welche die Interessen der Eigner - und eventuell auch anderer Gruppen, wie z.B. der Mitarbeiter - wahrnimmt.

Anhand von drei Beispielen sollen die Unterschiede verdeutlicht und die organisatorischen Konsequenzen herausgearbeitet werden:

◆ Aktiengesellschaft nach deutschem Recht

◆ Aktiengesellschaft nach schweizerischem Recht

◆ Aktiengesellschaft nach US-amerikanischem Recht.

5.6.2 Organisation der Unternehmensleitung: Internationaler Vergleich

5.6.2.1 Aktiengesellschaft nach deutschem Recht

Wie aus Abb. 5.43 hervorgeht, liegt der Aktiengesellschaft (AG) nach deutschem Recht ein Dreigremien-Modell zugrunde. Die drei Gremien sind:

◆ Hauptversammlung

◆ Aufsichtsrat

◆ Vorstand.

Die *Hauptversammlung* nimmt die Rechte der Aktionäre wahr. Unter anderem bestimmt sie die Mitglieder des Aufsichtsrates, des Kontrollorgans der AG, entlastet den Vorstand, beschließt über Kapitalerhöhungen usw.

Der *Aufsichtsrat* ist eine Einrichtung zur laufenden Überwachung der Geschäftstätigkeit des Vorstandes (Überwachungsorgan). Nach dem deutschen Betriebsverfassungsgesetz, dem Mitbestimmungsgesetz und dem Montanmitbestimmungsgesetz gilt für den Aufsichtsrat der sogenannte *Interessendualismus.* Neben den Interessen der *Kapitalgeber* (Aktionäre) sind auch die Interessen der *Mitarbeiter* im Aufsichtsrat vertreten. Je nach Geltung der verschiedenen Gesetze werden maximal 50% der Mitglieder des Aufsichtsrats von Arbeitnehmervertretern gestellt. Diese Regelung ist von der Sozialstaatsidee des Grundgesetzes geprägt und im Vergleich mit anderen westlichen Wirtschaftsnationen eher untypisch.

Aufsichtsräte treten mindestens zweimal, normalerweise viermal pro Jahr zusammen. In der Zwischenzeit können Ausschüsse des Aufsichtsrats tagen. Darüber hinaus besteht in aller Regel ein laufender informeller Kontakt zwischen dem Aufsichtsratsvorsitzenden und dem Vorstandsvorsitzenden bzw. -sprecher.

Unter anderem hat der Aufsichtsrat folgende *Aufgaben*:

◆ Benennung und Entbindung des Vorstandes

◆ Festlegung der Vergütung des Vorstandes

◆ Überwachung der laufenden Geschäftstätigkeit

– *ex ante,* d.h. im Vorhinein, etwa durch die Festlegung der zustimmungsbedürftigen Geschäfte wie z.B. Investitionen, Kauf und Verkauf von Grundstücken, Aufnahme von Großkrediten, Erteilung bzw. Entziehung von Prokura und Generalvollmacht

– *laufend.* Auf der Basis der vom Vorstand gegebenen Informationen werden Empfehlungen und Hinweise beispielsweise auf Chancen und Risiken gegeben sowie Erfahrungen der Aufsichtsratsmitglieder übermittelt

– ex post, d.h. im Nachhinein, durch Prüfung der Geschäftsentwicklung anhand der finanziellen Ergebnisse.

◆ Festlegung von Sonderprüfungen.

Der *Vorstand* ist das *oberste interne Organ* einer Aktiengesellschaft (Geschäftsführungsorgan). Er leitet *in eigener Verantwortung* das Unternehmen und *vertritt es rechtlich nach außen.* Der Vorstand ist für die Entwicklung einer Unternehmens-strategie, für die Zielsetzung und die Zielerreichung zuständig. Dazu verfügt er intern über alle notwendigen Informations-, Entscheidungs-, Weisungs- und Kontrollrechte.

Nach dem Aktiengesetz ist der Vorstand ein *Kollegialorgan.* Entscheidungen im Vorstand bedürfen einer Mehrheit (Kollegialprinzip). Ein Vorstandsvorsitzender kann nicht die Mehrheit überstimmen. Bei Stimmengleichheit kann die Stimme des Vorsit-zenden oder des Sprechers den Ausschlag geben. Es können bei bestimmten Ent-scheidungsanlässen auch Vetorechte - beispielsweise des Finanzvorstands bei finanz-wirksamen Entscheidungen - vereinbart werden (siehe dazu 5.6.3 Willensbildung in der Unternehmensleitung).

Je größer ein Vorstand ist, desto häufiger werden Ausschüsse des Vorstands einge-richtet, die sich in bestimmten Abständen treffen und Entscheidungen des Vorstands vorbereiten. In solche Ausschüsse können neben Vorstandsmitgliedern oft auch Mit-arbeiter aus zentralen Stäben und aus der zweiten oder dritten Hierarchieebene inte-griert werden.

5.6.2.2 Aktiengesellschaft nach schweizerischem Recht

Die *Generalversammlung* entspricht in ihrer Interessenlage und in ihren Rechten weitgehend der Hauptversammlung nach deutschem Recht.

Der *Verwaltungsrat* ist das *oberste Leitungsorgan* einer AG nach Schweizer Recht. Mitglieder des Verwaltungsrates müssen Aktionäre sein. Die Mitgliedschaft anderer Gruppen ist nicht vorgeschrieben. Es handelt sich also um einen sogenannten *Interes-senmonismus.* Der Verwaltungsrat ist den *Interessen des Unternehmens* verpflichtet. Andere Interessen, selbst die der Aktionäre aber auch die der Arbeitnehmer und der Öffentlichkeit treten dahinter zurück. Es wird unterstellt, dass mit der Erreichung der Unternehmensziele auch die Ziele der übrigen Interessentengruppen weitgehend er-füllt werden. Diese Konstruktion ist vermutlich auf die gesellschaftliche Situation in der Schweiz zurückzuführen, in der die Gegensätze zwischen Kapital und Arbeit nie so ausgeprägt waren wie in Deutschland.

Der Verwaltungsrat ist *gleichzeitig* das *oberste Leitungsorgan und* das *Über-wachungsorgan.* Es gibt formal nicht die Zweiteilung wie im deutschen Modell (Trennung von Aufsichtsrat und Vorstand). Im Verwaltungsrat können sowohl interne Mitglieder wie auch externe Mitglieder tätig sein.

Der Verwaltungsrat kann in *Statuten* festlegen, wie die *Geschäftsführung* und die *Vertretung der Gesellschaft nach außen* auf die Mitglieder zu verteilen ist. Die *Ge-schäftsleitung* kann vom Verwaltungsrat auf einen oder mehrere

◆ *Delegierte(n)* = Mitglieder des Verwaltungsrats oder

◆ *Direktoren* = Dritte, die nicht Aktionäre zu sein brauchen

übertragen werden. Hier nähert sich das Modell der Zweiteilung nach deutschem Recht an. Die verbleibenden Mitglieder des Verwaltungsrats kontrollieren den oder die Delegierten bzw. das Direktorium.

In Schweizerischen Banken sind Aufsichtsgremien und Geschäftsleitung aufgrund rechtlicher Vorschriften personell immer getrennt. Damit liegt auch hier eine Konstruktion vor, die dem deutschen Aktienrecht ähnelt. Allerdings hat der Verwaltungsrat auch Zuständigkeiten im operativen Geschäft - z.B. Bewilligung bestimmter laufender Geschäfte wie etwa Krediten, was ihn vom Aufsichtsrat unterscheidet.

Nach BLEICHER gibt es unter anderem folgende Ausgestaltungsformen des Schweizerischen Verwaltungsrates (siehe Abb. 5.44.).

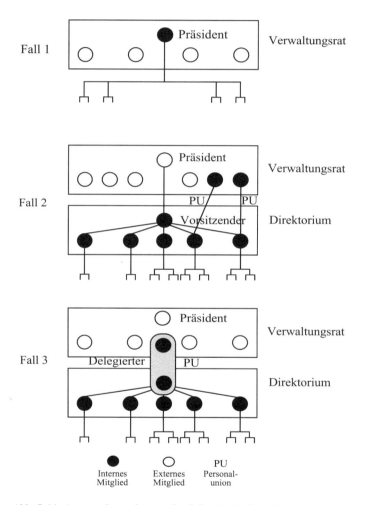

Abb. 5.44: Ausgestaltungsformen des Schweizerischen Verwaltungsrates
(nach BLEICHER „Organisation")

Im Fall 1 setzt sich der Verwaltungsrat aus vier externen Vertretern und einem internen zusammen, der gleichzeitig die Rolle des Verwaltungsratspräsidenten und in Personalunion als Delegierter des Verwaltungsrates die Spitze der Exekutive bildet. Im Fall 2 hat der Verwaltungsrat seine Leitungsaufgabe weitgehend an eine Direktion delegiert. Der Vorsitzende des Direktoriums berichtet über den Präsidenten an den Verwaltungsrat. Zwei Mitglieder des Direktoriums sind gleichzeitig im Verwaltungsrat (Personalunion). Wenn das nicht der Fall wäre, käme die Lösung dem deutschen Aufsichtsrat nahe, bei einer allerdings weiterreichenden Verantwortung des Verwaltungsrates. Im Fall 3 bildet ein Delegierter des Verwaltungsrates ein Verbindungsglied zwischen Direktorium und Verwaltungsrat, da er beiden Gremien angehört.

Auch im Modell des Verwaltungsrats dominiert das Kollegialprinzip in der Entscheidungsfindung. Normalerweise ist die absolute Mehrheit gefordert, in einigen Fällen die relative bzw. qualifizierte Mehrheit.

Da im Verwaltungsrat sowohl die Kontroll- wie auch die Geschäftsführungsbefugnisse liegen, hat der Verwaltungsrat nach BAUMBERGER (zitiert nach BLEICHER „Organisation") unter anderem folgende Aufgaben:

◆ Schaffung eines unternehmenspolitischen, normativen Rahmens, der die langfristigen Zielsetzungen und allgemein gültigen Verhaltensgrundsätze festlegt

◆ Treffen strategischer Grundsatzentscheide und strategiekonformer Einzelentscheide

◆ Mitwirkung bei der Planung und Planrealisierung als Diskussionspartner der Geschäftsleitung

◆ Schaffung einer angemessenen Organisation

◆ Beschäftigung mit personalpolitischen Entscheidungen wie Personalbeurteilung, Personalentwicklung, Personalrekrutierung und Ausgestaltung erfolgsabhängiger Entlohnungssysteme.

Faktisch werden in vielen Fällen diese Aufgaben von der Geschäftsführung (Delegierten oder Direktorium) übernommen. Sie unterbreiten dem Verwaltungsrat Vorschläge zu den genannten Punkten. Der Verwaltungsrat nimmt dann in aller Regel davon zustimmend Kenntnis. Wie beim deutschen Aufsichtsrat ist normalerweise der Informationsvorsprung der Geschäftsführung so groß, dass dem Verwaltungsrat kaum eine andere Wahl bleibt.

5.6.2.3 Aktiengesellschaft nach US-amerikanischem Recht

Shareholders Meeting

Das Shareholders Meeting entspricht weitgehend der Hauptversammlung deutscher Aktiengesellschaften. Hier treffen sich die Aktionäre der Gesellschaft, um ihre Rechte wahrzunehmen. Das Shareholders Meeting wählt die Mitglieder des Boards.

Board of Directors

Der *Board of Directors* weist große Ähnlichkeiten zu dem Schweizerischen Verwaltungsrat auf. Er bildet das oberste Leitungsorgan das *sowohl Leitungs- als auch Überwachungsaufgaben* wahrnimmt. Es besteht aus *Inside- und Outside-Directors*.

Inside-Directors sind gleichzeitig Mitglieder des Boards und *leitende Mitarbeiter* der Unternehmung. *Outside-Directors* sind ausschließlich Mitglieder der Boards. Sie sind *nicht in der Unternehmung beschäftigt*. Im Prinzip vertreten die Outside-Directors die

Interessen der Aktionäre (shareholder). In einigen großen Unternehmen ist es aber auch üblich, weitere Interessengruppen (stakeholder) aufzunehmen, wie z.B. Vertreter von Verbraucher-Schutzverbänden. Grundsätzlich liegt jedoch wie beim Verwaltungsratsmodell ein *Interessenmonismus* vor; die Interessen der Anteilseigner stehen im Vordergrund. Es ist keine Interessenvertretung der Arbeitnehmer im Board vorgesehen.

Das Board-System lässt breite *Ermessensspielräume für die konkrete Ausgestaltung* einer Lösung. Es gibt darüber hinaus noch von Bundesstaat zu Bundesstaat unterschiedliche Regelungen.

Der Board of Directors hat unter anderem folgende Aufgaben:

◆ *Besetzung* der wichtigsten *Leitungspositionen* im Unternehmen (Chief Executive Officer = CEO, Chief Operating Officer = COO bzw. President)

◆ Regelung der *Vergütung* (Gehalt, Bonus, Aktienoptionen) der obersten Ebene (meistens auf Empfehlung eines speziellen Gremiums des Boards: *Compensation Committee*, das normalerweise nur aus externen Mitgliedern besteht)

◆ Festlegung der Unternehmensstrategie

◆ Management des laufenden Geschäftes

◆ *Überwachung* der Geschäftstätigkeit

  – *ex ante,* d.h. im Vorhinein, etwa durch die Festlegung der zustimmungsbedürftigen Geschäfte, die beispielsweise in By-Laws festgelegt werden

  – *laufend (Monitoring)*

  – ex post, d.h. im Nachhinein, durch Prüfung der Geschäftsentwicklung anhand der finanziellen Ergebnisse. Die laufende und die ex-post-Überwachung erfolgt meistens über Prüfungsausschüsse (Audit Committees) des Boards, die aus externen Direktoren zusammengestellt werden

◆ Board übernimmt eine Rolle als *Frühwarnsystem*. Auch diese Aufgabe kann durch ein Committee wahrgenommen werden, das nur aus Board-Mitgliedern oder auch zusätzlich aus weiteren externen Mitgliedern besteht.

Das Management des laufenden Geschäftes wird oft an die hauptamtlichen Mitglieder des Boards delegiert. Insbesondere in kleineren Unternehmen ist häufig der *Vorsitzende des Boards* (Chairman) *mit* dem *Chief Executive Officer* (CEO) identisch, wie die folgende Abb. 5.45 zeigt. Das führt zu einer sehr großen *Abhängigkeit* von einer sehr mächtigen Figur, die zudem auch noch hauptverantwortlich für die eigene Kontrolle ist, die mit anderen Worten nicht effizient kontrolliert wird.

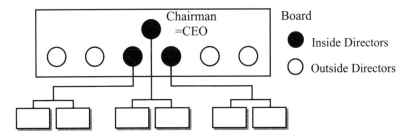

Abb. 5.45: Personalunion von Chairman des Boards und CEO

In größeren Unternehmen ist die Lösung anzutreffen, dass der Chairman die Leitung des Geschäftes dem CEO bzw. President überträgt. An den CEO / President berichten die Mitarbeiter des Unternehmens. In dieser Lösung repräsentiert der Chairman meistens das Unternehmen nach außen, während der CEO / President das operative Geschäft leitet. Der Chairman hat die Möglichkeit, bei Bedarf einzugreifen, so dass weniger Abhängigkeit von einer Person besteht (Abb. 5.46). Als eine von vielen Varianten könnten auch einige operative Einheiten dem Chairman / CEO und einige andere dem President / COO unterstellt werden (Abb. 5.47).

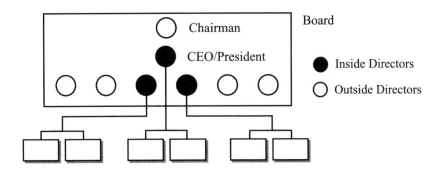

Abb. 5.46: President / CEO leitet das operative Geschäft

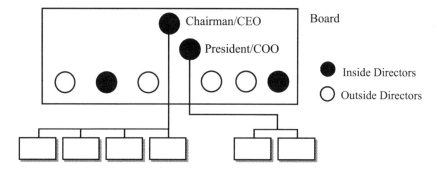

Abb. 5.47: Chairman / CEO und President / COO leiten das operative Geschäft

Die Board-Lösung weist einige typische Probleme auf, die hier kurz skizziert werden sollen:

◆ Erheblicher Informationsvorsprung der Inside-Directors, welche die Outside-Directors „nach Belieben" informieren können

◆ Inside-Directors sind für das operative Geschäft verantwortlich und werden in dieser Rolle versuchen, ihre Autonomie zu wahren. Gleichzeitig sollen sie sich im Board in dieser Funktion überwachen - wegen dieses Interessenkonfliktes ist das schon erwähnte Audit Committee eingerichtet

◆ im Board sind die Mitglieder gleichgestellt, obwohl beispielsweise der CEO im Tagesgeschäft Vorgesetzter einzelner Inside-Directors ist. Das erschwert die Unabhängigkeit dieser Mitglieder.

5.6.3   Willensbildung in der Unternehmensleitung

5.6.3.1   Direktoriale Willensbildung

Wenn Herr Buch alleiniger Geschäftsführer in dem Verlag ist, kann er seine Vorstellungen durchsetzen, ohne Rücksicht auf die Interessen der Bereichsleiter nehmen zu müssen. Eine *einköpfige Unternehmensleitung* ist die *Grundlage für* eine *Direktoriale Willensbildung*. Nun heißt das aber nicht zwingend, dass Herr Buch auch eine direktoriale Willensbildung praktiziert. Er kann Entscheidungen mit seinen Kollegen der nächsten Hierarchiestufe vorbesprechen, er kann sie befragen, ja er kann sogar grundsätzlich die Kollegen an der Entscheidung beteiligen. Die organisatorische *Form muss* also *nicht* unbedingt *mit der gelebten Praxis übereinstimmen*. Allerdings wird es einem alleinigen Geschäftsführer einfach gemacht, bei Bedarf allein, auch gegen den Willen der nächsten Ebene zu entscheiden.

Welche Form der Willensbildung gewählt wird, hängt hauptsächlich von der herrschenden Kultur ab. So ist in U*S-amerikanischen Unternehmen* eine *direktoriale Willensbildung üblich*. Der *Chairman* bzw. der *Chief Executive Officer* hat im amerikanischen System *eine ausgeprägte Machtposition*. Selbst wenn der Board ein kollegiales Organ ist, so kann im Tagesgeschäft ein Chairman oder CEO fast uneingeschränkt seine Vorstellungen durchsetzen, ohne sich in einem Kollegium argumentativ Mehrheiten verschaffen zu müssen. Die Organisation ist sehr stark auf eine einzelne Person ausgerichtet.

Im *Verwaltungsrat einer Schweizer Unternehmung* ist *sowohl eine direktoriale wie auch eine kollegiale Lösung möglich*. Je kleiner ein Unternehmen ist und je stärker es von der Eigentümerseite geführt wird, desto ausgeprägter ist normalerweise die direktoriale Führung. In deutschen Aktiengesellschaften ist demgegenüber das Prinzip der kollegialen Willensbildung gesetzlich vorgeschrieben.

In der folgenden Übersicht werden die Vor- und Nachteile einer direktorialen Willensbildung vergleichend gegenübergestellt.

Bewertung der direktorialen Willensbildung	
☙ **Vorteile**	❧ **Nachteile**
<ul><li>Vereinheitlichung der Willensbildung</li><li>klare Kompetenzen und Verantwortlichkeiten</li><li>rasche Entscheidungen</li><li>keine Gefahr fauler Kompromisse.</li></ul>	<ul><li>Risiko von Fehlentscheidungen (fehlende Spezialisierung)</li><li>Überlastung der Leitung</li><li>fehlende Nähe zur Front</li><li>Einseitigkeit des Leiters kommt voll zum Tragen</li><li>Probleme der Akzeptanz der Entscheidungen</li><li>starke Abhängigkeit von einer einzelnen Person</li><li>Stellvertretungs- und Nachfolgeprobleme</li><li>starke Machtkonzentration.</li></ul>

Der autoritäre Charakter des Direktorialprinzips kann dadurch gemildert werden, dass der Einmannspitze ein *konsultatives Geschäftsleitungsorgan*, etwa in der Gestalt einer *Geschäftsleitungskonferenz* oder eines *Direktionsausschusses* als Beratungsstab (ohne Entscheidungsbefugnis), zur Seite gestellt wird. Solche Organe werden von dem obersten Chef sowie von Mitarbeitern der nächsten Leitungsebene und eventuell weiteren Beratern gebildet.

Beratende Organe dieser Art haben den gewichtigen Vorteil, dass sie die *Meinungsbildung objektivieren* und das *Risiko von Fehlentscheidungen mildern*. Überall dort, wo ihnen eine echte Aufgabe zukommt und wo sie nicht nur die Auffassung des obersten Chefs bestätigen dürfen, haben sie maßgeblichen Anteil an der Entscheidung der Geschäftsleitung. Als Nachteil mag gelten, dass der *Entscheidungsvorgang* auf diese Weise *länger* dauert als bei einem Einzelnen. Vielfach bilden sie eine Vorstufe zur kollektiven Führung, die als nächstes behandelt wird. Konsultative Geschäftsleitungsorgane eignen sich insbesondere für die Koordination und Information der Bereiche, die der Geschäftsleitung unterstellt sind.

5.6.3.2 Kollegiale Willensbildung

Beim *Kollegialprinzip* wird die oberste *Entscheidungsgewalt einer Mehrzahl von Personen gemeinsam übertragen*. Die grundlegenden Entscheidungen (d. h. diejenigen, welche die Unternehmung als Ganzes betreffen) müssen kollektiv getroffen werden. Welche Entscheidungen dazu gehören, wird in der *Unternehmensverfassung* - z.B. dem Geschäftsverteilungsplan - geregelt. Das Kollektiv hat sich gemeinsam an den Unternehmenszielen und -aufgaben auszurichten.

So ist der *Board* amerikanischer Unternehmen grundsätzlich ein *Kollegium*. Wie erwähnt, wird dort dennoch oft eine direktoriale Willensbildung gelebt, insbesondere wenn der Chairman bzw. der CEO sehr stark ist. Demgegenüber wird in den Board Committees - Gremien, die sich aus Mitgliedern des Board zusammensetzen und für bestimmte Sachverhalte zuständig sind - normalerweise eine kollegiale Willensbildung praktiziert.

Im *Aufsichtsrat deutscher Aktiengesellschaften* ist ebenso wie im *Vorstand* eine *kollegiale Willensbildung vorgeschrieben*. Im Aufsichtsrat ist das schon deswegen nötig, weil sonst die darin vertretenen Arbeitnehmerrepräsentanten beliebig überstimmt werden könnten. Das Aktienrecht will aber auch verhindern, dass ein Vorstandsmitglied allein die Geschicke eines Unternehmens steuern kann. Auch ein sogenannter Vorstandsvorsitzender soll gezwungen sein, für seine Vorstellungen Mehrheiten zu gewinnen. Viele Aktiengesellschaften ernennen deswegen auch keinen Vorstandsvorsitzenden sondern lediglich einen *Sprecher*, um dadurch die Form der kollegialen Zusammenarbeit nach außen sichtbar zu machen. Auch hier muss einschränkend gesagt werden, dass es von konkreten Personen und von situativen Faktoren abhängt, ob Kollegialität wirklich gelebt wird.

Im Kollegialprinzip treten *Probleme der gemeinsamen Willensbildung* auf. Zur organisatorischen Regelung dieser Probleme sind verschiedene Formen der Willensbildung entwickelt worden. Üblicherweise unterscheidet man folgende drei Formen:

◆ Primat-Kollegialität
◆ Abstimmungs-Kollegialität
◆ Kassations-Kollegialität.

Primat-Kollegialität

Sie ähnelt der *direktorialen Willensbildung*, weil der Vorsitzende des Gremiums sich wichtige Entscheidungen vorbehalten und bei Meinungsverschiedenheiten selbst entscheiden kann. In der Regel werden allerdings kollegiale Beschlüsse gefasst. Eine Sonderform der Primat-Kollegialität gibt es in mitbestimmten Unternehmen, in denen Arbeitnehmer und Kapitalgeber gleich viele Vertreter in den Aufsichtsrat entsenden. Hier ist gesetzlich geregelt, dass die Stimme des Vorsitzenden in Patt-Situationen den Ausschlag gibt.

Abstimmungs-Kollegialität

Bei dieser Form der Willensbildung werden *gemeinsame Entscheidungen* gefasst, wobei die *einfache Mehrheit* (= Mehrheit der anwesenden Mitglieder) oder die *qualifizierte Mehrheit* (= Mehrheit aller Mitglieder, oder auch eine Regelung, dass mindestens x% der Stimmen für ein Anliegen votieren müssen) den Ausschlag gibt.

Fehlen eindeutige Mehrheiten, können sich für die Einheitlichkeit der Willensbildung Schwierigkeiten ergeben. Bei Stimmengleichheit sind zusätzliche Prinzipien erforderlich. So kann z. B. die Regelung bestehen, dass bei Stimmengleichheit die Stimme des von der Entscheidung am meisten Betroffenen den Ausschlag gibt.

Kassations-Kollegialität

Hier werden *alle Beschlüsse einstimmig* gefasst. Jedes Mitglied hat ein Vetorecht. Damit wird insbesondere der *Schutz von Minderheiten* angestrebt. Derartige Lösungen sind insbesondere aus der Politik bekannt - Entscheidungsfindung im Sicherheitsrat der Vereinten Nationen oder im Ministerrat der Europäischen Union.

Eine kollektive Leitung setzt ein gutes Einvernehmen der in einer solchen Geschäftsleitung vertretenen Personen voraus. Sie verlangt von ihren Mitgliedern zwar nicht Übereinstimmung im Temperament oder in der persönlichen Grundauffassung, hingegen erfordert sie großes menschliches Format. Jene Geschäftsleitungsmitglieder, die bei einer Abstimmung in der Minderheit sind, müssen zur getroffenen Entscheidung stehen und auch Entscheidungen akzeptieren, die gegen ihren Willen gefällt wurden. Wegen dieser schwierigen Situation praktizieren Entscheidungsgremien oft die Kassations-Kollegialität. Einzelne Mitglieder mit abweichender Meinung werden nicht einfach überstimmt. Es wird versucht, sie zu überzeugen. Wenn das nicht gelingt, werden Entscheidungen vertagt oder soweit modifiziert, dass auch die Opponenten dafür stimmen können. Es liegt auf der Hand, dass dies zu zeitlichen Verzögerungen wie auch zu „faulen" Kompromissen führen kann.

Zur Bewertung der kollegialen Entscheidungsfindung wird auf die Gegenüberstellung im Abschnitt 5.6.3.1 Direktoriale Willensbildung verwiesen. Die dort genannten Argumente gelten mit umgekehrten Vorzeichen.

5.6.4   Gesamtleitung und Teilbereichsleitung

Zur Organisation der Unternehmensleitung sollen abschließend Lösungsvarianten erörtert werden, die sich darin unterscheiden, ob die *Mitglieder der Unternehmensleitung* neben dieser Rolle *auch* noch *Einzelverantwortung* für bestimmte Bereiche haben. Folgende Fälle werden unterschieden:

◆ Ressortfreie Geschäftsleitung
◆ ressortgebundene Geschäftsleitung
◆ Mischformen.

5.6.4.1 Ressortfreie Geschäftsleitung

Wenn Herr Buch als Geschäftsführer des Verlages (siehe Abb. 5.1, Seite 128) *für das gesamte Unternehmen*, nicht aber gleichzeitig für einen der nachgeordneten Bereiche zuständig ist, wird von einer *ressortfreien Geschäftsleitung* gesprochen.

Eine solche Lösung gibt es auch in Pluralinstanzen, wenn sich also eine Geschäftsführung oder ein Vorstand aus mehreren Mitgliedern zusammensetzt. Dann ist das

Gremium als Ganzes für die Leitung des Unternehmens zuständig, ohne dass einzelne Mitglieder gleichzeitig für ein bestimmtes Ressort verantwortlich sind.

Diese Lösung ist in der Wirtschaftspraxis normalerweise unüblich. Eher anzutreffen ist eine Mischform, auf die unten noch eingegangen wird.

Bewertung der ressortfreien Geschäftsleitung	
♠ Vorteile	♥ Nachteile
• Ganzheitliche Unternehmensleitung - keine Ressortegoismen auf oberster Ebene • gleichberechtigte Vertretung aller Interessen.	• Geschäftsleitung fehlt Nähe zur Front - eingeschränkte Urteilsfähigkeit • fachliche Kompetenz ist schwer zu erhalten • Informationsfilterung durch untergeordnete Stellen • Mitglieder übernehmen eher Repräsentationsaufgaben nach außen als Leitungsaufgaben nach innen.

5.6.4.2 Ressortgebundene Geschäftsleitung

Innerhalb des Kollegialorgans können die *Mitglieder zusätzlich für einzelne Ressorts* oder auch für *Konzerntöchter zuständig* sein. In diesem Fall spricht man von *Ressortkollegialität*.

Plural-Instanzen mit Ressortkollegialität vereinigen in sich Merkmale singularer und pluraler Leitung. Jedes Mitglied ist *neben seiner Rolle als Mitglied der Geschäftsleitung außerdem für ein bestimmtes Gebiet zuständig*. Es besitzt dann abgegrenzte Entscheidungsbefugnisse innerhalb dieses Bereiches. Darüber hinaus ist *festgelegt, welche* bereichsübergreifenden, *gesamtbetrieblichen Entscheidungen* von der Plural-Instanz *gemeinsam gefällt* werden müssen. Dieser Lösung liegt der Gedanke zugrunde, dass die Mitglieder besser die gesamtunternehmerischen Belange wahrnehmen können, wenn im Prozess der Meinungsbildung die betrieblichen Einheiten repräsentiert sind.

Folgende Zuständigkeiten können zugeordnet werden:

♦ *Funktionale* Zuständigkeiten (z.B. Vorstand für Finanzen, Personal, Vertrieb)

♦ *Spartenzuständigkeiten* (z.B. Chemieprodukte, Hygiene, Kosmetik, Waschmittel)

♦ *regionale* Zuständigkeiten (z.B. Deutschland, europäisches Ausland, Nordamerika)

♦ *kundenbezogene* Zuständigkeiten (z.B. Zuordnung wichtiger Kunden zu einzelnen Mitgliedern der Geschäftsleitung)

♦ Zuständigkeit für *Tochtergesellschaften* (rechtlich selbständige Konzerntöchter werden Mitgliedern der Geschäftsleitung zugeordnet, solche Töchter können dann auch identisch sein mit Sparten).

Eine *funktionale Zuständigkeit* von Mitgliedern der Geschäftsleitung ist *weit verbreitet*. Vor allem die klassischen Ressorts wie Finanzen, Forschung und Entwicklung, Vertrieb finden sich fast immer in der Geschäftsleitung verankert. Teilweise wird eine solche Lösung auch gesetzlich vorgeschrieben. So müssen Unternehmen, die unter die Montanmitbestimmung fallen, einen *Personaldirektor* (Vorstand) haben.

Häufig finden sich in der Praxis Lösungen, in denen neben den funktionalen Zuständigkeiten weitere Mitglieder der Geschäftsleitung für *Sparten* bzw. für *Konzerntöchter* verantwortlich sind. Regionale Zuständigkeiten sind typisch bei international tätigen Unternehmen, in denen die *Auslandsaktivitäten* eine bedeutende Rolle spielen.

In produzierenden Unternehmen wie auch in der Dienstleistungsbranche finden sich sehr oft Lösungen, in denen Mitglieder der Geschäftsleitung für bestimmte *Kunden* zuständig sind. So kann in einem Unternehmen der Elektroindustrie ein Vertreter der obersten Ebene für die Bahn AG zuständig sein, wenn die Bahn AG ein sehr wichtiger Kunde ist. Auch ordnen Banken häufig wichtige Kunden einzelnen Mitgliedern der obersten Ebene zu, um mit dem Gewicht des hohen Ranges eine Kundenbeziehung zu pflegen.

In der Praxis wird oft ein Mitglied der Geschäftsleitung *für mehrere Sachverhalte gleichzeitig zuständig* gemacht. So kann ein Geschäftsführer oder Vorstand sowohl für *Finanzen*, für die *Sparte Haushaltsgeräte* wie auch für die *Region Europäisches Ausland* verantwortlich sein. Auf diese Weise wird versucht, alle wichtig erscheinenden Koordinationsrichtungen zu verteilen, ohne die Anzahl der Mitglieder in dem obersten Gremium zu groß werden zu lassen.

Eine ressortgebundene Geschäftsleitung *erzwingt* den notwendigen *Interessenausgleich* der Bereiche bereits auf höchster Ebene und erleichtert damit die *gesamtbetriebliche Koordination*. Vorteilhaft an dieser Lösung ist darüber hinaus, dass die Mitglieder der Plural-Instanz *mit beiden Beinen auf der Erde stehen* und nicht Gefahr laufen, den Blick für das Machbare zu verlieren. Sie können sich ausreichende und unverfälschte Informationen verschaffen. Nachteilig kann sich diese Konstruktion auswirken, wenn einzelne Mitglieder besonders durchsetzungsfähig sind und statt eines Machtausgleiches einseitig Bereichsinteressen dominieren. Auch kann durch die Personalunion der Mitglieder die Entscheidungskapazität des Gremiums sehr beschränkt sein, da die Mitglieder durch ihre Bereichsaufgaben soweit in Anspruch genommen werden, dass die Gesamtinteressen zu kurz kommen. Schließlich blockieren sich in dieser Konstruktion die Mitglieder wegen ihres ausgeprägten Bereichsdenkens häufig gegenseitig. Notwendige und wichtige Entscheidungen werden verzögert oder münden in unbefriedigende Kompromisse.

Ein Beispiel für *mehrfache Zuständigkeiten in einer ressortgebundenen Geschäftsleitung* ist die Organisation des Vorstands der Commerzbank AG (Abb. 5.48). Es gibt insgesamt 5 Unternehmensbereiche (Konzernsteuerung, Inländisches Filialgeschäft, Internationales Finanzgeschäft, Asset Management (Vermögensberatung) und Services). Der Sprecher des Vorstandes ist ressortmäßig zuständig für die zentralen Stäbe, ausgenommen die Zentrale Personal Abteilung. Er leitet selbst weder ein zentrales Geschäftsfeld noch eine operative Einheit. Am Beispiel Asset Management kann man sehen, dass dieser Vorstand sowohl eine Spartenverantwortung hat (Asset Management) und außerdem für Konzerntöchter zuständig ist. Gleiches gilt für die Vorstandsmitglieder Inländisches Filialgeschäft und Internationales Finanzgeschäft. Einzelne Vorstandsmitglieder des Unternehmensbereichs Inländisches Filialgeschäft leiten Zentrale Geschäftsfelder (z.B. Private Kunden) und gleichzeitig Gebietsfilialen bzw. angegliederte Gesellschaften oder zentrale Stäbe. Außerdem hat jedes Vorstandsmitglied eine regionale Verantwortung. Für die beiden letztgenannten Unternehmensbereiche sind jeweils mehrere Vorstandsmitglieder zuständig. Sie bilden je Unternehmensbereich zusammen eine erweiterte Unternehmensbereichsleitung. Aufgrund des Aufgabenvolumens ist diese Lösung gewählt worden.

	Vorstand				
	Sprecher *Vorstand* *Vorstand*	*Vorstand* *Vorstand* *Vorstand* *Vorstand* *Vorstand* *Vorstand*	*Vorstand* *Vorstand* *Vorstand* *Vorstand*	*Vorstand*	*Vorstand*
Unternehmensbereich	Konzernsteuerung	Inländisches Filialgeschäft	Internationales Finanzgeschäft	Asset Management	Services
Zentrale Geschäftsfelder / Zentrale Stäbe / Zentrale Servicebereiche	**Zentrale Stäbe** Bilanz und Steuern (ZBS) Kommunikation (ZKV) Konzernentwicklung / Konzerncontrolling (ZKE) Kredit (ZKA) Personal (ZPA) Recht (ZRA) Revision /Sicherheit (ZRS)	**Zentrale Geschäftsfelder** Private Kunden (ZPK) Firmenkunden (ZFK) **Zentrale Stäbe:** Filialorganisation (ZFO) Filialpersonal (ZFP)	**Zentrale Geschäftsfelder** Handel / Institutionelle (ZHI) Corporate Finance (ZCF) Relationship Management (ZRM) Internationale Banken (ZIB) **Zentraler Stab:** Personal Internationales Finanzgeschäft (ZPI)	**Zentrale Geschäftsfelder** Asset Management (ZAM)	**Zentrale Servicebereiche** Datenverarbeitung (ZDV) Geschäftsabwicklung (ZGA) Logistik (ZLO) Bau (ZBS)
Operative Einheiten einschließlich wichtiger Tochtergesellschaften und Beteiligungen	Rheinische Hypothekenbank PMC Personal Management Consult	20 Gebietsfilialen 163 Regionalfilialen 757 Filialen CommerzLeasing Commerz Immobilien (CIMO) CommerzFinanz Management (CFM) Commerz Grundbesitz-Investmentgesellschaft (CGI) Allfinanz (DBV-Holding und Leonberger Bausparkasse) Baumgartner Consulting Immobiliengruppe Müller	16 Auslandsfilialen 27 Repräsentanzen Commerzbank International S.A. (CISAL), Luxemburg Commerz Securities (Japan), Co. Ltd. Tokio Commerzbank Capital Markets Corp., New York Commerzbank (South East Asia) Ltd., Singapur Commerzbank (Budapest) Rt. Commerzbank (Nederland) N.V. weitere: siehe Geschäftsbericht	CommerzInvest (CI) Commerz International Capital Management (CICM) Commerzbank (Schweiz) AG Caisse Centrale de Réescompte (CCR), Paris Hispano Commerzbank (Gibraltar) Ltd.	

Abb. 5.48: Vorstandsorganisation der Commerzbank AG

Um flexibel und schnell reagieren zu können, werden oft Ausschüsse des Vorstands gebildet, die zu klar definierten Sachverhalten entweder selbständig entscheiden können oder aber für das Gesamtgremium Entscheidungsvorlagen erarbeiten.

5.6.4.3 Mischformen

Als Zwischenform ist gelegentlich der Fall anzutreffen, dass der *Vorsitzende der Geschäftsleitung ressortfrei*, die *übrigen Mitglieder ressortgebunden* sind. Ein Beispiel dafür ist die erweiterte Konzernleitung der ehemaligen Schweizerischen Bankgesellschaft (Abb. 5.37, Seite 179). Der Präsident der Konzernleitung ist ressortfrei. Die übrigen Mitglieder sind entweder für Sparten oder für Regionen zuständig.

Bei dieser Lösung fällt dem *ressortfreien Mitglied* eine besonders wichtige *gesamtbetriebliche Koordinationsaufgabe* zu. Es ist als einziges ausschließlich dem Gesamtwohl des Unternehmens verpflichtet. Gleichzeitig ist es damit auch der wichtigste *Repräsentant des Unternehmens nach außen*.

5.7   Sekundärorganisation

5.7.1   Bedeutung der Sekundärorganisation

Die bisher behandelte sogenannte Primärorganisation, zu der auch die im Kapitel 4 erörterte Stellenbildung gehört, bildet ein relativ stabiles Gerüst, das sich vor allem an den Anforderungen des normalen Tagesgeschäftes ausrichtet. Die Vertriebsorganisation im Verlag ist ausgerichtet auf den Verkauf und die Auslieferung von Büchern und Zeitschriften über festgelegte Vertriebskanäle. Die Technik ist so strukturiert, dass alle vorhersehbaren Leistungen möglichst wirkungsvoll und kostengünstig erbracht werden können. Sollte sich der Verlag nun aber dazu entschließen, Landkarten und Reiseliteratur neu in sein Verlagsprogramm aufzunehmen, die in digitalisierter Form von Interessenten gegen Entgelt abgerufen werden können, ist weder die Technik in der heutigen Form in der Lage, derartige Leistungen zu erbringen, noch ist der Vertrieb dafür gerüstet, solche Produkte statt über den Handel direkt dem Endabnehmer zu verkaufen.

In früheren Jahren wurde versucht, *innerhalb der vorhandenen Organisation* solche Vorhaben vorzubereiten und abzuwickeln. *Dagegen sprechen* allerdings einige *Argumente*:

◆ Die *Mitarbeiter* der Fachabteilungen sind *nicht besonders motiviert*, sich um das Vorhaben zu kümmern, könnte es doch die eigene Position bedrohen

◆ *im Zweifel* „gewinnt" das *Tagesgeschäft*, wenn ein Konflikt zwischen dem neuen Vorhaben und den laufenden Aufgaben besteht

◆ *Entscheider* in unterschiedlichen Fachabteilungen und auf verschiedenen Hierarchieebenen können aus unterschiedlichsten Motiven unerwünschte Vorhaben *verzögern* oder sogar *blockieren*, indem sie Nachbesserungen verlangen, Entscheidungen verzögern, unzureichende Kapazitäten zur Verfügung stellen, ständig neue Anforderungen formulieren

◆ in den vorhandenen Abteilungen *fehlt* oft das *Know-how*

◆ es fällt schwer, die Know-how-Träger an einen Tisch zu bekommen

◆ die *Koordination* über die normale Organisation ist sehr *zeitaufwendig*, da lange Dienstwege zu durchlaufen sind usw.

Die auf das Routinegeschäft ausgerichtete *Primärorganisation* ist immer dann *wenig geeignet*, wenn folgende *Bedingungen* einzeln oder gemeinsam gegeben sind:

◆ Es handelt sich um neuartige Vorhaben

◆ das Vorhaben hat eine relativ große Bedeutung für das Unternehmen

◆ viele Betroffene müssen gemeinsam handeln

◆ das notwendige Wissen ist im Unternehmen verstreut

◆ es sind kreative Leistungen gefordert

◆ schnelle Ergebnisse sind erwünscht

◆ Widerstände gegen Neuerungen sind zu erwarten.

In diesen Fällen müssen organisatorische Lösungen gewählt werden, die sich wie ein *Netz über die vorhandene Struktur* legen, denn das bisherige Tagesgeschäft muss ja weiter laufen. Es sind Ziele, Kompetenzen und Verantwortlichkeiten zu regeln, die sicherstellen, dass derartige Vorhaben in kurzer Zeit und mit einem vertretbaren Aufwand zu guten Ergebnissen führen. Solche netzförmigen Strukturen zählen zur Sekundärorganisation. Wichtige *Erscheinungsformen* sind:

◆ Projektorganisation

◆ Strategische Geschäftseinheiten

◆ Ausschüsse/Kollegien

◆ Workshops

die in den folgenden Abschnitten behandelt werden.

5.7.2   Projektorganisation

Projektorganisation ist seit dem Bau der Pyramiden bekannt, vor allem aber in den fünfziger Jahren durch die NASA gefördert worden. Erst in den letzten Jahren hat sie die Grenzen zentraler Bereiche wie Organisation und Datenverarbeitung überschritten und wird unternehmensweit immer dann eingesetzt, wenn von den oben genannten Bedingungen die folgenden gegeben sind:

◆ Einmaliges Vorhaben

◆ große Bedeutung für das Unternehmen

◆ viele Betroffene müssen gemeinsam handeln

◆ schnelle Ergebnisse sind erwünscht und zusätzlich

◆ hohe Schwierigkeit bzw. Komplexität des Vorhabens.

Da diese Thematik im Band 1 *Methode und Techniken der Organisation* dieser Schriftenreihe ausführlich behandelt wird, soll hier nur ein Überblick über die typischen Beteiligten an Projekten und über die in der Praxis am weitesten verbreiteten Formen der Aufbauorganisation von Projekten gegeben werden.

5.7.2.1 Beteiligte an Projekten

Der Kreis der *Beteiligten* ist *für jedes Projekt neu* festzulegen. Wer in einem Projekt mitwirkt, kann nur im Einzelfall entschieden werden. Dabei sind folgende *Faktoren* zu beachten:

◆ *Art* des Projektes (z.B. Innovationsprojekt oder Anpassungsprojekt)

◆ *Größe* des Projektes (gemessen etwa an dem benötigten Zeitaufwand)

◆ *Terminvorgaben* für das Projekt (je enger ein Termin gesetzt wird, desto mehr Personen müssen parallel daran arbeiten)

◆ *Bedeutung* des Projektes (bei sehr wichtigen Vorhaben werden ranghohe Personen in dem Entscheidungsgremium sitzen)

◆ Art und Anzahl der *betroffenen Bereiche* (alle von einem Vorhaben berührten Einheiten müssen Sitz und Stimme in dem Gremium haben, das über das Projekt entscheidet)

◆ eingeführte *Regelungen* über die Projektorganisation (in diesen Regelungen könnte die Mitwirkungspflicht bestimmter Stellen vorgeschrieben werden)

◆ *gesetzliche Vorschriften* (so kann die Mitbestimmungs-Gesetzgebung vorschreiben, dass bestimmte Personengruppen zu informieren oder zu beteiligen sind).

Im Einzelnen können folgende Stellen bzw. organisatorische Einheiten an einem Projekt beteiligt sein:

Beteiligte im Projekt	Zuständigkeit
Auftraggeber	„Bestellt" und bezahlt die Leistungen aus dem Projekt
Entscheidungsgremium (Lenkungsausschuss)	Gremium (oder Einzelperson) das (die) im Projektfortschritt Entscheidungen fällt, die über die Kompetenz des Projektleiters hinausgehen
Leiter Fachbereich	Der oder die Leiter der Fachbereiche, für die aus dem Projekt erhebliche Wirkungen zu erwarten sind, sind „natürliche" Mitglieder des Entscheidungsgremiums
Fachbereichskoordinatoren (z.B. EDV-Koordinatoren im Fachbereich)	Mitwirkung bei der Planung und Einführung von Projekten. Unterstützung der Mitarbeiter hinsichtlich einer vorhandenen Anwendung
Mitarbeiter des Fachbereiches	Experten des Fachbereiches, die als Mitarbeiter in Projekte delegiert werden können
Projektleiter / Projektkoordinator	Einzelverantwortung für das Projekt / Gesamtverantwortung für mehrere Teilprojekte
Projektmitarbeiter	Mitwirkung im Projekt

Fortsetzung siehe nächste Seite

Beteiligte im Projekt	Zuständigkeit
Sponsor / Promotor	Ranghoher, „mächtiger" Mitarbeiter, der mit seiner Autorität hinter dem Projekt steht
Beratungsgremium / Fachausschuss	Unterstützung der Projektgruppe und des Entscheidungsgremiums
Sonstige funktional Beteiligte, wie z.B. • Personalvertretung / Betriebsrat • Revision • Personal • Recht	• Informations-, Beratungs-, Mitbestimmungsrechte gemäß den gesetzlichen Regelungen • Revisionstechnische Freigabe, evtl. auch betriebswirtschaftliche Begutachtung • Bewilligung von Stellen oder Vergütungsregelungen • Prüfung hinsichtlich juristischer Aspekte.

Abb. 5.49: Beteiligte an Projekten

Die Rolle der am Projekt Beteiligten und ihr Zusammenspiel sollten hier noch etwas näher dargestellt werden.

Auftraggeber

Auftraggeber kann die Geschäftsleitung, ein Bereichsleiter oder Abteilungsleiter sein, der aus dem Projekt eine bestimmte Leistung erwartet. Er verfügt in aller Regel über ein Budget, über das er das Projekt bezahlen kann.

Entscheidungsgremium (Lenkungsausschuss)

Ein *Entscheidungsgremium* wird *für ein konkretes Projekt* benannt. Wie erwähnt sind darin die leitenden Verantwortlichen der Bereiche oder Abteilungen vertreten, die von dem Projekt betroffen sind. Bei sehr wichtigen Vorhaben ist oft auch noch ein Vertreter der Geschäftsführung Mitglied dieses Gremiums.

Dieses Gremium fällt die notwendigen *Entscheidungen*. Dazu gehören unter anderem:

◆ Benennen des Projektverantwortlichen
◆ einrichten der Projektgruppe
◆ einsetzen von Beratungsgremien oder Fachausschüssen
◆ festlegen aller weiteren Bestandteile des Projektauftrages
◆ überwachen des Projektablaufes hinsichtlich
  – Ergebnisse (Funktion, Qualität)
  – Termine
  – Kosten
◆ Entscheidungen über das weitere Vorgehen
◆ Freigabe finanzieller Mittel und sonstiger Ressourcen.

Das Entscheidungsgremium wird an wichtigen Meilensteinen des Projektes tätig, bis hin zur Einführung und Nutzungsfreigabe.

Leiter Fachbereich

Die verantwortlichen Leiter der Fachbereiche, die von dem Projekt wesentlich betroffen sind, sind „natürliche" *Mitglieder des Entscheidungsgremiums*. Damit kann über die Zusammensetzung des Entscheidungsgremiums erst entschieden werden, wenn die Reichweite (Größe) des Projektes definiert wurde.

Fachbereichskoordinatoren

Fachbereichskoordinatoren sind *Mitarbeiter der Fachabteilungen* (Gruppen), die - normalerweise als Nebenaufgabe - als Transmissionsriemen des Projektes dienen. Entweder *arbeiten sie im Projekt mit,* oder sie sind die hauptsächlichen *Ansprechpartner* für die Projektmitarbeiter in den Planungsphasen eines Projektes. Sie können dann wieder als *Multiplikatoren* aktiv werden, wenn es um die *Einführung* neuer Lösungen geht. Schließlich sind sie *Anlaufstationen* vor Ort, wenn die Kollegen oder Kolleginnen Probleme mit einer Anwendung *in der Nutzungsphase* haben.

Mitarbeiter des Fachbereiches

Selbstverständlich können auch alle übrigen Mitarbeiter der betroffenen Fachbereiche im Projekt mitarbeiten, soweit sie die notwendige *fachliche und soziale Kompetenz* mitbringen. Folgende Formen der Mitarbeit haben sich herausgebildet:

- ◆ Gesprächspartner bei Befragungen
- ◆ Mitwirkung in Workshops
- ◆ neben- oder hauptamtliche Mitarbeit im Projekt.

Projektleiter

Der Projektleiter ist *für* die *fach- und termingerechte Abwicklung des Projektes zuständig.* Bei sehr großen Vorhaben kann auch die Stelle eines *Projektkoordinators* geschaffen werden, der drei bis fünf Projektleiter steuert. Erfahrungsgemäß sind Projektgruppen nur dann effizient, wenn nicht mehr als sechs Personen zusammenarbeiten. Bei *großen Vorhaben* bietet sich deswegen eine Aufgliederung in Teilprojekte und damit auch eine *Hierarchie in der Projektleitung* an.

Der *kritische Erfolgsfaktor* für erfolgreiche Projektmanager ist die *Management-Kompetenz,* d.h. die Fähigkeit, Probleme analytisch zu durchdringen, Aufgaben, Zeiten und Kosten planen und steuern zu können, vor allem aber auch Mitarbeiter zu führen und zu koordinieren. Die *soziale Kompetenz* des Projektleiters ist damit besonders wichtig für seinen Erfolg.

Projektmitarbeiter

Als Projektmitarbeiter werden solche Beteiligten bezeichnet, die *ganz oder teilweise für ein Projekt freigestellt* werden. In vielen Unternehmen ist es üblich, Mitarbeiter nur zu einem bestimmten Prozentsatz für ein Projekt freizugeben (z.B. 20%). Selten wird dann allerdings die fehlende Kapazität ersetzt. Vielmehr wird von dem Projektmitarbeiter erwartet, dass er die Projektarbeit „nebenbei" bzw. durch erhöhte Intensität bewältigt. Das kann im Einzelfall durchaus gut gehen. Wird die Belastung - evtl.

auch durch mehrere Projekte - jedoch zu groß, entstehen unweigerlich Kapazitätskonflikte zwischen den Stammaufgaben und dem Projekt bzw. zwischen den Projekten. Hier liegt eine Erklärung dafür, dass viele Projekte nicht zeitgerecht fertig werden.

Bei der Auswahl der Projektmitarbeiter sollte der *Projektleiter* ein *Vorschlagsrecht*, aber *keinesfalls* ein *Weisungsrecht* haben. Die letzte Entscheidung für oder gegen die Freigabe muss der verantwortliche Vorgesetzte des Mitarbeiters fällen. Bei der *Auswahl* der Projektmitarbeiter sollte ebenfalls *neben* der *fachlichen* die *soziale Kompetenz* beachtet werden. Zwischenmenschliche Spannungen in Projektgruppen sind eine wichtige Ursache für Verzögerungen, ja sogar für das Scheitern von Projekten.

Sponsor / Promotor

Die Praxis bietet eine Fülle von Beispielen, in denen Projekte abgebrochen werden mussten oder in denen Vorhaben einfach versandet sind. Oft waren bereits erhebliche Beträge aufgewendet. Solche Abbrüche können auf technische oder fachliche Probleme zurückgeführt werden. Öfter liegt es jedoch daran, dass *im Laufe eines Projektes Widerstände* wachsen, weil in Besitzstände eingegriffen wird, weil Machtstrukturen in Frage gestellt werden, weil unerwartete Nebenwirkungen auftreten, weil Leistungen erbracht - z.B. Mitarbeiter freigestellt - werden müssen usw. Wenn in solchen Situationen der Projektleiter auf sich selbst gestellt ist, hat er kaum eine Chance, die Widerstände zu überwinden, die Gefahr für sogenannte Projektruinen wächst.

Um solche Projektruinen zu vermeiden, kann es sinnvoll sein, bereits zu Beginn für ein Projekt einen Sponsor (Promotor, Paten) zu benennen. Sind erst die Widerstände aufgetreten, ist es meistens zu spät. Auch findet sich dann so leicht niemand, der bereit wäre, die Sponsorenrolle zu übernehmen.

Sponsoren sollten eine *herausgehobene hierarchische Position* haben, sich also wenn nötig auch per Weisung durchsetzen können. Üblicherweise sind Sponsoren Vertreter der ersten bzw. der zweiten Hierarchieebene eines Unternehmens oder einer Verwaltung.

Beratungsgremium

Zur Unterstützung bei zu erwartenden Fachproblemen wie auch als Transmissionsriemen - um die Projektergebnisse in die Fachabteilungen zu überführen - können Beratungsgremien eingerichtet werden, die normalerweise keine eigenen Entscheidungsbefugnisse besitzen. Die Mitglieder sollten Fachwissen und persönliche Autorität in die Projektarbeit einbringen, weil sie so am besten die Ergebnisse beeinflussen und die Akzeptanz fördern können.

Funktional Beteiligte

Funktional Beteiligte nehmen eine *fachlich begrenzte Aufgabe* im Projekt wahr. So kann es sein, dass sie zu bestimmten, klar definierten Sachverhalten ihre Zustimmung geben müssen (z.B. Revision, Recht). Diese Fachzuständigen können während der Projektarbeit hinzugezogen werden oder nach Abschluss bestimmter Phasen das Projekt fachspezifisch freigeben.

Diesen funktional Beteiligten ist gemeinsam, dass sie grundsätzlich - d.h. Ausnahmen sind möglich - *keine Mitglieder der Projektgruppe* sind, um auf diese Weise ihre *Unabhängigkeit* zu bewahren.

5.7.2.2 Formen der Projektorganisation

Kleinere Projekte können von einzelnen Personen bearbeitet werden. Handelt es sich demgegenüber um umfangreiche, relativ neuartige, komplexe Problemstellungen, die mehrere Organisationseinheiten betreffen und für das Unternehmen oder die Verwaltung sehr bedeutsam sind, müssen mehrere Beteiligte zusammenarbeiten.

Idealtypisch lassen sich drei *Formen der Organisation von Projektgruppen* unterscheiden, in denen die *Projektleiter unterschiedliche Befugnisse* haben und die je nach Bedeutung, Entwicklungsstand und Umfang des Projektes unterschiedlich geeignet sind:

◆ Stabs-Projektorganisation

◆ Reine Projektorganisation

◆ Matrix-Projektorganisation.

Diese drei Formen sollen nun näher dargestellt werden.

Stabs-Projektorganisation

Bei dieser Lösung ist der *Projektleiter* für ein Vorhaben verantwortlich, *ohne* dass ihm irgendwelche formalen *Weisungsrechte* gegenüber den Mitarbeitern zugestanden werden. In diesem Fall wird auch von einem Projektverfolger gesprochen.

Ein Projektverfolger ist mit der Aufgabe betraut, den Ablauf des Projektes in sachlicher, kostenmäßiger und terminlicher Hinsicht zu steuern. Da er keine Weisungsbefugnisse besitzt (Stabsfunktion), schlägt er Maßnahmen vor, über die bestimmte Instanzen entscheiden. Insofern kann er für die sachliche, kostenmäßige und terminliche Projektzielerreichung auch nicht allein verantwortlich gemacht werden. *Verantwortlich* ist er für die *rechtzeitige Information der Instanzen* sowie für die Qualität der Vorschläge, Empfehlungen und Berichte, in denen er die ihm zur Verfügung gestellten Informationen verarbeitet hat. Zu diesen Informationen hat der Projektverfolger ungehinderten Zutritt.

Der Projektleiter kann sehr hoch, etwa direkt unter der Geschäftsleitung oder auf tieferer Ebene, etwa unter dem Leiter eines Fachbereiches eingegliedert werden, wie die folgende Abb. 5.50 zeigt:

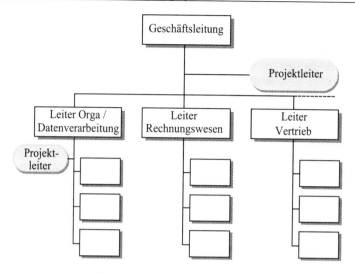

Abb. 5.50: Stabs-Projektorganisation

Bewertung der Stabs-Projektorganisation	
♦ Vorteile	**♥ Nachteile**
• Geringe Beeinträchtigung der übrigen laufenden Arbeit in der Unternehmung • niedrige organisatorische „Umstellungs-kosten" (Zeitaufwand für die Umstellung auf die „neuen" Rechte des Projektleiters) • geringe Probleme bei der Benennung von Projektmitarbeitern (Rekrutierung) • eine eher sachgerechte Einflussnahme des Projektleiters, da er keine formale Macht hat, seine Standpunkte durchzusetzen • keine Auslastungsprobleme der Mit-arbeiter; sie werden nur soweit durch das Projekt in Anspruch genommen, wie tatsächlich Arbeit vorliegt • hohe Flexibilität; so kann ein Mitarbeiter u.U. gleichzeitig für mehrere Projekte tätig sein • guter Informationsstand beim Vorgesetz-ten des Projektleiters, da dieser „bei jeder Kleinigkeit" eingeschaltet werden muss.	• Umständliche Entscheidungsvor-bereitung • permanenter „Kampf" um die Kapazitäten der Mitarbeiter - sie haben oft gerade etwas Wich-tigeres, Dringenderes zu tun • zeitliche Verzögerungen, die sich aus den oben genannten Punkten ergeben können • außer dem Projektleiter fühlt sich niemand für das Vorhaben verant-wortlich • hohe Belastung der Linienstellen u.U. auch mit Kleinigkeiten, die der Projektleiter nicht selbst lösen kann • Gefahr der Isolierung des Projekt-leiters.

Aus den beispielhaft genannten möglichen Vor- und Nachteilen lassen sich einige *Anwendungsbedingungen* für die Stabs-Projektorganisation ableiten:

◆ Das Projekt betrifft mehrere Einheiten einer Unternehmung, allerdings nur punktuell, so dass ein *Freistellen von Mitarbeitern* für das Projekt *nicht gerechtfertigt ist*

◆ die *Leistungen* der Projektmitarbeiter *können getrennt erbracht werden*. Es reicht aus, wenn man sich in gelegentlichen Sitzungen abstimmt und das weitere Vorgehen vereinbart

◆ der *Projektleiter* besitzt eine hohe persönliche und fachliche *Autorität*, so dass er auch ohne formale Befugnisse Einfluss hat

◆ der *Projektleiter* hat im Bewusstsein der Mitarbeiter eine *starke Position* (so könnte ihm ein Sponsor den Rücken stärken)

◆ das Projekt ist in einer *frühen Phase*, in welcher der Umfang noch nicht so recht abgeschätzt werden kann

◆ schließlich kann es sich auch um ein Projekt handeln, das „unter ferner liefen" einzustufen ist.

Reine Projektorganisation

In der Reinen Projektorganisation hat der *Projektleiter volle Kompetenzen gegenüber* den ihm zugeordneten *Projektmitarbeitern*. Er ist befugt, den Mitarbeitern Aufträge zu erteilen, Prioritäten zu vergeben usw., soweit es die Aufgabenerfüllung im Projekt betrifft. Allerdings bleiben grundlegende disziplinarische Befugnisse (Vergütung, Bewertung, Fortbildung etc.) beim Linienvorgesetzten. Teile der disziplinarischen Befugnisse, wie zum Beispiel Anwesenheitskontrolle, Entscheidungen über Urlaub, Arbeitszeiten, Steuerung des Verhaltens in der Projektgruppe usw. gehen jedoch auf den Projektleiter über. Diese Befugnisse benötigt er, um die laufende Arbeit sicherzustellen.

Die Reine Projektorganisation ist meistens mit einer *Vollzeit-Freistellung der Mitarbeiter* für das Projekt verbunden. Es gibt aber auch Fälle, in denen die Mitarbeiter nur tage- oder stundenweise am Projekt mitarbeiten (Freistellung zu x%).

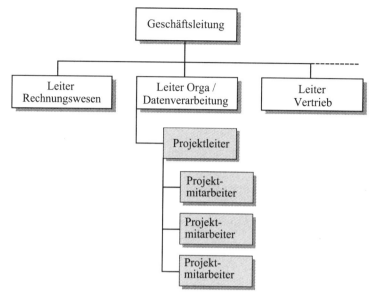

Abb. 5.51: Reine Projektorganisation

Bewertung der Reinen Projektorganisation	
♦ Vorteile	♥ Nachteile
• Volle Konzentration auf ein Vorhaben • einheitliche Willensbildung, da der Projektleiter verantwortlich und befugt ist • schnelle Reaktion bei Störungen oder Abweichungen von gesetzten Zielen • weniger Konflikte zwischen den Fachabteilungen und der Projektgruppe in der laufenden Projektarbeit • verkürzen der Projektlaufzeiten • Vorteile der echten Gruppenarbeit kommen voll zum Tragen	• Hohe organisatorische Umstellungskosten; so müssen für die freigestellten Mitarbeiter Vertretungsregelungen - oftmals mit hohem Anlernaufwand verbunden - gefunden werden • Probleme in der Rekrutierung; gerade tüchtige Mitarbeiter lässt ein Vorgesetzter nur ungern gehen • Unsicherheit für die betroffenen Mitarbeiter, was nach dem Projekt aus ihnen wird • Gefahr der Unterauslastung von Mitarbeitern im Projekt; der Projektleiter wird versuchen, die Mitarbeiter so lange wie möglich im Projekt zu behalten, ganz gleich, ob sie nach wie vor voll ausgelastet sind

• in der Projektgruppe können Stellvertretungsprobleme leichter gelöst werden • verstärkte Identifikation mit dem Projekt führt zu verstärkter Motivation.	• die Projektgruppe entwickelt eine Eigendynamik, die die Mitarbeiter aus den Fachabteilungen immer mehr ihren angestammten Abteilungen entfremdet, so dass sie nicht mehr die Interessen der Fachabteilung vertreten, sondern sich voll mit dem Projekt, u.U. sogar gegen ihre Abteilung identifizieren.

Auch hier sollen einige *Anwendungsbedingungen* für den Einsatz der *Reinen Projektorganisation* genannt werden:

◆ *Projektziele* und Projektumfang sind *klar* definiert

◆ es handelt sich um ein umfangreiches, sehr *wichtiges* und dringendes *Projekt*, das die völlige oder teilweise Freistellung von Mitarbeitern rechtfertigt

◆ die mit der Freistellung verbundenen Stellvertretungsprobleme können gelöst werden

◆ es liegt eine *klare Personalplanung* vor, so dass die freigestellten Mitarbeiter erkennen können, was nach dem Projekt aus ihnen wird

◆ es gibt einen ausreichend *qualifizierten* und angesehenen *Projektleiter*, dem u.U. auch hierarchisch gleichgestellte - selten höhergestellte - Mitarbeiter zugeordnet werden können.

Matrix-Projektorganisation

Die dritte Modellvariante ist die Matrix-Projektorganisation. Streng genommen wird eine beliebige Organisation einer Unternehmung durch *zusätzliche projektbezogene Weisungsrechte* überlagert. Es entsteht dadurch ein zeitlich befristetes *Mehrliniensystem*. Dieses Mehrliniensystem wird meistens als Matrix dargestellt, weswegen hier von einer Matrix-Organisation gesprochen wird. Beispielhaft könnte das Modell folgendermaßen aussehen:

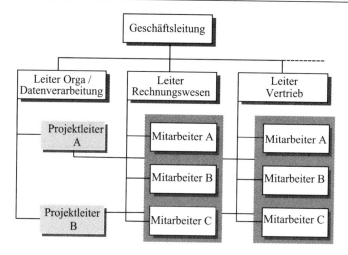

Abb. 5.52: Matrix-Projektorganisation

In diesem Beispiel können die Projektleiter auf einzelne Mitarbeiter der Bereiche Vertrieb und Rechnungswesen zugreifen. Unter Umständen können sogar zwei Projektleiter gleichzeitig beim gleichen Mitarbeiter Ansprüche anmelden. Wenn mehrere Weisungswege bei einem Mitarbeiter enden, muss geregelt werden, wer für was zuständig ist; sonst sind *Kompetenzkonflikte* unvermeidbar. Diese Konflikte entzünden sich hauptsächlich an der Frage, welche Kapazitäten zu welchen Zeiten bzw. in welchem Umfang zur Verfügung gestellt werden.

Da der *Projektleiter* für die Einhaltung seiner Terminvorgaben verantwortlich gemacht wird, billigt man ihm üblicherweise zu, *verbindliche Anweisungen* geben zu dürfen

❑ *was* (welche Aufgabe, welche Leistung)
❑ *wann* (bis zu welchem Termin)

von den zugeordneten Stellen erbracht werden soll. Demgegenüber kann in der *Fachabteilung* entschieden werden

❑ *wie* die Leistung zu erbringen ist
❑ *welche Interessenlage* zu vertreten ist,

da dort die entsprechenden Spezialkenntnisse vorhanden bzw. die Interessen am Ergebnis angesiedelt sind.

In der Praxis hat sich eher eine *Modifikation dieses Modells* durchgesetzt. Der Projektleiter hat das Recht, von den Fachabteilungen bestimmte Leistungen (was) zu bestimmten Terminen (wann) zu verlangen. Dazu wendet er sich jedoch nicht direkt - weisungsberechtigt - an die Mitarbeiter der Fachabteilung, sondern an den zuständigen Leiter. Diesem Leiter sind die Anforderungen frühzeitig mitgeteilt worden, so dass er seine eigenen Ressourcen langfristig einplanen kann. Der *Leiter der Fachabteilung sorgt dafür, dass die geforderte Leistung erbracht wird*. Das bedeutet, er bestimmt, *durch wen* sie zu erbringen (sofern der Projektmitarbeiter nicht bereits bestimmt ist) und gegebenenfalls *wie* die Leistung zu erbringen ist.

Dadurch wird die zugrunde liegende Struktur nicht übermäßig gestört, und mögliche *Konflikte* werden *nicht beim betroffenen Mitarbeiter ausgetragen.* Dem Projektleiter steht es dann natürlich frei, auf dem sogenannten kleinen Dienstweg sich mit dem zuständigen Mitarbeiter abzustimmen. Falls hier Konflikte auftreten sollten, wird der Vorgesetzte des Bereiches eingeschaltet.

Die Matrix sieht dann wie folgt aus:

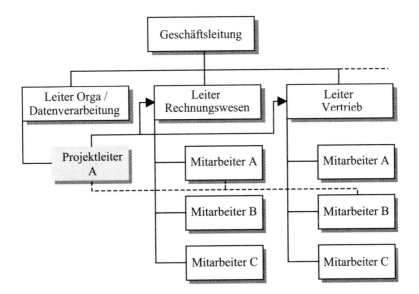

Abb. 5.53: Modifizierte Matrix-Projektorganisation

Bewertung der Matrix-Projektorganisation	
♦ **Vorteile**	♥ **Nachteile**
• Geringer Umstellungsaufwand, da nur kleinere Eingriffe in die bestehende Organisation nötig sind • problemlose Rekrutierung • geringere Akzeptanzprobleme bei den Betroffenen als bei der Reinen Projektorganisation, da sie in ihrer Fachabteilung bleiben • flexibler Personaleinsatz möglich; wenn im Projekt nicht die ganze Kapazität eines Mitarbeiters benötigt wird, kann er sich seinen normalen Aufgaben widmen • es ist sichergestellt, dass im Projekt die Interessen der Fachabteilung gewahrt bleiben, da dem Projektmitarbeiter das Hemd (der Linienvorgesetzte) näher ist als die Jacke (der Projektleiter).	• Konflikte um knappe Ressourcen, je nach Variante auf der Ebene Projektleiter / Mitarbeiter oder auf der Ebene Projektleiter / Fachabteilungsleiter • Wenn mehrere Projekte gleichzeitig laufen, können auch noch Konflikte um Ressourcen zwischen den Projektleitern entstehen • hoher Koordinationsaufwand zwischen Tagesgeschäft und „Projektgeschäft" • Bereichsegoismus der Fachabteilungen, so dass die - meistens dringende - Tagesarbeit die Projektarbeit verdrängt oder zumindest zurückdrängt Speziell für die reine Modellvariante gilt: • Gefahr der Überforderung oder Überlastung der Mitarbeiter der Fachabteilungen, da sie von allen Seiten „bedrängt" werden.

Die folgenden *Anwendungsbedingungen* sollten gegeben sein, wenn man sich für die Matrix-Projektorganisation entscheidet:

◆ Das Projekt lässt sich in relativ klare *Pakete* gliedern, die auch *getrennt bearbeitet* werden können

◆ *kleine bis mittlere Komplexität* des Projektes, es ist keine permanente Koordination in Gruppenarbeit erforderlich

◆ der *Projektleiter* hat eine relativ *starke* formale und / oder informale *Stellung*, so dass er die Projektinteressen mit dem nötigen Nachdruck vertreten kann

◆ in den Fachabteilungen ist die notwendige *Kapazität vorhanden*.

Mischformen

In der Praxis haben sich vielfältige Mischformen herausgebildet. So kann beispielsweise ein Projektleiter gegenüber einem oder mehreren fest zugeordneten Mitarbeitern alle *Weisungsrechte* haben, die in der Reinen Projektorganisation beschrieben wurden. Gegenüber anderen Mitwirkenden hat er nur *Empfehlungsrechte* (Stabs-

Projektorganisation) oder *fachlich begrenzte Weisungsrechte*, die er sich mit dem Fachvorgesetzten teilen muss (Matrix-Projektorganisation).

Solche *Lösungen wechseln auch im Projektfortschritt* - in den einzelnen Phasen. Oft wird erst während der Projektarbeit erkannt, dass weitere Leistungen von Dritten zu erbringen sind, so dass dann situativ die bereits etablierte Projektorganisation ergänzt wird. Diese neu hinzukommenden Mitarbeiter werden dann im Projekt eingesetzt, ohne dass die Befugnisse des Projektleiters formal und offiziell festgelegt werden - man arrangiert sich im Sinne der gemeinsamen Sache.

5.7.3   Strategische Geschäftseinheiten (Sekundärorganisation)

Im Abschnitt 5.5.4 wurden bereits strategische Geschäftsfelder und die daraus abgeleiteten strategischen Geschäftseinheiten behandelt. Die dort vorgestellten Lösungen (selbständige strategische Geschäftseinheiten = Sparten oder strategische Geschäftseinheiten als Matrix) sind dadurch gekennzeichnet, dass eigene Organisationseinheiten mit fest zugeordneten Mitarbeitern geschaffen werden. Deswegen zählen sie zur *Primärorganisation*.

Unter einem strategischen Geschäftsfeld wird eine *abgegrenzte Produkt-Markt-Kombination* verstanden. Sie beschreibt ein *relativ autonomes Marktsegment*, das durch eigene - von anderen strategischen Geschäftsfeldern abgrenzbare - Marktaufgaben, eigene Konkurrenzsituation und eigenständige Wettbewerbsfähigkeit gekennzeichnet ist. Diese Eigenständigkeit erlaubt es, dass strategische Aktivitäten (z. B. im Hinblick auf Preisgestaltung, Verkaufsförderung, Investitionen, Technologieeinsatz usw.) relativ unabhängig von anderen strategischen Geschäftsfeldern geplant und durchgeführt werden können. Nun müssen diese Aufgaben aber *nicht zwingend vollamtlichen Stellen* übertragen werden.

Solche strategischen Geschäftseinheiten können eine bestehende - und weitgehend unveränderte - *Basisorganisation* derart *überlagern*, dass diese Aufgaben durch *Ausschüsse* oder *Kollegien* wahrgenommen werden. Eine andere Variante sieht vor, dass *ein Mitarbeiter für ein abgegrenztes strategisches Geschäftsfeld verantwortlich* gemacht wird, das er zusätzlich zu seinen normalen Aufgaben bearbeitet. Dieser Mitarbeiter greift dann bei Bedarf auf vorhandene innerbetriebliche Kapazitäten zurück oder kauft am Markt die benötigten Leistungen ein.

Diese Ansätze sind oft *Übergangslösungen*. Wenn sich ein strategisches Geschäftsfeld im Markt etabliert und eine gewisse Größe erreicht hat, wird in der Primärorganisation eine eigenständige Organisationseinheit gegründet.

Abschließend sollten die Vor- und Nachteile strategischer Geschäftseinheiten in der Sekundärorganisation einander gegenübergestellt werden. Die Argumente gelten dem Vergleich mit Lösungen in der Primärorganisation.

Strategische Geschäftseinheiten in der Sekundärorganisation	
♦ **Vorteile**	♥ **Nachteile**
• Personelle Verantwortung für ein Geschäftsfeld - weniger ausgeprägt in der Ausschuss-Lösung • keine Änderung der Primärorganisation notwendig • geringe Kosten.	• Die Hauptaufgabe geht vor • weniger Identifikation mit dem Geschäftsfeld • hoher Koordinationsaufwand • Unterbau für Realisierung fehlt.

5.7.4   Ausschüsse und Kollegien

Ausschüsse oder Kollegien sind Organisationseinheiten, die zur Unterstützung der Primärorganisation eingesetzt werden. In der Praxis werden die Begriffe häufig im gleichen Sinn verwendet. Es gibt aber auch die Unterscheidung, dass *Kollegien zeitlich befristet* sind - z.B. ein Kollegium zur Vorbereitung eines Firmenjubiläums, ähnlich einem Projekt - wohingegen *Ausschüsse dauerhafte Einrichtungen* sind wie z.B. der Kreditausschuss einer Bank oder der Investitionsausschuss in einem Industrieunternehmen. Ein weiteres Beispiel ist die Strategische Geschäftseinheit in der Organisationsform eines Ausschusses.

Ausschüsse und Kollegien sind durch folgende *Merkmale* gekennzeichnet:

♦ Zwei oder mehr Aufgabenträger sind beteiligt

♦ Mitglieder kommen aus unterschiedlichen Einheiten der Primärorganisation

♦ Mitglieder können auch aus unterschiedlichen Hierarchieebenen stammen

♦ es gibt keine formale Hierarchie in dem Kollegium oder dem Ausschuss

♦ es werden nur klar abgegrenzte Aufgaben erledigt

♦ die Zusammenarbeit erfolgt in der Form von Sitzungen (keine permanente Zusammenarbeit).

Ausschüsse und Kollegien sind normalerweise *hierarchiefrei*. Es gibt keinen formalen Vorgesetzten. Auch von dieser Regel wird in der Praxis häufig abgewichen. Selbst wenn formell kein Vorsitzender ernannt ist, ergibt sich aus der Tatsache, dass einzelne Mitglieder eine hierarchisch höhere Position besitzen als andere, oft ein Machtungleichgewicht.

Es gibt Ausschüsse mit unterschiedlichen Aufgaben bzw. *Aufgabenschwerpunkten*. Unterschieden werden beispielsweise:

♦ *Planungsausschuss-* bereitet Entscheidungen vor, erarbeitet entscheidungsreife Vorschläge

♦ *Entscheidungsausschuss-* Beschlussorgan wie z.B. Lenkungsausschuss in einem Projekt oder ein Kreditausschuss zur Bewilligung eines Kredites. In Großbanken gibt es oft eine ganze Hierarchie von Bewilligungsausschüssen, die mit gestuften Kompetenzen versehen sind

◆ *Realisations- oder Ausführungsausschuss* kann dann eingerichtet werden, wenn Entscheidungen in unterschiedlichen Bereichen umzusetzen sind. Meistens wird allerdings die Umsetzung durch die Primärorganisation erledigt

◆ Kontrollausschuss

◆ *Informationsauschuss* - die Einrichtung dient ausschließlich der gegenseitigen Information.

Typisch für die Praxis sind Ausschüsse, die eher *Mischformen* darstellen, also *für unterschiedliche Aufgaben gleichzeitig zuständig* sind.

Wesentliche *Vorteile* der Arbeit mit Kollegien und Ausschüssen sind:

◆ Keine Veränderung der Primärorganisation

◆ Vorteile der Gruppenarbeit (z.B. Förderung der Kreativität, breite Informationsbasis, Motivation durch Beteiligung) kommen zum Tragen

◆ Koordination über Abteilungs- und Bereichsgrenzen hinweg - kurze Kommunikationswege

◆ Koordination über Hierarchieebenen hinweg, ohne den Dienstweg einhalten zu müssen

◆ kurzfristig einberufene Kollegien sind ein sehr flexibles Instrument, mit dem schnell auf Veränderungen reagiert werden kann.

5.7.5   Workshops

Workshops sind im Prinzip mit Ausschüssen zu vergleichen. Allerdings handelt es sich normalerweise um *einmalige Einrichtungen*. Mitarbeiter aus einer Organisationseinheit oder auch aus mehreren unterschiedlichen Einheiten werden für einige Stunden, evtl. aber auch für einige Tage zusammengezogen, um bestimmte gemeinsame Aufgaben zu erledigen. Normalerweise werden Workshops bei Bedarf eingerichtet, wenn konkrete Probleme zu bearbeiten sind. Gelegentlich dienen Workshops auch als Plattform für einen Meinungsaustausch. So werden Workshops eingerichtet, wenn organisatorische Neuerungen eingeführt oder vorbereitet werden sollen. Durch die Beteiligung sollen Widerstände abgebaut bzw. soll die Motivation für eine Lösung gefördert werden.

Eine erfolgreiche Arbeit in Workshops setzt voraus, dass diese Gruppen durch einen geübten Moderator gesteuert werden. Gerade bei länger laufenden Veranstaltungen ergibt sich oft eine Gruppendynamik, die Fingerspitzengefühl und die Fähigkeit voraussetzt, mit Konflikten umzugehen.

Grundsätzlich bringen Workshops die gleichen Vorteile mit sich wie Ausschüsse. Deswegen sollen sie hier nicht wiederholt werden.

5.8   Darstellung von Leitungssystemen

Zur Dokumentation von Leitungssystemen gibt es zwei unterschiedliche Ansätze,

- ◆ Organigramme
- ◆ Funktionendiagramme.

Ein Beispiel für ein Funktionendiagramm wurde bereits im Kapitel 4.8.2 geboten. Deswegen kann hier der Hinweis genügen. In einem *Funktionendiagramm* können die *Aufgaben* der Stelleninhaber wesentlich *detaillierter* dargestellt werden als in einem Organigramm. Auch ist in einem Funktionendiagramm besser *zu erkennen*, ob *alle Aufgaben verteilt* bzw. ob einzelne Aufgaben - bewusst oder unbewusst - *mehrfach verteilt* wurden. Somit kann ein Funktionendiagramm auch sehr gut zur *Würdigung* einer aufbauorganisatorischen Lösung herangezogen werden.

In einem Organigramm wird die bestehende Aufgabenverteilung auf Stellen und die hierarchische Verknüpfung der Stellen abgebildet.

Jedes Symbol in einem Organigramm entspricht grundsätzlich einer *Stelle*. In einem Organigramm werden Leitungsstellen oft als Rechtecke und Stäbe als Kreise oder Arena dargestellt.

In diese Felder werden

- ◆ die Stellenbezeichnungen (entspricht meistens der Hauptaufgabe)
- ◆ die Stellennummern, und meistens auch
- ◆ der Stelleninhaber

eingetragen.

Die *Verbindungslinien* sind ausschließlich *Weisungswege*, d. h. dass sonstige Kommunikationskanäle nicht mit eingetragen werden.

Selbst wenn die Aufgaben genannt werden, so sagen *Organigramme* doch *wenig über* die vorhandene *Aufgabenverteilung* aus. Durch die grobe Darstellung bietet dieses Instrument nur recht allgemeine Informationen. Die eigentliche Stärke des Organigramms liegt in der Abbildung der weisungsmäßigen Beziehungen, d. h. der *hierarchischen Über- und Unterordnung.*

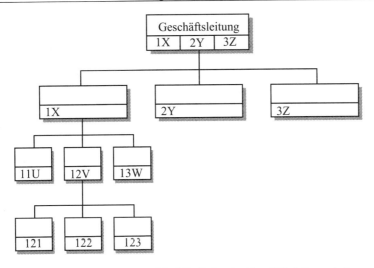

Abb. 5.54: Organigramm (die Mitglieder der Geschäftsleitung sind gleichzeitig Bereichsleiter)

Nun muss eine Stelle weder zwangsläufig in der Form eines Kästchens dargestellt, noch muss eine derartige hierarchisch betonte Darstellungsform wie in dem obigen Beispiel immer zweckmäßig sein. Deswegen sollen hier noch einige andere Formen der organisatorischen Abbildung der Aufgabenverteilung und der hierarchischen Verknüpfung von Stellen dargestellt werden. Vor- und Nachteile der jeweiligen Darstellungsweise werden kurz erwähnt.

Die hierarchische Anordnung der Elemente des Organigramms ist am weitesten verbreitet. Das oberste Leitungsorgan (Vorstand, Geschäftsführung) ist auch grafisch zuoberst abgebildet. Dreiecksförmig verbreitern sich die daraus abgeleiteten Ebenen. Ein wesentlicher Vorteil dieser Darstellung liegt darin, dass leicht erkannt wird, wo „oben" und „unten" ist. Jede Position kann schnell im Zusammenhang lokalisiert werden.

Leitungshilfsstellen (Stäbe) können zeichnerisch leicht eingebaut werden. Den aufgezeigten Vorteilen stehen zwei Nachteile gegenüber. Einmal fördert diese Darstellung das Denken in „Oben" und „Unten", zum anderen leidet sie unter einem technischen Mangel. Die Schaubilder „gehen stark in die Breite". Schon von der dritten bis spätestens der vierten Ebene an muss das Schaubild in Einzelbilder aufgelöst werden.

Der darstellungstechnische Nachteil der hierarchischen Anordnung wird bei der sogenannten *Säulenform* gemildert. Die ersten zwei oder drei Ebenen werden nach wie vor hierarchisch angeordnet; die letzte dargestellte Ebene wird vertikal gezeichnet (siehe z. B. Abb. 5.33, Seite 173). Dafür spricht - wie erwähnt - vor allem der Vorteil geringeren Platzbedarfes.

Ein *horizontales Organigramm* entspricht dem gleichen Gliederungsschema wie die Aufgabengliederung. Dadurch *folgt* das *Organigramm* der normalen *Leserichtung.* Der verfügbare *Platz* wird *besser genutzt* als in der hierarchischen Form. Auch psychologisch bietet diese Form den Vorteil des *optischen „Abbaus" der Hierarchie.*

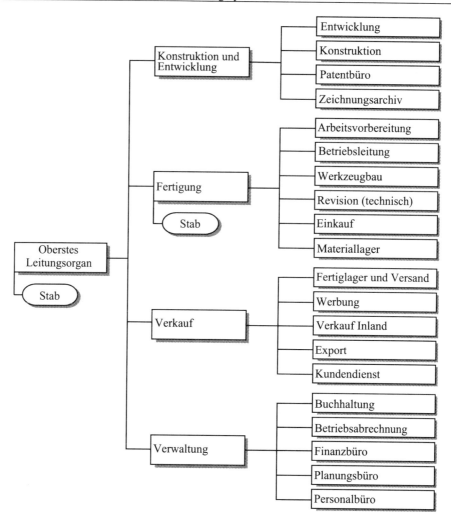

Abb. 5.55: Beispiel für ein horizontales Organigramm

Welche Form der Darstellung im konkreten Fall zu wählen ist, hängt von verschiedenen Faktoren ab, die hier nur stichwortartig genannt werden sollen.

◆ Wieviele hierarchische Ebenen sind zu berücksichtigen?

◆ Wieviel Raum steht für die Darstellung zur Verfügung?

◆ Für wen wird das Organigramm gemacht?

◆ Ist leichte Verständlichkeit Voraussetzung?

◆ Wie können die Betroffenen reagieren?

◆ Was soll im Vordergrund stehen? (Klare Leitungsfunktionen oder optische Aufbesserung hierarchischer Bezüge?)

Weiterführende Literatur zu diesem Abschnitt

Blank, H.; H. Hungenberg: Die organisatorische Neuausrichtung der Telekom. Zeitschrift Führung + Organisation 2 / 1995, S. 74 - 79

Bleicher, K.: Organisation der Corporation. In: Handwörterbuch der Organisation. Hrsg. v. E. Frese. 3. Aufl., Stuttgart 1992, Sp 442 - 452

Bleicher, K.: Organisation - Strategien - Strukturen - Kulturen. 2. Aufl., Wiesbaden 1991

Bleicher, K.: Organisationskonzepte für die 90er Jahre. Ganzheitliches Denken als Voraussetzung für ein integratives Management. Office Management 11 / 1990, S. 6 - 13

Bleicher, K. et al.: Unternehmensverfassung und Spitzenorganisation. Wiesbaden 1989

Bleicher, K.: Zentralisation und Dezentralisation von Aufgaben in der Organisation der Unternehmungen. Berlin 1966

Brockhoff, K.; J. Hauschildt: Schnittstellen-Management - Koordination ohne Hierarchie. Zeitschrift Führung + Organisation 6 / 1993, S. 396 - 403

Chmielewicz, K.: Organisation der Unternehmensleitung. In: Handwörterbuch der Organisation. Hrsg. v. E. Frese. 3. Aufl., Stuttgart 1992, Sp. 2464 - 2480

Davenport, Th.H.: Process Innovation. Reengineering Work through Information Technology. Boston Mass. 1993

Drexel, G.: Organisatorische Verankerung strategischer Geschäftsfelder. Die Unternehmung. 2 / 1987, S. 148 - 161

Engelmann, Th.: Business Process Reengneering. Grundlagen – Gestaltungsempfehlungen – Vorgehensmodell. Wiesbaden 1995

Eversmann, M.: Business-Units. Dezentralisierung der Geschäftsverantwortung. Groß und trotzdem klein. Gablers Magazin 8 / 1994, S. 45-47

Fischer, Th. M.: Sicherung unternehmerischer Wettbewerbsvorteile durch Prozeß- und Schnittstellenmanagement. Zeitschrift Führung + Organisation 5 / 1993, S. 312 - 318

Frese, E.: Grundlagen der Organisation. 7. Aufl., Wiesbaden 1998

Frese, E.; A. v. Werder: Organisation als strategischer Wettbewerbsfaktor - Organisationstheoretische Analyse gegenwärtiger Umstrukturierungen. In: Schmalenbachs Zeitschrift für betriebswirtschaftliche Forschung. Sonderheft 33 / 1994, S. 1 - 27

Gaitanides, M.: Prozeßorganisation. Entwicklung, Ansätze und Programme prozeßorientierter Organisationsgestaltung. München 1983

Grochla, E.: Grundlagen der organisatorischen Gestaltung. Stuttgart 1982

Hammer, M.; J. Champy: Business Reengineering. Die Radikalkur für das Unternehmen. Frankfurt / New York 1994

Henn, H.: Gestaltung des Wandels – Von der Funktions- zur Kompetenzhierarchie. Zeitschrift Führung + Organisation 5 / 1995, S. 304 - 309

Hill, W.; R. Fehlbaum; P. Ulrich: Organisationslehre 1. 5. Aufl., Bern / Stuttgart / Wien 1994

Hörrmann, G.; C. Tiby: Projektmanagement richtig gemacht. In: Little, D. (Hrsg.): Management der Hochleistungsorganisation. Wiesbaden 1990, S. 73 - 91

Kosiol, E.: Organisation der Unternehmung. 2. Aufl.,Wiesbaden 1976

Krüger, W.: Organisation·der Unternehmung. 3. Aufl., Stuttgart / Berlin / Köln / 1994

Kupper, H.: Zur Kunst der Projektsteuerung. Qualifikation und Aufgaben eines Projektleiters - aufgezeigt am Beispiel von DV-Projekten. 6. Aufl., München / Wien 1991

Lauterburg, Chr.: Vor dem Ende der Hierarchie. Modelle für eine bessere Arbeitswelt. 2. Aufl., Düsseldorf 1980

Mag, W.: Ausschüsse. In: Handwörterbuch der Organisation. Hrsg. v. E. Frese. 3. Aufl., Stuttgart 1992, Sp. 252 - 262

Mintzberg, H.: Die Mintzberg-Struktur. Organisationen effektiver gestalten. Landsberg 1992

Rebstock, M.: Grenzen der Prozeßorientierung. Zeitschrift Führung + Organisation 5 / 1997, S. 272 - 278

Reiß, M.: Matrixsurrogate. Zeitschrift Führung + Organisation. 3 / 1994, S. 152 - 156

Reiß, M.: Schlanke Matrix. Zeitschrift Führung + Organisation. 1 / 1994, S. 6 - 10

Schmidt, G.: Methode und Techniken der Organisation. 12. Aufl., Gießen 2000

Seidel, E.; W. Redel: Führungsorganisation. München / Wien 1987

Turner, J.R.: The Handbook of Project-Based Management. Improving the process for achieving strategic objectives. London et.al. 1993

Welge, M.K.; A. Al-Laham: Strategisches Management - Organisation. In: Handwörterbuch der Organisation. Hrsg. v. E. Frese. 3. Aufl., Stuttgart 1992, Sp. 2355 - 2374

Wenger, A.P.: Trends der Konzernorganisation in der Schweiz. Auslöser, Bedingungen und Ergebnisse von Umstrukturierungen. Schriftenreihe Organisationswissen. Glattbrugg 1994

6   Informationssystem

6.1   Grundbegriffe

6.1.1   Nachrichten, Informationen, Redundanz, Daten

Herr Autran ist zuständig für die Annahme telefonisch, schriftlich oder fernschriftlich eingehender Aufträge, die Prüfung der Lieferfähigkeit, die Vollständigkeitsprüfung der Aufträge, die Prüfung der Bonität der Kunden und die Weiterleitung der Aufträge an die Fakturierung und den Versand. Um diese Aufgaben erfüllen zu können, benötigt Herr Autran Informationen.

Herr Autran kann auf eine ganze Fülle von Material zurückgreifen. Er kann den fortgeschriebenen Bestand abfragen und er erhält eine monatlich aktualisierte Produktionsplanung, aus der Termine für neue Publikationen und Nachdrucke ersichtlich sind. Zudem kann er auf Datenbestände zugreifen, denen Preise und Rabattstaffeln ebenso zu entnehmen sind wie Bonitätsmerkmale von Kunden. In Listenform erhält er Aufstellungen über Produktionskosten, über die jeweils neuesten Gebühren von Post und Bahn sowie Analysen des Marketing über Veränderungen der Lesegewohnheiten.

All das bedeutet für Herrn Autran *Nachrichten*. Das ist der *umfassende Begriff* für das *Wissen über Zustände und Ereignisse*. Nur *ein Teil* dieser Nachrichten ist für Herrn Autran *Information*. Von Informationen wird bei solchen *Nachrichten* gesprochen, *die der Empfänger für seine Aufgabenerfüllung benötigt*. Die Nachrichten haben *Zweckbezug*. Alle Teile einer Nachricht, die *keinen Bezug zu* seiner *Aufgabe* haben, werden als *Redundanz* bezeichnet. Herrn Autran stehen damit Nachrichten zur Verfügung, die zum Teil Informationen und zum Teil Redundanz sind.

Nachrichten	
Informationen	**Redundanz**
• Buchbestand • Preise und Rabatte • Bonitätsmerkmale der Kunden	• Produktionsplanung • Produktionskosten • Marketinganalysen

Abb. 6.1: Information und Redundanz

Ob *Information oder Redundanz* vorliegt, hängt also von den *Aufgaben* des jeweiligen Stelleninhabers ab. Nur aus der Sicht der Aufgaben kann beurteilt werden, welche Informationen ein Mitarbeiter benötigt. Das ist einfach, wenn bekannte, gleichförmige (Routineaufgaben) zu erledigen sind. Informationen, die zur Erledigung solcher Aufgaben benötigt werden, sind ohne große Probleme zu bestimmen. Damit ist auch Redundanz leicht zu erkennen. Sehr viel schwieriger wird es, wenn Stelleninhaber

Aufgaben zu bewältigen haben, die im Detail schwer vorhersehbar sind. So kann in einer Marketingabteilung aufgrund neuer Entwicklungen der Wettbewerber oder aufgrund veränderter Anforderungen der Kunden ein Informationsbedarf entstehen, der in dieser Form kaum vorhersehbar war. Was derzeit als Redundanz erscheint, kann bei veränderten Bedingungen sehr wohl zur Information werden. Das ist schon ein erster Hinweis auf die Schwierigkeiten, den „richtigen" Informationsbedarf zu ermitteln. Diese Thematik wird später vertieft.

Mit der Unterscheidung in Information und Redundanz soll nicht gesagt werden, dass *Redundanz* grundsätzlich vermieden werden muss. Zwar sollte der *Anteil gering* gehalten werden, weil sonst unnötige *Kosten der Bereitstellung von Informationen* entstehen und außerdem der *Informationsempfänger* mit Überflüssigem *belastet* wird. Andererseits spielt *Redundanz* auch eine sehr *wünschenswerte Rolle*. Gehen *Teile einer Nachricht verloren*, so kann über eine geschickt aufgebaute *Redundanz* der *Verlust wieder ausgeglichen* werden. Je störanfälliger eine Übermittlung ist, desto gezielter müssen redundante Nachrichtenteile verwendet werden. Da ein mündlicher Nachrichtenaustausch sehr störanfällig ist, wird hier normalerweise sehr viel Redundanz verwendet. Das andere Extrem ist der schriftliche Austausch im Telegrammstil, wo auf jegliches schmückende Beiwerk verzichtet wird.

Ein zweites Argument kann dafür sprechen, einem Mitarbeiter mehr Nachrichten zukommen zu lassen, als er für seine eigentliche Aufgabenerfüllung benötigt. Der *Umfang an Wissen*, sei es über Hintergründe, sei es über Rahmenbedingungen, kann die *Motivation* eines Mitarbeiters beeinflussen. Aus Gründen der Motivation kann es also sinnvoll sein, mehr Nachrichten zu übermitteln als von der Aufgabe her sachlich notwendig wären.

Die Begriffe sollen noch einmal zusammengefasst und um den Begriff *Daten* erweitert werden: Der Begriff *Nachricht* ist der umfassende. Eine Nachricht ist das Wissen über Zustände und Ereignisse. *Informationen* sind eine Teilmenge der Nachrichten, nämlich nur Nachrichten, die für die Bewältigung konkreter Aufgaben relevant sind, die also Zweckbezug haben. Die restliche Teilmenge der Nachrichten ist *Redundanz*.

In der Informationstheorie werden solche Nachrichten als *Daten* bezeichnet, die

- ◆ *speicherbar sind*. Zahlen, Texte, Grafiken sind speicherbar. Nicht speicherbar sind beispielsweise non-verbale Signale wie Gestik, Mimik oder auch Gerüche. Auch nicht speicherbare Nachrichten können sehr informativ sein. So kann man z. B. anhand der Mimik erkennen, wie jemand zu einem Thema eingestellt ist - z.B. Ablehnung, Zustimmung.

- ◆ *reproduziert werden können*. Hier können die gleichen Beispiele verwendet werden. Eine non-verbale Nachricht ist personen-, situations-, stimmungsabhängig. Ihre Reproduktion ist normalerweise nicht möglich.

- ◆ *verarbeitet werden können*. Verarbeiten lassen sich z. B. nur solche Nachrichten, die in digitaler Form gespeichert und in dieser digitalisierten Form verändert werden können. Das trifft zu für Zahlen, Texte, Grafiken. Bis heute ist es beispielsweise nicht möglich - von einigen einfachen Modellen einmal abgesehen - Sprache zu verarbeiten. Sprache kann gespeichert und reproduziert werden, analog oder digital, nicht aber verdichtet, sortiert, addiert, multipliziert usw.

Hier soll aus Vereinfachungsgründen von *Daten* gesprochen werden, wenn sie *maschinell verarbeitet werden können.*

Nicht alle Daten sind auch Informationen. Nur wenn Daten einen Zweckbezug haben, werden sie als Information bezeichnet. Der Unterschied zwischen Daten und Informationen tritt in der Praxis immer wieder auf, wenn Berichte produziert werden, mit denen letztlich niemand etwas anfangen kann, oder wenn Daten erfasst und verwaltet werden, auf die niemand zugreift.

Die bisher behandelten Begriffe sollen in der folgenden Übersicht noch einmal zusammengefasst werden.

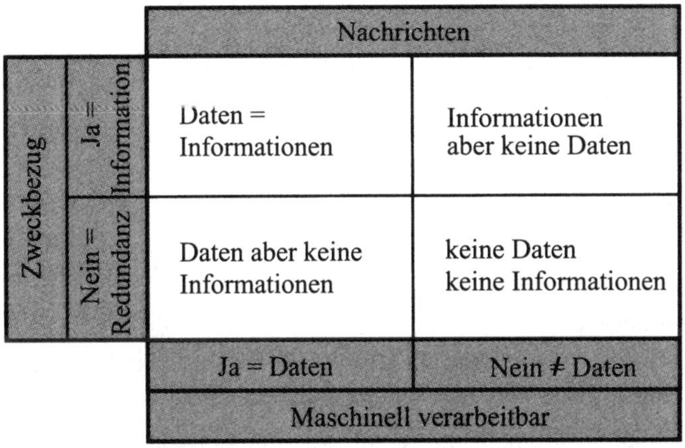

		Nachrichten	
Zweckbezug	Ja = Information	Daten = Informationen	Informationen aber keine Daten
	Nein = Redundanz	Daten aber keine Informationen	keine Daten keine Informationen
		Ja = Daten	Nein ≠ Daten
		Maschinell verarbeitbar	

Abb. 6.2: Nachrichten, Daten und Informationen

6.1.2   Beschreibung des Informationssystems

6.1.2.1   Elemente und Beziehungen eines Informationssystems

Informationssysteme bestehen wie alle Systeme aus Elementen und Beziehungen. Auch hier sind wieder die bekannten *Elemente* der Organisation anzutreffen:

◆ Aufgabe
◆ Aufgabenträger
◆ Sachmittel
◆ Information.

Diese Elemente werden in einem Informationssystem *miteinander verbunden*.

◆ *Beziehungen zwischen* den *Informationen* selbst, beispielsweise in einer Datei, in der die Beziehung der Informationselemente zueinander geregelt ist, z. B.

   – ein Satz besteht aus der Verbindung Name, Vorname, Beruf, Straße, Postleitzahl, Ort

   – die Sätze werden in aufsteigender Folge nach dem Namen miteinander verbunden

◆ *Beziehungen zwischen Aufgaben und Informationen*, etwa durch die Bestimmung des Informationsbedarfs zur Erledigung der Aufgaben

◆ *Beziehungen zwischen Informationen und Aufgabenträgern* - hier könnte der aufgabenbezogene Informationsbedarf aus Gründen der Motivation erweitert werden um (sachlich nicht unbedingt notwendige) Informationen (Nachrichten) über Hintergründe für Entscheidungen etc.

◆ Beziehungen zwischen Sachmitteln und Informationen, indem beispielsweise geregelt wird, welche Sachmittel zur

   – Informationsaufnahme

   – Informationsspeicherung

   – Informationsverarbeitung

   – Informationsabgabe

   bereitgestellt werden. Daraus wird deutlich, dass das Informationssystem unlösbar mit dem Sachmittelsystem und dem Kommunikationssystem verbunden ist.

Gedanklich können somit in einem Informationssystem Beziehungen zwischen den Informationen selbst sowie zwischen Informationen und allen übrigen Elementen unterschieden werden.

Darüber hinaus bildet das *Informationssystem* ein die übrigen Systeme der Organisation (z.B. Stellen- und Abteilungen) *überlagerndes* Beziehungsnetz, d. h. ein *Teilsystem* der Unternehmung. Zur Gestaltung eines Informationssystems gehört deswegen neben der *Ermittlung des Informationsbedarfes* auch *die Bereitstellung der benötigten Informationen* und die *Verknüpfung von Bedarf und Angebot*. Dies erfordert die Regelung von Zuständigkeiten und Befugnissen, wer welche Informationen erhält bzw. auf bestimmte Informationen zugreifen darf und wer bestimmte Informationen liefern muss.

Diese Zusammenhänge sollen noch einmal in dem Würfel verdeutlicht werden.

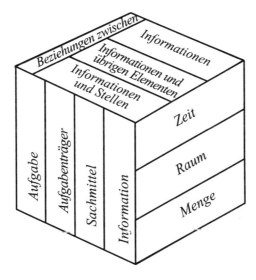

Abb. 6.3: Informationssystem

Aus der Sicht einer einzelnen Stelle sieht der Bezug zum Informationssystem folgendermaßen aus.

Abb. 6.4: Stelle und Information

Diese Grundstruktur eines Informationsprozesses wird im nächsten Abschnitt näher untersucht.

Der Würfel weist auch die „Dimensionen" Raum, Zeit und Menge auf. Das heißt mit anderen Worten, in einem Informationssystem ist auch zu regeln, wann, wo, welche Anzahl von Informationen bereitzustellen ist. Diese Thematik, d. h. die *zeitliche und räumliche Dynamisierung des Informationssystems,* ist der *Ablauforganisation* zuzuordnen und soll hier nur aus der Sicht eines *Informationsprozesses* behandelt werden.

6.1.2.2 Informationsprozesse

Informationsprozesse sind Bestandteile von Informationssystemen. Zur Verdeutlichung soll wieder ein Beispiel aus dem Verlag dienen.

Herr Buch nimmt die Statistik aus der Buchhaltung entgegen. Da er gegenwärtig mit einem Kunden zu tun hat, legt er das Blatt auf den Stapel „Unerledigtes". Sobald er Zeit findet, wendet er sich der Aufstellung zu und analysiert sie. Dazu addiert er unterschiedliche Einzelwerte und bildet Durchschnittswerte. Ihm werden Schwächen im Vertriebssystem deutlich, und er überlegt sich Maßnahmen. Gleichzeitig vermerkt er in der Statistik Soll-Zahlen, die im kommenden Jahr zu erreichen sind. Er legt das Blatt beiseite und beschließt, mit seinem Vertriebschef darüber zu sprechen. Einige Tage später sitzen sie sich gegenüber und Herr Buch erläutert seinem Mitarbeiter seine Überlegungen.

Aus dieser Fallbeschreibung lassen sich fünf Phasen des Informationsprozesses erkennen.

Abb. 6.5: Phasen eines Informationsprozesses

Informationsaufnahme: Die erste Phase des Informationsprozesses umfasst alle Maßnahmen, mit denen *Informationen gewonnen* bzw. *beschafft* werden, wie z. B. lesen von Statistiken, anhören von Vorträgen, eingeben von Daten in die EDV. Die Informationsaufnahme wird durch den vorhandenen oder vermuteten Informationsbedarf ausgelöst (Herr Buch nimmt die Statistik entgegen).

Informationsvorspeicherung: Die Notwendigkeit einer *Informationsvorspeicherung* entsteht, wenn die Phasen der *Aufnahme und Verarbeitung* von Informationen *nicht* vollkommen aufeinander *abgestimmt* werden können. Häufig fallen Informationen zwangsläufig an, die erst später verwertet werden. Als Speicher gibt es Belege, Lochkarten, Disketten, Magnetbänder, Platten etc. (Herr Buch legt die Statistik auf den Stapel „Unerledigtes").

Informationsverarbeitung: Als Maßnahmen der Informationsverarbeitung können das *Umformen, Ordnen und Verknüpfen von Informationen* unterschieden werden.

Umformen: Die Änderung der Darstellungsform kann Zeichen und Zeichenträger betreffen. Eine Umformung von Zeichen liegt z. B. vor, wenn in Vordrucken erfasste Daten in ein EDV-System eingegeben werden. Solche Umformungen sind oft beim Einsatz von Informationstechnik erforderlich.

Ordnen: „Ordnen" heißt klassifizieren oder sortieren nach bestimmten Merkmalen (Herr Buch analysiert - sortiert - die Daten).

Verknüpfen: Verknüpfungsvorgänge unterscheiden sich vom Umformen und Ordnen durch den Rückgriff auf arithmetische oder logische Operationen. Eine Verknüpfung ist z. B. die Verdichtung (etwa Mittelwertbildung) oder das Fortschreiben (z. B. Extrapolation) von Informationen, d. h. das Ergänzen bestehender Informationen. Eine Verknüpfung kann auch eine Modellrechnung sein, d. h. die eigentliche Planung. Hier werden Informationen nach komplexen Regeln verknüpft; Beispiele sind Prognoserechnungen oder die Bestimmung der optimalen Bestellmenge (Herr Buch addiert Positionen, bildet Durchschnittswerte und vermerkt Soll-Zahlen).

Informationsnachspeicherung: Wie bei der Informationsvorspeicherung entsteht die Nachspeicherung durch unvollkommene Abstimmung zwischen der Informationsverarbeitung und der Informationsabgabe (Herr Buch legt das Blatt beiseite).

Informationsabgabe: Mit der Phase der Informationsabgabe, der Weitergabe einer Information an einen Informationsempfänger, ist der Informationsprozess beendet. Zugleich beginnt der Prozess der Kommunikation, der Prozess des Austausches oder der Weiterleitung von Informationen zwischen Aufgabenträgern (Herr Buch bespricht mit dem Vertriebschef seine Überlegungen).

6.1.2.3 Informations- und Kommunikationssystem

Ein Informationssystem kann nur gedanklich von dem Kommunikationssystem getrennt werden. In einem *Kommunikationssystem* wird der *Transport der Informationen* geregelt. Er lässt sich mit einem Straßennetz vergleichen. Straßen sind Voraussetzung des Transports von Gütern. Durch den Bau von Straßen wird aber nicht gleichzeitig schon geregelt, welche Güter darauf transportiert werden sollen. Das gilt analog auch für ein Kommunikationssystem.

Heute werden - technische - *Kommunikationssysteme* immer mehr zu *Allzweckstraßen*. Form und Leistungsmerkmale von Kommunikationssystemen lösen sich damit immer mehr von den Informationssystemen. Da außerdem Spezialisten diese Kommunikationssysteme - die internen und externen Netze - bauen (Nachrichtentechniker, Ingenieure), die weitgehend unabhängig von den Spezialisten arbeiten, die sich mit der Gestaltung der Informationssysteme (Organisatoren, Systementwickler) beschäftigen, sollen hier Informations- und Kommunikationssysteme getrennt behandelt werden. Selbstverständlich setzt jedes funktionierende Informationssystem - Informationsaufnahme und -abgabe - auch ein leistungsfähiges Kommunikationssystem voraus.

6.2   Gestaltung des Informationssystems

6.2.1   Zusammenhänge zwischen Informationsbedarf, -angebot und -nachfrage

Wenn ein Mitarbeiter seine Aufgaben effizient und zielorientiert erledigen soll, müssen

◆ notwendige
◆ vorhandene und
◆ nachgefragte Informationen

deckungsgleich sein. Das dürfte jedoch die nur theoretisch mögliche Ausnahme sein. In der Praxis werden sich eher die folgenden Beziehungen finden.

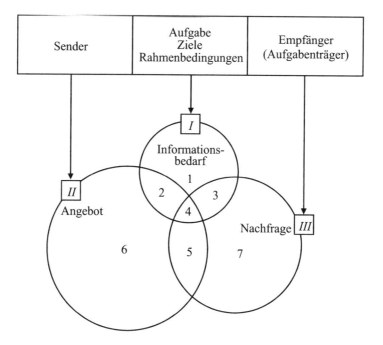

Abb. 6.6: Beziehungen zwischen vorhandenen, notwendigen und nachgefragten Informationen (BERTHEL)

1. Notwendige, nicht nachgefragte und nicht vorhandene Information
Erstreckt sich dieses Segment auf große Bereiche des betrieblichen Informations-systems, so ist die Leistungsfähigkeit der Unternehmung ernstlich gefährdet. - Der Fall, dass notwendige Information nicht vorhanden ist und nicht nachgefragt wird, ist etwa dann gegeben, wenn Herr Buch neuere Entwicklungen der Kommunikations-techniken nicht verfolgt, die in der Zukunft enorme Auswirkungen beispielsweise für

die in seinem Verlag geführten Fachzeitschriften haben können (z.B. Bereitstellung in elektronischer Form statt auf Papier).

2. Vorhandene und notwendige, aber nicht nachgefragte Information
Dieser Fall kann eintreten, wenn ein Mitarbeiter nicht weiß, dass Informationen vorhanden und / oder für seine Planung notwendig sind.

3. Notwendige und nachgefragte, aber nicht vorhandene Information
Diese Konstellation lässt sich nie ganz vermeiden. Immer wieder muss man in der Praxis mit fehlenden oder mit weniger relevanten, schlecht überprüfbaren, wenig genauen und wenig aktuellen Informationen leben.

4. Vorhandene, notwendige und nachgefragte Information
Dieses Segment bildet den Idealzustand ab. Aus der Größe dieser Schnittfläche lassen sich Schlussfolgerungen auf die Qualität des betrieblichen Informationssystems ziehen.

Auf den ersten Blick liegt es nahe, die Forderung nach Deckungsgleichheit von vorhandener, notwendiger und nachgefragter Information aufzustellen. Diese Forderung lässt sich jedoch praktisch niemals erfüllen.

5. Vorhandene und nachgefragte, jedoch nicht notwendige Information (Redundanz)
Ein klassisches Beispiel ist die Anforderung von Berichten, die nicht ausgewertet werden. Das Ergebnis sind die viel zitierten Zahlenfriedhöfe.

6. Vorhandene, nicht nachgefragte und nicht notwendige Information
Nach der begrifflichen Festlegung handelt es sich im strengen Sinne nicht um vorhandene Informationen, sondern um Redundanz. Die Nachrichten stellen für den oder die Aufgabenträger kein zweckbezogenes Wissen dar. So wird sich z. B. Herr Autran nicht für die neuesten Entwicklungen auf dem Gebiet der Planung von Werbemedien interessieren.

7. Nachgefragte, nicht vorhandene und nicht notwendige Information
Diese Situation spricht nicht gerade für die Qualifikation eines Mitarbeiters. Er ist nicht imstande, seinen Informationsbedarf zu beurteilen. Es ist allerdings auch möglich, dass er bei voller Kenntnis seines Informationsbedarfs mehr Informationen (eigentlich: Redundanz) nachfragt als er benötigt, z.B. aus Gründen der Neugierde oder weil er ein Sicherheitsmaximierer ist – „man weiß ja nie, wozu man das noch benötigen könnte".

6.2.2   Informationsbedarf

6.2.2.1   Art des Informationsbedarfes

Es wurde bereits erwähnt, dass es zwei *Quellen des Informationsbedarfes* gibt

◆ Bedarf, der sich aus der Aufgabe ableitet
◆ Bedarf, der sich aus den subjektiven Wünschen der Betroffenen ableitet.

Der *sachorientierte Bedarf* hängt unter anderem ab von den Aufgaben (Aufgabeninhalt, Klarheit, Determiniertheit von Aufgaben) und von Art und Ausmaß der Arbeitsteilung und der damit notwendigen Koordination.

Der *personenorientierte Bedarf* hängt u.a. von dem Umfang ab, in dem Informationen als Mittel der Motivation verwendet werden, weiter von den Sicherheitsbedürfnissen der Nachfrager und deren Fähigkeit, den objektiven Bedarf überhaupt zu erkennen.

Um die mit dem Informationsbedarf verbundenen Probleme zu verdeutlichen, soll der Informationsbedarf hier nach den folgenden Merkmalen unterschieden werden:

◆ *Zielsetzung*: Koordinations- und Führungsinformationen

◆ *Einflussrichtung*: Rahmen-, Ziel-, Organisations- und Aufgabeninformationen

◆ *Detaillierungsgrad*: Detaillierte und globale Informationen

◆ *Konkretisierungsgrad*: Konkrete und abstrakte Informationen

◆ *Zeithorizont*: Vergangenheits-, Gegenwarts- und Zukunftsinformationen

◆ *Herkunft*: Interne und externe Informationen

◆ *Qualität*: Relevante, wahrscheinliche, bestätigte, überprüfte, genaue und aktuelle Informationen.

Koordinations- und Führungsinformation

Der *Informationsbedarf* einer Stelle kann wie erwähnt in einen *sach-* und einen *personenorientierten Bedarf* untergliedert werden, je nachdem, ob primär die Koordination oder die *Motivation der Mitarbeiter* beeinflusst werden soll. Dazu zwei Beispiele:

Der Vorgesetzte von Herrn Autran gibt seinem Mitarbeiter laufend Informationen, die er in den Abteilungsleiter-Besprechungen erhalten hat. Dabei geht es beispielsweise um Änderungen in der Produktionsplanung, Neuerungen im Versand usw. Diese Informationen dienen zur gegenseitigen Abstimmung und werden auch als *Koordinationsinformationen* (dispositive Informationen) bezeichnet. Derartige Informationen erhält Herr Autran auch von anderen Stellen des Unternehmens; von Kollegen im Vertrieb ebenso wie von Mitarbeitern aus dem Rechnungswesen. Koordinationsinformationen tragen dazu bei, die Leistungen der einzelnen Mitarbeiter nach Art, Menge, Zeit und Raum aufeinander abzustimmen.

Wenn Herr Autran zu einem Beurteilungsgespräch zu seinem Chef gerufen wird, oder wenn der Vorgesetzte die erfolgreiche Abwicklung eines Großauftrages belobigt und durch diese Informationen die Leistungsbereitschaft gefördert werden soll, sprechen wir von *Führungsinformationen*. Diese Informationsbeziehung besteht nur zwischen Vorgesetzten und Mitarbeitern. Sie dient dazu, die Leistungsbereitschaft der Mitarbeiter aufrechtzuerhalten oder zu fördern.

Rahmen-, Ziel-, Organisations- und Aufgabeninformationen

Diese Informationsarten sind den gerade genannten *Koordinationsinformationen* zuzuordnen. Es handelt sich um aufgabenbezogene Informationen, die die Aufgabenerfüllung eines Aufgabenträgers beeinflussen sollen. In dem Abschnitt über die Ermittlung des Informationsbedarfs (stellenbezogene Ermittlung - an den Aufgaben orientiert) werden diese sogenannten regelbaren Informationen konkretisiert. Deswegen soll hier der Hinweis genügen.

Die Unterscheidung zwischen Rahmen-, Ziel-, Organisations- und Kontrollinformation ist für die organisatorische Regelung der Informationsversorgung wichtig. Anhand dieser Systematik kann der Informationsbedarf einer Stelle präziser bestimmt werden.

Von einem etwas anderen Blickwinkel geht das *Modell des Regelkreises* aus. In ihm werden die verschiedenen *Informationsarten zeitlich verknüpft*. In dem folgenden Beispiel werden die in der Kybernetik üblichen Begriffe verwendet.

Herr Buch gibt seinem Verkaufschef Zielvorgaben. Es werden exakte Verkaufsmengen festgelegt, die monatlich zu erreichen sind. Herr Buch belässt es aber nicht bei diesen Vorgaben, vielmehr lässt er sich nach Abschluss jeden Monats die tatsächlich erreichten Werte vorlegen. Bei kleineren Abweichungen greift er nicht ein, das überlässt er seinem Mitarbeiter. Im Falle größerer Abweichungen hat er sich einen Eingriff vorbehalten.

Dieses Beispiel zeigt zwei organisatorische Ansätze. Erstens wird ein *Regelkreis* eingerichtet, zweitens praktiziert Herr Buch das Prinzip des *Management by Exception*, d. h. er greift nur in Ausnahmefällen ein. Siehe zu diesem Beispiel die Abb. 6.7.

Herr Buch gibt ein *Ziel* vor. Dieses Ziel wird *Führungsgröße* genannt. Der Verkaufschef ist ein *Regler*, der jetzt konkrete Maßnahmen ergreift, die geeignet sein können, das gewünschte Ergebnis zu erreichen. So beschließt er, die Werbung zu verstärken, verbessertes Informationsmaterial bereitzustellen und gezielt die Preise zu senken. Das sind die *Stellgrößen*, d. h. die Hebel, die der Verkaufschef betätigt.

Je nachdem, ob seine Überlegungen richtig waren oder nicht, tritt die erhoffte (erwünschte) Absatzsteigerung ein oder sie bleibt aus. Wenn das *gewünschte Ergebnis nicht erreicht wird*, kann es einmal daran liegen, dass *fehlerhafte Prognosen* gemacht wurden. Es kann aber auch sein, daß *Störgrößen* aufgetreten sind. So könnte etwa ein unmittelbarer Konkurrent ebenfalls seine Bemühungen verstärkt und einen möglichen Erfolg damit neutralisiert haben. Das Ergebnis der Bemühungen zeigt sich in den *Ist-Informationen*, d. h. den Absatzmengen nach Ablauf einer Verkaufsperiode. Diese Ist-Informationen werden *Regelgrößen* genannt. Sie stehen dem Verkauf zur Verfügung, damit er durch weitere Maßnahmen (Stellgrößen) die Geschäftsentwicklung in der gewünschten Weise beeinflussen kann. Dieser Kreislauf ist kontinuierlich. Er stellt das *Grundprinzip der Kybernetik* dar.

Das Prinzip des „Management by Exception" zeigt sich darin, dass Herr Buch bei kleineren Abweichungen nicht eingreift und seinen Verkaufsleiter selbst entscheiden lässt. Nur bei größeren Abweichungen (z. B. +/- 10% der Zielvorgabe) greift er ein, etwa indem er die Führungsgröße ändert, selbst andere Stellgrößen vorschreibt, u. U. sogar den Regler austauscht, wenn dieser sich nachhaltig als ungeeignet erwiesen hat.

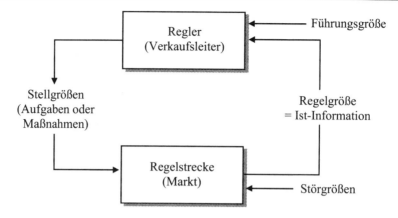

Abb. 6.7: Modell eines Regelkreises

Die aus der Technik stammende Analogie des Regelkreises, die in der Form eines Thermostaten (Regler) zur Temperaturregelung in einem Raum (Regelstrecke) allgemein bekannt ist, kann auch organisatorisch sinnvoll eingesetzt werden. Sie schärft insbesondere den Blick für die *betrieblichen Informationsprozesse.* So kann aus der Analogie beispielsweise der *Informationsbedarf eines Reglers präziser* bestimmt werden, weil dieser Bedarf aus der Gesamtheit der zu erledigenden Aufgaben und der vorgegebenen Ziele abgeleitet wird.

Die vorgegebenen Ziele (Führungsgrößen), in diesem Beispiel die von Herrn Buch erwünschte Absatzsteigerung, sind Soll-Werte, die von „oben" kommen. Auf sie hat der „Regler", in diesem Beispiel der Verkaufsleiter, keinen Einfluss.

Die Regelkreisanalogie ist außerdem organisatorisch sinnvoll, weil mit ihrer Hilfe präziser die Anforderungen bestimmt werden können, die an einzelne Elemente eines Informationssystems zu stellen sind:

Führungsgrößen müssen

❑ zeitlich und sachlich mit anderen Führungsgrößen (z. B. Anweisungen von Herrn Buch an seinen Leiter Technik) koordiniert sein

❑ messbar sein; nur so können sie mit den Regelgrößen verglichen werden

❑ möglichst einen Entscheidungsbereich offen lassen (d. h. der Verkaufschef sollte auch noch eigene Entscheidungen fällen können).

Stellgrößen müssen

❑ aus den übergeordneten Führungsgrößen sinnvoll und nachvollziehbar abgeleitet werden

❑ Abhängigkeiten zu anderen „Regelkreisen" oder Elementen von Regelkreisen berücksichtigen.

Regelgrößen müssen

❑ die Ermittlung von Abweichungen erlauben, d. h. zum Beispiel, dass sie in dem gleichen Maßstab gemessen werden müssen wie die Ziele

❑ sicher beim Regler ankommen

❑ mit Angaben versehen werden, wer was tun muss, wenn bestimmte Vorgabewerte nicht erreicht werden (z. B. Management by Exception).

Detaillierte und globale Informationen

Es handelt sich hierbei um eine Einteilung nach dem Grad der *Informationsverdichtung*. Die Verdichtung von Informationen gestattet es, Sachverhalte unterschiedlich detailliert abzubilden.

So kann man den Gesamtumsatz eines Betriebes ausweisen oder eine *schrittweise Spezifizierung* nach Produktgruppen, Produkten und Artikeln vornehmen. Es ist auch eine Aufgliederung des Gesamtumsatzes nach Abnehmergruppen möglich. Während in diesen Beispielen Einzelinformationen schrittweise zu Klassen höherer Ordnung zusammengefasst werden, kann die Verdichtung von Informationen auch durch Bildung *statistischer Kennziffern* erfolgen. Ein Beispiel ist die Zusammenfassung der Preisentwicklung der Güter des täglichen Bedarfes zu dem Index der Lebenshaltungskosten.

Die organisatorisch bedeutsame Konsequenz der Informationsverdichtung besteht in der Möglichkeit, die zu berücksichtigende *Informationsmenge* zu *verringern*. Für einen Aufgabenträger bedeutet das unter Umständen eine wesentliche Entlastung bei der Planung. Allerdings wird dieser Entlastungsvorteil durch eine Verringerung des Informationsgehalts erkauft.

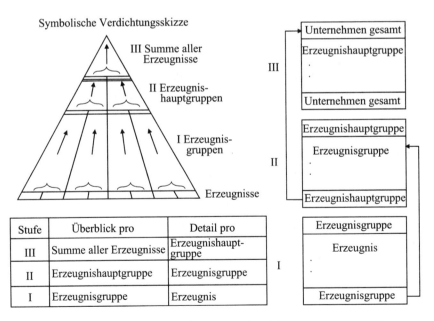

Abb. 6.8: Verdichtung von Informationen (nach MERTENS / GRIESE)

Die „richtige" *Verdichtung* der Informationen *hängt* normalerweise *ab von der Einordnung der Stelle*. Je höher eine Stelle in der Hierarchie angesiedelt ist, desto mehr muss die Komplexität und Fülle der Informationen verdichtet werden. So kann Herr Buch seinen Leitungsfunktionen schon weitestgehend nachkommen, wenn er Zahlen der Bilanz und der Gewinn- und Verlustrechnung sowie ausgewählte Kennziffern erhält, beispielsweise über den Lagerumschlag. Der Leiter des Lagers muss demgegenüber im Detail darüber informiert sein, welche Stückzahlen jedes einzelnen Titels an welchem Lagerplatz vorhanden sind.

Konkrete und abstrakte Informationen

Der Informationsbedarf verschiedener Stellen kann auch nach dem Konkretisierungsgrad unterschieden werden. Zur Verdeutlichung soll wiederum ein Beispiel dienen. Der Lagerleiter benötigt im Wesentlichen konkrete Informationen wie z. B. Mengen, Flächen, Umschlagzahlen usw. Dieser Bedarf lässt sich relativ leicht befriedigen. Derartige *konkrete Informationen* sind dadurch gekennzeichnet, dass sie sich *weitgehend* eindeutig *quantifizieren* lassen.

Der Informationsbedarf von Herrn Buch ist demgegenüber eher abstrakt. Dieser Bedarf ist - schon wegen der Komplexität und der schwierigen Vorhersehbarkeit der Aufgaben von Herrn Buch - nur schwer zu ermitteln. Er benötigt neben *komplexen quantitativen Aussagen* - wie zum Beispiel den Return on Investment, d. h. die Verzinsung des eingesetzten Kapitals - auch *qualitative Informationen* - wie z. B. Entwicklung der Lesegewohnheiten, Ansehen des eigenen Unternehmens, Strategien der Wettbewerber.

Weil diese und ähnliche Informationsbedürfnisse schwer vorherzusehen und schwer zu befriedigen sind, ist die Entwicklung eines umfassenden Management-Informations-Systems bis heute nicht ausreichend gelöst. Diese Schwierigkeiten lassen sich auch aus einer anderen Sicht begründen. Der Zeithorizont der Informationen, die Herr Buch benötigt, ist ein anderer als der Zeithorizont der Informationen, die für den Lagerleiter wichtig sind.

Vergangenheits-, Gegenwarts- und Zukunftsinformationen

Der Leiter des Lagers kann seine Aufgaben erfüllen, wenn er Informationen über die Vergangenheit und Gegenwart (Lagerbestand, Lagerbewegungen) sowie in kleinerem Umfang auch über die Zukunft hat (Produktions- oder Absatzpläne etc.).

Demgegenüber ist Herr Buch primär an Zukunftsinformationen interessiert, wie z. B. der Marktentwicklung, zukünftigen Präferenzen des Publikums und zukünftigem Verhalten der Mitbewerber.

Verallgemeinernd kann man feststellen, dass die *Bedeutung von Zukunftsinformationen* und damit von Prognosen, Modellrechnungen und Trendaussagen *zunimmt, je höher eine Stelle in der Hierarchie angesiedelt ist*. Auf den höheren Ebenen steigt der Anteil an Planungsaufgaben. Und Planung bedeutet letztlich nichts anderes, als sich mit der Zukunft auseinanderzusetzen.

Diese Zusammenhänge sollen in der folgenden Abbildung noch einmal verdeutlicht werden.

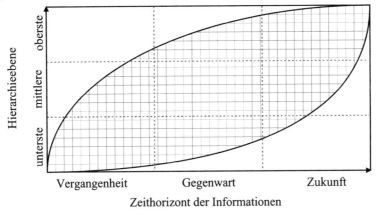

Abb. 6.9: Bedeutung des Zeithorizonts von Informationen für verschiedene hierarchische Ebenen

Interne und externe Informationen

Als weiteres Merkmal soll die *Herkunft der Informationen* angesprochen werden. Hier werden interne und externe Informationen unterschieden.

Dieser Abgrenzung liegen unterschiedliche Informationsquellen zugrunde. *Interne* Informationen entstammen *betriebsinternen Quellen*, während *externe* Informationen *außerhalb des Betriebes* - insbesondere im Markt - gewonnen werden. Eine interne Informationsquelle ist z. B. der Produktionsbereich, eine externe der Absatzmarkt. Es ist naheliegend, dass interne Informationen in der Regel leichter zugänglich sind als externe.

Die Frage der Zugänglichkeit hat erhebliche Konsequenzen für die bei der Informationsgewinnung anfallenden *Kosten*. Normalerweise gilt: Je leichter Informationen zugänglich sind, desto geringer sind die Kosten. So erfordern interne Informationen, etwa über das Bestellvolumen verschiedener Kundengruppen, in der Regel geringere Kosten als externe Informationen, z. B. über den Umfang, in dem eigene Kunden auch bei der Konkurrenz einkaufen. Externe Informationen können oft nur bei Spezialanbietern, z. B. Marktforschungs-Instituten oder kommerziellen Datenbanken, beschafft werden.

Der Anteil der externen Informationen an der Gesamtmenge der zu berücksichtigenden Informationen ist von den Eigenarten des jeweiligen Betriebes abhängig. Generell kann man sagen: Die *Bedeutung externer Informationen steigt* in dem Maße, in dem das Produktions- und Absatzprogramm eines Betriebes *häufigen Änderungen* unterliegt.

Qualität der Information

Abschließend sollen einige Hinweise zur Qualität der Informationen gegeben werden. Die Qualität einer Information kann nur beurteilt werden, wenn der *Nutzen* bekannt ist, den ein Stelleninhaber oder die Unternehmung als Ganzes daraus ziehen kann.

Der Nutzen verfügbarer Informationen hängt von folgenden *Informationseigenschaften* ab:

◆ Problemrelevanz

◆ Wahrscheinlichkeit

◆ Bestätigungsgrad

◆ Überprüfbarkeit

◆ Genauigkeit

◆ Aktualität.

Informationen werden als *problemrelevant* bezeichnet, wenn sie zu den anstehenden Aufgaben tatsächlich in Beziehung stehen. So gibt es viele Menschen, die die Mondphase für ihre private Wettervorhersage heranziehen, obwohl die Meteorologen nachweisen können, dass keinerlei messbare Beziehungen zwischen den Mondphasen und der Wetterentwicklung bestehen. Die Informationen über die Mondphase sind also - nach Ansicht der Fachleute - nicht problemrelevant.

Es ist nachweisbar, dass *Managemententscheidungen* langfristig *qualitativ besser* ausfallen, wenn die Entscheider eventuell nur *wenige*, dabei *aber* die wirklich *relevanten Informationen* berücksichtigt haben im Vergleich zu Managern, die eine Maximierung ihres Informationsstandes anstreben.

Informationen unterscheiden sich in ihrer *Wahrscheinlichkeit*. Die Nachkalkulation eines Auftrages arbeitet mit zurückliegenden Zahlen, die eine hohe Wahrscheinlichkeit für die Richtigkeit der Ergebnisse erwarten lassen. Wird demgegenüber ein Kostenvoranschlag über eine Buchproduktion im kommenden Jahr erarbeitet, so sind die Aussagen weniger wahrscheinlich. Durch Tarifabschlüsse, Preisänderungen bei den Rohstoffen, neue Auflagen des Gesetzgebers können sich unter Umständen gravierende Abweichungen ergeben. Allgemein gilt, dass Informationen *immer weniger wahrscheinlich werden, je mehr sie Aussagen über die Zukunft machen*.

Ein weiteres Informationsmerkmal ist der *Bestätigungsgrad*. Darunter versteht man die Wahrscheinlichkeit, die sich aufgrund von Erfahrungen ergibt. Herr Autran greift bei seinen Bonitätsprüfungen auf Informationen über das bisherige Zahlungsverhalten der Kunden zurück. Je älter eine Geschäftsbeziehung ist und je weniger Abweichungen im Verhalten auftreten, desto höher ist der Bestätigungsgrad.

Die *Überprüfbarkeit* von Informationen, d. h. die Möglichkeit, den Wahrscheinlichkeitsbeweis anführen zu können, ist eine weitere Informationseigenschaft. Allgemein dürften vergangenheitsbezogene Informationen eher überprüfbar sein, als zukunftsbezogene, messbare Größen leichter als nur qualitativ bestimmbare und objektive eher als subjektive.

Die *Genauigkeit* einer Information steht - vorausgesetzt es besteht Ungewissheit - in einer direkten Beziehung zur *Wahrscheinlichkeit*. Je genauer eine Aussage unter Ungewissheit gemacht wird, desto weniger wahrscheinlich ist, dass sie zutrifft. Wenn

Herr Buch als Umsatzprognose für das kommende Jahr 18,2 Millionen DM voraussagt, so ist diese Information zwar sehr genau. Es ist aber wenig wahrscheinlich, dass gerade dieser Wert erreicht wird. Er täte sich leichter, wenn er einen Umsatz zwischen 16 und 20 Millionen prognostizieren würde. Die Genauigkeit der Prognose ist im letzteren Fall zwar geringer, jedoch ist die Wahrscheinlichkeit, diesen Bereich zu treffen, größer als bei präzisen Prognosen.

Schließlich ist die *Aktualität* für den Nutzen einer Information bedeutsam. Im allgemeinen gilt, dass aktuellere Informationen nützlicher sind.

Diese Informationseigenschaften sind voneinander teilweise abhängig. Die Beziehung zwischen der Wahrscheinlichkeit und der Genauigkeit wurde angesprochen. Darüber hinaus bestehen noch weitere Beziehungen etwa zwischen der Überprüfbarkeit und dem Bestätigungsgrad und dem Bestätigungsgrad und der Genauigkeit.

Die Auseinandersetzung mit der Qualität der Informationen soll das Bewusstsein fördern, dass mengenmäßig viele Informationen noch lange nicht gleichbedeutend sind mit einem hohen Informationsstand. Aus dieser Tatsache erklärt sich auch der „Mangel im Informationsüberfluss".

Abschließend soll noch einmal der *Sinn einer solchen Klassifikation* angesprochen werden. Die Merkmale

- ◆ Einflussrichtung
- ◆ Art des Bedarfes
- ◆ Detaillierungsgrad
- ◆ Konkretisierungsgrad
- ◆ Zeithorizont
- ◆ Herkunft
- ◆ Qualität

sollen die *Ermittlung des Informationsbedarfes* unterstützen. Grundlage sind immer die Aufgaben. Auf der Basis der Aufgaben können die Merkmale helfen, den Bedarf an Informationen präziser zu bestimmen.

6.2.2.2 Ermittlung des Informationsbedarfes

Zur Ermittlung des Informationsbedarfes sollen hier drei verschiedene Ansätze behandelt werden:

- ◆ Stellenbezogene Ermittlung durch Mitarbeiterbefragung
- ◆ stellenbezogene Ermittlung - an den Aufgaben orientiert
- ◆ ganzheitliche Ermittlung - Information Engineering.

6.2.2.2.1 Stellenbezogene Ermittlung durch Mitarbeiterbefragung

Zur Ermittlung des Informationsbedarfes bieten sich *Interviews* bei den betreffenden Aufgabenträgern an. Dieser Weg ist zumindest bei der *Reorganisation* eines Informationssystems gangbar, denn die *Befragten kennen ihre Aufgaben* und den daraus resultierenden Informationsbedarf am besten.

Ist dieses Vorgehen auch grundsätzlich brauchbar, so weist es jedoch zwei schwerwiegende Mängel auf, die oben beschrieben wurden.

◆ Die Befragten stufen ihren Bedarf meistens zu hoch ein (Statusdenken, Sicherheitsstreben, Neugierde usw.).

◆ Die Befragten sind sich unter Umständen gar nicht darüber im Klaren, was sie eigentlich an Informationen berücksichtigen müssten (notwendige aber nicht nachgefragte Informationen).

Zur Korrektur eines überzogenen Bedarfs können auch noch die jeweiligen Vorgesetzten befragt werden, die die Anforderungen ihrer Mitarbeiter überprüfen.

Es hat sich auch noch ein anderes Verfahren bewährt: Informationslieferanten und Informationsnachfrager diskutieren gemeinsam den Informationsbedarf. Die allgemeinen Vorteile einer Gruppenarbeit (Fehlerausgleich, Ergänzung von Wissen und Erfahrungen) sprechen ebenso für diese Lösung wie der bewusst herbeigeführte Interessenkonflikt; der Nutzen für den Empfänger bedeutet Aufwand für den Lieferanten. Durch eine solche Diskussion kann der subjektiv angemeldete Bedarf auf ein wirtschaftlich vertretbares Maß reduziert werden.

6.2.2.2.2 Stellenbezogene Ermittlung - an den Aufgaben orientiert

In der stellenbezogenen Ermittlung wird die *Art des Informationsbedarfes einer Stelle* systematisiert. Im Mittelpunkt dieses Modells steht die Stelle und damit die von dem Stelleninhaber zu bewältigenden Aufgaben. Hier wird davon ausgegangen, dass die *Bedarfsermittlung auf einer systematischen Aufgabenanalyse* und nicht auf einer subjektiven Auskunft eines Stelleninhabers *aufbaut*.

Unterschieden werden der *regelbare* und der *nicht regelbare Informationsbedarf* (Informationseingabe). Zu dem nicht regelbaren Informationsbedarf gehören dispositive Eingriffe zur Koordination, die beispielsweise aufgrund unvorhergesehener Ereignisse notwendig werden. Zum nicht regelbaren Bedarf zählen auch sogenannte Führungsinformationen, z.B. Informationen, die der Motivation eines Mitarbeiters dienen. Diesen Informationsbedarf kann ein Vorgesetzter normalerweise nur situativ erkennen. Wie die Bezeichnung schon sagt, kann dieser Bedarf nicht organisatorisch geregelt werden, weil er vorher kaum erkennbar ist und weil er von beteiligten Individuen und der jeweiligen Situation abhängig ist. Analog zur nicht regelbaren Informationseingabe gibt es die nicht regelbare Informationsausgabe.

Zu der regelbaren Informationseingabe gehören

◆ der generelle Bedarf
◆ der Bedarf je Aufgabenerfüllung und
◆ der geregelte Ausnahmebedarf.

Der regelbaren Informationseingabe (Informationsbedarf) steht auch hier wieder eine regelbare Informationsausgabe gegenüber.

Die bisher behandelten Sachverhalte werden in der Abb. 6.10 verdeutlicht.

Die Bestandteile der regelbaren Informationseingabe (Informationsbedarf) werden nun näher erläutert.

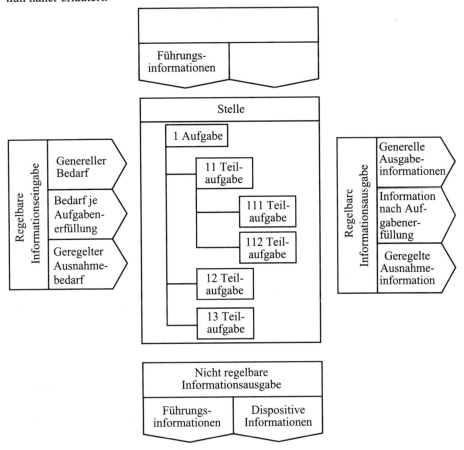

Abb. 6.10: Modell einer stellenbezogenen Ermittlung des Informationsbedarfes

Genereller Bedarf

Der generelle Bedarf ist eine grundlegende Voraussetzung für die Aufgabenerfüllung. Er muss nicht für jede Aufgabenerledigung einzeln bereitgestellt werden. Dazu zählen:

Rahmeninformationen

◆ Betriebliche Rahmeninformationen (z.B. Informationen über Produkte, Kapazitäten, Preise, Konditionen, Lieferfähigkeit, Lieferzeiten, betriebliche Gepflogenheiten)

◆ Außerbetriebliche Rahmeninformationen (z.B. Informationen über Wettbewerbssituation, Lieferanten, Börsenentwicklung, Marktpreise, gesetzliche Vorschriften, Verordnungen).

Zielinformationen

◆ Informationen über Ziele, die der Aufgabenträger erreichen soll (z.B. schnelle Abwicklung, qualifizierte Beratung, Geschäftsausweitung um X Prozent)

◆ Informationen über die tatsächliche Zielerreichung im Sinne eines Soll-Ist-Vergleiches

◆ Informationen über Abweichungen zwischen Soll und Ist.

Organisationsinformationen

◆ Informationen über die eigenen Aufgaben und über die Zuständigkeiten anderer

◆ Informationen über die mit den Aufgaben verbundenen Kompetenzen und Befugnisse

◆ Informationen über Arbeitsabläufe, über sonstige Verfahrensvorschriften, Regeln der Zusammenarbeit sowie der Informationsrechte und -pflichten.

Bedarf je Aufgabenerfüllung

◆ Informationen über die Aufgabe selbst (z.B. eingehender Auftrag, Kreditantrag, Bestellung) (was ist woran zu tun?), aber auch über die Dimensionen der Aufgaben (z.B. wann, wo, wieviel?)

◆ Informationen, die zur Aufgabenerfüllung benötigt werden (z.B. bei einer Kreditgewährung, Informationen über Einkommensverhältnisse, Informationen über das zu beleihende Objekt oder bei Aufträgen, Informationen über die Zahlungsfähigkeit eines Kunden)

Geregelter Ausnahmebedarf

◆ Entscheidungsinformationen, die bei klar definierten Fällen benötigt werden (z.B. Bewilligung von Sonderkonditionen durch den Vorgesetzten oder Entscheidungen über Aufträge, die einen bestimmten Betrag überschreiten). Diese Entscheidungsinformationen lassen sich normalerweise aus den Kompetenzen ableiten.

◆ Sonstige Informationen, die ebenfalls nicht in jedem einzelnen Fall, sondern nur in geregelten Fällen benötigt werden (wenn z.B. ein neuer Kunde einen Kredit beantragt, der eine bestimmte Höhe überschreitet, sind bei einer Auskunftei zusätzliche Informationen über die Bonität des Kunden einzuholen).

Das Modell einer stellenorientierten Informationsanalyse kann also folgendermaßen erweitert werden (Abb. 6.11).

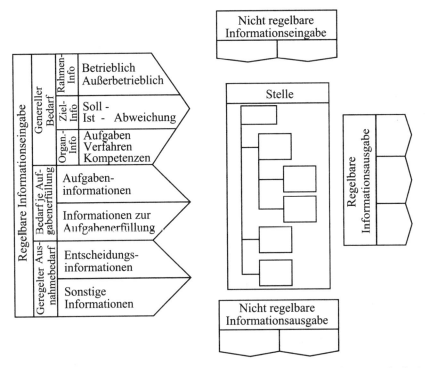

Abb. 6.11: Erweitertes Modell einer stellenbezogenen Ermittlung des Informationsbedarfes

In der Abb. 6.12 findet sich ein verkürztes Beispiel für die Umsetzung dieses Modells auf den konkreten Fall eines Kreditsachbearbeiters.

	Regelbare Informationseingabe (Informationsbedarf)							
	Genereller Bedarf				Bedarf je Aufgaben-erfüllung		Geregelter Aus-nahmebedarf	
	Rahmeninformationen		Ziele - Soll - Ist - Abwei-chungen	Organisa-tion / Regeln	Anstoß und Konkretisie-rung der Auf-gaben "was, woran, wie, wann, wo, wie oft?" etc.	Je Fall grundsätz-lich benö-tigte Infor-mation zur Aufgaben-erfüllung	Einzuho-lende son-stige Infor-mationen	Einzuho-lende Ent-scheidungs-informati-onen
	Betrieblich	Außer-betrieblich						
Kreditsachbearbeitung	Information über Gesamt-beziehung des Kunden zur Bank, ge-schäftspoli-tische Grund-sätze	Konditionen der Konkur-renz, Wett-bewerbssi-tuation, ge-setzliche Re-gelungen	Wachstum, Sicherheit, Anteil not-leidender Selbstbear-beiter Kre-dite (Aus-fallquote)	Zuständig-keitsrege-lung, Kom-petenzver-zeichnis, Arbeitsan-weisungen	Kreditantrag: Antragsteller, Höhe, Lauf-zeit, Tilgung, Verwendung, Sicherung des Kredits	Einkom-mensver-hältnisse, Bonität, Belastun-gen, Ge-samtobligo Tilgungs-verhalten des Antrag-stellers	Entscheidun-gen nach dem Prinzip des "Manage-ment by Exception", z.B. Kredit höher als Euro 10.000 Sonderkon-ditionen bei Großkunden	Auskunft von Aus-kunftei bei Kunden, die keine feste Kontover-bindung zur Bank haben

Abb. 6.12: Informationsbedarfsanalyse für einen Kreditsachbearbeiter

6.2.3 Informationsangebot

Die gerade behandelten Ansätze sollen dazu beitragen, dass Informationsangebot und Informationsbedarf zur Deckung kommen. In der Praxis zeigt sich, dass bei den heute realisierten Informationssystemen einem

- Informationsüberangebot (eigentlich Redundanz) ein
- Informationsmangel

gegenübersteht.

Als *Gründe für* das *Überangebot* kommen in Frage:

- Fehlende Durchforstung des Angebotes
- Anbieter haben andere Vorstellungen über den Bedarf als die Nachfrager
- Anbieter neigen zur Perfektion (das trifft vor allem für solche Vergangenheits- und Gegenwartsinformationen zu, die relativ leicht zu beschaffen sind)
- Anbieter wollen auf Nummer sicher gehen.

Der *Informationsmangel* kann auf folgende *Gründe* zurückgeführt werden:

- Objektive Gründe
  - Informationen sind nicht verfügbar
  - Bedarf wurde nicht erkannt
  - Kosten der Bereitstellung sind zu hoch.
- Subjektive Gründe
  - Machtausübung
  - Führungsverhalten.

Nicht alle benötigten Informationen sind verfügbar. Das gilt insbesondere für *Zukunftsinformationen.* Die Zukunft ist dem Menschen versperrt, was am Schicksal vieler Prognosen deutlich wird. Daneben sind andere Informationen nicht verfügbar, weil sie nicht frei zugänglich sind. Zum Beispiel werden die Mitbewerber von Herrn Buch gewiss nicht über ihre - objektiv bekannten - Marktstrategien Auskunft geben. Verfügbare Informationen sind unter Umständen nur begrenzt relevant, die Eintrittswahrscheinlichkeit ist unbekannt oder gering, Bestätigungsgrad und Überprüfbarkeit sind limitiert, Genauigkeit und Aktualität halten sich in Grenzen. Wenn diese Beschränkungen vorliegen, kann ein Bedarf aus objektiven Gründen nicht oder nur teilweise befriedigt werden.

Der *Informationsbedarf ist nicht immer eindeutig erkennbar.* Das trifft vor allem für solche Stellen zu, die sich hauptsächlich mit Planungsaufgaben beschäftigen, d. h. generell für die *höheren Ebenen der Hierarchie.* So kann die Verwendung von Recycling-Papier bei Buchpublikationen das Verhalten von Buchkäufern beeinflussen. Wenn bei der Entscheidung für das Papier Umwelt- und Kostenüberlegungen eine Rolle spielen, die Reaktionen der Kunden jedoch nicht bedacht werden, wird die Information über das erwartete Kundenverhalten nicht angeboten und auch nicht nachgefragt.

Die *Bereitstellung von Informationen verursacht Kosten*. Informationskosten entstehen für die Erfassung, Verarbeitung, Weiterleitung und Speicherung von Informationen. Als Kostenarten können Personal- und Sachkosten unterschieden werden. Daneben gibt es noch die Kosten für fremdbezogene Informationen. In der Abb. 6.13 finden sich dazu einige Beispiele:

Aufgaben	Informationskosten
Herr Autran erfasst Auftragsdaten	Personalkosten für die Erfassung und Sachkosten für Belege oder Terminalnutzung
Er stellt aus den Auftragskopien eine Statistik zusammen	Personalkosten für die Verarbeitung von Informationen
Er legt die Originale der Bestellungen ab	Personalkosten und Sachkosten für Ablagearbeit, Ordner, Registraturgeräte und Raumnutzung
Er übermittelt ein Telefax als Auftragsbestätigung	Personalkosten, Sachkosten für Gerätenutzung und Postgebühren (letztere sind eigentlich Kommunikationskosten)
Er lässt ein Gutachten über die Verbesserung der Auftragsabwicklung von einer Beratungsgesellschaft erstellen	Kosten für fremdbezogene Informationen

Abb. 6.13: Beispiele für Informationskosten

Selbst wenn bekannt ist, welche Informationen benötigt werden und wenn diese Informationen auch verfügbar sind, kann dennoch entschieden werden, diese Informationen nicht bereitzustellen, weil die Kosten / Nutzen-Relation ungünstig erscheint.

Neben diesen objektiven Gründen für eine Begrenzung des Informationsangebotes gibt es noch *subjektive Gründe*.

Information bedeutet vielfach *Macht*. Der besser Informierte ist dem weniger Informierten überlegen, kann ihn steuern und beeinflussen. Vorgesetzten sind diese Zusammenhänge selbstverständlich bekannt. Ein Vorgesetzter kann deswegen versuchen, seinen Informations- und Machtvorsprung zu halten. Er gibt nur begrenzte Informationen weiter. Dieses Verhalten wird im sogenannten *Management by Champignons* karikiert. Die Regeln heißen:

◆ Halte die Mitarbeiter im Dunkeln!

◆ Gebe gelegentlich eine Ladung Mist drauf!

◆ Sobald sich die ersten Köpfe zeigen, schlage sie ab!

Führungsverhalten kann das Informationsangebot auch im positiven Sinne beeinflussen. Vorgesetzte informieren ihre Mitarbeiter unter Umständen breiter, als es für die Aufgabe objektiv nötig ist. Allerdings sinken die Chancen der Vorgesetzten immer mehr, willkürlich zu informieren oder Informationen vorzuenthalten. Informationen werden heute nur noch zu einem kleinen Teil persönlich übermittelt. Die große Masse aller Informationen kann aus Informationssystemen entnommen werden, soweit ein Mitarbeiter dafür eine Zugriffsberechtigung besitzt. Wenn er aufgrund seiner Aufgaben erklären kann, weshalb er bestimmte Informationen benötigt, dürfte es schwer sein, diese Forderung zu ignorieren oder zu unterdrücken. Durch Zugriffsberechtigungen auf solche Informationssysteme wird der Informationszugriff immer stärker demokratisiert.

Dennoch gibt es vielfältige Gründe dafür, dass Informationsbedarf und Informationsangebot auseinanderfallen können. Die beiden „Kreise" zur Deckung zu bringen, ist nicht einmal theoretisch möglich.

6.2.4   Informationsnachfrage

Der Informationsbedarf lässt sich zumindest theoretisch objektiv ermitteln. Dabei wird von der Annahme ausgegangen, dass sich aus den Aufgaben der Bedarf ableiten lässt.

Die Informationsnachfrage hängt jedoch entscheidend von der subjektiven Einschätzung des Nachfragers ab. Diese subjektive Einschätzung kann dazu führen, dass

◆ zu viele Informationen (Übernachfrage)

◆ zu wenige Informationen (Unternachfrage)

nachgefragt werden.

Gründe für die *Übernachfrage* können sein:

◆ Fehlende Kenntnis des Informationsbedarfes

◆ Informationen gelten als Status-Symbole

◆ Informationen als Mittel zu Machtausübung

◆ Sicherheitsdenken (Je mehr ich weiß, desto weniger kann mir passieren)

◆ Alibi-Funktion (Ich habe alles versucht!).

Gründe für die *Unternachfrage* können sein:

◆ Fehlende Kenntnis des Informationsbedarfes

◆ fehlende Kenntnis der Informationsquellen

◆ fehlende Kenntnis der Beschaffungswege

◆ mangelnde Bereitschaft, sich um Informationen zu bemühen; u. U. auch gegen den Widerstand anderer

◆ hohe Risikobereitschaft (mal sehen, ob man bei Nebel nicht doch nach Sicht fliegen kann).

Letztlich kann Übernachfrage und Unternachfrage auf drei Ebenen zurückgeführt werden:

◆ Mangelnde Schulung für die übertragene Aufgabe

◆ persönliche Merkmale, die mehr dem psychologischen Bereich zugeordnet werden können wie Sicherheitsstreben, Machtanspruch o. ä.

◆ persönliche Merkmale, die mehr dem Qualifikationspotential zugeordnet werden können (manche Menschen haben den Blick für das Wesentliche, können abstrakt denken usw., was anderen nicht oder nicht in gleichem Umfang antrainiert werden kann).

Nur die erste der drei Ebenen ist durch aktive Maßnahmen beeinflussbar. Darin liegt eine weitere Erklärung, weshalb die völlige Deckung von Informationsbedarf, -angebot und -nachfrage eine rein theoretische Maximalforderung ist.

Weiterführende Literatur dieses Abschnitts

Berthel, J.: Betriebliche Informationssysteme. Stuttgart 1975

Berthel, J.: Informationsbedarf. In: Handwörterbuch der Organisation. Hrsg. v. E. Frese. 3. Aufl., Stuttgart 1992, Sp 872 - 886

Blohm, H.: Die Gestaltung des betrieblichen Berichtswesens als Problem der Leitungsorganisation. Herne / Berlin 1970

Bromann, P.: Erfolgreiches strategisches Informations-Management. Landsberg a.L. 1987

Curth, M.; H.B. Wyss: Information Engineering. München 1988

Fisher, D.T.: Produktivität durch Information Engineering. Wiesbaden 1990

Hahn, D.: PuK-Controllingkonzepte. 5. Aufl., Wiesbaden 1996

Koreimann, D.: Methoden der Informationsbedarfsanalyse. Berlin /New York 1976

Krüger, W.: Organisation der Unternehmung. 3. Aufl., Stuttgart / Berlin / Köln 1994

Krüger, W.; P. Pfeiffer: Informationsmanagement zur Unterstützung der Wettbewerbsstrategie. In: Hahn, D.; B. Taylor (Hrsg.): Strategische Unternehmensplanung / Strategische Unternehmensführung. 6. Aufl., Heidelberg 1992, S. 504 - 526

Martin, J.: Information Engineering. Book I: Introduction. Englewood Cliffs 1989

Martin, J.: Information Engineering. Book II: Planning and Analysis. Englewood Cliffs 1990

Martin, J.: Information Engineering. Book III: Design and Construction. Englewood Cliffs 1990

Mertens, P.; J. Griese: Industrielle Datenverarbeitung, Bd. 2. Informations- und Planungssysteme. 2. Aufl., Wiesbaden 1982

Szypersky, N. u. a.: Bürosysteme in der Entwicklung: Studien zur Typologie und Gestaltung von Büroarbeitsplätzen. Braunschweig / Wiesbaden 1982

7 Kommunikationssystem

7.1 Begriff

Die Abgabe, Übermittlung und Aufnahme von Informationen wird als Kommunikation bezeichnet. Die Kommunikation kann zwischen Personen (Stellen), zwischen Personen und Sachmitteln (z. B. Abfrage eines Bestandes durch einen Sachbearbeiter) und zwischen Sachmitteln (z.b. PC sendet an ein Telefaxgerät) stattfinden. Die Kommunikation soll wiederum verdeutlicht werden am Beispiel von Herrn Autran, dem für die Auftragsabwicklung im Verlag zuständigen Mitarbeiter.

Herr Autran kann seine Aufgaben beispielsweise nur dann sinnvoll erfüllen, wenn er

♦ seine Ziele und Aufgaben kennt

♦ allgemeine Rahmenrichtlinien vorgegeben bekommt, z. B. Anweisung zur Bearbeitung von Reklamationen

♦ Einzelanweisungen bei Sonderfällen oder definierten Ereignissen erhält.

Ziele, Aufgaben, Rahmenrichtlinien und Einzelanweisungen werden normalerweise auf dem *Dienstweg*, d. h. vom *Vorgesetzten* an den Mitarbeiter weitergegeben.

Des weiteren benötigt Herr Autran aber noch *Informationen von Kollegen* des Vertriebs oder aus anderen Bereichen. Dabei handelt es sich u. a. um

♦ allgemeine Plangrößen wie z. B. Produktionspläne, Lagerplanung, Absatzplanung, die ihm lediglich zur Kenntnis gegeben werden, damit er sich darauf einstellen kann

♦ aktuelle Informationen über Soll-Werte, Ist-Werte und Planabweichungen wie Bestände und Absatzzahlen.

Herr Autran selbst gibt auch an andere Stellen Informationen weiter.

Jede *Arbeitsteilung erfordert* einen *Austausch von Informationen*. Je weiter die Spezialisierung getrieben wird, desto größer ist die Notwendigkeit zur Abstimmung der Beteiligten. Diese Koordination wird durch die Weitergabe oder den Austausch von Informationen (= Kommunikation) gewährleistet; entweder durch *weisungsgebundene Kommunikation* - vom Vorgesetzten zum Mitarbeiter - oder durch *nicht weisungsgebundene Kommunikation* zwischen Kollegen oder anderen Stellen eines Unternehmens.

Hier wird von einem *Kommunikationssystem* als einem weiteren *Teilsystem* des Unternehmens gesprochen. *Elemente* des Kommunikationssystems sind wiederum Aufgaben, Aufgabenträger, Sachmittel und Informationen. Auf einer höheren Betrachtungsebene können auch Stellen Elemente des Kommunikationssystems sein, so etwa die Stelle *Auftragsabwicklung*, die mit der Stelle *Lager* kommuniziert.

Die *Beziehungen* können gekennzeichnet werden

◆ nach den Beteiligten in Mensch-Mensch, Mensch-Maschine, Maschine-Maschine Kommunikation

◆ nach der Art des Kontaktes in persönliche und technisch-unterstützte Kommunikation (Sitzung, Telefon, Brief, Datenleitung)

◆ nach der Beziehung der Stellen zueinander in weisungsgebundene und weisungsungebundene Kommunikation und

◆ nach dem Inhalt in Sprach-, Text-, Daten- und Bildkommunikation.

Wenn Herr Autran zu seinem Chef, dem Vertriebsleiter, gerufen wird, um neue Richtlinien für die Auftragsabwicklung zu empfangen, handelt es sich dabei um eine

◆ Mensch-Mensch-Kommunikation

◆ persönliche Kommunikation

◆ weisungsgebundene Kommunikation

◆ Sprachkommunikation.

Zur vollständigen Regelung einer Kommunikationsbeziehung sind weiterhin die *Dimensionen* zu bestimmen

◆ Raum (Büro des Vertriebsleiters)

◆ Zeit (sofort, einmal pro Woche etc.)

◆ Menge (Kapazität des Übertragungskanals, im Beispiel irrelevant).

Zu beachten ist, dass die Beziehungsarten nicht alternativ, sondern - wie im Beispiel - nebeneinander gleichzeitig zu regeln sind. Damit sieht der *Kommunikationswürfel* vereinfacht folgendermaßen aus.

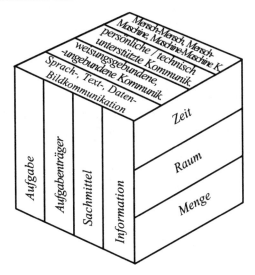

Abb. 7.1: Kommunikationssystem

Es wurde bereits bei der Behandlung des Informationssystems darauf hingewiesen, dass das *Kommunikationssystem* und das *Informationssystem eng miteinander verwoben* sind. So muss Herr Autran, um mit seinem Vorgesetzten überhaupt kommunizieren zu können, Fakten sammeln, Daten verdichten und dann seine Vorstellungen in Grafiken, Worte und Sätze umwandeln. Herr Autran muss also Informationen verarbeiten, ehe er kommunizieren kann. Hier wird die Kommunikation dennoch isoliert behandelt, um die besonderen Probleme der eigentlichen Kommunikation herauszuarbeiten.

Es besteht auch ein fast unlösbarer *Zusammenhang zum Sachmittelsystem*, setzt die Kommunikation doch fast immer bestimmte technische Einrichtungen wie Besprechungsräume, Telefon, Telefax, PC und Netzwerke voraus. Auch das *Sachmittelsystem* wird hier als ein *Teilsystem* angesehen und deswegen ebenfalls isoliert behandelt.

Diese kurzen Bemerkungen sollen noch einmal verdeutlichen, dass die *Teilsysteme* zwar *gedanklich isoliert erarbeitet* werden können, dann aber *gegenseitig aufeinander abgestimmt* werden müssen.

7.2   Bedeutung der Kommunikation

Büro- und Verwaltungsarbeit besteht zu einem sehr großen Teil aus Informationsverarbeitung und Kommunikation. Die folgende Abbildung (PICOT/REICHWALD „Effektivierung") zeigt, dass *mehr als ein Drittel* der Arbeitszeit direkt der *Kommunikation* zugeordnet werden kann (Besprechungen, Telefonate) und dass fast ein Viertel zumindest mittelbar zur Kommunikation zählt (Schriftgut hat fast immer das Ziel der Kommunikation).

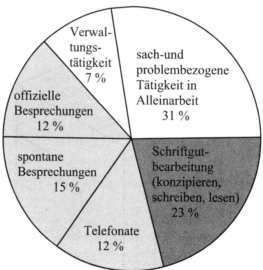

Abb. 7.2: Tätigkeitsstruktur (Arbeitszeit) im Bürobereich

Der Zeitanteil für Kommunikation ist zweifellos auf den mittleren und oberen Etagen einer Hierarchie und bei den Mitarbeitern von Planungsstäben (z. B. Projektarbeit in der Organisation) noch wesentlich größer.

So ist es nicht weiter verwunderlich, dass die Thematik *Kommunikation* in der Gegenwart eine sehr große Bedeutung erlangt hat, besonders durch den rasanten technischen Fortschritt auf diesem Gebiet. Es ist allerdings bemerkenswert, wie *steinzeitlich* heute noch in vielen Unternehmen *die Urform der Kommunikation* - Sitzungen, Besprechungen, Workshops usw. - abgewickelt wird. Oft werden notwendige Rollen - z.B. Moderator - nicht besetzt, wirkungsvolle technische Hilfsmittel wie Pinwände und Flipcharts stehen nicht bereit oder werden nicht genutzt. Neben der heute technisch verfügbaren Hochleistungskommunikation stehen mittelalterliche Formen der persönlichen Kommunikation.

Die Kommunikation ist *organisatorisch* und *betriebswirtschaftlich* sehr bedeutsam. Kommunikation verursacht normalerweise *Kosten*, so wie bei der Einrichtung eines Telefonanschlusses einmalige Installationsgebühren und laufende Kosten zu zahlen sind, teilweise abhängig, teilweise unabhängig von der Nutzung. Auch bei einer Kommunikation zwischen zwei Mitarbeitern fallen feste und veränderliche Kosten an, wenn diese Mitarbeiter mündlich Nachrichten austauschen. Während der Zeit einer Kommunikation kann normalerweise keine andere Leistung erbracht werden. Sender und Empfänger sind blockiert. Kosten sind die Gehalts- oder Lohnbestandteile, die auf die Kommunikationszeit entfallen.

Verzögerungen in der Kommunikation treten auf, wenn bei einem Mitarbeiter sehr viele Kommunikationswege zusammenlaufen, wenn also der Kanal relativ zu den Kommunikationsanforderungen zu klein ist. *Organisatorische Maßnahmen* in einer solchen Situation können beispielsweise sein die

- Verringerung der Kommunikationsnotwendigkeit, indem z.B. Aufgaben zusammengelegt werden
- Entlastung von anderen Aufgaben (Erhöhung der Kommunikationsbereitschaft)
- Übergang von mündlicher zu besser ausgleichbarer schriftlicher oder elektronischer Kommunikation
- technisch-organisatorische Unterstützung der Kommunikation etwa durch Workflow-Systeme
- Einrichtung eines zusätzlichen Kanals zu einem anderen Aufgabenträger
- die Verringerung der möglichen Sender.

Moderne Kommunikationssysteme erlauben *neue Formen der Organisation* wie zum Beispiel die *ganzheitliche Sachbearbeitung*, da es mit vertretbarem Aufwand möglich ist, Informationen zu jeder Stelle zu transportieren. Auch sind andere Formen der *räumlichen Organisation* technisch machbar und betriebswirtschaftlich vertretbar, wie das Beispiel *Telearbeit* zeigt. Die Kommunikationstechnik hat also die organisatorischen Möglichkeiten erheblich erweitert.

7.3   Modell der Kommunikation

Kommunikation ist die *Übertragung von Nachrichten* zwischen einem oder mehreren *Sendern* und einem oder mehreren *Empfängern*. Der Übertragungsweg wird *Kommunikationskanal* genannt.

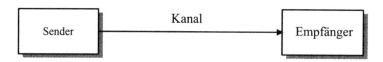

Abb. 7.3: Bestandteile der Kommunikation

Das Modell der Kommunikation soll nun erweitert und vertieft werden. Notwendige Bestandteile der Kommunikation sind ein Sender, ein Kanal und ein Empfänger. Für eine funktionierende Kommunikation reicht es aber nicht aus, einfach eine Nachricht abzusenden. Der *Sender* muss sich *auf die Erfordernisse des Empfängers einstellen*, damit er dort *richtig verstanden* wird.

Der *Empfänger* nimmt die Nachricht auf. Die Aufmerksamkeit hängt unter anderem ab von der Bedeutung der Nachricht für den Empfänger, aber auch vom Status des Senders. So werden beispielsweise Nachrichten von Höhergestellten aufmerksamer empfangen als Nachrichten von Untergeordneten.

Bei der *zwischenmenschlichen Kommunikation* ergibt sich das Problem, dass die weiterzuleitenden *Nachrichten* in irgendeiner Form vom Sender (z. B. in Worte, Signale, Bilder) *verschlüsselt* und vom Empfänger *entschlüsselt* werden müssen. Tatbestände (Gedanken, Empfindungen, Meinungen) müssen mit Begriffen belegt, d.h. über zwischengeschaltete *Bedeutungsumwandlungsprozesse* in eine Form gebracht werden, die vom Kommunikationspartner empfangen werden kann. Beim Empfänger läuft dann ein Bedeutungsrückwandlungsprozess ab. Er „interpretiert" die empfangene Nachricht. Herr Autran hört von seinem Vorgesetzten, dass „... schon wieder eine Partie falsch ausgeliefert wurde". Er wandelt die Bedeutung für sich so um: „Ich kritisiere Sie wegen dieses Falles, der sicherlich wieder durch Sie verursacht wurde". Es kann durchaus sein, dass der Chef ihn gar nicht kritisieren wollte. Dann hat Herr Autran eine Nachricht - aus der Sicht des Senders – „in den falschen Hals gekriegt", oder, feiner ausgedrückt, nicht in die vom Sender beabsichtigte Bedeutung zurückgewandelt.

Neben der Bedeutungsumwandlung gibt es analog dazu die *technische Umwandlung*. So wird beim Telefonieren die menschliche Sprache (Schalldruckverlauf) in elektrische Impulse umgewandelt, transportiert und beim Empfänger wiederum in Schalldruck rückgewandelt. Technische Umwandlung liegt beispielsweise auch vor, wenn gedankliche Inhalte in eine Schriftform gebracht werden.

Kommunikationsprozesse laufen also, vereinfacht dargestellt, wie folgt ab:

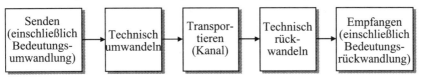

Abb. 7.4: Kommunikationsprozess

Von der bisher betrachteten *Kommunikation als Vorgang* kann die *Kommunikationsbeziehung* unterschieden werden. Eine Kommunikationsbeziehung ist ein Kanal - physikalisch oder abstrakt - über den Verbindung zu einem Kommunikationspartner aufgenommen werden kann. Der Kanal wird durch den Vorgang der Übertragung aktiviert. Beispielsweise muss Herr Autran am Ende jeder Woche einem Sachbearbeiter in der Personalabteilung die geleisteten Überstunden mündlich und am Monatsende schriftlich mitteilen. Zwischen Herrn Autran und dem Sachbearbeiter besteht permanent eine Kommunikationsbeziehung. Kommunikation findet jedoch nur einmal je Woche und zusätzlich einmal je Monat statt. Inhalt der Kommunikation sind Informationen über Überstunden.

7.4   Störungen der Kommunikation

Kommunikation umschließt alle Vorgänge der Abgabe, Übermittlung und Aufnahme von Informationen. Ein derartiger Vorgang setzt in jedem Fall menschliche und /oder maschinelle Sender und Empfänger voraus. Die bei der Kommunikation möglichen *Störungen* zeigt Abb. 7.5.

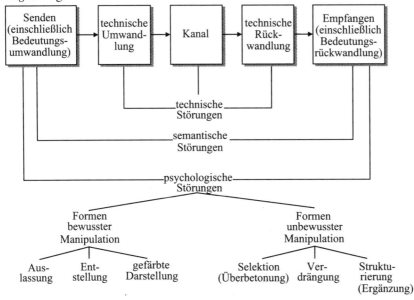

Abb. 7.5: Störungen in der Kommunikation

Die möglichen Störungen sollen etwas näher beleuchtet werden.

1. *Technische Störungen* beruhen auf Signalverzerrungen während der technischen Umwandlung, des Transports oder der Rückwandlung. Typische Beispiele sind das Rauschen in der Telefonleitung, das - technisch bedingt - eine unverzerrte, vollständige Aufnahme verhindert, Datenverluste beim Transport oder Fehler bei der Dateneingabe.

2. *Semantische (intellektuelle) Störungen* beruhen auf Abweichungen zwischen der Bedeutungsumwandlung des Senders und der Bedeutungsrückwandlung des Empfängers. Es besteht keine Einigkeit zwischen den Beteiligten über den Bedeutungsgehalt von Worten oder Aussagen - ein und demselben Wort werden unterschiedliche Inhalte beigemessen, weil eine gemeinsame Definition fehlt. Die Verantwortung liegt hier beim Sender, seine Denkinhalte so zu formulieren, dass sie der Empfänger im gewünschten Sinn versteht. Konkret bedeutet das beispielsweise, möglichst wenig Fremdworte oder Fachausdrücke zu verwenden, wenn mit einem Nichtfachmann kommuniziert wird, oder zurückfragen um zu prüfen, wie eine Nachricht angekommen ist. Semantische Störungen treten immer dann auf, wenn Mitarbeiter oder ganze Organisationseinheiten eine eigene Sprache entwickeln, die von anderen nicht verstanden wird. So haben beispielsweise Mediziner bewusst eine eigene Sprachwelt entwickelt, die vom medizinischen Laien kaum zu verstehen ist.

3. *Psychologische Störungen* ergeben sich aus der Tatsache, dass Kommunikation vorrangig ein sozialer, d. h. ein zwischenmenschlicher Vorgang ist. Neben *bewussten Störungen (Manipulationen)*, die ausschließlich auf den Sender zurückzuführen sind, gibt es *unbewusste Störungen*, die sowohl beim Sender wie beim Empfänger auftreten können. Typisches Beispiel für bewusste Manipulation, die zu Störungen führen, sind das *Auslassen* oder *Entstellen*. Der Empfänger soll dabei in die Irre geführt werden. So kommt es bei Organisationsuntersuchungen immer wieder dazu, dass Probleme verschwiegen oder verniedlicht werden. Dadurch versuchen die Betroffenen, sich in ein möglichst gutes Licht zu rücken.

Ein weiteres Beispiel ist die *gefärbte Darstellung*, die etwa in Personalbeurteilungen anzutreffen ist. „Der Mitarbeiter hat sich bemüht, die ihm übertragenen Aufgaben gewissenhaft und pünktlich zu erledigen"; diese Formulierung wird häufig gewählt, wenn die Leistung eines Mitarbeiters unbefriedigend war. Er hat sich eben nur bemüht, ohne dass es ihm gelang. Solche gefärbten Aussagen sind nur zwischen den Zeilen zu entschlüsseln und bieten dem Sender immer ein offenes Türchen für ein Rückzugsgefecht.

Weitaus schwieriger zu erkennen und zu verhindern sind *unbewusste Manipulationen*. Ein typisches Beispiel ist die *Verdrängung*. Psychisch gesunde Menschen neigen dazu, eigene Schwächen, Misserfolgserlebnisse, Pannen und unangenehme Erfahrungen zurückzudrängen und aus dem aktuellen Bewusstsein zu löschen. Nur mit bewusster Anstrengung gelingt es, solche Sachverhalte zu aktivieren, sie ins Gedächtnis zurückzurufen. Mit der Verdrängung korrespondiert die *Selektion*, d. h. die Hervorhebung, die besondere Betonung bestimmter Sachverhalte. Jeder Mensch filtert unbewusst aus der wahrgenommenen Realität solche Inhalte heraus, die seinen Bedürfnissen, Einstellungen und Werthaltungen entgegenkommen, sie stärken oder stützen - man sieht, was man sehen möchte. Es fallen Dinge stärker auf, die man zu sehen gewohnt ist. Auf dieser Linie liegt beispielsweise die schon biblisch verbriefte Erfahrung, dass „der Splitter im Auge des Nächsten" selektiert und der „Balken im eigenen Auge" verdrängt wird. Auch die Überbetonung von Ausnahmefällen gehört hierher. Werden Mitarbeiter in Organisationsprojekten befragt, schildern sie oft Sachverhalte so, als wenn es nur Sonderfälle oder Spezialprobleme geben würde. Das liegt vor allem daran, dass Menschen sich Sonderfälle besser merken, während sie Normalfälle (Routine) ohne großes Nachdenken abwickeln.

Schließlich gehört die *Strukturierung* bzw. *Ergänzung* noch in die Rubrik der unbewussten Manipulation. So werden beispielsweise Dinge hinzugefügt, die vorhanden sein sollten. Oder es wird eine unvollständige Nachricht so vervollständigt, wie es der Empfänger erwartet oder wie es aus der Erfahrung sein sollte. Je mehr Erfahrungen ein Mensch hat, desto mehr neigt er dazu, seine Erfahrungen ungeprüft auf andere Fälle zu übertragen. Dieses Phänomen wird oft an suggestiven Fragen sichtbar: „Und dann stimmen Sie sich doch sicherlich mit der Personalabteilung ab?". Hier hat der Erheber schon weitergedacht, strukturiert.

7.5   Beteiligte der Kommunikation

Mensch-Mensch-Kommunikation

Bei der Mensch-Mensch-Kommunikation sind Aufgabenträger sowohl Sender wie auch Empfänger. Die oben erwähnten semantischen und psychologischen Störungen sind typisch für die Mensch-Mensch-Kommunikation.

Wichtige Formen der Mensch-Mensch-Kommunikation sind Anweisungen, Rückmeldungen, Berichte, Sitzungen und Tagungen.

Die Mensch-Mensch-Kommunikation kann sein

◆ persönlich durch das Medium Sprache
◆ technisch unterstützt z. B. durch
  – Visualisierung
  – Telefon, Telefax, Electronic Mail, Workflow-Systeme
  – Brief, Notiz, Bericht.

Mensch-Maschine-Kommunikation

Ein Mensch ist Sender oder Empfänger und die Maschine übernimmt die Partnerrolle. So kann z. B. der Computer Herrn Autran unaufgefordert darauf hinweisen, dass ein Kunde eine schlechte Bonität hat, und dass ihm deswegen Waren nur noch per Nachnahme zuzustellen sind. Der Computer kann aber auch Vorschläge machen, wie z. B. Nachnahme, neue Auskunft einholen, Bankbürgschaften beibringen o. ä.

Andererseits kann der Mensch auch den Computer „befragen" - z.B. Reports abrufen - um aufgrund bestimmter Informationen seine Entscheidungsgrundlage zu verbessern.

In der Form einer computerunterstützten Sachbearbeitung oder auch bei der Nutzung sogenannter Expertensysteme kommunizieren Menschen mit Maschinen.

Maschine-Maschine-Kommunikation

In diesem Fall kommunizieren zwei Sachmittel untereinander. So kann etwa ein dezentraler Computer automatisch, d. h. ohne menschlichen Eingriff bestimmte Informationen an ein zentrales System geben. Beispielsweise wird in der zentralen Datenverarbeitung registriert, wer, wann, wie lange bestimmte Datenbestände nutzt. Oder es wird automatisch ein Meldebestand an einen zentralen Rechner weitergegeben, wenn eine bestimmte Mindestmenge im Lager unterschritten wird. Möglicherweise werden im zentralen Rechner Prozeduren ausgelöst, mit denen Vorschläge für die Materialbeschaffung und Produktion erarbeitet werden. Maschinen kommunizieren miteinander und lösen dabei Aufgaben aus, die wiederum von Maschinen erledigt werden.

In der Vergangenheit haben einige Unternehmen unter dem Schlagwort *Computer Integrated Manufacturing (CIM)* versucht, von der Bestellung eines Produktes über den Einkauf bis zur Fertigung und Auslieferung durch Maschine-Maschine-Kommunikation Prozesse zu automatisieren, so dass sich ein derartiges System weitgehend selbst steuert. Von diesem hoch gesteckten Ziel mussten allerdings erhebliche Abstriche gemacht werden. Diese Vorhaben sind jedoch nicht an technischen Problemen der Kommunikation sondern an der sehr hohen Komplexität der abzubildenden Situation und der Problematik gescheitert, dass die zukünftigen Anforderungen oft nicht vorhergesehen werden können.

7.6   Persönliche und technisch-unterstützte Kommunikation

Die *persönliche Kommunikation* hat den persönlichen *Kontakt* und die *Sprache*, die nicht durch technische Hilfsmittel unterstützt wird, als Medium. Zur Verstärkung werden oftmals technische Hilfen wie Flip-Chart, Tafel, Tageslichtschreiber, Plantafel, Pinwand o. ä. hinzugezogen.

Ein wesentliches Merkmal ist die *persönliche Beziehung*, die die Übermittlung von Nachrichten und damit die *Verständigung erleichtert*. Hinzu kommt die *non-verbale Kommunikation*, das sind Informationen, die sich aus dem Auftreten, der Kleidung, der Gestik und Mimik, der Sprachfärbung, der Sitzhaltung usw. ableiten lassen und die allesamt geeignet sind, sich besser zu verstehen, d.h. die *Bedeutungsrückwandlung* zu *verbessern*.

Die Vorteile der persönlichen Kommunikation werden auch im Geschäftsleben offensichtlich sehr hoch eingeschätzt. Das erklärt den hohen Anteil für Reisen, Besuche und Besprechungen, die zumindest theoretisch durch telefonische oder schriftliche Kommunikation und durch Videokonferenzen ersetzt werden könnten. Dennoch ziehen es die Beteiligten oft vor, sich persönlich zu treffen, was nicht nur abfällig als „Geschäftstourismus" bezeichnet werden sollte.

Die *technisch-unterstützte*, oder bei der Sachmittelkommunikation die rein *technische Kommunikation*, verwendet immer Sachmittel zur Übertragung. Solche Sachmittel können sein Briefe, Telefon, Telefax, Datennetze, Telekommunikationsdienste sowie die zugehörigen Endgeräte.

Die Kommunikationstechnik wandelt sich rasch. Insbesondere durch die Liberalisierung der Kommunikationsmärkte - Aufhebung des Postmonopols - haben sich erhebliche Veränderungen sowohl im Umfang der Leistungen wie auch bei den Kommunikationskosten ergeben.

In der Abb. 7.6 wird der Zusammenhang zwischen der Form der Kommunikation und deren Eignung im Hinblick auf die Merkmale Schnelligkeit / Bequemlichkeit, Komplexität - der zu übermittelnden Information -, Vertraulichkeit der Information und gewünschte Genauigkeit dargestellt. Außerdem wird noch angedeutet, dass mit zunehmender Komplexität und zunehmenden Anforderungen an die Schnelligkeit und Bequemlichkeit eine technische Unterstützung immer wichtiger wird (nach KRÜGER).

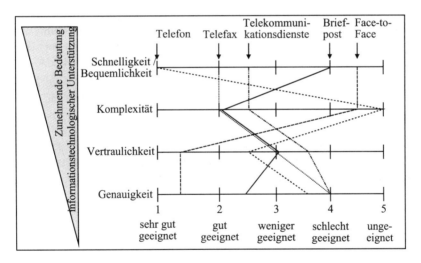

Abb. 7.6: Eignung unterschiedlicher Kommunikationsformen (KRÜGER)

7.7 Weisungsgebundene und weisungsungebundene Kommunikation

Die *weisungsgebundene Kommunikation* soll hier nur erwähnt werden. Ihr ist ein eigener umfangreicher Abschnitt gewidmet (Leitungssysteme, Kapitel 5). Sie beinhaltet die auf den Weisungswegen laufenden Anordnungen und Informationen der Vorgesetzten und die Rückmeldungen und Anfragen der Mitarbeiter.

Darüber hinaus gibt es Kommunikationsbeziehungen zwischen Mitarbeitern, die die weisungsgebundene Kommunikation überlagern. Diese *weisungsungebundene Kommunikation* dient der *Koordination*.

7.7.1 Kommunikationswege

Theoretisch müsste jeder Mitarbeiter mit jedem anderen koordiniert werden. Das ist jedoch praktisch unmöglich, weil „man vor lauter Kommunikation nicht mehr zum Arbeiten käme". Deswegen muss die Zahl der möglichen Kontakte reduziert werden, wie anhand der Komplexität von Systemen verdeutlicht werden soll.

Der Grad der *Komplexität* ist ein wichtiges Merkmal von Systemen. Komplexität wird an der *Zahl der Beziehungen* in einem System gemessen. Die Zahl der insgesamt möglichen Kommunikationsbeziehungen zwischen den einzelnen Mitgliedern innerhalb eines Systems wächst mit jedem zusätzlichen Mitglied um die Anzahl der bereits vorhandenen Mitglieder. Die möglichen Beziehungen wachsen also progressiv. Bei nur 50 Mitgliedern gibt es bereits 1.225 und bei 100 Mitgliedern 4.950 mögliche zweiseitige Kommunikationsbeziehungen. Bereits diese Zahlen machen deutlich, dass schon bei mittelgroßen Unternehmen die Kommunikationsbeziehungen künstlich reduziert, d. h. organisatorisch gebunden und auf den notwendigen Umfang beschränkt werden müssen. Andernfalls würde sich ein System nur noch mit sich selbst und nicht mehr mit dem Markt beschäftigen. Diese Begrenzung ist letztlich auch notwendig, um schnell zu reagieren und die Kommunikationskosten in Grenzen zu halten.

Der absolute *Mindestumfang* an Kommunikationswegen wird durch die *Hierarchie* bestimmt. Jeder Mitarbeiter muss mit seinem (seinen) Vorgesetzten und mit seinen eigenen Mitarbeitern kommunizieren können. Bestehen darüber hinaus keine weiteren Kommunikationswege, wird auch von einem *völlig indirekten Verkehrsweg* bzw. dem *Dienstweg* gesprochen. Diese Lösung herrscht heute noch in der öffentlichen Verwaltung vor. Allerdings gibt es auch dort wie in der Privatwirtschaft Formen der Sekundärorganisation, durch die weitere Kommunikationswege eröffnet werden.

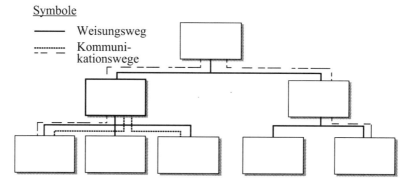

Abb. 7.7:Völlig indirekter Verkehrsweg (Kommunikationskanal)

Diese Lösung wird in der folgenden Übersicht bewertet.

Bewertung völlig indirekter Verkehrswege	
🖑 **Vorteile**	🖑 **Nachteile**
• Die Positionsautorität der Vorgesetzten wird gestützt • der Vorgesetzte ist jederzeit über alles informiert, was in seinem Bereich geschieht • das Leitungssystem wird nicht durch inoffizielle oder informelle Nebenweisungswege aufgeweicht.	• Der Weg über die Hierarchie ist langwierig, schnelle Anpassungsmaßnahmen werden erschwert • die Leitungsstelleninhaber spielen eine - hoch bezahlte - Briefträgerrolle • unerwünschte Informationen können von den Zwischenstationen ausgefiltert bzw. so lange abgepuffert werden, bis sie wirkungslos sind • Informationen werden vom Sender zurückgehalten, etwa aus Angst vor möglichen Nachteilen oder aus Resignation „weil sowieso nichts durchkommt".

Direkte Verkehrswege bestehen, wenn ein Mitarbeiter unmittelbar mit einem anderen Mitarbeiter aus einer anderen Abteilung kommunizieren kann, ohne dass ein Weisungsweg zwischen ihnen besteht. Direkte Verkehrswege sind umgekehrt zu beurteilen wie die indirekten Verkehrswege. Sie sind schnell, flexibel, verzerrungs- und filterfrei und fördern die Kommunikationsbereitschaft. Nachteilig ist die mögliche Unterminierung der Vorgesetztenposition durch fehlende Information und informelle Nebenweisungswege.

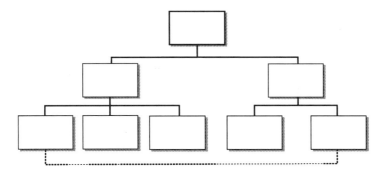

Abb. 7.8: Direkter Verkehrsweg

Schließlich gibt es noch als Zwischenform den *teilweise indirekten Verkehrsweg*, der auch hinsichtlich der Beurteilung eine Mittelstellung einnimmt.

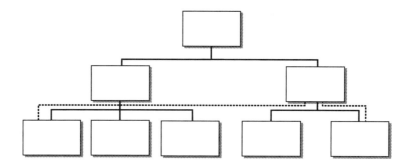

Abb. 7.9: Teilweise indirekter Verkehrsweg

Weitere mögliche *Zwischenformen* sind:

◆ Direkter Kontakt mit nachträglicher formloser Benachrichtigung der zuständigen Instanz

◆ direkter Kontakt mit genauem abschließenden Bericht an die Instanz

◆ grundsätzlich sind die Weisungswege einzuhalten. Es gibt allerdings dauerhafte oder gelegentliche Ausnahmegenehmigungen, direkte Kontakte aufzunehmen.

Als *Kriterien* für die Wahl der organisatorischen Regelung kommen u. a. in Frage:

◆ Wichtigkeit der Nachrichten

◆ Dringlichkeit der Nachrichten (Konkurrenzdruck hinsichtlich Schnelligkeit)

◆ Notwenigkeit der Abstimmung aus Gründen der
  – Arbeitsteilung
  – Komplexität der zu bewältigenden Aufgaben

◆ Tiefe der hierarchischen Gliederung, gemessen an der Zahl einzuschaltender Stationen beim völlig indirekten Weg.

7.7.2 Hierarchieüberlagernde Kommunikationsbeziehungen (Sekundärorganisation)

Neben den dauerhaft eingerichteten Stellen und Abteilungen gibt es noch weitere zeitlich befristete und / oder nur einen Teil der Kapazität der Beteiligten beanspruchende Lösungen, die ebenfalls primär der Kommunikation - mit dem Ziel der Koordination - dienen. Diese Formen wurden bereits im Abschnitt Sekundärorganisation behandelt. Die *Sekundärorganisation* mit ihren Erscheinungsformen wie zum Beispiel

◆ Projektgruppen

◆ Kollegien / Ausschüsse

◆ Workshops

schließt Kommunikationswege kurz und beschleunigt dadurch die Kommunikation.

7.8   Sprach-, Text-, Daten- und Bildkommunikation

Nach dem Inhalt kann die Sprach-, Text-, Daten- und Bildkommunikation unterschieden werden.

Sprachkommunikation liegt vor, wenn das gesprochene Wort zur Übertragung von Nachrichten verwendet wird. Sprachkommunikation kann in zwei Formen auftreten

◆ persönliche Kommunikation

◆ technisch-unterstützte Kommunikation.

Die persönliche Sprachkommunikation findet - wie erwähnt - in der Form von Besprechungen, Sitzungen und Besuchen statt.

Die *Sprachkommunikation* kann *technisch unterstützt* werden durch

◆ Visualisierungshilfsmittel (Tafel, Pinwand, Overhead, Flip Chart)

◆ Telefon

◆ *Spracheingabe bei Datenverarbeitungsanwendungen*, z. B. sprachliche Befehle, die vom Computer verstanden werden und Spracheingabe z.B. in der Textverarbeitung oder bei Auskunftssystemen - hier sind erste Anwendungen realisiert. Für die Zukunft sind auf diesem Gebiet erhebliche Fortschritte zu erwarten.

◆ *Sprachausgabe.* Automaten oder Computer sprechen mit dem Benutzer. So weist z. B. eine freundliche Stimme den Autofahrer darauf hin „Gurt anlegen", „Ölstand prüfen".

Das mit Abstand wichtigste System zur technisch-unterstützten Sprachkommunikation ist das Telefon. Die überragende Bedeutung des Telefons wird zweifellos auch zukünftig bestehen bleiben.

Textkommunikation liegt vor, wenn das geschriebene Wort zur Übertragung von Nachrichten verwendet wird. Textkommunikation setzt immer eine technische Unterstützung voraus, und sei es nur ein Blatt Papier.

Wichtige Formen der Textkommunikation sind:

◆ Briefe, Berichte, Protokolle, die durch die sogenannte „gelbe Post" oder durch eigens eingerichtete Boten- oder Transportdienste übermittelt werden

◆ Telefax und Telex, die spezielle Endgeräte voraussetzen. Die Texte werden auf dem normalen Telefonnetz übertragen

◆ Personal Computer, die miteinander verbunden sind und Texte über interne bzw. externe Netze übertragen

◆ T-Online (Telekom), Bluewindow (Swisscom) oder andere Anbieter von Diensten, bei denen ein Fernsprechteilnehmer mit jedem anderen Teilnehmer kommunizieren kann.

Datenkommunikation liegt vor, wenn Nachrichten in digitalisierter Form zwischen Einheiten eines Datenverarbeitungssystems weitergeleitet oder ausgetauscht werden. Dazu zählen die Datenfernverarbeitung, der Dialog von Rechnern wie auch die Kommunikation eines Terminals mit zentralen Einheiten.

Die Datenkommunikation kann - mit immer besseren Leistungsmerkmalen - auf dem analogen oder digitalen Fernsprechnetz erfolgen. Der Einsatz leistungsfähiger Computer erfordert jedoch spezielle, leistungsfähigere Netze.

Bildkommunikation liegt vor, wenn Bilder, Briefbögen und Zeichnungen übermittelt werden. Voraussetzung ist die Auflösung eines Bildes in einzelne Signale, die dann übertragen werden können. Die bisher am weitesten verbreiteten Formen sind das Kopieren bzw. Vervielfältigen, der anschließende Versand der Bilder über die Post- oder Transportdienste und - mit stark zunehmender Tendenz - das Telefax. Die Übermittlung von bewegten Bildern (wie Filme) z.B. über das Internet wird zukünftig sehr bedeutsam werden.

Weiterführende Literatur zu diesem Abschnitt

Bellmann, K.B.: Kostenoptimale Arbeitsteilung im Büro. Der Einfluß neuer Informations- und Kommunikationstechnik auf Organisation und Kosten der Büroarbeit. Berlin 1989

Frese, E.; A .v. Werder: Bürokommunikation. In: Handwörterbuch der Organisation. Hrsg. v. E. Frese. 3. Aufl., Stuttgart 1992, Sp. 374 - 390

Frese, E.: Grundlagen der Organisation. Konzept - Prinzipien - Strukturen. 7. Aufl., Wiesbaden 1998

Gebert, D.: Kommunikation. In: Handwörterbuch der Organisation. Hrsg. v. E. Frese. 3. Aufl., Stuttgart 1992, Sp. 1110 - 1121

Kosiol, E.: Organisation der Unternehmung. Wiesbaden 1962

Krüger, W.: Organisation der Unternehmung. 3. Aufl., Stuttgart / Berlin / Köln 1994

Krüger, W.; P. Pfeiffer: Informationsmanagement zur Unterstützung der Wettbewerbsstrategie. In: Hahn, D.; B. Taylor (Hrsg.): Strategische Unternehmensplanung / Strategische Unternehmensführung. 6. Aufl., Heidelberg 1992, S. 504 - 526

Kubicek, H.: Informationstechnologie und Organisationsstruktur. In: Handwörterbuch der Organisation. Hrsg. v. E. Frese. 3. Aufl., Stuttgart 1992, Sp. 937 - 958

Peuker, J.: Grundlagen der Datenverarbeitung. Gießen 1994

Picot, A.; R. Reichwald: Bürokommunikation. 3. Aufl., Hallbergmoos 1987

Redel, W.: Kollegienmanagement. Effizienzaussagen über Einsatz und interne Gestaltung betrieblicher Kollegien. Bern / Stuttgart 1982

Reiß, M.; H. Schuster: Organisatorische Erfolgsfaktoren des Groupwareeinsatzes. Office Management 6 / 1994, S. 18 - 24

Witte, E.: Kommunikationstechnologie. In: Handwörterbuch der Organisation. Hrsg.: E. Grochla. 2. Aufl., Stuttgart 1980, Sp. 1048-1056

8 Sachmittelsystem

8.1 Begriff

Herr Konsul ist als Kundenberater in einer Bank für die umfassende Beratung und Bedienung von Privatkunden zuständig. Ausgenommen sind lediglich spezielle Aufgaben wie Vermögensberatung und Großkredite. Herr Konsul hat seinen Arbeitsplatz in der Kundenhalle.

Um seine Aufgaben erfüllen zu können, setzt Herr Konsul verschiedene Sachmittel ein. Möchte ein Kunde Geld abheben, löst er einen Auszahlungsvorgang an seinem Terminal aus. Ein sogenannter Automatischer Kassentresor gibt das Geld in der gewünschten Stückelung aus. Will ein Kunde einen Dauerauftrag ändern, gibt er die Daten in sein System ein. Wünscht ein Kunde Scheckvordrucke, entnimmt Herr Konsul die Wertvordrucke einem speziell gesicherten Schrank und legt sie in ein spezielles Gerät, mit dessen Hilfe die Kundendaten gedruckt werden. Wünscht ein Kunde einen Kredit, holt Herr Konsul die Kreditakte aus einem Schrank in der Registratur. Will der Kunde Wertpapiere kaufen, informiert sich Herr Konsul über Telefon, ehe er einen Kaufauftrag über sein Terminal weiterleitet.

Herr Konsul sitzt also an einem Knoten in einem vielfach *vermaschten Netz von Sachmitteln, die auf unterschiedliche Weise miteinander verbunden sind.* Dieses Beispiel macht deutlich, dass die Ausstattung mit Sachmitteln nicht nur aus der Perspektive einer einzelnen Stelle beurteilt werden kann. Da Mitarbeiter aus verschiedenen Geschäftsstellen auf zentral gespeicherte Daten zurückgreifen, und Auszahlungen am Kassentresor wie auch der Kauf von Wertpapieren dem Konto des Kunden belastet werden müssen, sind vielfältige *Wechselwirkungen zwischen den unternehmensweit eingesetzten Sachmitteln* zu beachten. Die *Sachmitteltechnik wächst* immer mehr *zusammen.*

Heute kann man nicht mehr von einem punktuell wirksamen Sachmitteleinsatz sprechen. Vielmehr geht es um die *Gestaltung eines Sachmittelsystems.* Elemente des Sachmittelsystems sind wiederum die Grundelemente der Organisation: Die unterschiedlichsten Sachmittel, Aufgaben, Aufgabenträger und Informationen.

Beziehungen im Sachmittelsystem können z. B. sein:

◆ *materielle Beziehungen*, wie z. B. die Leitung zwischen den Terminals und der zentralen Datenverarbeitung oder der Anschluss eines Druckers an einen PC

◆ *funktionelle Beziehungen*, die darin bestehen, dass Sachmittel bestimmte gewünschte Leistungen bereitstellen, und damit auch für die Bewältigung vorgegebener Aufgaben geeignet sind. Wenn beispielsweise ein Berater Zinsberechnungen am Computer vornehmen kann, ist eine funktionelle Beziehung zwischen der Aufgabe (Zinsrechnung) und dem Sachmittel vorhanden.

Wird die Gesamtheit der in einem Unternehmen eingesetzten Sachmittel betrachtet sowie deren Beziehungen zueinander, wie auch zu den übrigen Elementen, dann hebt man damit einen *Teilsystem-Zusammenhang* heraus. Hier gilt die gleiche Aussage wie bei den bereits behandelten Teilsystemen: Die Konzentration auf ein Teilsystem ist ein gedanklicher Trick, der aus dem Systemdenken stammt. Selbstverständlich müssen auch die Abhängigkeiten zu den anderen Teilsystemen berücksichtigt werden, insbesondere zum Informations- und Kommunikationssystem aber auch zu den Stellen selbst. Beispielsweise dient das Terminal (Sachmittelsystem) der Erfassung und dem Abruf von Daten (Informationssystem). Das Terminal ist über ein Netz mit dem Großrechner verbunden (Kommunikationssystem). Der Bediener nutzt am Terminal eine computerunterstützte Sachbearbeitung, die im Vergleich zu früher seine Aufgaben verändert hat (Stellenbildung). Wenn in der Organisationsarbeit - wie es in dieser Schrift auch geschieht - das Element *Sachmittel isoliert behandelt* wird, muss es *anschließend* in einem *schrittweisen gegenseitigen (iterativen) Prozess mit den übrigen Teilsystemen abgestimmt* werden.

Hier wird ein relativ weiter Sachmittelbegriff verwendet: Sachmittel dienen dem Aufgabenträger bei der Erfüllung seiner Aufgaben oder stellen den materiellen Rahmen der Aufgabenerfüllung dar. Im Sinne dieser Definition zählen zu den Sachmitteln:

◆ Gebäude und Räume

◆ Büromöbel (z. B. Stühle, Tische, Container)

◆ Großrechner, Personal Computer einschließlich der Ein- und Ausgabeeinheiten, externer Speicher

◆ Standardsoftware wie Textverarbeitung, Tabellenkalkulation, Grafiksoftware, Tools für die Entwicklung von Software, Kommunikationssoftware

◆ Registraturgeräte, Registraturtechnik (Optical Disc, Ablagen, Lagervorrichtungen)

◆ Visualisierungstechnik (Flip Chart, Pinwand, Overhead-Projektor, Liquid Cristal Display)

◆ Schreibgeräte

◆ Vordrucke (Formulare)

◆ Transportgeräte (Förderanlagen)

◆ Sicherheitssysteme

◆ Personenrufanlagen

◆ Interne und öffentliche Netze und Dienste (z,B. Telefon, ISDN, Internet).

Abb. 8.1: Sachmittel am Arbeitsplatz

Sachmittel können somit den *Rahmen der Aufgabenerfüllung* darstellen (Räume, Stühle, Möbel), den *Menschen unterstützen* (Textverarbeitung auf dem PC) oder *eigenständig Teilaufgaben bewältigen* (Operationen durch EDV-Programme, Versand eines Fax an einen ausgewählten Adressatenkreis). Die Auflistung der Sachmittel erhebt weder Anspruch auf Vollständigkeit noch soll der Versuch unternommen werden, zu systematisieren oder zu gruppieren. Viele Sachmittel können aus verschiedenen Blickwinkeln betrachtet und damit den unterschiedlichsten Gruppen zugeordnet werden.

Wenn die Sachmittel hier nicht im Einzelnen beschrieben, sondern lediglich aus organisatorischer Sicht behandelt werden, hat das verschiedene Gründe. Schon die obige Aufzählung der Sachmittel macht deutlich, wie breit diese Thematik ist. Es gibt vielfältige technische und funktionale Leistungsmerkmale. Der Rahmen dieser Schrift würde schnell bei dem Versuch gesprengt, sie vollständig zu beschreiben und zu werten. Für viele Sachmittel gibt es aktuelle und fundierte Informationsquellen. Für alle relevanten Sachmittel gibt es Fachzeitschriften, Bücher, Informationsmaterial der Hersteller und des Handels, Messen und Ausstellungen. Deswegen soll hier ein Hinweis auf diese Quellen genügen.

Im Folgenden wird die Thematik aus organisatorischer Sicht vertieft und eingeordnet.

Dazu gehören folgende Themen:

◆ Abhängigkeit des Sachmitteleinsatzes von Strategie, Struktur und Kultur

◆ organisatorische Aufgaben im Zusammenhang mit dem Einsatz von Sachmitteln

◆ Tendenzen der Sachmittelentwicklung und deren Auswirkungen auf die Organisation.

8.2   Strategie, Struktur, Kultur und Technik

Strategie und Technik

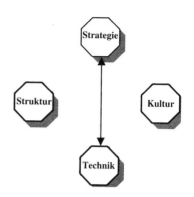

Grundsätzlich *dominiert* in der Beziehung zwischen Strategie und Technik *der Einfluss der Strategie auf die Sachmittel.* So kann eine Strategie größerer Kundennähe dazu führen, alle Aufgaben für eine bestimmte Kundengruppe in einer Stelle zu bündeln, die dann mit allen dazu benötigten Sachmitteln ausgestattet sein muss. Soll Herr Konsul die Kunden auch in deren Wohnung besuchen, benötigt er Technik, die er vor Ort nutzen kann (z.B. Notebook, Modem).

Die Strategie einer Unternehmung kann auch insofern die technische Ausstattung beeinflussen, als es Unternehmen gibt, die aus Imagegründen bewusst eine *technische Vorreiterrolle* übernehmen.

Es sind aber auch *Einflüsse der Technik auf die Strategie* einer Unternehmung denkbar. Besteht technisch die Möglichkeit, an jeder beliebigen Stelle jede gewünschte Information abzurufen oder in ein zentrales System einzugeben, fördert das die Strategie, die Beratung oder Bedienung von Kunden aus den Geschäftsräumen heraus zu verlagern. Ähnlich kann die Technik die Strategie im Personalbereich beeinflussen. Wenn beispielsweise die technische Infrastruktur eines Arbeitsplatzes nicht mehr an einen bestimmten Ort gebunden ist, kann die Anwesenheitspflicht aufgehoben (teleworking) oder der Anteil freier Mitarbeiter gesteigert werden.

Struktur und Technik

Die Beziehung zwischen der *Struktur* (Aufbau- und Ablauforganisation) *und* der *Technik* ist ebenfalls *wechselseitig.* Bestimmte organisatorische Lösungen erfordern eine angepasste technische Unterstützung. So kann ganzheitliche Arbeit nur realisiert werden, wenn die Technik dazu verfügbar ist. Soll beispielsweise die Geschäftsstelle einer Bank alle Aufgaben für ihre Kunden erledigen, ist das technisch abzusichern. Meistens gelingt das gut, da die informationstechnische Unterstützung relativ ortsungebunden ist. Die Organisation gibt die Anforderungen vor. Die zu beantwortende Frage lautet: Welche Sachmittel sind geeignet, die gewünschte Struktur möglichst wirkungsvoll umzusetzen?

Es gibt aber auch den umgekehrten Wirkzusammenhang. Im Zahlungsverkehr sind leistungsfähige Systeme zur Erfassung des Beleggutes heute auf so große Belegmengen ausgerichtet, dass sich ihr dezentraler Einsatz aus wirtschaftlichen Gründen nicht lohnt. Die am Markt verfügbare Technik und deren Kosten führen dazu, dass die Aufgaben des Zahlungsverkehrs entgegen einer allgemeinen Tendenz zur Dezentralisation vermehrt zentralisiert werden, um die Größenvorteile zu nutzen (economies of scale). In diesem Beispiel *dominiert die Technik die Organisation.*

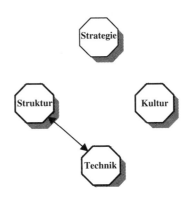

Kultur und Technik

Es gibt auch direkte *Beziehungen* zwischen der *Kultur* eines Unternehmens oder eines Bereichs einer Unternehmung und der eingesetzten *Technik.* Auch diese Beziehungen können wechselseitig sein.

Wenn die Mitarbeiter eine technische Unterstützung als wichtig und hilfreich ansehen, wenn eventuell eine bestimmte Technik sogar dazu beiträgt, den Status eines Mitarbeiters zu bestimmen, werden Mitarbeiter von sich aus eine derartige Technik anstreben. Sie werden Argumente suchen, weshalb sie diese technische Unterstützung unbedingt benötigen und dementsprechende Anträge stellen. Das Unternehmen hat dann die Aufgabe, den wahren Bedarf sorgfältig zu prüfen. Die individuelle Datenverarbeitung bietet dafür ebenso Beispiele wie ortsungebundene Kommunikationseinrichtungen (z.B. Mobile Telefone).

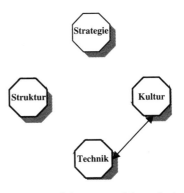

Umgekehrt kann aber auch eine Kultur den Einsatz bestimmter Sachmittel ver- oder behindern, selbst wenn aus organisatorischer Sicht deren Einsatz sinnvoll wäre. So wehren sich Sachbearbeiter möglicherweise gegen den dezentralen Einsatz von Software zur Textverarbeitung, weil sie sich nicht zu Schreibkräften „degradieren" lassen wollen. Börsenmakler wehren sich gegen elektronische Handelssysteme, weil diese ihren Berufsstand bedrohen. Technische Zeichner wehren sich gegen Computer Aided Design (CAD), weil das angeblich ihre Kreativität beeinträchtigt. In allen Fällen kann - wenn die Abwehrenden ausreichend stark sind - auch ein sinnvoller Einsatz leistungsfähiger Sachmittel unterbleiben, weil die Kultur (Werte, Ängste usw.) dagegen steht.

Neben diesen direkten Beziehungen zwischen Strategie, Struktur, Kultur und Technik gibt es auch mehrstufige, indirekte Abhängigkeiten. Werden beispielsweise aus kulturellen Gründen anspruchsvollere Aufgaben gewünscht, passt dazu die ganzheitliche

Sachbearbeitung. Diese hat wiederum konkrete technische Anforderungen zur Folge. Die Beispiele könnten beliebig verlängert werden.

8.2.1 Organisatorische Aufgaben beim Sachmitteleinsatz

Im Zusammenhang mit dem Einsatz von Sachmitteln entstehen folgende organisatorische Aufgaben.

◆ Bedarfsermittlung
◆ Auswahl geeigneter Sachmittel
◆ Einsatz der Sachmittel
◆ Unterstützung in der Anwendung.

Bedarfsermittlung

Der Einsatz von Sachmitteln sollte wie erwähnt immer in dem größeren Zusammenhang von Strategie, Struktur und Kultur gesehen werden. Oft wird Technik eingesetzt, weil sie „modern" ist, weil sie leistungsfähiger ist, als eine frühere Technik oder weil andere sie auch schon einsetzen. Das ist offensichtlich nicht immer sinnvoll. Nicht *die leistungsfähigste Technik* sollte genutzt werden sondern die Technik, die eine wirklich *benötigte Funktionalität* möglichst *störungsfrei* und zu möglichst *niedrigen Kosten* bietet.

Der wirtschaftlich sinnvolle Einsatz von Sachmitteln kann nicht schon dadurch erreicht werden, dass die Fachabteilungen ein - begrenztes - Sachmittelbudget erhalten. Soll die Sachmitteltechnik effizient genutzt werden, müssen viele Komponenten und ihre wechselseitigen Beziehungen berücksichtigt werden. Um den Sachmitteleinsatz zu koordinieren, sollte es eine spezielle Zuständigkeit einer zentralen Organisationsabteilung geben. Zu den zentralen Aufgaben der Organisation gehört auch die Entwicklung eines *unternehmensweiten Sachmittelkonzeptes*, in dem Funktionen, Schnittstellen und Standards festgelegt sind. Vor dem Hintergrund dieses Sachmittelkonzeptes wird dann die Ausstattung einzelner Stellen oder Abteilungen ermittelt. Das Sachmittelkonzept bietet Kriterien, anhand derer einzelne Anträge für Sachmittel geprüft werden.

Auswahl geeigneter Sachmittel

Die Organisation ist meistens auch für die Auswahl geeigneter Sachmittel zuständig. Da jede Stelle eines Unternehmens diverse Sachmittel benötigt, wäre es wenig wirtschaftlich, diese Auswahl den jeweiligen Anwendern zu überlassen. Dazu sind Marktkenntnisse notwendig, die nicht jeder einzelne Mitarbeiter haben kann. Es würde viel zuviel Zeit und Energie kosten, sich auf dem Laufenden zu halten. Außerdem sind aktuelle Entwicklungen im Markt zu beobachten und bei Bedarf in das unternehmensweie Sachmittelkonzept einzuarbeiten. Es erscheint nicht sinnvoll, diese Aufgabe dem Anwender zu übertragen.

Ziele festlegen

Vor der Auswahl von Sachmitteln sollten die Ziele festgelegt werden, die mit dem Sachmitteleinsatz verfolgt werden (z.B. Kostensenkung, Qualitätssteigerung, Verbesserung der Sicherheit, Kapazitätserweiterung). Meistens trifft im konkreten Fall ein ganzes Zielbündel zu.

Zweck definieren

Was soll das Sachmittel bewirken, welche Leistung soll es bereitstellen, welche Funktionen werden benötigt? Was sind Muss-Funktionen, was Wunsch-Funktionen?

Marktanalyse durchführen

Dazu müssen Informationen über Anbieter und deren Produkte eingeholt werden. Der Markt wird zunehmend intransparent. In immer kürzeren Abständen werden neue Produkte am Markt angeboten. Neue Anbieter treten auf. Es wird immer schwieriger, sich über das aktuelle Angebot auf dem Laufenden zu halten.

Pflichtenheft erstellen

In einem Pflichtenheft werden

◆ *funktionale Anforderungen* (was muss das Sachmittel alles leisten?)

◆ *technische Merkmale* (z.B. Schnittstellen und Erweiterbarkeit)

◆ *ergonomische* und *sonstige Anforderungen* (z.B. Emissionen, Entsorgung)

◆ *Mengengerüst* (welche quantitativen Anforderungen sind zu beachten?)

◆ *organisatorisches Umfeld* (wo muss das Sachmittel integriert werden?)

◆ *Vorlagen / Muster*

◆ *Angebotsmodalitäten*

◆ *rechtliche Bestandteile* (Garantieleistungen, Übernahme von Unterstützungs- und Wartungsaufgaben)

◆ *Kosten* (z.B. Investitionskosten, Kosten für Schulung, Wartung, Support)

im Detail beschrieben, so dass mögliche Anbieter fundierte und vergleichbare Angebote abgeben können. Außerdem werden die Anbieter aufgefordert, Informationen über ihr eigenes Unternehmen zu geben, z.B. über die Zahl der bestehenden Installationen der angebotenen Sachmittel.

Angebote, Vorauswahl, Test, Entscheidung

Als nächstes werden Angebote eingeholt. Die eingegangenen Angebote werden miteinander verglichen. Zuerst werden solche Anbieter ausgesondert, die Muss-Ziele nicht erfüllen oder die aus anderen Gründen nicht in Betracht kommen. Technische Geräte werden unter Umständen erst einem Test unterzogen.

Folgende Fragen können die Auswahl von Sachmitteln unterstützen:

❏ Inwieweit entspricht das Sachmittel den zu lösenden Aufgaben nach deren Art und Menge?

❏ Inwieweit verbessert es die Aufgabenerfüllung (qualitativ besser, schneller usw.)?

❏ Wie sicher bzw. störanfällig ist es?

❏ Wie lässt es sich in das vorhandene Sachmittelsystem integrieren?

❏ Wie flexibel ist es umrüstbar?

❏ Inwieweit ist es mit zukünftigen Entwicklungen verträglich? Öffnet es Wege in die absehbare technische Zukunft oder versperrt es diese?

Schließlich wird eine Beschaffungsentscheidung - bei wichtigen Entscheidungen auf der Basis einer Kosten-Wirksamkeits-Analyse - gefällt. Die Bestellung läuft dann normalerweise über spezialisierte Einkaufsstellen.

Der Einsatz von Sachmitteln erfordert fast immer organisatorische *Anpassungen*. Andernfalls besteht die Gefahr, dass „Trampelpfade gepflastert" werden, was nur selten zu einer Verbesserung führt. Wird nur automatisiert, ohne das organisatorische Umfeld anzupassen, kann meistens nur ein Bruchteil des möglichen Nutzens realisiert werden. So ist es beispielsweise wenig sinnvoll, PC und Textsoftware als leistungsfähige Schreibmaschine zu nutzen. Die Verbindung mit Datenbanken, die Arbeit mit Masken, die Integration von Grafik erlaubt eine ganz andere Qualität der Arbeit, die allerdings organisatorische Anstrengungen voraussetzt, die deutlich über eine reine Sachmittelinvestition hinausgehen. Es kann auch sinnvoll sein, Hard- und Software an das jeweilige Einsatzgebiet anzupassen (customizing), um Rationalisierungspotentiale zu nutzen.

Kleinere organisatorische Anpassungen können die Mitarbeiter vor Ort selbst übernehmen. Erlaubt ein Sachmittel jedoch grundlegend andere Arbeitsverfahren, eventuell sogar eine andere Arbeitsteilung, sollten die Mitarbeiter vor Ort organisatorisch unterstützt werden. So können auch konzeptionell neue, wesentlich verbesserte Lösungen erreicht werden.

Einsatz der Sachmittel

Installation

Werden technische Sachmittel eingesetzt, benötigt der Anwender normalerweise *Installationshilfen*. Die können von technischen Unterstützungseinheiten geboten werden oder von der Organisationsabteilung bzw. einem Benutzerservice. Gleiches gilt, wenn eine vorhandene Technik aufzurüsten ist (z.B. Speichererweiterung) oder wenn neue Programmversionen (Updates) installiert werden.

Schulung / Training

Die *Nutzung* von Sachmitteln muss *erlernt* werden. Dazu werden Schulungen oder Trainings angeboten.

Der Einsatz von Sachmitteln hat immer Auswirkungen auf den arbeitenden Menschen. Sachmittel unterstützen ihn, sind oft die Basis seiner Arbeit. Trotz dieser positiven Wirkung der Sachmittel können erhebliche *Vorbehalte* entstehen. Sie haben mindestens zwei Quellen. Einmal können Sachmittel dazu beitragen, Menschen entbehrlich zu machen oder ihre *Arbeit* zu *entwerten*. Außerdem kann der Einsatz neuer Sachmittel als *Bedrohung* empfunden werden, weil ein Mitarbeiter fürchtet, den neuen Anforderungen nicht gewachsen zu sein.

Werden Sachmittel für eine qualifizierte Sachbearbeitung verwendet - z.B. Computer erstellen Rentenbescheide, unterbreiten Anlageempfehlungen - werden solche Entwicklungen von den betroffenen Menschen als *Angriff auf* ihr *Selbstverständnis*, als Entwertung empfunden. In der Einführung ist in diesen Fällen viel *Überzeugungsarbeit* zu leisten. Besser noch ist es, die *Betroffenen* bereits an der Projektarbeit zu *beteiligen*.

Auch die *Angst vor dem Neuen*, die Angst, den Anforderungen nicht gewachsen zu sein, erfordert intensive Bemühungen bei den Betroffenen. Es ist nicht ausreichend, ihnen die Funktionen und deren Nutzung zu demonstrieren. Sie müssen in ihrem Lernprozess begleitet werden und *Hilfen* erhalten. In der Einführung sind Menschen gefordert, die feinfühlig und geduldig die Betroffenen an die Hand nehmen.

Unterstützung in der Anwendung

Wenn Anwender komplexe Sachmittel nutzen, benötigen sie Unterstützung in verschiedener Hinsicht:

◆ Behebung von Fehlern und Störungen

◆ Anwendungshilfen

◆ individuelle Entwicklungen.

Treten *Fehler oder Störungen* auf, müssen sie von Experten beseitigt werden. Die immer leistungsfähigere (elektronifizierte) Technik hat dazu geführt, dass heute kaum ein Anwender in der Lage ist, auftretende Fehler selbst zu identifizieren und zu beseitigen.

Auch nach einer gründlichen Schulung haben Anwender immer wieder *Fragen*. Benutzer müssen wirkungsvoll unterstützt werden, wenn sie die Sachmittel akzeptieren und effizient nutzen sollen. Als Anlaufstelle können *Multiplikatoren* vor Ort wie auch zentrale oder dezentrale *Benutzerservicestellen* dienen.

Anwender benötigen gelegentlich auch *individuelle Lösungen*, die beispielsweise mit Hilfe von Standardsoftware erstellt werden können. Es ist eine organisatorische Aufgabe, derartige Anforderungen zu überprüfen und Hilfen zu entwickeln.

Die Beispiele zeigen, dass viele Aufgaben zu bewältigen sind, wenn leistungsfähige Technik eingesetzt wird. Viele dieser Aufgaben werden sinnvollerweise zentralisiert und Spezialisten übertragen. Das erklärt, weswegen heute auch in Dienstleistungsunternehmen ein zunehmend hoher Anteil der Mitarbeiter direkt oder indirekt für den Einsatz von Sachmitteln und für die Unterstützung der Anwender zuständig ist.

8.3   Sachmittel und organisatorische Trends

Der gerade erwähnte technische Wandel, aber auch die Tatsache, dass die Kosten für die Hardware, die Software und für die Kommunikation deutlich sinken, fördern bzw. ermöglichen bestimmte organisatorische Entwicklungen. Einige Trends sollen skizziert werden:

- Ganzheitliche Arbeit
- Computerunterstützte Arbeit
- Dezentralisation von Entscheidungsbefugnissen
- flachere Hierarchien
- Dezentralisation der Organisation / EDV
- Zunahme der Unterstützungsfunktionen
- Steigerung der Kosten durch Perfektionismus.

Die heutige Technik wie auch die Struktur moderner Informationssysteme erlauben es, *nahezu jede Information an jedem beliebigen Ort bereitzustellen.* Diese Entwicklung geht einher mit der Tendenz, das *Potential des Menschen besser zu nutzen*, flexibler und schneller auf veränderte Anforderungen zu reagieren. Daraus folgt, dass zukünftig die tayloristische Arbeitsteilung weiter an Bedeutung verlieren - sicherlich jedoch nicht ganz verschwinden - wird. Vermehrt wird es Stellen und Gruppen geben, die *ganzheitlich für abgegrenzte Aufgabengebiete zuständig* sein werden.

Den Mitarbeitern werden dazu Systeme zur Verfügung gestellt, die ihre Arbeit erleichtern. Beispiele sind die *Computerunterstützte Sachbearbeitung, Workflowsysteme, Dokumentensysteme* ebenso wie der Einsatz von *Expertensystemen*. Die notwendige technische Infrastruktur ist heute in vielen Unternehmen schon weitgehend vorhanden.

Die aktuelle Wettbewerbssituation erfordert schnelle Entscheidungen vor Ort. Entscheidungsbefugnisse müssen deswegen delegiert werden. Die Technik und die Informationssysteme bieten die Voraussetzungen für schnelle und sachgerechte *dezentralisierte Entscheidungen*.

Parallel zur Dezentralisation, auch durch aktuelle organisatorische Entwicklungen gefördert (siehe dazu Kapitel 11), werden *kleinere, beweglichere Organisationseinheiten* geschaffen. Diesen Organisationseinheiten werden alle notwendigen Sachmittel zur Verfügung gestellt, um ihr Geschäftsfeld autonom bearbeiten zu können.

Diese gerade skizzierte Entwicklung fördert auch den Trend zur *Dezentralisation der Organisation und der Datenverarbeitung*. Die früheren technischen und personellen Zwänge zur Bündelung von EDV-Leistungen in einer Zentrale bestehen heute nicht mehr in gleichem Umfang wie früher. Der immer stärkere Einsatz von Standardsoftware anstelle von Eigenentwicklungen fördert ebenfalls die Dezentralisation.

Da immer mehr Menschen Technik nutzen, deren Funktionsweise sie nicht kennen - und auch nicht kennen müssen -, steigt der *Unterstützungsbedarf*. Darauf wurde oben bereits hingewiesen. Aus organisatorischer Sicht müssen *Zuständigkeiten* für eine solche Unterstützung geschaffen werden. Diese Aufgaben können von Spezialisten übernommen oder von Mitarbeitern in den Fachabteilungen „nebenbei" erledigt werden. Zusätzlich entwickeln sich *neue Berufsbilder.* So werden Spezialisten benötigt für den Einsatz und die Wartung der Technik, für den Betrieb von Netzen, für den Schutz und die Sicherheit von schützenswerten und wichtigen Daten. Der *Anteil der indirekt tätigen Mitarbeiter steigt* in diesem Umfeld trotz schlanker Strukturen an.

Ein letztes Beispiel für Änderungen der Organisation: Immer mehr Mitarbeiter verbringen einen immer größeren Teil ihrer Arbeitszeit damit, die vorhandenen Sachmittel zu nutzen. So erstellen qualifizierte und damit teure Mitarbeiter auf allen hierarchischen Ebenen *für interne Zwecke Dokumente* (z.B. Berichte, Gutachten, Präsentationsunterlagen, Protokolle), die *formal höchsten Ansprüchen genügen.* Die Messlatte für derartige Unterlagen wird immer höher gelegt. Dabei wird selten geprüft, ob der damit verbundene Zeitbedarf - und damit die Kosten - in einem sinnvollen Verhältnis zum Ergebnis stehen. Durch Perfektionsdrang werden die *Kosten in die Höhe* getrieben. An diesem Beispiel wird deutlich, dass das Licht einer leistungsfähigen Technik auch harte Schatten werfen kann. Es ist eine geschäftspolitische aber auch eine organisatorische Aufgabe, solche Fehlentwicklungen in Grenzen zu halten.

Weiterführende Literatur zu diesem Abschnitt

Becker, M.R.; R. Haberfellner; G. Liebetrau: EDV-Wissen für Anwender. Zürich 1992

Engelmann, Th.: Business Process Reengneering. Grundlagen – Gestaltungsempfehlungen – Vorgehensmodell. Wiesbaden 1995

Hajer, H.; R. Kolbeck: Internet. München 1994

Karcher, H. B.: Büro der Zukunft. 3. Aufl., Baden-Baden 1983

Kauffels, F.J.: Lokale Netze. München 1994

Krüger, W.: Organisation der Unternehmung. 3. Aufl., Stuttgart / Berlin / Köln 1994

Lipinski, K.: Datenkommunikation. München 1994

Peuker, J.: Grundlagen der Datenverarbeitung. Gießen 1994

Schreiber, J.: Beschaffung von Informatikmitteln. Bern / Stuttgart 1991

Schröter, O.F.: ISDN-Anwendungen im öffentlichen Universalnetz ISDN und in privaten Telekommunikationsanlagen. 2. Aufl., Baden-Baden 1992

Weber, H.E.: Leitfaden für den Sachmitteleinsatz. Glattbrugg 1995

9 Führungssystem

9.1 Begriff

Das *Führungssystem* soll als letztes *Teilsystem* behandelt werden. Hier wird der Begriff *Führung* von der *Leitung* unterschieden. Während bei der Leitung die Sache (Ergebnis, Produkt, Verfahren o. ä.) im Vordergrund steht, *richten sich Führungsmaßnahmen auf den Menschen*. Führung dient dazu, die Leistungsbereitschaft bzw. Motivation und die Arbeitszufriedenheit der Mitarbeiter zu fördern. Die Gesamtheit aller Maßnahmen gegenüber einem zugeordneten Mitarbeiter, die über längere Zeiträume konstant bleibt, wird auch als *Führungsstil* bezeichnet. Einzelne Eingriffe sind *Führungsmaßnahmen*.

Unter einem *Führungssystem* wird die Gesamtheit aller Regelungen verstanden, die sich hauptsächlich auf die Motivation der Mitarbeiter auswirken. Das Führungssystem lässt sich durch Merkmale wie Delegation, Information, Zielvereinbarung und Partizipation kennzeichnen.

Aufbauorganisatorische Lösungen, wie sie bisher erörtert wurden, sollen sicherstellen, dass eine Unternehmung ihre Aufgaben erfüllen kann. Diese Sachorientierung muss jedoch im Hinblick auf den arbeitenden Menschen noch einmal überdacht und unter Umständen sogar modifiziert werden. Das Führungssystem überlagert also die übrigen Regelungen, ergänzt sie, modifiziert sie oder setzt sie sogar außer Kraft.

Dazu zwei Beispiele:

Herr Buch hat sich die Entscheidung über die Preise selbst vorbehalten. Aus Gründen der Motivation fällt er diese Entscheidungen aber immer erst nach einer gemeinsamen Meinungsbildung mit den zuständigen Mitarbeitern für Vertrieb, Produktion und Kostenrechnung. Die hier praktizierte Beteiligung (Partizipation) ergänzt die formale Aufbauorganisation.

Herr Buch hat einen sehr leistungsbereiten und tüchtigen Mitarbeiter im Einkauf. Um dessen Entwicklung zu fördern und um ihn zu motivieren, überträgt er ihm die Entscheidungskompetenz zur Vergabe von Fremdaufträgen, obwohl Herr Buch diese seltenen Fälle gut bewältigen könnte und obwohl es dabei um erhebliche finanzielle Größenordnungen geht. Aus Führungsüberlegungen wird die Stellenbildung verändert.

Insbesondere im zweiten Beispiel wird deutlich, dass das Führungssystem mit der Stellenbildung untrennbar verbunden ist. Es kann nur gedanklich davon gelöst werden, um den Aspekt der Führung herauszuheben.

9.2 Merkmale des Führungssystems

Ein Führungssystem kann durch folgende Merkmale gekennzeichnet werden:

- Delegation
- Partizipation

◆ Information
◆ Kontrolle (Art, Umfang, Intensität)
◆ Vorgaben.

Je nachdem, wie die Merkmale ausgeprägt sind, spricht man von einem *kooperativen* oder von einem *autokratischen (direktiven) Führungssystem.*

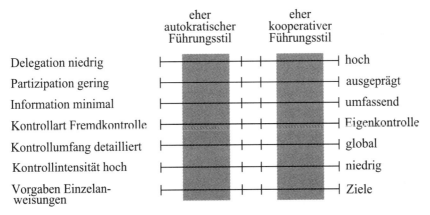

Abb. 9.1: Merkmale eines Führungssystems

9.2.1 Delegation

Unter *Delegation* wird die *Übertragung* von Aufgaben sowie zugehöriger Kompetenzen und Verantwortung *von höheren hierarchischen Ebenen auf nachgeordnete Ebenen* verstanden. Wenn Herr Buch also die Vertriebsaufgaben und in diesem Zusammenhang auch die Preisfindung, die er sich bisher selbst vorbehalten hat, seinem Vertriebsleiter überträgt, räumt er ihm damit auch die Kompetenzen ein und macht ihn für die „richtige" Preisfindung verantwortlich.

Mit dem Begriff der Delegation wird unterstellt, dass *ursprünglich* die *Zuständigkeiten* gebündelt *bei der Geschäftsleitung* lagen, von der sie stufenweise nach unten verlagert werden. Diese Fiktion hat insofern einen richtigen Kern, als die oberen Ebenen jederzeit eine Delegation rückgängig machen können. Die Kompetenzen für die Zuordnung von Aufgaben liegen in jedem Fall bei den übergeordneten Instanzen.

Hinsichtlich des *Umfangs der Delegation* können folgende Kompetenzarten unterschieden werden:

◆ Ausführungskompetenz
◆ Verfügungskompetenz
◆ Antragskompetenz
◆ Mitsprachekompetenz
◆ Entscheidungs- und Anordnungskompetenz
◆ Vertretungskompetenz.

Gründe für die Delegation können eine *quantitative oder qualitative Überlastung* sein. Es sind jedoch auch unabhängig davon Fälle denkbar, in denen durch die Delegation *sinnvolle Aufgabenpakete* geschnürt werden sollen. Auch kann durch die Delegation wesentlicher Aufgaben die *Autonomie* und damit die *Motivation der Mitarbeiter gefördert* werden. Nur im letzten Fall ist die Delegation Bestandteil des Führungssystems.

In diesem Zusammenhang ist die sogenannte *Rückdelegation* zu erörtern. Von Rückdelegation spricht man beispielsweise in solchen Fällen, in denen die zuständigen Mitarbeiter sich *vor* ihren *Entscheidungen* erst einmal *bei ihren Vorgesetzten vergewissern*, ob die Entscheidung in deren Sinn ist. Letztlich ziehen sie ihre Vorgesetzten damit wieder in die Verantwortung. Solches Verhalten ist sehr oft anzutreffen, wenn

◆ ein Mitarbeiter sich *überfordert* fühlt

◆ der Mitarbeiter von seinem Vorgesetzten mehrfach *kritisiert* wurde und sich deswegen absichern möchte.

Oft tragen die Vorgesetzten selbst zu diesem Verhalten bei. Wenn sie häufig kritisieren oder ständig in die Bearbeitung eingreifen, erziehen sie ihre Mitarbeiter zu einem unselbständigen Verhalten. Es gibt noch eine weitere Ursache für Rückdelegation. Wenn ein Mitarbeiter festgestellt hat, dass es den Vorgesetzten freut, wenn er zu Rate gezogen wird (der Vorgesetzte sieht darin eine Anerkennung seiner fachlichen Kompetenz), wird er immer wieder zu ihm gehen.

Die Übertragung bzw. Abtretung von Aufgaben, Kompetenzen und Verantwortung an unterstellte Mitarbeiter ist von bestimmten sachlichen und persönlichen *Voraussetzungen* abhängig:

◆ Von den notwendigen fachlichen Qualifikationen

◆ von den bisherigen Leistungen des Mitarbeiters. Welche Leistungsfähigkeit und Leistungsbereitschaft hat er bisher gezeigt? (Vermeidung von Überforderungen bei starker Kompetenzerweiterung - Delegation als Lernprozess)

◆ von der inhaltlichen Reichweite der zu delegierenden Befugnisse. Handelt es sich um Befugnisse, die einen Bereich eines Unternehmens berühren oder sind mehrere davon betroffen?

◆ von der zeitlichen Reichweite. Entscheidungskompetenzen für kurz- und mittelfristige Maßnahmen (kurze Reichweite) sind eher delegierbar als Entscheidungen, die ein Unternehmen auf lange Sicht binden

◆ von dem mit der Delegation verbundenen *Risiko*. Je größer das Entscheidungsrisiko und je unsicherer die Entscheidungssituation, desto geringer ist tendenziell das Ausmaß der Delegation.

In der Praxis der Unternehmen sollten Entscheidungen grundsätzlich dort gefällt werden, wo die dazu erforderlichen *Kenntnisse* vorhanden sind. Insbesondere die Tatsache, dass *marktnahe und schnelle Entscheidungen* immer mehr zu einem *kritischen Erfolgsfaktor* werden, hat in den letzten Jahren dazu geführt, dass gerade Großunternehmen immer mehr Kompetenzen *delegiert* haben. In die gleiche Richtung gehen die Versuche, unternehmerisches Denken innerhalb der Unternehmen zu fördern (Intrapreneurship). Dieser Weg ist nur gangbar, wenn konsequent die Selbständigkeit von Mitarbeitern gefördert wird. Dies stellt eine zentrale Führungsaufgabe dar.

Zunehmend werden Kompetenzen nicht nur auf einzelne Mitarbeiter sondern auf Gruppen übertragen (siehe dazu auch Kapitel 4.4.4). Ein noch weitergehender Ansatz sind die sogenannten „Empowered Teams". Dabei handelt es sich um Gruppen ohne formalen Vorgesetzten, die auf der Grundlage von Zielen und Vorgaben nach selbst formulierten Regeln weitestgehend selbständig arbeiten. Auch bei diesem Ansatz der Delegation steht die Motivation der Betroffenen und damit auch die Förderung der Leistungsbereitschaft im Vordergrund.

Auswirkungen der Delegation

In der folgenden Übersicht werden die möglichen Vorteile (Chancen) und Nachteile (Risiken) einer Delegation einander gegenübergestellt.

Bewertung der Delegation	
☙ **Vorteile (Chancen)**	☙ **Nachteile (Risiken)**
• Übergeordnete Stellen werden entlastet • weniger Einfluss der Stäbe (Stäbe werden oft als Gehilfen genutzt, um Entscheidungskompetenzen nicht delegieren zu müssen) • geringerer Kommunikationsaufwand • übergeordnete Stellen konzentrieren sich auf weitreichende politische und strategische Aspekte • schnellere Entscheidungen • das vorhandene „human capital" wird genutzt und in seiner Leistungsbereitschaft gefördert • höhere Motivation und Arbeitszufriedenheit • Nachwuchs kann frühzeitig Entscheidungen trainieren.	• Es steigt der Bedarf an qualifizierten Mitarbeitern (Kosten) • die Ergebnisse müssen kontrolliert werden (Aufbau eines geeigneten Kontrollsystems) • einzelne Mitarbeiter können überfordert werden (Misserfolge, Frustration, negative Lernprozesse, Stress) • Gefahr weniger gut abgestimmter Entscheidungen (Suboptimierung) • Delegierende verlieren formal Macht und damit Einflussmöglichkeiten.

9.2.2 Partizipation

Unter Partizipation wird die (möglichst direkte) *Teilnahme* (Beteiligung) der Betroffenen bzw. der Mitarbeiter an der *Willensbildung* bzw. *Entscheidung höherer Hierarchie-Ebenen* verstanden. Es geht also nicht wie bei der Delegation um das „Entweder – Oder", sondern um das „Sowohl als auch".

Das *Ausmaß* der Teilnahme kann unterschiedlich ausfallen. Das verdeutlicht die Abb. 9.29.2, mit der unterschiedliche Führungsstile klassifiziert werden

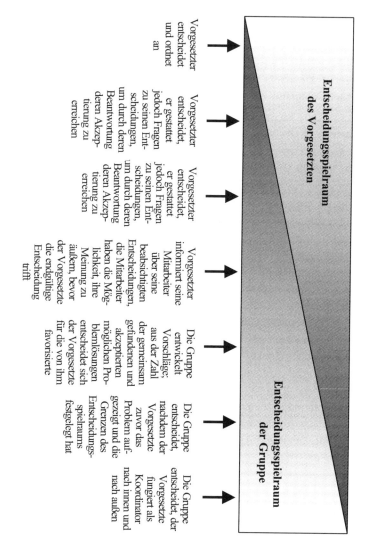

Abb. 9.2: Überblick über unterschiedliche Partizipationsgrade bzw. Führungsstile (TANNENBAUM / SCHMIDT zitiert nach ZEPF)

Durch eine Partizipation können *sachliche* Vorteile - z.B. besser durchdachte oder besser abgestimmte Ergebnisse - aber auch *psychologische Vorteile* erwartet werden - den Beteiligten wird bewusst, dass sie ernst genommen werden.

Der Umfang der Partizipation wird unterschiedlich wahrgenommen. Wurde Herr Abwick in der Vergangenheit nie gefragt und berät sich sein Vorgesetzter nun hin und wieder mit ihm, wird er das als erhebliche Aufwertung empfinden. Umgekehrt kann der Leiter des Vertriebs mit dem Grad der Partizipation nicht zufrieden sein, weil Herr Buch sich nicht in allen Fällen erst mit ihm abstimmt, ehe er eine Entscheidung fällt. Offensichtlich ist also nicht der objektive Umfang der Partizipation entscheidend, sondern vielmehr die subjektiv empfundene Beteiligung an der Willensbildung.

Je mehr die Partizipations-Erwartungen einzelner Mitarbeiter erfüllt werden, um so größer ist deren *Identifikation* mit der Gruppe bzw. mit dem Vorgesetzten, der die Beteiligung ermöglicht.

Von einer Partizipation können folgende positive und negative Auswirkungen erwartet werden:

Bewertung der Partizipation	
♦ **Vorteile (Chancen)**	♥ **Nachteile (Risiken)**
• Verbesserte Kommunikation (sofortiger, direkter Informationsaustausch) • Koordinationsprobleme werden durch gruppeninterne Selbstkoordination verringert • Konfliktpotential wird verringert, indem bei der Beteiligung Konflikte offengelegt und gelöst werden • Ausrichtung auf gemeinsame Ziele • soziale Unterstützung gibt Sicherheit und Geborgenheit • höhere Motivation und Identifikation • Entfaltungsmöglichkeiten in der Gruppe • verbesserte Entscheidungsergebnisse • Fehler werden eher vermieden • Wissen und Erfahrung wird integriert.	• Höherer Zeitaufwand (Kosten) von Gruppenentscheidungen • Einzelne fühlen sich nicht verantwortlich. Verantwortung wird an die Gruppe weitergegeben. Damit kann verbunden sein: • höheres Risiko • Gruppenziele können sich von Unternehmenszielen entfernen • Entscheidungen werden verzögert (man kann sich nicht einigen oder will niemandem weh tun) • Einzelne werden von der Gruppe abhängig, Eigeninitiative und selbständiges Arbeiten gehen verloren.

9.2.3   Information

Bei der Behandlung des Informationssystems wurde schon darauf hingewiesen, dass der *Informationsbedarf* aus den zu bewältigenden *Aufgaben* aber auch aus der *beabsichtigten Motivationswirkung* abgeleitet werden kann. Vorgesetzte, die ihre Mitarbeiter anspornen möchten, die das *Verständnis für die Arbeit* und damit auch die *Freude an der Arbeit* verstärken möchten, geben den Mitarbeitern mehr Informationen als die Sachaufgabe zwingend erfordert.

Der *Umfang an Informationen*, die einem Mitarbeiter zugänglich gemacht werden, ist also ein *Merkmal eines Führungssystems*. Der motivationswirksame Anteil der Informationen *kann* normalerweise *nicht formal geregelt werden*. Viele motivationswirksame Informationen sind kaum vorhersehbar oder zumindest schwer fassbar. Es hängt hauptsächlich von der *sozialen Kompetenz*, d.h. von der Urteilsfähigkeit eines Vorgesetzten in einer konkreten Situation ab, welche Informationen er geben sollte und welche Wirkungen solche Informationen haben. Unbestreitbar hängt die *Wertschätzung von Vorgesetzten durch ihre Mitarbeiter* ganz besonders davon ab, inwieweit sie sich subjektiv als *ausreichend informiert* empfinden.

9.2.4   Kontrolle

Kontrollaufgaben werden bereits bei der Stellenbildung verteilt. Das Thema wurde deswegen auch schon dort behandelt. Unterschiedliche Führungssysteme ergeben sich bei Unterschieden hinsichtlich der (des)

♦ Art der Kontrolle

♦ Umfangs der Kontrolle und der

♦ Intensität der Kontrolle.

Bei der *Kontrollart* kann unterschieden werden nach *Eigen- und Fremdkontrolle*. Fremdkontrolle wird eher als belastend und als Zeichen des Misstrauens empfunden. Wird einem Mitarbeiter oder einer Gruppe Eigenkontrolle zugebilligt, wie das beispielsweise bei autonomen oder teilautonomen Arbeitsgruppen der Fall ist, wird das als Zeichen des *Vertrauens* und der *Selbständigkeit* wahrgenommen. Als Effekt zeigt sich oft, dass *Fehler von vornherein vermieden* werden - weil sie die Gruppe als Ganzes belasten - und das *Vertuschen* von Fehlern bzw. die gegenseitige *Schuldzuweisung zurücktreten*.

Ähnliche Aussagen gelten für den *Kontrollumfang*. Detaillierte Kontrollen gelten als Zeichen von Misstrauen, wohingegen globale Kontrollen eher akzeptiert werden.

Eine hohe *Kontrollintensität* (zahlreiche Kontrollen) wird ebenfalls eher als Sanktion empfunden. Gelegentliche Kontrollen werden demgegenüber von den meisten Menschen als berechtigt und unumgänglich hingenommen.

Eine kooperative Führung ist also tendenziell durch

◆ mehr Eigen- als Fremdkontrolle

◆ mehr globale als detaillierte Kontrolle

◆ mehr gelegentliche als permanente Kontrolle

gekennzeichnet. Soll also ein Unternehmen kooperativ geführt werden, muss dieses bereits bei der formalen Stellenbildung berücksichtigt werden. Darüber hinaus muss ein Vorgesetzter das Kontrollsystem situativ so „leben", dass die notwendigen Kontrollen und die berechtigten Erwartungen der Mitarbeiter nach Selbständigkeit und Vertrauen in einem ausgewogenen Verhältnis zueinander stehen und für die Betroffenen nachvollziehbar sind. Nur so können die gewünschten Motivationswirkungen erreicht werden.

9.2.5   Vorgaben

Vorgesetzte können ihre Mitarbeiter durch *laufende Eingriffe* in Form von *Einzelanweisungen* bzw. durch detaillierte organisatorische Vorgaben steuern oder aber sich auf – möglichst gemeinsam vereinbarte - Ziele beschränken. Bei einer Zielvereinbarung bleibt es dem Mitarbeiter überlassen, selbst den besten Weg zum Ziel zu suchen. Verantwortungsbereite Mitarbeiter lassen sich normalerweise eher motivieren, wenn ihnen ein größerer Raum für eigene Entscheidungen zugebilligt wird.

Aus der Sicht des Führungssystems kann es deshalb sinnvoll sein, eine weitgehend *formalisierte Lösung aufzulockern*, d. h. Verfahrensvorschriften wie z. B. *Arbeitsanweisungen durch Ziele zu ersetzen*.

Es wird deutlich, dass die erwarteten *Wirkungen eines Führungssystems* von dem *Bild* abhängen, das man sich *von den Menschen* macht. Alle bisher gemachten Aussagen unterstellen leistungsfähige, leistungswillige und verantwortungsbereite Mitarbeiter. Nur wenn diese Annahme richtig ist, treffen die obigen Aussagen zu. Aus der praktischen Lebenserfahrung kann gefolgert werden, dass diese Annahme nicht in jedem Einzelfall, sicherlich aber bei der überwiegenden Mehrheit der Mitarbeiter gültig ist.

9.3   Situatives Führungsverhalten

Das konkrete Handeln (das sogenannte Führungsverhalten) eines Vorgesetzten in einem Führungssystem kann sehr unterschiedlich sein. Das angemessene Verhalten eines Vorgesetzten hängt von verschiedenen Einflussgrößen ab, wie sie beispielsweise in Abb. 9.3 dargestellt werden.

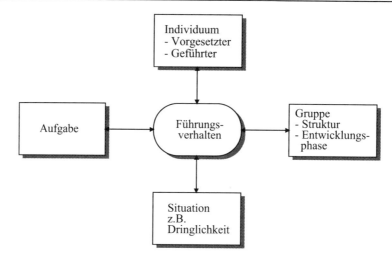

Abb. 9.3: Einflussgrößen auf das Führungsverhalten

Es kann heute als gesicherte Erkenntnis gelten, dass weniger ein bestimmter Führungsstil als ein situativ angemessenes Führungsverhalten die besten Wirkungen zeigt. Wenn die zu lösende Aufgabe, das situative Umfeld, die konkreten beteiligten Personen sowie die Struktur und Entwicklungsphase einer Gruppe situationsgerecht berücksichtigt werden, spricht man von *situativer Führung.* Ein prinzipiell partizipativ führender Vorgesetzter kann durchaus in Einzelfällen allein entscheiden, wenn die Situation (z.B. Eilbedürftigkeit, Vertraulichkeit) dieses erforderlich macht. Ein Vorgesetzter sollte nicht beliebig von einem Verhalten in ein extrem anderes Führungsverhalten wechseln. Wenn es die Situation erfordert, und wenn es von den Geführten nachvollzogen werden kann, wird unterschiedliches Führungsverhalten jedoch akzeptiert.

Es gibt viele Beispiele dafür, dass sogar eher autokratische Vorgesetzte gute Ergebnisse erzielen und auch von ihren Mitarbeitern anerkannt werden. Solche Vorgesetzte schaffen es oft, trotz dieses Führungsverhaltens ihre Mitarbeiter zu motivieren.

Unabhängig von dem jeweils gewählten Führungsverhalten ist es für die Mitarbeiter wichtig, einen Vorgesetzten zu haben, der sich vorhersehbar (berechenbar) im Rahmen eines Führungssystems verhält. Bei einem vorhersehbaren Verhalten wird gelegentlich sogar ein sonst im Allgemeinen als antiquiert angesehener Führungsstil akzeptiert.

9.4   Steuerungsinstrumente

9.4.1   Profit Center

Als Profit Center wird eine *Organisationseinheit* bezeichnet, *deren Leistung am Gewinn gemessen* wird. Damit ist ein Profit Center keine organisatorische Lösung sondern ein *Instrument zur Führung.* Der Leiter eines Profit Center wird nicht durch konkrete Vorgaben sondern primär durch finanzielle Kennzahlen wie Gewinn, Return on Investment, Rentabilitätskennzahlen oder ähnliche Werte gesteuert. Profit Center fördern die Selbständigkeit der zuständigen Mitarbeiter, sie werden zu internen Unternehmern (intrapreneurship).

Profit Center müssen den zuständigen Mitarbeitern die wichtigen *Hebel* an die Hand geben, mit denen sie sowohl *die Kosten* wie auch die *Erträge beeinflussen* können. Wenn einem sogenannten Profit Center vorgeschrieben wird, welche (Verrechnungs-) Preise es berechnen darf bzw. wenn ihm verbindlich vorgegeben wird, *welche Leistungen* zu *welchen Konditionen wo* eingekauft werden müssen, wie das bei Profit Center innerhalb von Konzernen oft der Fall ist, kann der Zuständige letztlich auch nicht den Gewinn beeinflussen. Dann stimmen Anspruch und wirtschaftliche Realität nicht überein. In diesen Fällen wäre es konsequent, ein Cost Center einzurichten.

9.4.2   Cost Center

Cost Center werden daran gemessen, zu welchen Kosten sie bestimmte Leistungen erbringen. Solche Konstruktionen sind immer dann sinnvoll, wenn eine Organisationseinheit keinen Einfluss auf die Erlöse hat oder haben soll. Ein Beispiel für ein Cost Center kann eine zentrale Datenverarbeitung sein, die ihre Leistungen verschiedenen Organisationseinheiten in einem Unternehmen oder in einem Konzern zur Verfügung stellt. Da es *keinen echten Markt* gibt, sind auch keine „richtigen" Preise möglich. Selbst wenn die Leistungen über Verrechnungspreise den Abnehmern belastet werden, hat ein Cost Center keinen echten Einfluss auf die Erlöse. Die Verrechnungspreise werden auf der Basis der anfallenden Kosten umgelegt. Die Abnehmer würden sich vermutlich wehren, wenn sie dem Cost Center auch noch einen Gewinnanteil vergüten sollten. Anders sieht die Situation aus, wenn ein Cost Center Leistungen anbietet, für die es auch Marktpreise gibt. Beispielsweise können die Tagessätze einer betrieblichen Fortbildungsabteilung verglichen werden mit den Tagessätzen freier Anbieter. In diesen Fällen ist es wahlweise auch möglich, ein Profit Center einzurichten.

In Konzernen bzw. in Holdings werden meistens zentrale Stäbe, Zentralbereiche und zentrale Serviceeinheiten als Cost Center geführt.

Die Leistungsfähigkeit eines Cost Center kann nur im *Vergleich zu ähnlichen Einrichtungen* in anderen Unternehmen beurteilt werden. Hier bietet sich das *Benchmarking* - der Vergleich mit den Besten - an. Allerdings ist neben den Kosten immer auch zu beachten, welche Leistungen in welcher Qualität erbracht werden.

Weiterführende Literatur zu diesem Abschnitt

Blake, R.R.; J.S. Mouton: Verhaltenspsychologie im Betrieb. Der Schlüssel zur Spitzenleistung. 4. Aufl., Düsseldorf / Wien 1992

Chalupsky, J; S. Gottlob et. al.: Der Mensch in der Organisation. 5. Aufl., Gießen 2000

Czichos, R.: Change Management. München 1993

Francis, D.; D. Young: Mehr Erfolg im Team. Hamburg 1989

Frese, E.: Profit-Center und Verrechnungspreise. Schmalenbachs Zeitschrift für betriebswirtschaftliche Forschung. 10 / 1995, S. 942 - 954

Hoefert, H.W.: Mensch und Organisation. 3. Aufl., Gießen 1991

Randolph, W.A.: Der Weg zum Empowerment – eine Reise mit Hindernissen. Organisationsentwicklung. Heft 4 / 95, S. 57 - 69

Rosenstiel, L.v.; E. Regnet; Domsch (Hrsg.): Führung von Mitarbeitern. Stuttgart 1993

Schmidt, G.: Führung In: Chalupsky, J; S. Gottlob et. al.: Der Mensch in der Organisation. 5. Aufl., Gießen 2000

Schuler, H. (Hrsg.): Organisationspsychologie. Bern 1993

Seidel, E.: Betriebliche Führungsformen. Stuttgart 1978

Zepf, G.: Kooperation Führungsstil und Organisation. Zur Leistungsfähigkeit und organisatorischen Verwirklichung einer kooperativen Führung in Unternehmungen. Wiesbaden 1972

Zimbardo, Philip G.: Psychologie. 5. Aufl., Berlin / Heidelberg / New York 1992

10 Organisation ausgewählter zentraler Abteilungen

In diesem Abschnitt soll die Aufbauorganisation ausgewählter zentraler Abteilungen skizziert werden. Behandelt werden

- Organisation und Datenverarbeitung
- Revision
- Personalwesen
- Controlling

10.1 Organisation und Datenverarbeitung

Im Folgenden soll die Zusammenarbeit der Einheiten behandelt werden, die sich mit der Organisation (Betriebsorganisation) und mit der Datenverarbeitung (EDV bzw. Informatik) beschäftigen.

Die *Entwicklung* der Organisation und der Datenverarbeitung ist geschichtlich in den meisten Unternehmungen *getrennt* verlaufen, obwohl es sehr viele inhaltliche Berührungspunkte gibt. Deswegen sollen hier zunächst einige Lösungsmodelle für die Organisation einerseits und die Datenverarbeitung andererseits erörtert werden. Danach wird das Zusammenspiel von Organisation und Datenverarbeitung und die Integration dieser Einheiten in das Gesamtunternehmen angesprochen.

10.1.1 Zuständigkeit für Organisation

10.1.1.1 Aufgaben der Organisation

Wenn hier von Organisation die Rede ist, dann sind damit Aufgaben gemeint, die in der betrieblichen Praxis auch als *„Betriebsorganisation"* oder „Allgemeine Organisation" bezeichnet werden.

Typische Aufgaben sind:

- Aufbauorganisation
  - *Stellenbildung*
  - *Gestaltung von Leitungssystemen*
  - *Gestaltung von Kommunikations- und Informationssystemen*
- Prozess- (Ablauf-)organisation
  - *Gestaltung konventioneller Abläufe, d. h. ohne Einsatz der Datenverarbeitung*
  - *Gestaltung des organisatorischen Umfeldes von EDV-Lösungen*
- Sachmitteleinsatz
  - *Auswahl und Bereitstellung von Geräten und Hilfsmitteln zur Unterstützung der Arbeit*

   – *Raum- und Arbeitsplatzgestaltung*
◆ *Betreuung des betrieblichen* Anweisungswesens.

10.1.1.2 Organisation durch die Fachabteilungen

Im kleinen und mittleren Unternehmen lohnt sich keine spezialisierte Stelle oder Abteilung, um diese organisatorischen Aufgaben wahrzunehmen. Aus diesem Grund *organisieren* die jeweiligen *Leiter ihre eigenen Zuständigkeitsbereiche* selbst. Im Zusammenhang mit dem sogenannten *Lean Management* (Kapitel 11.2) gehen auch immer mehr große Unternehmen dazu über, die Zuständigkeit für die Organisation in die Fachabteilung zu verlagern und damit *zentrale Stäbe* oder Zentralbereiche *abzubauen*. Das ist prinzipiell sinnvoll, da die Fachbereiche sowieso originär für ihre Organisation zuständig sind und sich dabei von einer zentralen Organisation lediglich unterstützen lassen. Allerdings sind auch einige Nachteile in Kauf zu nehmen, wenn die Organisationsarbeit in die Fachabteilungen verlagert wird. Mögliche Vor- und Nachteile einer solchen Lösung finden sich in der folgenden Übersicht.

Organisation durch Fachbereiche	
☙ **Vorteile**	❧ **Nachteile**
• Praxisnahe Lösungen • keine Motivations- und Akzeptanzprobleme • klare Verantwortlichkeiten für die Organisation.	• Tagesgeschäft verhindert die Auseinandersetzung mit notwendigen organisatorischen Lösungen • Bereichsegoismus; es werden nur die eigenen Belange, nicht aber die gesamtbetrieblichen Interessen berücksichtigt (Gefahr von Insellösungen) • fehlende Spezialisierung der Fachabteilungen auf methodische Organisationsarbeit • fehlende Kenntnis über Lösungsmodelle und Sachmitteltechnik • Betriebsblindheit, d. h. die Fachabteilungen erkennen häufig die Rationalisierungsmöglichkeiten nicht und, falls sie sie erkennen, beschränken sie sich auf punktuelle Lösungen (Kaizen) • Interessenkonflikt der Fachabteilung bei Rationalisierungsvorhaben (z.B. Fachabteilung will kein Personal abbauen).

Abb. 10.1: Vor- und Nachteile einer Organisation durch Fachbereiche

10.1.1.3 Organisation durch zentralisierte Organisationsstellen

In mittleren und großen Unternehmen ist die Organisation meistens direkt einem Mitglied der Unternehmensleitung oder der nachfolgenden Ebene zugeordnet.

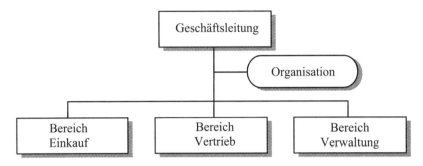

Abb. 10.2: Zentralisierte Organisationseinheit

Eine hohe Einordnung ist deswegen sinnvoll, weil die Organisation typische *Querschnittsaufgaben* (Aufgaben, die mehrere Bereiche betreffen) wahrzunehmen hat.

Bei der Bildung zentralisierter Organisationsstellen ergeben sich Vorteile, die oben als Nachteile der Organisation durch die Fachbereiche genannt wurden. Zusätzliche Vor- und Nachteile werden in der Abb. 11.3 gegenübergestellt.

Organisation durch zentrale Organisation	
✿ **Vorteile**	✿ **Nachteile**
• Gute, unternehmensweite Koordination • relativ starke Stellung der Organisation wegen der hohen Einordnung • bei großen Organisationsabteilungen wirkt sich darüber hinaus die Spezialisierung innerhalb der Organisation (z. B. Technikspezialisten, Bauexperten) vorteilhaft aus.	• Zunehmende Entfernung von der Front (praxisferne Lösungen) und mangelhafte Information über die Bedingungen an der Front • Entmündigung der Betroffenen, Akzeptanz- und Motivationsprobleme • Eigendynamik der Organisation - zentrale Wasserköpfe.

Abb. 10.3: Bewertung einer Zentralisation der Organisation

Als Zwischenlösung wurde in Großunternehmen die Organisation zwar *spezialisiert*, *aber* mehr *dezentralisiert*, so dass die Bedingungen vor Ort besser berücksichtigt werden können (siehe Abb.10.4).

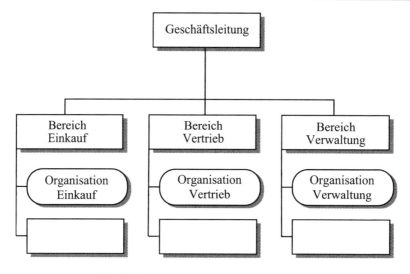

Abb. 10.4: Dezentrale Organisationsspezialisten

Eine weitere Variante, mit der die *Nähe zum Anwender* gefördert wird, ist eine zentrale Lösung, die in sich *nach Anwendern gegliedert* ist (Abb. 10.5).

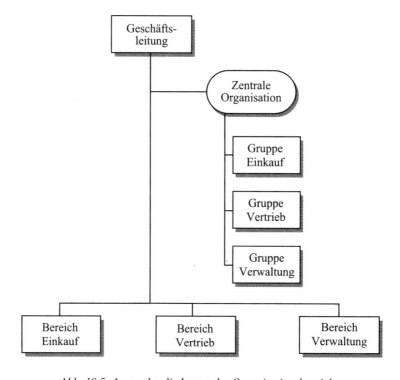

Abb. 10.5: Anwendergliederung des Organisationsbereiches

Allgemein hat sich der Trend verstärkt, die Aufgaben der Organisation vermehrt den Fachabteilungen zu übertragen. Parallel dazu werden in den Fachabteilungen sogenannte *Fachbereichskoordinatoren* eingerichtet, die sich auf bestimmte *Unterstützungsaufgaben* spezialisieren und gleichzeitig als Transmissionsriemen zur zentralen Organisation dienen. *Zentral* werden dann *übergreifende Vorhaben* bearbeitet, für alle gültige *Standards und Richtlinien* erstellt und *Servicefunktionen* für die dezentrale Organisationsarbeit bereitgehalten. Diese zentralen Stellen haben normalerweise auch *fachlich begrenzte Weisungsrechte* - z.B. hinsichtlich des Einsatzes von Technik und für Arbeitsanweisungen oder sie wirken bei Entscheidungen mit (z.B. Bewilligung neuer Stellen, Begutachtung von Projektanträgen). Insbesondere arbeiten sie in zentralen EDV-Projekten mit und unterstützen die Fachbereiche bei der Einführung von Standardsoftware.

Bei einer Mischung von zentraler Organisation und dezentraler Zuständigkeit in den Fachabteilungen übernehmen die *Spezialisten der Zentrale* immer mehr die *Rolle* eines *internen Beraters*, der beispielsweise den Fachabteilungen hilft, indem er moderiert, geeignete Techniken bereithält, bereichsübergreifende Abhängigkeiten beachtet und verfolgt.

10.1.2 Zuständigkeit für Datenverarbeitung

10.1.2.1 Aufgaben der Datenverarbeitung

Typische Aufgaben der Datenverarbeitung sind z. B.

◆   zentrale Datenbanken aufbauen und pflegen

◆   EDV-Anwendungen entwickeln

◆   beschaffen von Standardsoftware und deren Anpassung an die betrieblichen Bedürfnisse

◆   System der Zugriffsberechtigungen und des Datenschutzes aufbauen und pflegen

◆   bestehende Anwendungen pflegen und verbessern

◆   Sonderauswertungen bereitstellen

◆   notwendige Hardware einschließlich der Endgeräte beim Benutzer einsetzen

◆   Kommunikationsnetze einrichten und betreiben

◆   benötigte Betriebssysteme einsetzen und anpassen (Systemprogrammierung)

◆   Daten im Rechenzentrum bearbeiten

◆   Datensicherheit gewährleisten.

10.1.2.2 Zentrale Datenverarbeitung

Mit dem Aufkommen der automatisierten Datenverarbeitung wurden die damit zusammenhängenden Aufgaben *zentralisiert*. Das lag vor allem an den hohen Hardware-Kosten und an den fachlichen Anforderungen an die Mitarbeiter in der Datenverarbeitung. Durch den rapiden Preisverfall der Hardware, den vermehrten Einsatz von Standardsoftware, durch leistungsfähige Programme, mit denen individuelle Anwendungen relativ leicht erstellt werden können, und durch die lokale und unternehmensweite Vernetzung von Arbeitsplätzen setzte eine deutliche *Gegenbewegung* ein.

Vor- und Nachteile einer zentralen Datenverarbeitung werden in der folgenden Übersicht einander gegenübergestellt.

Zentrale Datenverarbeitung	
🔦 **Vorteile**	🔦 **Nachteile**
• Aufbau eines zentralen, redundanzfreien Informationsbestandes (unternehmensweites Datenmodell), keine Mehrfacherfassung, -pflege von Datenbeständen • Einsatz spezialisierter, leistungsfähiger Mitarbeiter • gute Ausnutzung der technischen und personellen Kapazitäten auch bei Beschäftigungsschwankungen • gesamtbetriebliche Koordination, Wildwuchs wird begrenzt, Mehrfachentwicklungen werden vermieden • betriebliche Standards werden entwickelt und durchgesetzt • wirksame Datensicherung ist leichter realisierbar.	• Gefahr praxisferner, perfektionierter Lösungen • hohe Komplexität zentraler Anwendungen mit der Folge langer Entwicklungszeiten und aufwendiger Pflege • weniger Interesse am Einsatz von Standardsoftware (bedroht eigene Existenz) • die technischen (Hardware- und Software-) Möglichkeiten setzen sich gegen die Wünsche der Benutzer durch • weniger Verständnis in der Zentrale für die Anforderungen vor Ort • wenig Flexibilität bei kurzfristigen Anforderungen • weitreichende Auswirkungen bei Störungen und Ausfällen • erschwerte Zurechnung von zentralen Kosten auf die Anwender • Eigenleben der EDV, das nur schwer durchschaubar und dessen Nutzen nur schwer messbar ist.

Abb. 10.6: Bewertung einer zentralen Datenverarbeitung

10.1.2.3 Dezentrale Datenverarbeitung

In den meisten Unternehmen stehen heute *zentrale EDV-Anwendungen* (z.B. Rechnungswesen und alle Systeme, die eine zentrale Datenbank nutzen) *neben dezentralen Verfahren*. Mitarbeiter können von ihrem Arbeitsplatz auf zentrale Bestände zugreifen, sie können gleichzeitig dezentrale Systeme nutzen (z.B. in Einkauf, Personalwesen) und sich *zusätzlich individueller Lösungen* (z.B. eigene Daten, Auswertungen mit Standardsoftware, Erstellung von Grafiken) auf ihren lokalen Rechnern bedienen.

10.1.3 Zusammenarbeit von Organisation und Datenverarbeitung

Datenverarbeitung ist *Organisation mit Hilfe eines spezialisierten Sachmittels*. Durch Informatikanwendungen werden zum einen die Strukturen und Prozesse innerhalb der EDV festgelegt und zum anderen die notwendigen Anpassungen „vor und hinter" der EDV erzwungen. Deswegen liegt es nahe, *Organisation und Datenverarbeitung* als eine *Einheit* zu sehen, die bei EDV-Entwicklungen *zusammenarbeiten*. In der Praxis haben sich sehr *unterschiedliche Formen der Zusammenarbeit* herausgebildet. Teilweise war es in der Vergangenheit auch üblich, die beiden Einheiten zu trennen, im Extremfall sogar unterschiedlichen Vorgesetzten zuzuordnen. In diesen Fällen war die Organisation oft zur Bedeutungslosigkeit verurteilt. „Richtige" Organisation wurde gleichgesetzt mit Automatisierung.

Seit einigen Jahren ist hier ein Umdenken zu beobachten. Der Einfluss der *Organisation* auf die EDV ist *aufgewertet* worden. Am Anfang steht heute die Frage nach der geeigneten strategischen Organisation, für die sich zunehmend auch das oberste Management verantwortlich fühlt. Darauf folgt dann die Frage nach der Unterstützung durch geeignete Informatik-Anwendungen. Dazu gehört immer auch die Fage, ob Syteme selbst entwickelt werden oder ob eine Standardsoftware eingekauft wird. Die Organisationsabteilung berät das Management bei der Beantwortung dieser Fragen.

Das stärkere Gewicht der Organisation hat auch dazu geführt, die *Besetzung der Leitung Organisation / EDV* zu überdenken. In der Vergangenheit wurde diese Position fast immer einem EDV-Spezialisten übertragen. Heute wird vermehrt darauf geachtet, dass diese Position mit Mitarbeitern besetzt wird, die fundierte betriebswirtschaftliche und organisatorische Kenntnisse haben. Das *EDV-Wissen* wird *nicht* mehr als der *kritische Erfolgsfaktor* angesehen. Viel wichtiger erscheinen Managementkompetenz, gesamtbetrieblicher Überblick, Durchsetzungsfähigkeit und soziale Kompetenz.

Abb. 10.7 zeigt die Aufbauorganisation von Organisation und Datenverarbeitung in einer Großsparkasse. Es ist auffällig, dass die Betreuung der Anwender – zumindest hierarchisch – den gleichen Stellenwert hat wie die Bankanwendungen (Systementwicklung und Systempflege), die Infrastruktur und die Betriebsorganisation.

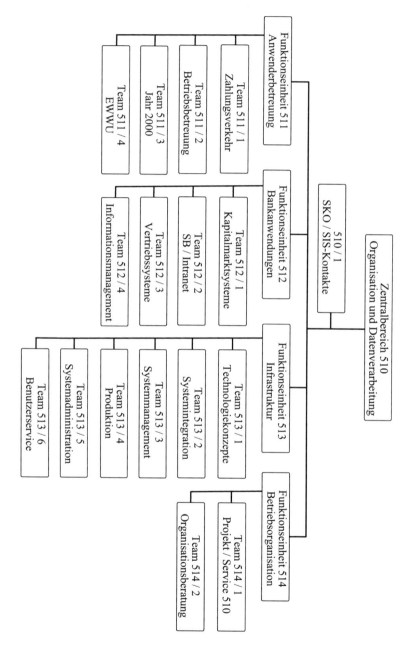

Abb. 10.7: Beispiel für die Struktur von Organisation und Datenverarbeitung einer Großsparkasse

Werden EDV-Spezialisten in einer Person gleichzeitig als Organisatoren tätig, werden solche Mitarbeiter meistens Systementwickler genannt. Neuere Werkzeuge der Systementwicklung, die interaktive Entwicklung „langsam wachsender Systeme" fördern diesen Ansatz.

Häufiger sind auch Lösungen anzutreffen, in denen Organisation / Anwendungsentwicklung einerseits und Programmierung andererseits getrennt sind. In dieser Lösung übernehmen die *Organisatoren* bzw. *Anwendungsentwickler* die *Verantwortung für das sogenannte funktionale Konzept* - welche Anforderungen des Anwenders sollen erfüllt werden, wie muss dazu das Datenmodell aussehen – während die *Programmierung* dann für die *EDV-technische Umsetzung* zuständig ist. Beide arbeiten frühzeitig zusammen, um die Schnittstellenprobleme in den Griff zu bekommen. Weiter kooperieren sie in den Tests. Die Organisatoren sind dann wieder primär zuständig in der Einführung und bei der Unterstützung der Anwender.

10.1.4 Organisation und Datenverarbeitung ohne eigene Systementwicklung

Immer mehr Unternehmen gehen dazu über, Standardsoftware einzusetzen oder sogar die gesamte EDV-Systementwicklung auszugliedern (Outsourcing oder Nutzung von EDV-Systemhäusern) und nur die Einführung und die laufende Betreuung der Anwender selbst zu erledigen. Der Rechenzentrumsbetrieb für zentrale Anwendungen wird ebenfalls immer häufiger ausgegliedert.

10.1.5 Einordnung der Organisation / Datenverarbeitung in ein Unternehmen

In mittleren und großen Unternehmen ist heute die Einheit Organisation / Datenverarbeitung normalerweise direkt der obersten Ebene unterstellt. Ein Mitglied der Geschäftsführung bzw. des Vorstandes ist für diese Aufgaben zuständig.

10.2   Revision

10.2.1 Aufgaben der Revision

Wenn hier von Revision die Rede ist, ist die sogenannte Innenrevision gemeint. Daneben gibt es noch eine externe Revision etwa durch Wirtschaftsprüfer oder durch Verbände (Verbandsrevision).

Die Revision übt *im Auftrag der Unternehmensleitung* eine *unabhängige Überwachungsaufgabe* aus. Dazu führt sie Prüfungen aller Bereiche und Aktivitäten eines Unternehmens durch. Sie hat das Recht, sich umfassend über alle relevanten Sachverhalte zu informieren. Die Revision hat *keine eigenen Weisungsbefugnisse*. Sie berichtet an die Unternehmensleitung und macht Vorschläge. Aus organisatorischer Sicht handelt es sich um eine *Stabsstelle*.

Folgende *Aufgaben* nimmt die Revision wahr:

◆ *Prüfungsplanung*

◆ *Prüfen*

- Funktionsfähigkeit, Wirtschaftlichkeit, Ordnungsmäßigkeit und Sicherheit der Geschäftsabläufe sowie der Informations- und Kontrollsysteme
- Ertrags- und Liquiditätsprüfung
- Prüfung des Jahresabschlusses
- Einhaltung der Anweisungen der Unternehmensleitung
- Schutz des Unternehmens vor Schäden jeder Art

◆ *beraten* (Empfehlungen für ein bestimmtes Verhalten oder Handeln z.B. Verbesserungsvorschläge)

◆ *begutachten* (z.B. Stellungnahmen zu Investitionen, Beteiligungen, Arbeitsanweisungen).

Anfangs stand die Prüfung der Grundsätze ordnungsgemäßer Buchführung und Bilanzierung sowie die Prüfung der internen Kontrollsysteme im Vordergrund. Es dominierten die Soll - Ist - Vergleiche. Seit den 70er Jahren traten sogenannte *Systemprüfungen* hinzu. Aufbau- und Ablauforganisation werden in einer Systemprüfung daraufhin untersucht, ob sie zweckmäßig sind. Damit betrat die Revision ein Gebiet, das bis dahin der Organisation vorbehalten war. Systemprüfungen enden normalerweise mit Vorschlägen (Beratung). Die Umsetzung und Einführung wird meistens der Organisation überlassen.

10.2.2 Organisation der Revision

Die Revision kann, eine ausreichende Größe vorausgesetzt, *nach Revisionsgebieten* - meistens Unternehmensbereichen oder Abteilungen - *oder* auch *nach Funktionen gegliedert* werden. In der Abb. 11.8 findet sich eine Gliederung nach Fachgebieten. Diese Struktur liegt immer dann nahe, wenn für die Revisionsaufgaben entsprechendes Fachwissen notwendig ist, wie z.B. bei der Revision der Datenverarbeitung oder bei der Kreditrevision. Den Vorteilen der Spezialisierung stehen die Nachteile gegenüber, dass die Arbeit relativ einseitig ist und dass die Mitarbeiter nur begrenzt einsatzfähig sind. Dieser Nachteil wird besonders deutlich, wenn wichtige und dringende Sonderprüfungen notwendig werden, für die es keine ausreichenden Kapazitäten gibt. Eine Gliederung nach Funktionen könnte so aussehen, dass in der Revision nach Prüfungsplanung, Prüfungssteuerung, Prüfung, Dokumentation und Verwaltung gegliedert wird.

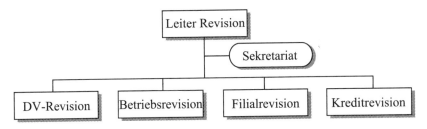

Abb. 10.8: Sachgebietsgliederung einer Revision (Innenrevision einer Bank)

Alternativ ist es auch möglich, die Revision als einen *Mitarbeiterpool* zu führen, der prinzipiell in allen Bereichen eingesetzt werden kann. Dann werden für die Prüfungsvorhaben *Projektgruppen* eingerichtet. Durch eine entsprechende Mischung der Qualifikation in den Projektgruppen können die Mitarbeiter breiter qualifiziert und damit universeller eingesetzt werden.

In der Praxis sind auch Modelle der *Matrixorganisation* anzutreffen. Ein Gruppenleiter hat dann die personellen und bestimmte fachliche Kompetenzen. Spezialisten beispielsweise für Grundsatzfragen, für Prüfungsplanung und für Systemprüfung sind in klar abgegrenzten Teilgebieten gegenüber den Revisoren fachlich weisungsberechtigt.

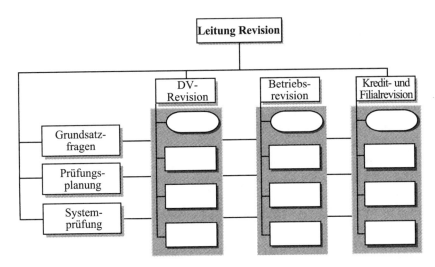

Abb. 10.9: Matrixorganisation in der Revision einer Bank

10.2.3 Einordnung der Revision

Historisch war die Innenrevision meistens dem Finanzressort zugeordnet (siehe Abb. 10.10). Dort lagen auch die typischen Untersuchungsgebiete.

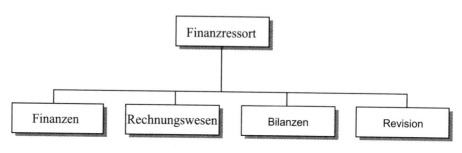

Abb. 10.10: Revision im Finanzressort

Mit der zunehmenden Bedeutung der Controllingabteilungen wurde die Revision häufig auch dort eingegliedert, weil viele fachliche Anforderungen denen des Controlling ähneln. Um die Neutralität der Kontrolle zu gewährleisten, bietet es sich jedoch an, die *Revision der obersten Ebene als Stab* direkt anzugliedern, typischerweise sogar dem Vorstandssprecher bzw. dem Vorsitzenden der Geschäftsführung. Diese Lösung ist für Banken typisch, wie die Abb. 5.48 Vorstandsorganisation der Commerzbank AG zeigt.

10.3   Personalwesen

10.3.1 Aufgaben

Zum Personalwesen werden heute folgende *Teilgebiete* gezählt:

◆ *Personalpolitik* (Richtlinien und Grundsätze z.B. für Personalbeschaffung und – planung, Entlohnung, Vergütungssysteme, Arbeitszeitmodelle, Sozialpolitik, Personalentwicklung)

◆ *Personalplanung* (Personalbedarfs-, Personalbeschaffungs-, Personaleinsatz- und Personalfreisetzungsplanung, die Personalentwicklungs- und die Personalkostenplanung)

◆ *Personalbeschaffung* (Bewerbersuche, -auswahl, -einstellung und Mitarbeitereingliederung)

◆ *Personaleinsatz* (Zuordnung zu Stellen, Versetzungen, Vertretungen, Potentialanalysen, Freisetzungen, Zeiterfassung)

◆ *Mitarbeiterführung* (Erarbeitung von Führungsgrundsätzen)

◆ *Entlohnung* (Entlohnungsformen, Lohnfindung, Stellenbewertung)

◆ *Betriebliche Sozialpolitik* (gesetzliche, tarifliche und freiwillige Sozialleistungen wie z.B. Mitarbeiterdarlehen)

◆ *Betriebsärztlicher Dienst*

◆ *Verhandlungen* mit den Organen der *Mitbestimmung* (z.B. Betriebsvereinbarungen, Ansprechpartner für Betriebsräte)

◆ *Wahrnehmung rechtlicher Interessen* bei arbeitsrechtlichen Auseinandersetzungen

◆ *Personalentwicklung* (Laufbahnförderung, Karriereplanung, Aus- und Weiterbildungsangebote, Arbeitsplatzwechsel, Auslandseinsätze, Coaching von Mitarbeitern)

◆ *Personalverwaltung* (Lohn- und Gehaltsabrechnung, Arbeiten im Zusammenhang mit der Sozialversicherung, technische Abwicklung von Einstellung, Arbeits- und Ausbildungsverträge, Versetzung, Umgruppierung, Kündigung, Führung der Personalakten, statistische Aufbereitung von Personaldaten, Erstellen von Zeugnissen).

Nur ein Teil der Aufgaben liegt allein in den Händen der *Personalabteilung*. Bei der Personalpolitik dient sie ebenso als *Stabsstelle der Unternehmensleitung* wie bei der betrieblichen Sozialpolitik. Andere Aufgaben sind primär den *Linienvorgesetzten* zuzuordnen, die dabei *von der Personalabteilung unterstützt* werden wie z.B. Personalauswahl, Personaleinsatz und Personalentwicklung. Die *Mitarbeiterführung* gehört nicht zu den Aufgaben einer Personalabteilung sondern zu den primären Aufgaben jedes Vorgesetzten. Die Personalabteilung kann jedoch mitwirken bei der Entwicklung eines allgemein gültigen *Führungsleitfadens*. Damit wird deutlich, dass im heutigen Personalwesen wesentlich mehr Funktionen wahrgenommen werden als die klassischen Aufgaben der Personalverwaltung.

10.3.2 Einordnung des Personalwesens

Unabhängig von gesetzlichen Vorschriften (z.B. Montanmitbestimmung) haben heute die meisten Unternehmen die Verantwortung für das *Personalwesen auf der obersten Ebene* verankert. Ein *Mitglied der Geschäftsleitung* ist für das Personalwesen zuständig. Damit wird dem Tatbestand Rechnung getragen, dass in vielen Unternehmen die *Personalkosten* den mit Abstand größten Kostenblock ausmachen. Weiter wird damit auch institutionell sichtbar gemacht, dass viele Unternehmen langfristig nur erfolgreich arbeiten können, wenn es ihnen gelingt, qualifizierte und leistungsbereite Mitarbeiter zu gewinnen und zu erhalten (*Personal als strategischer Erfolgsfaktor*).

10.3.3 Organisation des Personalwesens

In Abb. 10.11 wird eine Personalabteilung dargestellt, die nach Verrichtungen gegliedert ist. Eine solche „reine" Lösung dürfte in der Praxis kaum anzutreffen sein, da die verschiedenen Verrichtungen sehr unterschiedlich gewichtig sind, insbesondere was den Zeitverbrauch für die verschiedenen Funktionen angeht.

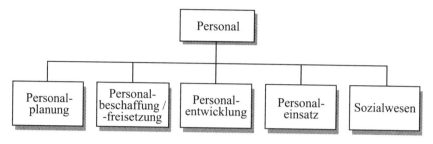

Abb.10.11: Verrichtungsorientierte Gliederung des Personalwesens (BLEICHER)

Prinzipiell sind mit einer verrichtungsorientierten Gliederung folgende Vor- und Nachteile verbunden:

Verrichtungsorientierte Organisation Personalwesen	
♠ **Vorteile**	♥ **Nachteile**
• Spezialisierung, fachliche Qualität • effiziente, schnelle Abwicklung der Aufgaben • leichte Anpassung an quantitative Veränderungen.	• Eine einheitliche Personalpolitik wird erschwert • keine eindeutigen Ansprechpartner für die betreuten Mitarbeiter • Bereichsdenken • Entfernung zu den „Kunden" (Front) • fördert Verwaltungsmentalität im Personalwesen.

Abb.10.12: Bewertung einer verrichtungsspezialisierten Gliederung im Personalwesen

Als Alternative zu dieser Lösung bietet sich die *Gliederung nach Objekten* an, also nach den vom Personalwesen betreuten Einheiten. Solche Objekte können sein

◆ *Gruppen von Arbeitnehmern* nach ihrem rechtlichen Status (z.B. Arbeiter, Angestellte, Leitende Mitarbeiter)

◆ *funktionale Organisationseinheiten* (z.B. Produktion, Vertrieb, Allgemeine Verwaltung)

◆ *regionale Einheiten* (z.B. Hauptsitz, Geschäftsstellen Inland, Geschäftsstellen Ausland).

Die Nachteile der reinen Verrichtungsgliederung wie z.B. keine eindeutigen Ansprechpartner oder Entfernung zum Kunden können so verringert werden. Allerdings müssen dann für jede betreute Gruppe alle Funktionen mehrfach erbracht werden. Das kann unwirtschaftlich sein und außerdem eine einheitliche Personalpolitik erschweren. Deswegen bieten sich *Mischformen* an, wie sie beispielsweise in dem Organigramm des Personalbereiches einer Großbank dargestellt sind (siehe Abb. 10.13).

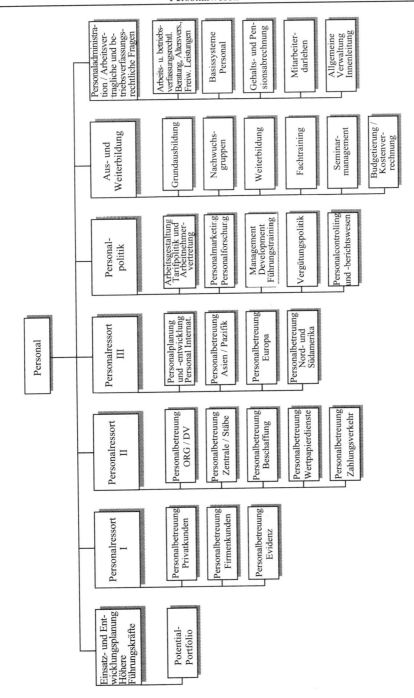

Abb. 10.13: Objekt- und verrichtungsorientierter Personalbereich einer Großbank

Die drei *Personalressorts* sind *nach Zielgruppen* gebildet. Die Gruppen im Personalressort 1 sind jeweils ganzheitlich zuständig für alle inländischen Mitarbeiter im Privatkundenbereich und im Firmenkundenbereich. Die Gruppen im Personalressort 2 sind jeweils zuständig für bestimmte zentrale Bereiche wie z.b. Organisation und Datenverarbeitung, Einkauf, Wertpapierdienste, Zahlungsverkehr, Revision und Stäbe. Das Personalressort 3 ist zuständig für Mitarbeiter ausländischer Regionen wie z.B. Asien / Pazifik, Europa, Nord- und Südamerika. Damit können sich die Mitarbeiter dieser Einheiten auf die Sonderheiten der von ihnen betreuten Mitarbeiter und auf die jeweiligen konkreten Umfeldbedingungen spezialisieren.

Die übrigen Abteilungen sind mit *übergreifenden Aufgaben* betraut. Entweder lohnt es sich nicht, diese Aufgaben jeder einzelnen Gruppe zu übertragen (z.B. Aus- und Weiterbildung, Einsatz und Entwicklung höherer Führungskräfte) oder es wird eine unternehmensweit zuständige, zentrale Stelle gewünscht, um sicherzustellen, dass die Personalarbeit koordiniert und soweit notwendig auch vereinheitlicht wird (z.B. Personalpolitik, arbeitsvertragliche und betriebsverfassungsrechtliche Fragen).

In dieser Mischlösung muss dann möglichst klar geregelt werden, welche Rechte die zentralen, gesamtbetrieblich zuständigen Einheiten haben. Meistens besitzen sie fachlich begrenzte Weisungsrechte gegenüber den Einheiten, die für bestimmte Zielgruppen zuständig sind. So ergeben sich Matrix- bzw. Tensorlösungen, d.h. *Mehrfachweisungswege*. Denkbar und oft praktiziert sind aber auch klassische Einlinienlösungen. Die zentralen Einheiten erarbeiten Entwürfe, die dann auf oberster Ebene entschieden werden.

10.4 Controlling

10.4.1 Aufgaben

Im Controlling werden Bestände und Bewegungen von Werten und Mengen geplant, ermittelt, überwacht und dokumentiert. Controlling wird damit im Sinne planen, steuern und lenken und nicht im Sinne kontrollieren verstanden.

Das Controlling bildet die Gesamtheit der Handlungen einer Unternehmung und der Transaktionen, die sich aus diesen Handlungen ergeben, in Form von Zahlen ab. Anstelle der realen Ströme (Beschaffung und Bearbeitung von Produktionsfaktoren wie z.B. Rohstoffe, Personal, Produkte) werden die monetären Ströme abgebildet. Zum Controlling können die folgenden Aufgaben gezählt werden:

◆ *Finanzbuchhaltung* (*Bestandsrechnung* - Bilanz - und *Erfolgsrechnung* - Gewinn- und Verlustrechnung). Sie dient der Dokumentation und legt Rechenschaft ab über die Vermögens-, Ertrags- und Finanzlage. Sie ist eher nach außen gerichtet (Gesellschafter, Gläubiger, Finanzverwaltung).

◆ *Meldewesen* an externe Stellen – bei Banken beispielsweise an das Bundesaufsichtsamt für das Kreditwesen und die Bundesbank.

◆ *Management Accounting* (Controlling im engeren Sinn). Das Management Accounting ist nach innen gerichtet, um Mengen und Werte zu erhalten, die von äußeren Einflüssen (z.b. steuerlichen Bewertungsvorschriften) frei sind. Es geht dabei um das Controlling der Erträge (z.B. Planung und Überwachung der erwirtschafteten Erträge einer Filiale oder eines Vertriebsmitarbeiters) und der Kosten (d.h. Planung und Überwachung der diesen Einheiten direkt oder indirekt zuzurechnenden Kosten). Dazu zählt auch die klassische *Betriebsbuchhaltung* (Kostenarten-, Kostenstellen-, Kostenträgerrechnung). Sie dient zu Kosten- und Leistungsvergleichen, zur Kostenkontrolle, zur Ermittlung des Betriebserfolges und zur Analyse von Plan-Ist-Abweichungen. Generell hat das Controlling die Aufgabe der *Wirtschaftlichkeitsrechnung und Analyse* bezogen auf Produkte, Märkte, Kunden oder Kundengruppen, Geschäftsbereiche, Vertriebsmitarbeiter usw. Daraus leitet sich ein umfangreiches *Berichtswesen für das Management* ab (daher der Begriff Management Accounting). Diese Berichte können unterschiedlich verdichtet - von einer einzelnen Stelle, über Bereiche, Divisionen, Konzernunternehmen bis hin zum Gesamtunternehmen - und nach verschiedenen Kriterien aggregiert werden (z.B. über alle Produkte einer bestimmten Artikelgruppe in einem bestimmten Absatzmarkt). Sie dienen dem Management als Grundlage für ihre Planungen und für ihre steuernden Eingriffe. In diesem Sinne kann das Controlling mit dem System der Instrumente in einem Cockpit verglichen werden, das einem Piloten erlaubt, auch ohne „direkte" Sicht zu fliegen.

◆ *Finanzierung (Treasuring).* In großen Unternehmen liegt diese Zuständigkeit außerhalb des Controlling bei einem sogenannten Treasurer. Es sind aber auch Lösungen anzutreffen, in denen diese Funktion im Controlling wahrgenommen wird. Die Finanzierung ist zuständig für die Steuerung der Finanzströme in einer Unternehmung und zwischen der Unternehmung und der Umwelt (z.B. Banken, Geldgeber, Anleger, Aktionäre). Das *finanzielle Gleichgewicht* soll damit erreicht werden. Freie finanzielle Mittel sollen möglichst ertragsbringend eingesetzt und notwendiges Kapital soll möglichst günstig beschafft werden. Zum Treasuring gehören oft auch alle Aufgaben im Zusammenhang mit Versicherungen (Abschluss, laufende Überwachung, Inanspruchnahme, Kündigung)

◆ *Beteiligungen.* Normalerweise wird auch die Verwaltung von Finanzanlagen und die Betreuung von Beteiligungen vom Controlling wahrgenommen.

◆ *Versicherungen.* Abschluss und Kündigung von Versicherungsverträgen, die laufende Bedienung solcher Verträge wie auch die Inanspruchnahme von Leistungen und die Verhandlungen mit Versicherungen gehören zu den Aufgaben dieser Organisationseinheit, die ebenfalls dem Controlling zugerechnet werden kann.

10.4.2 Einordnung des Controlling

Alle betrieblichen Operationen münden in ein zentrales Zahlenwerk. Das Controlling stellt alle wesentlichen Informationen bereit, die für die Steuerung eines Unternehmens notwendig sind. Außerdem ist es grundsätzlich sinnvoll, die Finanzmittel zentral zu steuern und zu verwalten (Cash Management). So ist es naheliegend, das *Controlling* zu *zentralisieren* und auf der *obersten Ebene einer Unternehmung anzusiedeln.* Der Leiter Controlling ist dann Mitglied der Geschäftsleitung bzw. des Vorstandes.

Werden in einem Konzern den Tochtergesellschaften weitreichende Befugnisse eingeräumt (siehe Holding Kapitel 11.5), kann die Zuständigkeit für das Controlling auch teilweise dezentralisiert werden. Für den Konzern als Ganzes wird dann immer noch zusätzlich ein zentrales Controlling benötigt, das die Zahlen verdichtet und aufbereitet und außerdem die Richtlinien verbindlich vorgibt, nach denen die dezentralen Controllingabteilungen zu arbeiten haben, da nur so vergleichbare Informationen gewonnen werden können.

10.4.3 Organisation des Controlling

In Anlehnung an die oben genannten Aufgaben kann das Controlling wie in Abb. 10.14 gegliedert werden.

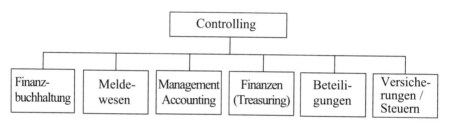

Abb. 10.14: Organisation Controlling

Abbildung 10.15 zeigt ein Beispiel für einen Controllingbereich einer großen Bank. Der Leiter Financial Control ist gleichzeitig Mitglied des Vorstands. Das Group Controlling ist sowohl für das Rechnungswesen mit Bilanz und Gewinn- und Verlustrechnung (Financial Accounting) wie auch für das zentrale Controlling (Standards, Verdichtung der Berichte und Auswertungen = Management Accounting) zuständig. Die Basisinformationen werden dezentral in den Geschäftsbereichen (Business Areas) erarbeitet. Geschäftsbereiche dieser Bank sind Treasury (Management von Finanzmitteln), Vermögensberatung (Asset Management), Private Banking (Privatkunden), Commercial Banking (Geschäftskunden), Investment Banking (Emissionsgeschäft und Wertpapierhandel). Dem Business Area Controlling sind außerdem die Serviceeinheiten IT (Informationssysteme) und Personal zugeordnet.

Diesem Vorstandsbereich sind weitere Funktionen zugeordnet, die als „Nicht-Controlling" (Non-Controlling) bezeichnet werden. Das sind die Abteilungen für Tax (Steuern), Accounts Payable (Kreditorenbuchhaltung) und Neutral Control (Revision).

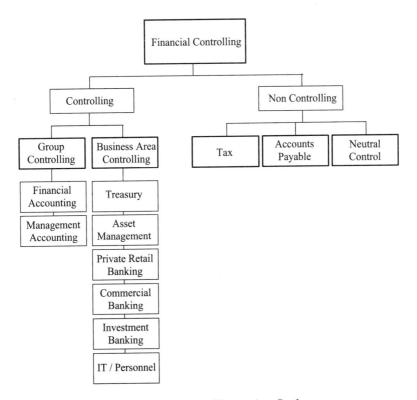

Abb. 10.15: Controlling in einer Bank

Weiterführende Literatur zu diesem Abschnitt

Bleicher, K.: Organisation. Strategien - Strukturen - Kulturen. 2. Aufl., Wiesbaden 1991

Cantin, F.; N. Thom: Organisationsarbeit in der Schweiz. Profil von Organisierenden in Wirtschaft und Verwaltung. Glattbrugg 1995

Deyhle, A.: Controller-Handbuch. 3. Aufl., München 1990

Gaugler, E.: Personalwesen. In: Handwörterbuch der Betriebswirtschaft. Hrsg. v. W. Wittmann; W. Kern; R. Köhler et. al., 5. Aufl., Stuttgart 1993, Sp. 3140 - 3158

Hahn, D.: Planungs- und Kontrollrechnung. 4. Aufl., Wiesbaden 1994

Horváth, P.: Controlling. 4. Aufl., München 1991

Meckl, R; E. Scherm: Personalarbeit in der „schlanken" Unternehmung – Ein Modell zur Beurteilung organisatorischer Gestaltungsalternativen. In: Scholz, C.; H. Oberschulte (Hrsg.): Personalmanagement in Abhängigkeit von der Konjunktur. München 1994

Wolf, J.: Organisation internationaler Personalarbeit. Zeitschrift Führung + Organisation, 2 / 1996, S. 90-95

Zünd, A.: Innenrevision. In: Handwörterbuch der Betriebswirtschaft. Hrsg. v.W. Wittmann; W. Kern; R. Köhler et. al., 5. Aufl., Stuttgart 1993, Sp. 1786 – 1796

11 Ausgewählte Spezialthemen der Aufbau-organisation

Im Folgenden sollen einige Spezialthemen der Aufbauorganisation behandelt werden. Allen ist gemeinsam, dass aufbauorganisatorische Lösungselemente, die bereits in früheren Abschnitten behandelt wurden - speziell in Kapitel 4 und 5 - unter einem bestimmten Blickwinkel ausgeleuchtet und ergänzt werden.

Es handelt sich um Konzepte, die seit Beginn der 90er Jahre in Theorie und Praxis diskutiert werden. Folgende Spezialthemen werden hier erörtert:

- Total Quality Management
- Lean Management
- Fraktale Organisation
- Lernende Organisation
- Holdingstrukturen
- Management durch Projekte
- Outsourcing
- Virtuelle Organisation

11.1 Total Quality Management

11.1.1 Grundlagen

Mit zunehmendem Wettbewerb hat ein Kunde die Wahl zwischen verschiedenen Anbietern. Er wählt dann den Lieferanten aus, der eine gewünschte Qualität möglichst preiswert und termingerecht anbietet. Um überhaupt im Wettbewerb überleben zu können, muss der Anbieter von Produkten oder Leistungen somit in der Lage sein

- eine versprochene *Qualität* zu *liefern*
- diese Qualität zu möglichst *niedrigen* Kosten zu *erbringen* (damit muss er effiziente Verfahren beherrschen, die aufwendige Nacharbeiten oder hohe Ausschussquoten verhindern)
- *Termine einzuhalten.*

Als Qualität soll hier die *Eignung eines Gutes* (Produkt oder Dienstleistung) *für einen bestimmten Zweck* verstanden werden.

Qualität kann einmal die sogenannte *Funktionalität* sein. Die Qualität wird an den *Leistungen des Produktes* gemessen. So ist beispielsweise die einfache Bedienung eines Videorecorders ein Qualitätsmerkmal für dieses Produkt. Übernimmt der Verkäufer eines Fernsehers eine fachgerechte Entsorgung eines gebrauchten Gerätes ist das ein Qualitätsmerkmal des Handels. Selbstverständlich hängt es von der *subjektiven Einstellung des Käufers* bzw. von seinen Interessen ab, ob für ihn dieses Qualitätsmerkmal relevant ist und sich damit auf die Kaufentscheidung auswirkt. Wenn beispielsweise ein Anbieter von Videokameras technische Optionen bietet, die das Gerät aus der Sicht des Kunden kompliziert erscheinen lassen, kann für diesen Interessenten eine geringere Funktionalität die „bessere" Qualität bedeuten. Das ist ein erster Hinweis darauf, dass nicht unbedingt die beste Qualität anzustreben ist, sondern eine Qualität, für die Nachfrage besteht.

Zur Qualität zählt außerdem, mit welcher *Zuverlässigkeit die* vorgesehenen und zugesagten *Leistungen erbracht* werden. Wenn eine Kamera störungsanfällig ist oder wenn anstehende Reparaturen nur mangelhaft ausgeführt werden, beeinträchtigt das die Qualität. In diesem Sinne gibt es auch eine *Dienstleistungsqualität*. Wenn der Berater in einer Bank gut informiert ist, seriös die Wünsche und Anliegen seiner Kunden ermittelt und auf Fragen kompetente Antworten weiß, hat die Dienstleistung eine höhere Qualität, als wenn das nicht der Fall wäre. Auch bei der Zuverlässigkeit gilt die Aussage, dass neben der *objektiven Qualität*, die insbesondere bei technischen Produkten gemessen werden kann, die *subjektive Qualitätsanforderung* eine Rolle spielt. Wenn ein Kamerahersteller verspricht, dass seine Geräte in einem Temperaturspektrum von -50° bis +80° einwandfrei funktionieren, mag das für einen Interessenten ein Qualitätsmerkmal sein. Ein anderer interessiert sich nicht dafür, weil er sich niemals mit einer Kamera in solche extreme Situationen begibt.

Ein weiteres subjektives Phänomen besteht darin, dass oftmals *eindeutige Maßstäbe fehlen*, mit deren Hilfe die Qualität ermittelt werden kann. Besonders deutlich wird das etwa bei der Beurteilung von Mahlzeiten, Beratungsleistungen, künstlerischen Leistungen usw. Was eine Person als gute Qualität empfindet, kann eine andere als minderwertig ansehen.

Schließlich gehört im weitesten Sinn zur Qualität auch noch die - aus der Sicht des Kunden - *rechtzeitige Lieferung einer Leistung*. Lieferverzögerungen oder mangelhafte Lieferbereitschaft werden ebenfalls als Qualitätsmängel empfunden.

11.1.2 Entwicklung des Qualitätsmanagements

In der Zeit der Zünfte und der handwerklichen Fertigung lag die Verantwortung für die Qualität der Produkte in den Händen eines dafür speziell ausgebildeten Mitarbeiters. Er fühlte sich für die Qualität seines „Werkes" unmittelbar verantwortlich. Das war eine sehr „moderne" Lösung, wie die jüngere Entwicklung zeigt.

Mit der aufkommenden Industrialisierung stieg die Arbeitsteilung (siehe Kapitel 4.4). Gleichzeitig sank damit auch der Bezug des Einzelnen zu dem Ergebnis seiner Leistung. Mit der Spezialisierung wurden Kontrollaufgaben an dafür spezialisierte Stellen (Qualitätskontrolle, Endabnahme usw.) übertragen, die meistens erst *am Ende des Herstellungsprozesses* durchgeführt wurden (End-of-Pipe-Philosophie).

Da die Produkte zunehmend komplexer wurden, stellte sich bald heraus, dass die Beseitigung von Fehlern immer dann besonders hohe Aufwendungen verursacht, wenn diese Fehler bereits auf einer frühen Stufe im Fertigungsprozess entstanden sind. So wurden zunehmend *Zwischenkontrollen* eingebaut, um zu vermeiden, dass fehlerhafte Teile weiter bearbeitet werden.

Die *Verfahren der Qualitätskontrolle* wurden dann immer weiter *verfeinert.* Anstelle einer Kontrolle aller Objekte wurden *Stichprobenverfahren* entwickelt. Man konzentrierte sich auf wenige Kontrollobjekte und konnte dennoch eine Aussage darüber machen, wieviele Fehler insgesamt entstanden waren. Bestimmte Fehlerquoten wurden toleriert. Es war dann die *Aufgabe der Kunden*, die *Mängel zu reklamieren.* Außerdem wurden die Prüfverfahren zunehmend perfektioniert. Die technischen Möglichkeiten, Fehler zu entdecken, ohne die geprüften Objekte dabei zu zerstören, machten erhebliche Fortschritte (Röntgentechnik, Lasertechnik usw.).

Allen bisher genannten Ansätzen ist gemeinsam, dass die *Qualitätsverantwortung bei* den *Kontrolleuren* und nicht bei denjenigen liegt, die die Leistung erbringen. Diese Philosophie wird deswegen auch als *Qualitätssicherung* bezeichnet.

Seit den 80er Jahren wird *Qualität als eine strategische Aufgabe* erkannt, zu der alle beteiligten Mitarbeiter auf allen Ebenen beitragen müssen. Dieser ganzheitliche Ansatz wird als *Qualitätsmanagement* bezeichnet. Die Einsicht hat sich durchgesetzt, dass Qualität nicht ausreichend durch Kontrollen gesichert werden kann. Qualität kann vielmehr dann besonders wirksam gefördert werden, wenn alle Mitarbeiter sich bemühen, Fehler zu vermeiden (Null-Fehler-Programme).

So muss schon beim Entwurf technischer Produkte (Design) auf deren angestrebte Qualität wie auch auf qualitätssichernde Produktionsverfahren geachtet werden. Hier werden die entscheidenden Weichen für die später erreichbare Qualität gestellt. Zusätzlich müssen die Mitarbeiter motiviert werden, von sich aus auf Qualität zu achten. Eine organisatorische Konsequenz dieses Ansatzes kann eine autonome Arbeitsgruppe sein (Kapitel 4.4.4), der auch die Qualitätsverantwortung übertragen wird. Wenn durch organisatorische Vorkehrungen (Einrichtungen und Prozesse) und durch die Motivation aller Beteiligten die Qualität gesichert wird, spricht man von einem *Total Quality Management.* Total Quality Management ist eine *Führungsmethode* einer Unternehmung, bei der *Qualität in den Mittelpunkt* gestellt wird, die auf der *Mitwirkung aller ihrer Mitglieder* beruht und die auf *langfristigen Erfolg durch zufriedene Kunden* setzt.

Die folgende Abbildung zeigt die historische Entwicklung des Qualitätswesens.

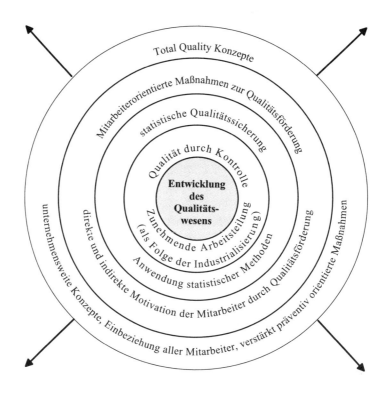

Abb. 11.1: Historische Entwicklung des Qualitätswesens

11.1.3 Total Quality Management-Organismus

Der sogenannte TQM-Organismus besteht aus fünf Komponenten

❑ *Managementverpflichtung* und *Vorbildfunktion* (Management verpflichtet sich auf eine bestimmte Qualität und beweist in der täglichen Arbeit, dass es voll dazu steht)

❑ *Qualitätsmanagement-System* (ein Beispiel für ein Qualitätsmanagement-System ist die ISO 9000 ff)

❑ *Qualitätswerkzeuge* (wie z.B. Stichprobenverfahren, Prüfmittel)

❑ *TQM-Bausteine* (Führen mit Zielen, Kundenorientierung, interne und externe Kunden-Lieferanten-Beziehung, kontinuierliche Verbesserung, Null-Fehler-programme, Einbeziehungen aller Mitarbeiter, kontinuierliche Schulung und Weiterbildung usw.)

❑ *gelebtes Qualitätsbewusstsein* (Qualität wird zu einem bestimmenden Merkmal der Unternehmenskultur nach dem Motto „wir sind stolz auf unsere Qualität und tun alles in unseren Kräften stehende, um sie zu sichern").

Der Total Quality Management-Organismus wird häufig als *Pyramide* dargestellt, welche die *Vision der Kundenorientierung* als *höchstes Ziel* vorgibt. Qualitätsbewusstsein muß der TQM-Strategie entsprechend „top-down" vorgelebt werden. Die Einführung eines Qualitätsmanagementsystems nach ISO 9000 ff ist ein erster (messbarer) Schritt in diese Richtung.

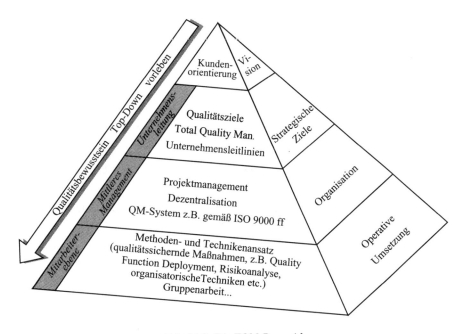

Abb. 11.2: Die TQM-Pyramide

Die Normen ISO 9000 - 9004 sind ein - heute nicht mehr unumstrittenes - Beispiel für ein Qualitätsmanagement-System.

11.2 Lean Management

11.2.1 Grundlagen

Der internationale Wettbewerb wird immer härter. Länder mit hohen Kosten konkurrieren mit Anbietern, die nur einen Bruchteil der Personalkosten kalkulieren müssen. Die *Lebenszyklen* der angebotenen Produkte werden immer kürzer. Außerdem ist der

Trend zu erkennen, dass *Kunden zunehmend individuelle Lösungen* (Produkte oder Dienstleistungen) *wünschen*. Auf diese Anforderung waren und sind viele amerikanische und europäische *Unternehmen schlecht vorbereitet*. Sie haben sich vorwiegend als Massenhersteller einheitlicher Produkte oder Dienstleistungen entwickelt. Bieten typische Massenhersteller viele Varianten an, verursachen ihre Produkte derartig hohe Kosten, dass sie im internationalen Wettbewerb kaum noch konkurrenzfähig sind. Aus alledem folgt, dass Unternehmen kostengünstig anbieten, schnell und flexibel im Markt agieren und dabei einwandfreie Qualität liefern müssen, wenn sie langfristig überleben wollen.

Im Lean Management wird ein ganzes Bündel von Prinzipien, Vorgehensweisen und Maßnahmen integriert und nachhaltig angewendet, um die gesamte Wertschöpfungskette von Gütern oder Dienstleistungen effektiv (die richtigen Ziele verfolgen) und effizient (die Ziele richtig verfolgen) zu bewältigen. Der Ansatz schließt sowohl die langfristigen (strategischen) wie die mittelfristigen (taktischen) und die kurzfristigen (operativen) Aspekte mit ein. Eingeschlossen in die Betrachtung werden auch die Systeme der Zulieferer und der Kunden.

11.2.2 Denk- und Werthaltungen des Lean Management

Das Lean Management basiert auf *grundlegenden Annahmen und Werten* - es setzt damit eine bestimmte Unternehmenskultur voraus. *Wichtige Bestandteile dieser Kultur* sind:

◆ Ausgangspunkt aller Überlegungen ist der *Markt*. Es wird nicht nur der aktuelle Bedarf ermittelt. In enger Zusammenarbeit mit den Kunden wird untersucht, welcher Bedarf zukünftig entstehen kann

◆ Beschränkung auf die *Kernkompetenzen*. Ein Unternehmen macht nur das selbst, was es besser kann als andere

◆ *Qualität* ist ein *strategischer Wettbewerbsvorteil*. Qualitätssteigerung und Kostensenkungen schließen sich nicht aus. Konsequente Qualitätssteigerung führt auch zu Kostensenkung

◆ Qualität kann nur erreicht werden, wenn die *Qualitätsverantwortung jedem einzelnen Mitarbeiter* übertragen wird (siehe Total Quality Management)

◆ *Qualitätssteigerung und Kostensenkung* kann nicht durch einmalige „Crash-Programme" erreicht werden. Wettbewerbsvorteile lassen sich nur erreichen, wenn sich alle Beteiligten kontinuierlich und nachhaltig darum bemühen

◆ hohe Qualität und niedrige Kosten lassen sich nur dann gleichzeitig erreichen, wenn die Produkte und deren Herstellungsverfahren gemeinsam entwickelt werden. *Produkte und Verfahren sind gleich wichtig*

◆ durch *Managementprinzipien und organisatorische Lösungen* können *größere Verbesserungen* erreicht werden *als durch* eine reine *Automatisierung*

◆ *Menschen* sind *leistungsfähig und leistungswillig*. Für sie muss ein Rahmen geschaffen werden, in dem sie sich entfalten können

◆ *Leistungserstellung* muss als *Prozess* gesehen werden, der *vom Lieferanten* (evtl. sogar vom Lieferanten des Lieferanten) *bis zum Kunden* (bzw. zum Kunden des Kunden) reicht. Die gesamte Wertschöpfungskette ist zu untersuchen

◆ *Prozesse und Strukturen* sind besser *beherrschbar* (bessere Qualität und geringere Kosten), wenn sie *weniger komplex* sind

◆ Unternehmen sind nur überlebensfähig, wenn sie *permanent lernen.* Vom Individuum über Gruppen bis hin zum gesamten Unternehmen (einschließlich der Lieferanten und Kunden) müssen Strukturen und Verfahren vorhanden sein, die permanentes Lernen ermöglichen und fördern (siehe Lernende Organisation).

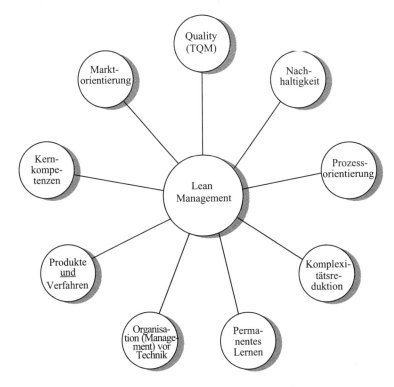

Abb. 11.3: Denk- und Werthaltungen des Lean Management

11.2.3 Prinzipien des Lean Management

In der folgenden Übersicht werden einige Prinzipien des Lean Management zur Steuerung und zur Organisation aufgelistet, die dann näher erläutert werden.

| Prinzipien des Lean Management ||
Prinzipien zur Steuerung	Prinzipien zur Organisation
• Ganzheitlicher Ansatz • systemübergreifender Ansatz • integrative Strategie • lernende Einheiten • verändertes Controllingverständnis	• Organisation vor Technik • Fließprinzip • zeitkritisches Management • von der funktionalen Organisation zur Geschäftsprozessoptimierung • Delegation von Kompetenzen - flache Hierarchien • Entspezialisierung / Teamorganisation - autonome Arbeitsgruppen • Projektorganisation

Abb. 11.4: Prinzipien des Lean Management

Prinzipien zur Steuerung

Ganzheitlicher Ansatz

Ein *ganzheitlicher Ansatz* versucht, alle für eine Lösung relevanten Faktoren gemeinsam (integriert) zu sehen. Oft wird das Heil in punktuellen Eingriffen gesucht (Einsatz einer neuen Technik, Aufbau eines Informationssystems, Computer Aided X oder Y). Dadurch entstehen neue Probleme, die dann wieder punktuell beseitigt werden. Ganzheitliche Arbeit berücksichtigt die Leistungen einer Einheit (Output), die Eingänge, die organisatorischen Elemente Aufgaben, Aufgabenträger, Sachmittel und Informationen sowie deren Verknüpfung durch Aufbau- und Ablauforganisation. Dabei werden auch die gegenseitigen Abhängigkeiten untersucht, indem beispielsweise *vernetztes Denken* angewendet wird.

Systemübergreifender Ansatz

Der systemübergreifende Ansatz ist ein wesentliches Prinzip des Lean Management. Ansatzpunkt ist die *Wertschöpfungskette*, die *über die Unternehmensgrenzen hinaus reicht*. Es werden nicht nur die Aktivitäten innerhalb des Unternehmens sondern auch außerhalb gestaltet. Das kann beispielsweise folgende Konsequenzen haben:

◆ Bisher selbst wahrgenommene Aufgaben werden auf Lieferanten übertragen oder verselbständigt (Outsourcing)

- die Zahl der Lieferanten wird deutlich verringert. An die Stelle vieler Einzellieferanten treten einige wenige sogenannte Systemlieferanten, die ganze Leistungspakete liefern. Mit diesen Lieferanten werden langfristige Beziehungen aufgebaut

- die Vertriebsstruktur wird verändert. Unternehmen liefern nicht mehr an eine zwischengeschaltete Handelsstufe sondern direkt an die Endabnehmer oder an eine eigene Vertriebsorganisation.

Integrative Strategie

Unter einer *integrativen Strategie* soll hier ein Vorgehen verstanden werden, das Kunden und Lieferanten in den gesamten Prozess der Planung und Erstellung von Leistungen mit einbezieht. Es werden *intensive Beziehungen zu Kunden* aufgebaut. Das kann sich sogar in die Zielvereinbarungen und in die Anreizsysteme hinein auswirken. Beispielsweise kann vereinbart werden, dass nicht nur der Vertrieb sondern auch Mitarbeiter der Entwicklung, des Einkaufs und der Fertigung eine bestimmte Anzahl von Kontakten zum Kunden wahrnehmen müssen, um besser den Markt zu verstehen. Der Bau von *Prototypen* ist ein weiterer Ansatz, um mit dem Kunden intensiv dessen Anforderungen zu erörtern.

Zu einer integrativen Strategie gehört auch eine sehr *enge Zusammenarbeit mit den Lieferanten* von *Produktionsmitteln*. Sie werden nicht erst eingeschaltet, wenn ein Produkt fertig entwickelt ist. Vielmehr sind sie bereits in den frühen Phasen der Konzeption eines neuen Produktes eingeschaltet, um ihrerseits Anregungen zu geben. Aus dem Verständnis der zukünftigen Anforderungen heraus können sie in ihrem eigenen Unternehmen (Bereich) rechtzeitig die notwendigen Maßnahmen veranlassen. Dadurch werden die Herstellungsverfahren noch besser auf die Produkte abgestimmt. Das ist eine Facette des sogenannten *Simultaneous Engineering*. Im Simultaneous Engineering werden außerdem Komponenten der Produkte - bei klar definierten Schnittstellen - parallel entwickelt. Systemlieferanten können wesentliche Teile der Entwicklung - abgestimmt mit den Abnehmern - selbständig übernehmen, wenn ihnen frühzeitig die Anforderungen bekannt sind. Werden diese Ansätze konsequent verfolgt, können Entwicklungszeiten dramatisch verkürzt werden.

Durch die enge Zusammenarbeit mit den Lieferanten entsteht ein *lernendes System*, das wesentliche Verbesserungen der Qualität ermöglicht.

Eine integrative Strategie setzt eine *vertrauensvolle Zusammenarbeit* mit den Lieferanten voraus. Langfristige Bindungen an Lieferanten, frühzeitige Information über neue Entwicklungen, partnerschaftliches Aushandeln von Kontrakten treten an die Stelle des Prinzips „teile und herrsche" und „presse das Letzte aus dem Lieferanten heraus".

Lernende Einheiten

Aus dem Prinzip, die *Komplexität* zu *reduzieren*, werden Organisationseinheiten geschaffen, die *ganzheitlich für Aufgaben zuständig* sind und sich weitgehend selbst steuern. Jede Einheit wird als Lieferant seiner (internen oder externen) Kunden angesehen. Durch enge Kontakte zu ihren Kunden kennen sie deren Anforderungen und können sich darauf einstellen. Es entstehen *Regelkreise*, mit deren Hilfe *Fehler* so früh wie möglich *erkannt* und *beseitigt* wie auch die *Ursachen für die Fehler abgestellt* werden. Schritt für Schritt können die Anforderungen der Kunden immer besser erfüllt werden. Mit anderen Worten wird das *Lernen in das System integriert.*

Durch die lernenden Einheiten und die damit notwendigerweise verbundene Autonomie werden wesentliche Bestandteile des sogenannten Total Quality Management realisiert (siehe dazu das Kapitel 11.1). *Jeder* einzelne *Mitarbeiter* wird aktiviert, um *permanent an Verbesserungsvorschlägen mitzuarbeiten.*

Verändertes Controllingverständnis

Der klassische Ansatz des Controlling ist sehr stark auf *Kosten und Erlöse* ausgerichtet. Investitions- und Produktentscheidungen werden auf der Basis von Faktoren gefällt, die sich in Geldeinheiten ausdrücken lassen. Das geht teilweise so weit, dass einseitig Kostensenkungsprogramme gefördert und organisatorische Projekte nur dann bewilligt werden, wenn sie „sich rechnen". Dabei wird leicht übersehen, dass qualitative Verbesserungen möglicherweise einen wesentlich nachhaltigeren Effekt haben können als Kostensenkungen und die dadurch möglich werdenden Preissenkungen.

Durch das klassische Controlling werden für die Mitarbeiter primär monetäre Kennzahlen ermittelt, die zur Steuerung ihres Verhaltens - so zum Beispiel Kostensenkung - beitragen, statt andere, nicht monetäre Anreize zu geben für mehr Qualität, bessere Wettbewerbsfähigkeit, Steigerung des Wertes der Unternehmung oder auch zufriedene und leistungsfähige Mitarbeiter.

Prinzipien zur Organisation

Organisation vor Technik

Die *Organisation* bietet *größere Chancen für wesentliche Verbesserungen als* die Konzentration auf die *Technik.* So sind die Versuche einer menschenleeren Fertigung ersetzt worden durch Lösungen, in denen die Vorteile der Automatisierung verknüpft wurden mit den besonderen Qualitäten leistungsfähiger und leistungsbereiter Mitarbeiter. Dazu muss dann allerdings auch ein organisatorisches Umfeld geschaffen werden, das die häufig ungenutzten *Fähigkeiten der beteiligten Mitarbeiter freisetzt.*

Fließprinzip

Das insbesondere auf FORD zurückgehende *Fließprinzip* - was nicht gleichbedeutend ist mit einem fest getakteten Fließband - *hat sich* durchaus *bewährt.* Allerdings muss es so umgesetzt werden, dass es nicht zur Massenfertigung zwingt, bzw. dass auch individuelle Anforderungen von Kunden erfüllt werden können. Soll das Fließprinzip dieser Anforderung gerecht werden, muss die Komplexität reduziert werden. Anstelle eines großen Flusses, mit dem Standard- und Sonderfälle bewältigt werden, müssen *mehrere kleinere* - weniger komplexe - *Prozesse* geschaffen werden, die sich auf bestimmte Produkte spezialisieren.

Zeitkritisches Management

Organisatorische Lösungen folgen der Zielsetzung, *schnell und flexibel* agieren zu können. Mit einem zeitkritischen Management werden noch weitere Ziele verfolgt wie z.B. die *Minimierung von Beständen* (Lager). Typische Formen eines zeitkritischen Management sind Vereinbarungen mit Lieferanten zur bedarfsgesteuerten Anlieferung (*Just-in-Time*) oder auch das *Time Based Management* (TBM). Darunter versteht man, dass von einem vorgegebenen Zeitziel ausgehend rückwärts ermittelt wird, welche Leistungen bis wann zu erbringen sind, um einen vorgesehenen Termin einzuhalten.

Von der funktionalen Organisation zur Geschäftsprozessoptimierung

Die traditionelle funktionale Organisation hat viele Nachteile wie störende Schnittstellen, geteilte Verantwortung und lange Durchlaufzeiten. Deswegen ist die *Geschäftsprozessoptimierung* ein zentrales Organisationsprinzip des Lean Management. Da darauf schon in den Kapiteln 3 und 5.5.5 ausführlich eingegangen wurde, soll hier der Verweis genügen.

Delegation von Kompetenzen - flache Hierarchien

Damit Organisationseinheiten schnell und flexibel auf die Anforderungen des Marktes eingehen können, müssen ihnen die dazu notwendigen Kompetenzen übertragen werden. *Zentralabteilungen*, insbesondere zentrale Koordinations- und Planungsstellen in Großunternehmen und Konzernen müssen dazu auf das absolut notwendige Maß *reduziert* werden. Die *Zahl der Hierarchieebenen* sollte möglichst *klein* gehalten werden. Wird Lean Management konsequent umgesetzt, kann das zu dramatischen Veränderungen in Konzernzentralen führen (siehe dazu das Kapitel 11.5 Holding).

Entspezialisierung / Teamorganisation - autonome Arbeitsgruppen

Im Lean Management wird die *tayloristische Arbeitsteilung umgekehrt*. Mitarbeitern werden wieder *ganzheitliche Aufgabenbündel* übertragen. Damit steigen die Anforderungen an die Aus- und Weiterbildung der Mitarbeiter. Um ganzheitlich Arbeit erfüllen zu können, werden meistens *Gruppen* eingesetzt, die im Rahmen von vorgegebenen Zielen selbständig arbeiten und für die Planung, Realisation, Termineinhaltung und Qualitätssicherung zuständig sind. Auf diese Thematik wurde bereits im Abschnitt 4.4 eingegangen, so dass auch hier ein Verweis genügen soll.

Projekt-Management

Das *Projekt-Management* als ein Instrument zur hierarchieübergreifenden, wirkungsvollen Zusammenarbeit ist *integraler Bestandteil des Lean Management*. Im Lean Management sind die *Projektleiter* typischerweise *sehr stark*. Sie stammen aus oberen hierarchischen Positionen und haben ausgeprägte formale und informale Macht (zu dieser Thematik wird auf Kapitel 5.7.2 verwiesen).

Das *Lean Management* wird auch (informations-) *technisch unterstützt*. Die verschiedenen Computer Aided - Ansätze zählen ebenso dazu wie geeignete Informationssysteme und die Unterstützung der Kommunikation etwa durch Workflow-Systeme. Darauf soll hier nicht näher eingegangen werden.

Insgesamt ist Lean Management ein *umfassendes Konzept*, das viele Facetten hat und viele bekannte Organisations- und Managementprinzipien zu einem Ganzen verbindet. Die hier getrennt behandelten Ansätze zum Total Quality Management, Lernen von Organisationen sowie wesentliche Elemente der Fraktalen Organisation können als Bestandteile des Lean Management angesehen werden.

11.3　Fraktale Organisation

11.3.1　Annahmen der Fraktalen Organisation

Die grundlegenden Annahmen der klassischen Organisation von Fertigungsunternehmen – z.B. hochgradige Arbeitsteilung, funktionale Gliederung, zentralisierte Planungs- und Kontrollabteilungen - wurden in Frage gestellt und durch neue Annahmen ersetzt. Eigentlich erscheinen diese Annahmen gar nicht so neu. Neu ist vielmehr die Konsequenz, mit der sie in der Fraktalen Organisation umgesetzt werden:

◆ *Der Markt entscheidet.* Ob ein Unternehmen erfolgreich ist oder nicht, entscheiden die Abnehmer. Jeder Mitarbeiter muss sich deswegen ständig dessen bewusst sein, dass er für den Markt, d.h. für seinen Kunden arbeitet. Dieser Kunde kann ein interner oder ein externer Kunde sein.

◆ *Der Markt verlangt Leistung.* Leistung bedeutet im weitesten Sinn, dass Produkte mit Funktionen angeboten werden müssen, die der Markt nachfragt, dass diese Produkte bestimmte Qualitätsanforderungen erfüllen müssen, dass diese Leistungen zeitgerecht erstellt werden und dass Leistungen zu Preisen angeboten werden, die der Kunde für angemessen hält, was wiederum entsprechend niedrige Kosten voraussetzt.

◆ *Arbeit ist ein Wert* an sich. Da die klassischen Formen der Arbeitsorganisation und Führung nur einen Bruchteil des menschlichen Potentials freigesetzt haben, muss umgedacht werden, so dass die Arbeit wieder zu einem Wert an sich wird.

◆ *Automatisierung macht inflexibel.* Der Weg zu immer leistungsfähigeren EDV-Systemen führt immer dann in eine Sackgasse, wenn die Systeme das Potential der beteiligten Menschen ersetzen sollen. Die Verantwortung für die Planung und Steuerung sollte den Menschen übertragen werden, die durch leistungsfähige Informationssysteme unterstützt werden.

11.3.2 Merkmale der Fraktalen Organisation

Eine Fraktale Organisation unterscheidet sich auf drei Ebenen von einer klassischen Organisation:

❑ Struktur

❑ Unternehmenskultur

❑ Führungsverhalten.

Ehe auf diese Themen eingegangen wird, soll zunächst der Begriff *Fraktal* erläutert werden. Als Fraktal wird eine *selbständig handelnde Organisationseinheit* bezeichnet, deren Ziele und Leistungen eindeutig beschrieben werden können. Fraktale verfolgen Ziele, die mit anderen Fraktalen abgestimmt sind. Sie erbringen Leistungen für ihre Kunden. Sie organisieren sich im Rahmen der Zielvorgaben selbst.

Strukturelle Merkmale

◆ Anstelle eines großen Regelkreises für ein ganzes Unternehmen oder für Unternehmensbereiche werden *viele kleine Regelkreise* (Fraktale) eingerichtet. Dadurch wird die Komplexität reduziert und die Anpassungsfähigkeit erhöht.

◆ Fraktale sind normalerweise *Gruppen*. Da sie selbst für ihre interne Planung, Steuerung und Kontrolle zuständig sind, sollten sie bestimmte *Größen nicht überschreiten*. Jedes Mitglied muss mit jedem anderen in direktem Kontakt stehen bzw. Kontakt aufnehmen können (Gruppe im soziologischen Sinn).

◆ Jedes Fraktal erbringt *ganzheitliche Leistungen, für* die es - innerbetriebliche oder externe - *Nachfrager* gibt.

◆ Jedes Fraktal erbringt nur solche *Leistungen*, für die es *besonders qualifiziert* ist (Kernkompetenzen). Andere Leistungen beschafft es bei anderen internen oder externen Fraktalen (schlanke Organisation, geringe Fertigungstiefe).

◆ Fraktale sind gleichzeitig Kostenstellen. So können ihnen Leistungen und Kosten zugerechnet werden. Das schafft unter anderem die Basis für eine leistungsbezogene Vergütung.

◆ Fraktale werden *für homogene Leistungen* gebildet. So kann es ein oder mehrere Fraktale für ein Standardprodukt geben, das nach einem dafür geeigneten Verfahren bearbeitet wird. Spezielle Produkte oder Leistungen (Exoten) werden in gesondert dafür eingerichteten Einheiten bearbeitet.

◆ Jedes Fraktal ist *für seine eigene Organisation zuständig*. Arbeitsteilung, Arbeitsverfahren, eingesetzte technische Mittel wie auch die Arbeitszeitregelung - innerhalb tarifvertraglicher Vorgaben - werden von dem Fraktal festgelegt.

◆ *Funktionen werden integriert*. Die hochgradige Arbeitsteilung wird ersetzt durch Aufgabenerweiterung und Aufgabenbereicherung (siehe dazu Kapitel 4.4).

◆ Mitarbeiter werden als *Generalisten* und nicht als Spezialisten ausgebildet. Sie können somit flexibel *in den unterschiedlichsten Verwendungen eingesetzt* werden.

◆ Nur solche Leistungen werden *zentral* zusammengefasst, *die aus wirtschaftlichen Gründen nicht in den Fraktalen* vorgehalten werden können (z.B. Forschung, Design, Werbung).

◆ Den Fraktalen steht ein leistungsfähiges *Informationssystem* zur Verfügung.

◆ Fraktale *passen sich veränderten Bedingungen an.* Sie

– *wachsen oder schrumpfen*, je nach Bedarf. Wegen der generalisierten Ausbildung vieler Mitarbeiter können auch bei kurzfristigen Beschäftigungsschwankungen zwischen den Fraktalen, aber auch zwischen zentralen Einheiten und den Fraktalen Mitarbeiter ausgeliehen werden

– werden *neu zusammengesetzt*, wenn sich Ziele und „Marktleistungen" verändern

– werden *aufgelöst*, wenn Aufgaben wegfallen oder ein Projekt erledigt ist (in diesem Konzept werden zeitlich befristete Vorhaben, die oben Projekte genannt wurden, Fraktalen = Projektgruppen zugeordnet. Die Einrichtung eines derartigen Fraktals ist dann gleichzusetzen mit der Einrichtung einer Projektorganisation)

– werden *neu gegründet*, wenn neue (dauerhafte oder einmalige) Anforderungen entstehen.

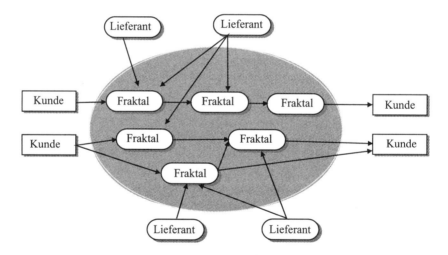

Abb. 11.5: Fraktale Organisation (Kunden / Lieferanten - Beziehungen)

Unternehmenskultur

Die Fraktale Organisation beschränkt sich nicht auf organisatorische Lösungen. Sie kann nur funktionieren, wenn sich *grundlegende Werte* verändern, die von den Mitarbeitern *auf allen Ebenen geteilt* werden. Deswegen setzt eine Umstellung von einer klassischen Organisation auf eine Fraktale Organisation auch voraus, dass sich gemeinsam getragene Werte entwickeln können. Beispiele für derartige Werte können sein:

◆ Unsere Abnehmer sind unsere Kunden - Der *Kunde ist König*

◆ wir sind stolz auf unsere *Qualität*

◆ wir *arbeiten miteinander* und mit anderen Fraktalen und nicht gegeneinander

◆ wir *helfen uns gegenseitig*

◆ unsere *Termine sind uns heilig.*

Führungsverhalten

Generell führt eine Fraktale Organisation zu einer flacheren Hierarchie, da viele Koordinationsleistungen nicht mehr über die Vorgesetzten sondern über die Fraktale (Gruppen) selbst erbracht werden. Zu einer angemessenen Führung in der Fraktalen Organisation gehört beispielsweise:

◆ *Führen durch Ziele*

◆ *Vereinbarung von Zielen*

◆ Es gibt *weniger Vorgesetzte.* Sie übernehmen eher eine Rolle als Berater und Coach denn als weisungsberechtigte Stellen

◆ *Messung der Leistungen* und Information über die Ergebnisse

◆ *Vergütung der Fraktale* und nicht der Einzelnen.

Viele Elemente der Fraktalen Organisation tauchen schon in anderen Kapiteln auf (Lean Management, Gruppenarbeit, flache Hierarchie, Projektarbeit usw.). Die Besonderheit der Fraktalen Organisation liegt darin, dass ein ganzes Bündel organisatorischer Regelungen, kultureller Neuorientierung und angemessener Führungsinstrumente gemeinsam die klassische Organisation von Fertigungsbetrieben ablöst. Das Lean Management betont demgegenüber stärker das Fließprinzip, die Prozessorientierung und die strategische Ausrichtung, als dieses bei der Fraktalen Organisation geschieht.

Selbstverständlich ist die Fraktale Organisation nicht auf Fertigungsbetriebe beschränkt. Auch in Handels- oder Dienstleistungsunternehmen können derartige Ansätze praktiziert werden.

Da neben der Organisation auch die Kultur wie auch das Führungsverhalten verändert werden muss, können Umstellungen immer nur in einem langwierigen Prozess erfolgen. Dieser Prozess muss in der Regel von Experten begleitet werden. Die oberste Ebene muss voll hinter diesem Ansatz stehen, da mit vielfältigen Widerständen zu rechnen ist, die andernfalls kaum überwunden werden können.

11.4   Lernende Organisation

11.4.1 Grundlagen

Der Markt zwingt zu immer schnelleren Reaktionen. Neue, leistungsfähige technische Möglichkeiten ersetzen alte Verfahren, Kunden fordern neue Leistungen, neue Gesetze müssen umgesetzt werden, Mitarbeiter kommen mit veränderten Erwartungen und Werten in die Unternehmen hinein. Wenn Unternehmen unter diesen Bedingungen überleben wollen, müssen sie auf die veränderten Bedingungen reagieren oder besser noch, vorbeugend agieren, um Probleme zu vermeiden und Chancen wahrzunehmen. Mit anderen Worten: *Unternehmen müssen permanent lernen.*

Das Lernen kann sich auf verschiedenen Ebenen vollziehen

❑ *Wissen* (z.B. wissen was ein EDV-Programm leisten kann)

❑ *Fertigkeiten* (z.B. dieses Programm in der täglichen Arbeit nutzen können)

❑ *Werte* (z.B. im Umgang mit Kunden das Prinzip umsetzen: Der Kunde ist König).

Eine Organisation lernt nicht automatisch, wenn einzelne Mitarbeiter lernen. Wird ein Mitarbeiter auf ein Seminar geschickt, um dort etwas über den Umgang mit Kunden zu lernen, ändert dieser Mitarbeiter möglicherweise sein Verhalten, nicht aber die Unternehmung. Verlässt er seinen Arbeitgeber, nimmt er das Wissen mit.

Soll eine *Unternehmung lernen*, ist es zwar absolut *notwendig, dass Individuen lernen.* Aber das reicht nicht. Das *Erlernte* muss *auch anderen Mitgliedern* des Unternehmens *zugänglich* gemacht werden. Erst dann ist die Voraussetzung geschaffen, dass sich die Unternehmung als Ganzes oder in Teilen verändern kann. Es ist weiterhin notwendig, das Erlernte so „*einzufrieren*", dass es auch dann noch verfügbar ist, wenn alle ehemaligen Know-how-Träger ausgeschieden sind. Arbeitsabläufe, Planungsverfahren, Analyseinstrumente usw. müssen dokumentiert werden, so dass sie bei Bedarf zur Verfügung stehen.

Was eine *Unternehmung lernt,* ist auch *nicht gleich der Summe der individuellen Lernerfolge.* Durch die Zusammenarbeit, in die jeder seine individuellen Fähigkeiten und Fertigkeiten einbringt, entsteht etwas Neues. Lernerfolge Einzelner können sich gegenseitig verstärken - Synergien können sich ergeben.

Lernerfolge können sich aber auch *neutralisieren* oder zumindest *behindern*. Wenn ein Mitarbeiter lernt, wirkungsvoller zu arbeiten, kann er dadurch Gegenmaßnahmen der Mitarbeiter hervorrufen, die aus Angst um ihren Arbeitsplatz gar nicht an wirkungsvollerer Arbeit interessiert sind. Die betroffenen Mitarbeiter erlernen ein Abwehrverhalten.

Als Lernende Organisation wird die Fähigkeit einer Institution - eines Unternehmens oder eines Teilbereichs davon - verstanden, Wissen, Fertigkeiten und Werte zu erlangen, nutzbar zu machen, zu verändern oder fortzuentwickeln, so dass die Unternehmung vorausschauend Probleme vermeiden oder aufgetretene Probleme und Anforderungen beherrschen kann. Wird die Lernfähigkeit einer Unternehmung gefördert, kann sie folglich schneller und wirkungsvoller agieren bzw. auf Probleme reagieren. Im Folgenden sollen die Auslöser und die Voraussetzungen für eine Lernende Organisation erörtert werden.

11.4.2 Lernfördernde und lernhemmende Faktoren

Unternehmen sind unterschiedlich lernbereit. Die Praxis zeigt, dass sich insbesondere erfolgreiche Unternehmen schwer tun, die „bewährten" Pfade zu verlassen. Das hat unter anderem folgende Gründe:

◆ Gute wirtschaftliche Ergebnisse fördern das Denken in „weiter so", es besteht kein unmittelbarer Druck zu handeln

◆ in der Vergangenheit erfolgreiche Entscheider lassen ihre Erfahrungen nur ungern in Frage stellen, der Ruf nach Neuerungen kann von ihnen als Kritik an ihrer Arbeit verstanden werden

◆ jeder Lernprozess bewirkt Verhaltensänderungen. Je länger ein Verhalten praktiziert wurde, desto schwerer ist es, Neues zu erlernen, denn dazu müssen bewährte Verhaltensweisen „ver"lernt werden. Das ist mit besonderen Mühen verbunden

◆ hochgradige Spezialisierung und das damit verbundene Bereichsdenken behindert bereichsübergreifende Lernprozesse. Die Struktur ist in diesem Fall lernfeindlich

◆ tiefe Hierarchien mit ausgeprägten Kommunikationsbarrieren sind ein weiteres Beispiel für eine lernfeindliche Struktur

◆ fehlende Kapazitäten - das Tagesgeschäft „frisst die Mitarbeiter"- verhindern Lernprozesse. Es gibt keine Zeit, zu hinterfragen oder nach neuen Wegen zu suchen

◆ der allgemeine Wandel und das Infragestellen aller Werte wird von vielen Menschen generell als Bedrohung empfunden. Sie suchen „eine stabile Welt" und klare Vorschriften, was sie zu tun und zu lassen haben. Sie wollen nicht lernen. In ihnen entstehen starke individuelle Blockaden - bewusst oder unbewusst, die Lernfortschritte behindern.

Aus den genannten Punkten können im Umkehrschluss *lernfördernde Faktoren* abgeleitet werden:

◆ Eine massive Krise fördert die Bereitschaft zu lernen. Das wurde gerade am Beispiel vieler deutscher Unternehmen in der Strukturkrise der neunziger Jahre deutlich. Erst unter dramatisch verschlechterten Bedingungen wurden lange bekannte Probleme angegangen, d.h. entsprechende Lernprozesse ausgelöst

◆ „neue Besen", neue, einflussreiche Mitarbeiter (möglichst charismatische, mitreißende Führungspersönlichkeiten) treiben Veränderungen voran

◆ sorgfältig begleitete Veränderungsprozesse, in denen bewusst mit den Ängsten der betroffenen Mitarbeiter umgegangen wird, erleichtern das Lernen

◆ die bisher verfolgte Strategie und die vorhandenen Strukturen werden auch vorbeugend in Frage gestellt

◆ freie Kapazitäten werden vorgehalten, um das Vorhandene in Frage stellen zu können

◆ eine lernfördernde Strategie, Kultur und Struktur wird geschaffen.

Im folgenden Abschnitt soll untersucht werden, welche allgemeinen und insbesondere welche aufbauorganisatorischen Voraussetzungen geschaffen werden sollten, damit Unternehmen wirksam lernen können.

11.4.3 Voraussetzungen für eine Lernende Unternehmung

In der Abb. 11.6 werden fünf Elemente gezeigt, die Einfluss darauf haben, ob eine Unternehmung lernbereit und lernfähig ist. Diese Elemente beeinflussen sich gegenseitig, was die Pfeile symbolisieren sollen. Die fünf Elemente werden näher erläutert. Dabei zeigt sich, dass bereits behandelte aufbauorganisatorische Lösungen einen wichtigen Einfluss auf die Lernende Organisation haben.

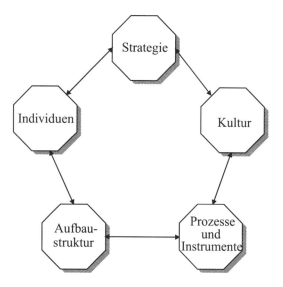

Abb. 11.6: Elemente einer Lernenden Organisation

Strategie

Solange eine Strategie nicht in Frage gestellt wird, konzentrieren sich Lernprozesse darauf, vorhandene *Ziele noch besser zu erreichen* (doing things right). Das ist immer dann erfolgreich, wenn die Strategie noch „stimmt". *Lernprozesse* bewegen sich dann hauptsächlich auf der Ebene marginaler, *schrittweiser Verbesserungen* (Kaizen, empirisches Vorgehen). Eine Strategie sollte aber gelegentlich in Frage gestellt werden, selbst wenn die wirtschaftlichen Ergebnisse noch gut sind (doing right things). Eine grundsätzlich neue strategische Ausrichtung führt zu erheblichem Lernbedarf bei allen Beteiligten. Lernprozesse beanspruchen Zeit. Von der Einsicht in notwendige strategische Neuerungen bis zur Umsetzung können Monate ja sogar Jahre vergehen. Wenn neue strategische Geschäftsfelder besetzt werden sollen, muss in der Unternehmung die dafür notwendige Kompetenz rechtzeitig erlernt werden.

Kultur

Unternehmen unterscheiden sich in ihrer *Lernkultur*. Das ist einmal zu erkennen an dem *Stellenwert der Aus- und Fortbildung*. Zum anderen auch daran, wie mit *Änderungsvorschlägen* umgegangen wird und welches Ansehen Menschen genießen, die Neuerungen vorschlagen. Es reicht nicht, ein - oftmals bürokratisch funktionierendes - Vorschlagswesen einzurichten. Wenn die Kultur signalisiert, dass Änderungen eigentlich eher unerwünscht sind, wenn Prämien für Verbesserungsvorschläge als lapidar empfunden werden, wenn Killerphrasen bei Vorschlägen toleriert werden, wenn Neuerer isoliert werden, dann werden auch Lernprozesse verkümmern. Kulturelle Veränderungen verlangen hier vor allem, dass angesehene Mitarbeiter positiv mit Veränderungen umgehen und dieses auch für alle Mitglieder sichtbar wird. Diese positive Einstellung zur Veränderung muss in jeden einzelnen Mitarbeiter hineingetragen werden.

Individuum

Unternehmen können nur lernen, wenn Individuen lernen. Dazu muss eine „Lernkultur" gelebt werden. Es müssen dem Individuum *Möglichkeiten* geboten werden, *zu lernen*. Lernen findet nicht nur in den so bezeichneten Lernveranstaltungen (Seminaren, Trainings) statt. Lernprozesse laufen auch ab, wenn *Menschen mit unterschiedlichem Wissen zusammenarbeiten*. Der Einzelne lernt dann von den anderen. Insbesondere auch die Arbeit in anderen Einheiten oder Kulturen fördert Lernprozesse und das Verständnis für andere. Lernende Organisationen legen deswegen auch großen Wert auf planmäßigen Stellenwechsel (Job Rotation, Wechsel zwischen Stab und Linie, Mitarbeit in Projekten und Auslandseinsätze von Mitarbeitern).

Lernen eines Individuums bezieht sich auch nicht nur auf fachliche Vorgänge. Gerade in der heutigen arbeitsteiligen Wirtschaft ist es besonders wichtig, dass Mitarbeiter auch ein angemessenes *soziales Verhalten lernen*. Sie müssen mit den unterschiedlichsten Menschen *kommunizieren* und *Konflikte* konstruktiv *austragen* können. Sie müssen in der Lage sein, Gruppenarbeiten wirkungsvoll zu *moderieren*. Insbesondere müssen sie ein Verhalten zeigen, das es ihnen und den anderen erleichtert zu lernen. Das heisst beispielsweise, die anderen *ernst nehmen*, *zuhören* können, *nicht kritisieren*, *konstruktiv hinterfragen*. Derartige *soziale Kompetenzen* müssen erlernt werden, wenn Unternehmen zu Lernenden Unternehmen werden wollen. Da die meisten Menschen darauf in ihrer Ausbildung nicht vorbereitet werden, liegt hier ein großes Entwicklungspotential auf dem Weg zum lernenden Unternehmen.

Aufbaustruktur

Durch aufbauorganisatorische Lösungen kann eine Plattform für Lernende Unternehmen geschaffen werden. So gibt es Aufbaustrukturen, die das Lernen erleichtern, und es gibt Strukturen, deren Hauptaufgabe der Umgang mit Neuerungen ist, wie die folgende Übersicht zeigt.

Aufbaustrukturen zur Förderung des Lernens	
Indirekt lernförderliche Aufbaustrukturen	**Spezielle Einrichtungen zur Förderung des Lernens**
• Flache Hierarchie • Prozessorientierte Strukturen • Strategieorientierte Strukturen • Verringerung der Arbeitsteilung • Autonome Arbeitsgruppen • Workshops, Meetings, Kollegien, Ausschüsse.	• Zuständigkeiten für Zukunftssicherung • Projektorganisation • Strategische Geschäftseinheiten.

Abb. 11.7: Aufbaustrukturen zur Förderung des Lernens

Die *indirekt lernförderlichen Strukturen* wurden bereits ausführlich in den Kapiteln 4 und 5 behandelt. Hier sollen kurze Hinweise genügen, die begründen, dass bestimmte Lösungen das Lernen eher fördern als andere.

Flache Hierarchien sind durch breite Leitungsspannen und wenige Hierarchieebenen gekennzeichnet (siehe Kapitel 5.3.2). Damit gibt es *weniger* sogenannte *Management-Barrieren*. Die Informationen fließen leichter und unverfälschter von unten nach oben und umgekehrt. In flachen Hierarchien muss notwendigerweise mehr *delegiert* werden als in vielstufigen Strukturen. Dadurch werden *untere Ebenen* intensiver und breiter beteiligt. Die Notwendigkeit von *Lernprozessen wird früher erkannt und umgesetzt*, weil schneller auf veränderte Anforderungen des Marktes bzw. der Kunden reagiert werden kann. Marktforderungen werden den Entscheidungsberechtigten unverfälscht übermittelt, auch das fördert Anpassungsprozesse.

In *Prozessorientierten Strukturen* werden bei Kunden beginnende und endende Vorgänge ganzheitlich bearbeitet bzw. durch Processowner koordiniert (siehe dazu Kapitel 5.5.5). Lernen macht dann nicht an funktionalen Abteilungsgrenzen halt. Wünsche und Anforderungen der Kunden werden schneller dem insgesamt zuständigen Segment der Unternehmung - und nicht nur dem Vertrieb oder dem Außendienst - bekannt. Reaktionen werden ausgelöst, soweit das als notwendig angesehen wird.

Von *Strategieorientierten Strukturen* wurde in Kapitel 5.5.4 gesprochen, wenn *Geschäftsfelder* aus einer Kombination von Produkt, Werkstoff, Technologie, Region,

Kunde, Kundenbedürfnis und Konkurrenzsituation gebildet werden. Eine Unternehmung muss dann lernen, mit diesem abgegrenzten Geschäftsfeld erfolgreich umzugehen. Aus dem Geschäftsfeld kommen *Impulse, wenn sich bei den genannten Merkmalen Veränderungen ergeben.* So muss das Geschäftsfeld lernen, mit neuen Werkstoffen, Änderungen in der Konkurrenzsituation, regionalen und rechtlichen Entwicklungen umzugehen. Die für das Geschäftsfeld zuständige organisatorische Einheit ist unmittelbar dafür zuständig, Impulse aufzunehmen und in betriebliche Lernprozesse umzusetzen. Da sie ganzheitlich verantwortlich ist, gelingt das schneller als bei klassischen funktionalen oder objektorientierten Gliederungen.

Durch *verringerte Arbeitsteilung* wie auch durch *autonome Arbeitsgruppen* nimmt die Zahl der funktionalen Barrieren (siehe Kapitel 5.4) ab. Es gibt weniger Schnittstellen, Reibungsverluste, Störungen im Informationsfluss und Schuldzuweisungen. Auch hier kann besser der *Anpassungsbedarf erkannt* werden. Insbesondere bei autonomen Arbeitsgruppen steigt die *Eigenverantwortlichkeit.* Es entsteht eine Kultur, in der jeder Beteiligte auf Kosten, Qualität und Schnelligkeit achtet. Autonome Arbeitsgruppen suchen selbständig nach Verbesserungen und stoßen dabei Lernprozesse an, mit denen diese Ziele erreicht werden können. Das *Lernen wird auf der untersten Ebene verankert.*

Workshops, Meetings, Kollegien und *Ausschüsse* können aus beliebigen Gründen einberufen werden. Es entstehen *vernetzte Strukturen,* welche die normale *Hierarchie überlagern* (Netzwerkorganisation / Sekundärorganisation). Derartige Einrichtungen können auch länder- oder unternehmensübergreifend zusammengesetzt werden. Sie fördern bei allen Beteiligten das Lernen. Mitglieder solcher Gremien erkennen Ziele und Denkweisen der Mitarbeiter anderer Organisationseinheiten. Es besteht die Chance, eigene Denkmuster zu überprüfen und - aus übergeordneten Gesichtspunkten möglichen - Handlungsbedarf zu erkennen. Analog zu „Reisen bildet" kann gesagt werden „bereichsübergreifende Kooperation bildet".

Als *spezielle Einrichtungen zur Förderung des Lernens* werden aufbauorganisatorische Lösungen bezeichnet, deren primäre Aufgabe darin besteht zu erkennen, wo Lernbedarf besteht.

Dazu können *organisatorische Einheiten* geschaffen werden, die *für die Zukunft des Unternehmens* oder für Teilbereiche *zuständig* sind. Das ist ein klassischer Ansatz. So gab und gibt es schon lange Abteilungen für *Marktforschung* - was will der Markt - für *Forschung und Entwicklung* - was sollen wir dem Markt anbieten - und für *Strategische Unternehmensplanung* - wohin soll sich das Unternehmen entwickeln. Diese Einrichtungen haben nicht immer die in sie gesetzten Erwartungen erfüllt. Als zentrale Abteilungen waren sie häufig zu weit von der Front entfernt. Die Kommunikation mit ihren internen und externen Kunden klappte nicht immer wie gewünscht. Vielfach hatten sie auch nicht den Hebel (Macht, Budgets, Ansehen), notwendige Lern- und Anpassungsprozesse anzustoßen.

Die Projektorganisation vereint einige lernförderliche Eigenschaften in sich. Zum einen kann für ein Vorhaben - einen Lernprozess zur Lösung eines Problems - gezielt ein Projekt eingerichtet werden. Damit wird dem Anliegen auch die notwendige

Aufmerksamkeit zuteil. Außerdem kann in Projektgruppen die fachliche Kompetenz zusammengebracht werden, die bereichsübergreifend für die Lösung eines Problems benötigt wird. Dadurch werden die funktionalen Barrieren leichter überwunden. Schließlich und nicht zuletzt fördert die Projektarbeit bei allen Beteiligten individuelle Lernprozesse, die sie später wieder in ihre Arbeitsgruppen einbringen können, wenn sie an ihre angestammten Arbeitsplätze zurückkehren. Das sind drei wichtige Gründe, weshalb sich die Projektorganisation in den letzten Jahren in Wirtschaft und Verwaltung so weit verbreitet hat. Projekte sind ein idealer Nährboden für organisationales Lernen.

Strategische Geschäftseinheiten sind Organisationsformen der *Sekundärorganisation*. Es gelten die gleichen Aussagen, die zur *Strategieorientierten Organisation* gemacht wurden. Da diese Einheiten die Primärorganisation überlagern, kann mit ihnen *noch schneller und flexibler* auf erkannten Handlungsbedarf reagiert werden.

Prozesse und Instrumente

Abschließend sollen einige Prozesse und Instrumente erwähnt werden, die ebenfalls dazu beitragen können, dass Unternehmen schneller und gezielter lernen. Dazu gehören:

◆ Strategieentwicklung, strategisches Controlling
◆ Strukturentwicklung
◆ Einsatz von Multiplikatoren
◆ Zielvorgaben
◆ Feedback-System
◆ Prototypen
◆ Szenariotechnik
◆ Frühwarnsystem
◆ Projektcontrolling
◆ Qualitätszirkel.

Wird die *Strategie* nicht in einem kleinen Zirkel sondern auf breiter Basis erarbeitet und erörtert, kann der *Prozess der Strategieentwicklung* als ein *Lernprozess* angesehen werden, der es dem einzelnen Mitarbeiter erleichtert, Gesamtzusammenhänge und seine eigene Rolle darin zu erkennen. Außerdem kann durch die Beteiligung auch die Kultur im Unternehmen verändert werden. In einem *strategischen Controlling* werden die Prämissen der strategischen Planung periodisch überprüft, Fortschritte in der Umsetzung der Strategie werden festgehalten, bei Bedarf werden Korrekturen angebracht. Auch hier gilt, dass durch gezielte Beteiligung Lernprozesse ermöglicht werden. Gleiches gilt für die *Entwicklung von Leitbildern*. Werden Mitarbeiter an der Entwicklung von Leitbildern beteiligt, fördert das bei allen Beteiligten Lernprozesse.

Auch die *Entwicklung von Strukturen* kann nach bestimmten Prozeduren erfolgen, die teilweise durch die Projektorganisation vorgegeben werden. Auch hier führt die Beteiligung Betroffener zu Lernvorgängen. Insbesondere in der Einführung muss sorgfältig darauf geachtet werden, dass die Betroffenen ausreichend Zeit haben, die neuen Anforderungen zu erlernen. So können etwa *Multiplikatoren* eingesetzt werden, beispielsweise Mitarbeiter aus Projekten oder speziell für die Einführung ausgebildete Mitarbeiter, die vorhandenes Wissen und vorhandene Fertigkeiten in das Unternehmen hineintragen sollen. Sie multiplizieren ihre eigenen Lernfortschritte auf viele Mitarbeiter. Jegliche organisatorische Regelungen sollten in geeigneter Form *dokumentiert* werden, damit das erarbeitete Wissen dem Unternehmen erhalten bleibt.

Durch *Zielvorgaben* können Lernprozesse systematisch gesteuert werden. Ziele können sich auf konkrete Lernziele beziehen oder auf mittelbar lernwirksame Verfahren. Wenn beispielsweise Systementwickler durch Zielvorgaben dazu angehalten werden, pro Jahr eine bestimmte Anzahl von Kontakten zu den Anwendern der Systeme aufzunehmen, kann damit ein *Regelkreis des Lernens* entstehen.

Es kann betrieblich geregelt werden, wer in welcher *Form* - schriftlich oder mündlich - über bestimmte Sachverhalte zu informieren ist. Durch ein solches *Feedback-System* können über mehrere hierarchische Ebenen hinweg Rückmeldungen in einer Unternehmung gesteuert werden, so dass alle Empfänger daraus lernen und daraufhin ihr eigenes Verhalten verändern können. Wird ein solches Feedback-System umfassend geplant und realisiert - vom Kunden über das Unternehmen bis zu den Lieferanten - entstehen vermaschte Regelkreise, die das Lernen einer Unternehmung fördern.

Prototypen können als Instrument des Lernens dienen. Sie zeigen den Kunden anschaulich, welches Produkt oder welche Leistung sie erwarten können. Daraus kann der wirkliche Bedarf des Kunden erkannt und frühzeitig berücksichtigt werden. Zusätzliche oder veränderte Anforderungen werden noch in der Planung und nicht erst nach der Auslieferung bekannt.

Die *Szenariotechnik* kann ebenfalls Lernprozesse fördern. Szenarien sind Denkrahmen, die das *Modellieren und die Darstellung potentieller Entwicklungen* erlauben und Wege möglicher Veränderungen sichtbar machen. Dazu werden grafische Hilfen eingesetzt. Auch das sogenannte *vernetzte Denken* kann als eine Szenariotechnik dazu dienen, komplexe Wirkzusammenhänge zu dokumentieren und mögliche Auswirkungen von Eingriffen und Einflüssen zu simulieren. Durch Szenarios werden auch vielschichtige Zusammenhänge besser verstehbar und besser beherrschbar.

Mit Hilfe der *Szenariotechnik* können auch *Indikatoren* ermittelt werden, die frühzeitig auf Veränderungen bzw. auf notwendige Reaktionen hinweisen. So gelten beispielsweise Bauanträge als ein Frühindikator für die Konjunktur in der Baubranche wie auch in anderen Wirtschaftszweigen. Derartige Indikatoren tragen dazu bei, dass Unternehmen nicht von Entwicklungen überrascht werden, die für sie wichtig sind. Sie helfen den Unternehmen, rechtzeitig zu reagieren.

Im *Projektcontrolling* werden die laufenden und die bereits abgeschlossenen Projekte periodisch überprüft. Aus dem Projektablauf und aus den Ergebnissen abgeschlossener Projekte soll gelernt werden. Fortschritte in der Arbeit an laufenden Projekten werden festgehalten. Bei Bedarf wird korrigierend eingegriffen.

Qualitätszirkel sind Einrichtungen, in denen mehrere Mitarbeiter sich auf freiwilliger Basis treffen, um jede Art von Problem anzugehen, das die Gruppe für lösenswert hält. Die Treffen finden normalerweise alle ein bis zwei Wochen statt und dauern etwa 2 Stunden. Sie werden von wechselnden Moderatoren aus der Gruppe gelenkt. Qualitätszirkel sind Lernstätten für die beteiligten Mitarbeiter.

Damit sind wichtige Faktoren genannt, die helfen können, Lernbedarf frühzeitig zu erkennen. Diese Faktoren tragen dazu bei, dass Lernprozesse schnell und wirkungsvoll bewältigt werden. Strategie, Kultur und Individuum beeinflussen die Lernfähigkeit maßgeblich. Ganz wesentliche Impulse gehen aber auch von flachen, flexiblen, ganzheitlichen Strukturen aus.

11.5   Holdingstrukturen

11.5.1 Begriff und Grundlagen

Erfolgreiche Unternehmen versuchen ihren Einfluss auszuweiten. Sie nehmen *neue Geschäftsfelder* auf, die als unselbständige Bereiche geführt oder in einer eigenen Rechtsform gegründet werden. Oft werden *Unternehmen* oder *Beteiligungen* an Unternehmen *aufgekauft*. Es entsteht ein *Konzern*. Darunter versteht man eine *Zusammenfassung mehrerer rechtlich selbständiger aber beherrschter Unternehmen unter einheitlicher Leitung der herrschenden Unternehmung*. Betreibt die aufkaufende oder gründende Unternehmung selbst ein operatives Geschäft, und dominiert sie alle übrigen Aktivitäten, entsteht ein sogenannter *Stammhauskonzern*. Die Konzernleitung greift mehr oder weniger intensiv in die Führung der Bereiche bzw. Tochtergesellschaften ein.

Je größer derartige Einheiten werden, desto mehr leidet ihre *Flexibilität*. Sie sind gekennzeichnet durch

- ◆ *komplexe Entscheidungsfindung* - viele Einheiten der Zentrale wollen mitsprechen
- ◆ *lange Entscheidungswege* - viele Hierarchieebenen sind zu durchlaufen
- ◆ *geringe Marktkenntnisse in der Zentrale*, realitätsferne Entscheidungen können die Folge sein
- ◆ *komplexe Berichtssysteme*
- ◆ hohen *internen Verwaltungsaufwand*
- ◆ *wenig unternehmerisch denkende Mitarbeiter*, die sich daran gewöhnt haben, dass die Zentrale das letzte Wort spricht.

Es ist naheliegend, dass derartige Strukturen das Überleben gefährden können. Das Ziel muss also heißen - wie es ein IBM-Manager für sein Unternehmen formuliert hat - anstelle eines Elefanten viele Gazellen zu haben.

Dieses Ziel kann rechtlich, organisatorisch und führungsmäßig dadurch erreicht werden, dass eine *Holding* eingerichtet wird. Eine Holding ist ein Unternehmen (in der Regel eine Aktiengesellschaft), das sich an einem oder mehreren rechtlich selbständigen Unternehmen (Kapitalgesellschaften wie GmbH oder AG) auf Dauer beteiligt. Die Holding selbst tätigt kein eigenes operatives Geschäft, das unterscheidet sie vom Stammhauskonzern. Sofern die Höhe der Beteiligung es erlaubt, kann die Holding auch Führungsfunktionen übernehmen, die denen des Stammhauskonzerns ähneln. Wird für die rechtlich selbständigen Einheiten die Beweglichkeit einer Gazelle angestrebt, muss sich allerdings der Einfluss der Zentrale in engen Grenzen halten.

Eine Holding ist somit durch folgende *Merkmale* gekennzeichnet:

❑ Holding als Spitzeneinheit hat eine *eigene Rechtspersönlichkeit* (meistens AG, GmbH oder Stiftung) - es sind auch mehrstufige Holdingkonstruktionen weit verbreitet (Dach- und Zwischenholding)

❑ Holding ohne eigenes operatives Geschäft

❑ rechtlich selbständige Gesellschaften, die eigene Geschäftsfelder (z.B. nach Produkten, Regionen, Kunden oder strategischen Produkt / Markt-Kombinationen gebildet) bearbeiten (Identität von Organisations- und Rechtsstruktur)

❑ der Führungsanspruch der Zentrale kann sehr unterschiedlich ausgestaltet sein: von der Finanzholding im einen bis zur Operativen Management-Holding im anderen Extrem.

Ein Beispiel für eine - mehrstufige - Holding zeigt das Organigramm der IBM Deutschland GmbH, die 1991 in 15 selbständige Holdinggesellschaften untergliedert wurde, um den veränderten Marktanforderungen gerecht zu werden.

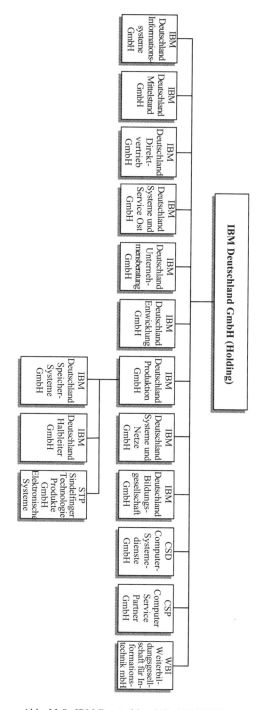

Abb. 11.8: IBM Deutschland GmbH (Holding)

Die Unterschiede im Führungsanspruch der Zentrale sollen nun näher ausgeleuchtet werden.

11.5.2 Führungsanspruch der Holding

Je nachdem, wie ausgeprägt der Führungsanspruch der Konzernzentrale (= Holding) ist, werden folgende Formen der Holding unterschieden:

- ◆ Finanzholding
- ◆ Strategische Management-Holding
- ◆ Operative Management-Holding.

In der folgenden Abbildung wird gezeigt, welche Rolle die Konzernzentrale in den verschiedenen Ausprägungen übernimmt

	Finanzholding	**Strategische Management-Holding**	**Operative Management-Holding**
Führungs-anspruch der Holding	finanziell	finanziell und strategisch	finanziell, strategisch und operativ
Beispiele	Entscheidung über Kauf und Verkauf von Gesellschaften Führung durch Planung, Steuerung und Kontrolle der Finanzströme	Zusätzlich zu den bereits genannten : Entscheidender Einfluss auf die Strategien der Gesellschaften Koordination zwischen den Gesellschaften zur Abstimmung der Strategien der verschiedenen Geschäftsfelder, zur Realisierung von Synergie- oder Größenvorteilen. Maßgeblicher Einfluss bei Investitionen, Besetzung von Führungspositionen usw.	Zusätzlich zu den bereits genannten: Eingriffe im Tagesgeschäft in allen betrieblichen Funktionen wie Entwicklung, Fertigung, Einkauf, Vertrieb, Personal, Organisation usw. möglich Leistungen für die Geschäftsfelder werden zentral erbracht (z.B. Einkauf)
Information der Zentrale durch die Gesellschaften	Periodische Berichte über aggregierte Größen: Informationen über finanzielle Ziele wie z.B. Wert, Rendite, Gewinn, Cash-flow	Regelmäßige Berichte über wichtige Kennzahlen: Neben Informationen über finanzielle Ziele, Informationen über Umsatz, Absatzkennzahlen, Kosten usw.	Detaillierte, laufende Informationen über operative Ziele: Hinzu treten Informationen z.B. über Kostenarten, Personal, Lagerbestände usw.

Abb. 11.9: Erscheinungsformen der Holding

11.5.3 Auswahl der geeigneten Form einer Holding

Entscheidend für die Ausgestaltung der Konzernzentrale sollte der *Beitrag* sein, den die *Zentrale zur Wertschöpfung des Konzerns* insgesamt leisten kann. Je größer der Nutzen ist, den eine Zentrale durch ihre eigenen Leistungen erbringt, desto mehr tendiert die Lösung zu einer Strategischen Management-Holding oder zu einer Operativen Management-Holding. Wenn die einzelnen Gesellschaften ähnliche Produkte herstellen, in den gleichen Märkten operieren, auf ein gemeinsames Know-how zurückgreifen und gleiche oder ähnliche Produktionsfaktoren nutzen, sind die Chancen einer Zentrale relativ groß, einen nennenswerten Beitrag zur Wertschöpfung zu leisten. Dann kann es sinnvoll sein, den Konzern als Operative Management-Holding zu führen. Sind diese Voraussetzungen nicht erfüllt oder treffen sie nur teilweise zu, bietet sich eher eine Strategische Management-Holding oder eine Finanzholding an.

Bei der *Wahl der Form einer Holding* sind u.a. folgende *Faktoren* zu beachten:

❑ *Führungsanspruch* der Konzernleitung

❑ *Diversifikationsgrad* (Anzahl der Beteiligungen und inhaltliche Nähe der Geschäftsfelder)

❑ *Globalisierung* der Geschäftsfelder (Umfang, in dem der Konzern international tätig ist)

❑ *Professionalität* des Geschäftsfeldmanagement (Anzahl ausreichend qualifizierter Führungskräfte)

❑ *Qualität der Führungsinstrumente* (wird eher über Budgets geführt - geringe Qualität - oder gibt es strategieorientierte Führungsinstrumente?).

Die Zusammenhänge zwischen den Ausprägungen der Merkmale und der angemessenen Holdingform werden in der Abb. 11.10 dargestellt.

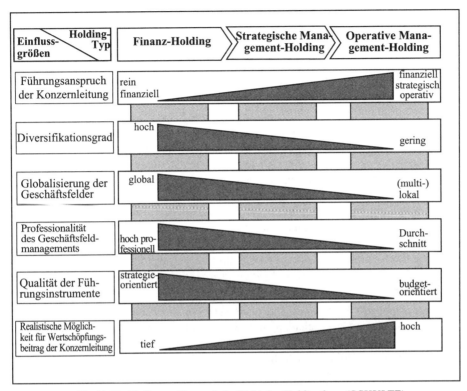

Abb. 11.10: Einflussgrößen auf die Wahl der Holdingform (SCHULTE)

11.5.4 Zentrale oder dezentrale Funktionen

Die Holding nimmt bestimmte *Aufgaben zentral* wahr, um ihrer *eigenen Rolle* gerecht werden zu können. Darüber hinaus kann es sinnvoll sein, dass die *Zentrale Funktionen* übernimmt, *die den Konzerngesellschaften gemeinsam dienen*, beispielsweise weil es sich nicht lohnt, für diese Funktionen in jeder Einheit Kapazitäten vorzuhalten. Es bleibt allerdings immer ein relativ großer *Ermessensspielraum*, ob eine Funktion zentral oder dezentral angesiedelt wird. Dieser Ermessensspielraum wird aus der Sicht der Zentrale eher zu Gunsten einer Zentralisation und aus der Sicht der Gesellschaften eher zu Gunsten einer Dezentralisation interpretiert.

Zentralfunktionen neigen dazu, ihren Einfluss zu Lasten der dezentralen Einheiten zu vergrößern. Sie greifen dann zum Mittel der *Formalisierung* oder zentraler *Richtlinien* und entwickeln ein immer größeres *Eigenleben*, das zu heftigen Konflikten zwischen der Zentrale und den dezentralen Einheiten führen kann.

Zentralen verursachen erhebliche *Kosten* für Personal, Raum usw. Darüber hinaus *zwingen sie* die *Gesellschaften, Leistungen* zu *erbringen* (z.B. für Berichte, Teilnahme an Sitzungen), die ebenfalls sehr aufwendig sein können. Schließlich *verzögern und erschweren zentrale Stellen oft Entscheidungen.* Aus all diesen Gründen sollte sehr sorgfältig erwogen werden, welche zentralen Aufgaben sinnvoll und wirtschaftlich vertretbar sind. Nach der Fusion der Asean mit der BBC zur ABB wurden die Zentralen der beiden Unternehmen von insgesamt 6.000 Mitarbeitern in vier Jahren auf 150 verringert. Die Position der beherrschten Gesellschaften wurde dadurch erheblich gestärkt. Außerdem konnten die Kosten gesenkt werden. Dieses Beispiel zeigt, wie groß der Interpretationsspielraum für die Rolle der Zentrale ist.

Grundsätzlich sollten die *Gesellschaften alle Funktionen* selbst wahrnehmen, die ihren *Erfolg* bzw. die ihre *Wettbewerbsfähigkeit* wesentlich *beeinflussen.* In den meisten Unternehmen sind das die *Entwicklung* (die Grundlagenforschung ist demgegenüber typischerweise eine zentrale Funktion), der *Einkauf* (in regionalen Märkten kann es sinnvoll sein, dass die Zentrale oder eine führende Gesellschaft für bestimmte Güter Rahmenverträge abschließt), die *Produktion* bzw. die *Leistungserstellung* in Dienstleistungsunternehmen, das *Marketing* und der *Vertrieb.* Von der zentralen Personalstrategie abgesehen, sollte normalerweise auch das *Personalwesen* (Personalplanung, Personalpolitik, Personalverwaltung) dezentralisiert werden. Ähnliche Aussagen gelten für *Organisation und Datenverarbeitung* - bei bestimmten Vorbehalten der Zentrale.

Eindeutig *zentrale Funktionen* sind demgegenüber die *Finanzierung* als Instrument zur Steuerung der Gesellschaften und als Grundlage für ein konzernweites Cash-Management, die *strategische Konzernplanung* und eventuell, je nach der gewählten Ausgestaltung der Holding auch die strategische Planung der Unternehmensbereiche und Geschäftsfelder. Ein *zentrales Controlling* sollte mindestens in der Form vorhanden sein, dass ein standardisiertes, lückenloses Berichtsystem konzipiert und realisiert werden kann. Als zentrale Einheiten findet sich dann oft noch die *Öffentlichkeitsarbeit* (PR-Abteilungen), die es zusätzlich auch noch dezentral geben kann. Weitere typische zentrale Funktionen sind *Recht und Steuern, Zentralrevision* und *Mergers & Acquisitions* (Fusionen und Übernahmen) als Mittel zur langfristigen Konzernentwicklung. In der Abb. 11.11 werden in Anlehnung an HUNGENBERG die Funktionen in der Reihenfolge nach der Zentralisations- bzw. Dezentralisationstendenz geordnet.

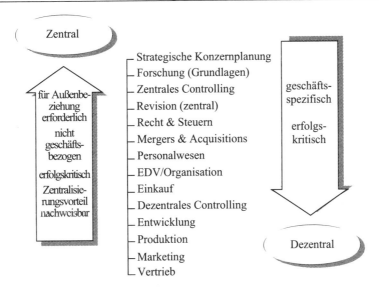

Abb. 11.11: Zentralisation vs. Dezentralisation von Funktionen

Nach einer empirischen Untersuchung von BÜHNER (1993) werden in einer Strategischen Management-Holding die in Abbildung 11.12 gezeigten Aufgaben zentral wahrgenommen.

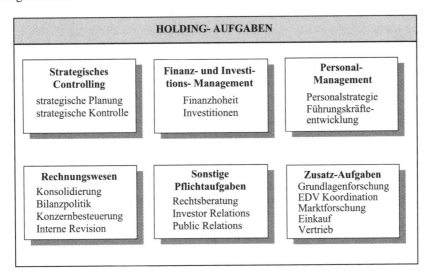

Abb.11.12: Aufgaben einer Management-Holding (BÜHNER)

11.5.5 Führungsinstrumente

Folgende Instrumente können von der Zentrale eingesetzt werden, um die Gesellschaften zu steuern (nach BÜHNER 1992)

Finanzielle Führungsinstrumente

◆ Operatives Finanzwesen und Controlling (konzernweite ganzheitliche Optimierung der Finanzierung)

◆ gewinnorientierte Budgetierung (Finanzmittel werden aufgrund buchhalterischer Erfolgskennzahlen wie Return on Investment zugeteilt)

◆ wertorientierte Budgetierung (Beitrag der Gesellschaft zum Wert des Konzerns - shareholder value).

Personelle Führungsinstrumente

◆ Personalpolitik der Holding-Führung (z.b. Personalunion Holdingleitung und Leitung eines Geschäftsbereiches)

◆ Strategie- und Koordinationsgruppen (z.b. Ausschüsse, Projektgruppen, Tagungen)

◆ Führungskräftebeteiligung und Karriereplanung (z.b. Kapital- oder Erfolgsbeteiligung von Führungskräften und deren Vorbereitung auf andere Einsatzbereiche).

11.5.6 Vorteile und Grenzen der Holding

Eine Holding, die sich nicht zu sehr in das Tagesgeschäft der Gesellschaften einmischt, also die Strategische Management-Holding und die Finanzholding, bringt eine ganze Reihe potentieller Vorteile, allerdings auch einige mögliche Nachteile mit sich, wie die folgende Übersicht zeigt:

| Bewertung der
Strategischen Management-Holding und der Finanzholding ||
✦ Vorteile / Chancen	⚐ Nachteile / Grenzen
• Marktnähe • klare Marktzuständigkeiten • kleinere, bewegliche Einheiten dadurch schnellere Entscheidungen • weniger Bürokratie • Delegation und damit Freiraum für unternehmerisches Handeln • Entwicklung von Management-kapazität • Identifikation der Mitarbeiter mit ihrem Unternehmen • klare Ergebniszuordnung • einfachere Steuerung von Investitionen • Innovationsbereitschaft • Aufbau strategischer Erfolgs-potentiale.	• Trend zu Bereichsegoismus • Mehrspurigkeiten • behindert Aufbau und Nutzung gemeinsamer Kapazitäten • erschwert Durchsetzung einheit-licher Strategien • Gefahr der Subventionierung unrentabler Gesellschaften • erschwerte Kommunikation zwischen den Gesellschaften.

Abb. 11.13: Bewertung der Holding

11.6   Management durch Projekte

11.6.1 Begriff und Grundlagen

Die Projektorganisation wurde bereits im Kapitel 5.7.2 behandelt. Dort ging es primär um die Beteiligten an einzelnen Projekten und um die Aufbauorganisation einzelner Projekte – speziell um die Frage, welche Rechte und Pflichten ein Projektleiter hat. Hier wird das *Management durch Projekte* aus einer anderen Perspektive behandelt, nämlich *aus der Sicht der Unternehmensführung*. Sie muss entscheiden

❑ welche *strategische Bedeutung das Projektmanagement* haben soll, d.h. zum Beispiel, *welche* Kategorien betrieblicher *Vorhaben* in der Organisationsform eines *Projektes* behandelt werden (und nicht über die klassische Hierarchie abgewickelt werden)

- ❏ wie es zu einem Projekt kommt (*Projektantragsverfahren*), wer an der Entscheidung für die *Priorisierung* und die *Ressourcenvergabe* beteiligt ist und welche *Rollen und Regeln bei der Bearbeitung von Projekten* es gibt
- ❏ wie das *Ressourcenmanagement* bei einer Vielzahl gleichzeitig laufender Projekte gehandhabt werden soll?

11.6.2 Strategische Bedeutung des Projektmanagement

Die Bedeutung des Projektmanagement hat in den letzten Jahren erheblich zugenommen. Die Fülle neuartiger Anforderungen und kurzfristig zu realisierender Vorhaben zeigt immer deutlicher die Schwächen der klassischen Hierarchie, mit solchen Anforderungen umzugehen. So wird immer öfter zu dem Mittel der Projektorganisation gegriffen. Dieses geschieht allerdings in vielen Unternehmen eher halbherzig. Insbesondere wird oftmals nicht geklärt, welche *strategische Bedeutung* dem *Projektmanagement* zukommen soll.

Dabei handelt es sich nicht nur um eine theoretische Frage. Vielmehr geht es vor allem darum, *grundsätzlich* zu entscheiden, *welche Art von Vorhaben* als *projektwürdig* anzusehen ist, welche *Verfahren zur Bewilligung von Projekten* zu durchlaufen sind und welchen *Stellenwert* das *Projektmanagement in Relation zur dauerhaften Linienorganisation* hat. Der letzte Punkt ist insbesondere deswegen so wichtig, weil in Projekten meistens auf *knappe Ressourcen* zurückgegriffen wird, die sowohl von der Linie wie auch von Projekten beansprucht werden. Wenn es keine klaren Aussagen zur *Verbindlichkeit zugesicherter Kapazitäten* gibt, „gewinnt" häufig die Linie mit ihren vertrauten Machtträgern. Das kann zur Folge haben, dass Projekte verspätet fertig werden, wegen der fehlenden Rückendeckung versanden oder an Widerständen scheitern, wodurch das gesamte *Projektmanagement diskreditiert* werden kann.

Ein Management durch Projekte setzt also einerseits ein *klares Bekenntnis des Top-Management* zum Projektmanagement voraus, das auch *sichtbar* gemacht wird, indem das oberste Management eigene Aufgaben z.B. in Bewilligungsgremien oder als Sponsor wichtiger Projekte übernimmt. Außerdem muss das oberste Management dafür sorgen, dass das *Projektmanagement formell im Unternehmen verankert* wird, dass also allgemein bekannt ist, welche Rollen es gibt, welche Rechte und Pflichten die Rollenträger haben und welche Vorgehensweisen und Instrumente genutzt werden. Schließlich muss das Management dafür sorgen, dass den *Beteiligten und Betroffenen* von Projekten die *notwendigen Kenntnisse und Fähigkeiten vermittelt* werden, so dass Projekte erfolgreich bearbeitet werden können. Nur wenn diese Voraussetzungen gegeben sind, kann das Projektmanagement die erwarteten Ergebnisse bringen.

11.6.3 Formalisierung des Projektmanagement

Normalerweise gibt es mehr Anforderungen und Wünsche als Ressourcen verfügbar sind. In der Praxis „gewinnen" häufig diejenigen, die ihre Wünsche besonders massiv artikulieren oder auch diejenigen, die in der Hierarchie weit oben stehen. Ressourcen können aber nur dann mit dem größten betrieblichen Nutzen eingesetzt werden, wenn *alle Anforderungen* „in einen Topf geworfen" und dann *auf der Grundlage der betrieblichen Strategie und konkreter Ziele* darauf hin *überprüft* werden, inwieweit sie entweder unabweisbar sind (z.B. aufgrund gesetzlicher Anforderungen) oder aber geeignet sind, wichtige strategische Vorgaben oder Ziele erreichen zu helfen.

Dazu ist ein *Projektantragsverfahren* und eine *formelle Organisation zur Entscheidung über das Projektportfolio* und zur *laufenden Überprüfung* des Portfolios (Controlling) zu erarbeiten. Im Einzelnen ist festzulegen

❑ wie ein *Projektantrag formell* aussehen soll

❑ *wer* einen Antrag *prüft* und begutachtet

❑ wer an der *Entscheidung* über die Einrichtung von Projekten beteiligt ist

❑ in welchem *Rhythmus* über Projektanträge und über die Vergabe von *Prioritäten entschieden* wird (Projektportfolio)

❑ wie die *Projektorganisation* für ein einzelnes Projekt zustande kommt

❑ welche *technische und personelle Unterstützung* es *für* das laufende *Controlling* aller Projekte gibt.

Diese Regelungen sollten für ein Unternehmen *individuell vereinbart* werden. Die *Regeln* sind dann für alle Beteiligten, unabhängig von ihrer hierarchischen Position, *verbindlich*. Besonders wichtig erscheint es, dass Vertreter der *Geschäftsführung in* dem *Gremium vertreten* sind, in dem *über das Projektportfolio entschieden* wird, da hier Entscheidungen über Ressourcen gefällt werden, die für das gesamte Unternehmen von großer Bedeutung sind.

Das *Ressourcenmanagement* stellt viele Unternehmen vor große Probleme. Sie haben es gelernt, mit einzelnen Projekten umzugehen. Probleme tauchen auf, wenn bei einer größeren Anzahl von Projekten *Aussagen über Zeiten, Kosten* und *Projektstatus*, über die *Auslastung* der Ressourcen, über Auswirkungen von Änderungen in der Zuteilung von Ressourcen und damit über die bestmögliche Nutzung begrenzter personeller Kapazitäten gemacht werden sollen. Hier gibt es inzwischen leistungsfähige Software, die zur Multiprojektplanung und zum Multiprojektcontrolling unterstützend hinzugezogen werden kann.

Zur Thematik der Projektorganisation wird auf das Kapitel 5.7.2 hingewiesen, in dem Beteiligte und Lösungsvarianten für Einzelprojekte behandelt werden. In Band 1 dieser Schriftenreihe wird außerdem ausführlich auf das Vorgehen bei der Abwicklung von Projekten eingegangen, weswegen hier ein Hinweis genügen soll.

11.7 Outsourcing

11.7.1 Begriff und Grundlagen

Der Begriff *Outsourcing* ist eine *Wortschöpfung*, die abgeleitet wurde aus „Outside Resource Using" bzw. „Outside Resourcing" und bedeutet damit soviel wie *Ressourcen von Außen nutzen.* Outsourcing beschränkt sich nicht einfach auf das Beschaffen von Leistungen. Vielmehr geht es um *strategisch grundlegende Entscheidungen*

◆ *zur Nutzung* ehemals eigener - nun ausgelagerter – oder fremder *Ressourcen* (z.B. personelle Kapazitäten, Hard- und Software, Produktionseinrichtungen)

◆ *zu fest vereinbarten Preisen, Terminen und Leistungsinhalten*

◆ im Rahmen eines *langfristigen Vertrages* mit einem Leistungserbringer.

In der folgenden Übersicht werden einige charakteristische Merkmale aufgeführt, die das Outsourcing von einer reinen externen Beschaffung (Buy) unterscheiden.

Merkmale des Outsourcing im Vergleich zum Einkauf (Buy)		
Merkmale	**Buy**	**Outsourcing**
Leistungen	Primär standardisiert am Markt verfügbare Produkte	Überwiegend komplexe, kundenindividuell bereitgestellte Produkte oder Dienstleistungen. Der Auftraggeber behält sich Planungs- und Kontrollaufgaben vor und beeinflusst damit die erbrachten Leistungen unmittelbar
Vertrag	Kaufvertrag. Kurz- bis mittelfristige Verträge	Service Level Agreement, Leistungsvereinbarungen. Mittel- und langfristig wirksame Verträge
Formaler Einfluss	Kein direkter Einfluss, lediglich indirekt über „Einkaufsmacht"	Einflussnahme über Beteiligungen (z.B. an Service GmbH), Allianzen, Joint Venture
Abhängigkeit	Eher geringe Abhängigkeit	Hohe gegenseitige Abhängigkeit
Preise	Marktpreise	Verhandlungspreise
Strategiebezug	Operative Beschaffungsentschcidung	Strategische Entscheidung

Abb. 11.14: Outsourcing im Vergleich mit Einkauf

11.7.2 Auslöser und Ziele

Eine ganze Reihe von *Zielen* kann zu einer Entscheidung für ein Outsourcing führen. Einige wichtige Ziele sind zum Beispiel:

◆ Konzentration auf das *Kerngeschäft*

◆ *Kostensenkung* (z.B. Nutzung der Economies of Scale beim Anbieter von Leistungen)

◆ Umwandlung *fixer in variable Kosten*

◆ einfacheres *Kostencontrolling*

◆ Ausgleich für *fehlende* eigene *Ressourcen* (z.B. qualifiziertes Personal)

◆ *Qualitätssteigerung*, die mit „Bordmitteln" nicht erreicht werden kann, wie z.B.
   - höherer Servicelevel
   - leistungsfähigere Infrastruktur
   - Nutzung des Know-How von Spezialisten (z.B. Prozessoptimierung)

◆ Steigerung der *Flexibilität* (im Vergleich zum eigenen Aufbau von Kapazitäten).

Standen früher eher die Ziele der Kostensenkung und der Überbrückung fehlender eigener Ressourcen im Vordergrund, traten mit dem Aufkommen des *Lean Management* (siehe Kapitel 11.2) zunehmend *strategische Überlegungen* in den Vordergrund. Ein zentraler Gedanke des Lean Management ist es, sich auf die Kernkompetenzen zu konzentrieren. *Kernkompetenzen* und daraus abgeleitete Kernprozesse sind Aktivitäten, die geeignet sind, sich *im Wettbewerb zu differenzieren* und damit eine besonders *starke Wettbewerbsposition* zu erlangen. Krüger / Homp (Kernkompetenz-Management) definieren Kernkompetenzen als dauerhafte und (auch auf andere Produkte oder Leistungen) transferierbare Ursachen für den Wettbewerbsvorteil einer Unternehmung, die auf Ressourcen und Fähigkeiten basieren und damit einen strategischen Vorteil darstellen. Solche Kernkompetenzen sind auszubauen und zu erhalten, wohingegen alle übrigen Leistungen, die zwar notwendig sind, sich aber nicht für eine Differenzierung im Wettbewerb eignen, ausgegliedert werden können. Mit einem Outsourcing kann die ungeteilte Konzentration auf Kernkompetenzen und deren Ausbau gerichtet werden.

11.7.3 Favoriten für das Outsourcing

Betriebliche Leistungen eignen sich in unterschiedlichem Ausmaß für das Outsourcing. Zum einen unterscheiden sie sich hinsichtlich der *Nähe zum Kerngeschäft* zum anderen hinsichtlich der *betrieblichen Spezialkenntnisse*, die notwendig sind, um die Leistungen zu erbringen (was muss man über das Unternehmen wissen, um die Aufgaben zu erfüllen?) Generell gilt die *These*, dass mit *zunehmender Nähe zum Kerngeschäft und zunehmend notwendigen betrieblichen Spezialkenntnissen das Outsourcing schwieriger und komplexer* wird. In der folgenden Übersicht werden Beispiele gezeigt. Dabei ist allerdings zu beachten, dass im Einzelfall die konkreten Bedingungen zu beachten sind.

Beispiele für die Eignung zum Outsourcing		
Geringe Nähe zum Kerngeschäft, betriebliche Kenntnisse nur in geringem Umfang erforderlich	**Mittlere Nähe zum Kerngeschäft, betriebliche Kenntnisse nur in mittlerem Umfang notwendig**	**Große Nähe zum Kerngeschäft, betriebliche Kenntnisse in hohem Umfang notwendig**
– Kantine – Sicherheitsdienste – Transportleistungen – Druckerei – Wartung	– Beschaffung – Lohn- und Gehaltsbuchhaltung – Finanzbuchhaltung – EDV (z.B. Betrieb von Rechenzentrum, Bereitstellung und Betrieb dezentraler technischer Infrastrukturen, Betrieb von Unternehmensnetzwerken, Benutzerservice, Entwicklung und Pflege von Anwendungssystemen) – Gebäude-Management – Fuhrparkmanagement – Personaladministration	– Strategische Kernprozesse der Entwicklung, Leistungserbringung und Vermarktung – Controlling – Finanzmanagement – Informationsmanagement – Forschung und Entwicklung – Personalentwicklung
Hohe Eignung für das Outsourcing	**Mittlere Eignung für das Outsourcing**	**Geringe Eignung für das Outsourcing**

Abb. 11.15: Eignung für das Outsourcing

Weitere Kriterien können die Entscheidung für oder gegen ein Outsourcing beeinflussen wie zum Beispiel:

◆ *Zukünftige Marktchancen* für bestimmte Leistungen (je geringer die Chancen eingestuft werden, desto eher kann ausgegliedert werden)

◆ *Einstellung der betroffenen Mitarbeiter* zum Outsourcing (z.B. Angst vor Arbeitsplatzverlust)

◆ *Vorhandensein leistungsfähiger Anbieter* für die Leistungen

◆ *Gefahr großer Abhängigkeit* von den Anbietern

◆ Gefahr von *Know-How-Verlusten.*

11.7.4 Anbieter von Leistungen

Wesentliche Impulse gingen von der strategischen Überlegung aus, die *Leistungstiefe zu verringern*. Insbesondere *produzierende Unternehmen* haben immer mehr *Leistungen auf* ihre *Lieferanten verlagert*, und dabei auch drauf hingewirkt, dass die Lieferanten immer komplexere Leistungen anbieten. Die Automobilindustrie ist ein bekanntes Beispiel für diese Entwicklung. Sie konzentriert sich zunehmend auf die Entwicklung, die Montage und das Marketing. Die klassischen Zulieferer wurden in immer größerem Umfang zu *„Systemlieferanten"*.

Ein anderer Trend, der sich in den letzten Jahren verstärkt hat, ist die *Überführung ehemals betrieblicher Einheiten in rechtlich selbständige Gesellschaften*, die vertraglich an die „Mutter" gebunden sein können, darüber hinaus aber auch *Leistungen für Dritte erbringen*. Ein Beispiel ist etwa Debis (Daimler-Benz InterServices AG), in der die Datenverarbeitungskapazitäten der Daimler-Benz AG zusammengefasst wurden und die inzwischen auch auf dem „Drittmarkt" eine erhebliche Rolle spielt. Weitere Beispiele sind betriebliche Fortbildungseinrichtungen, die ausgegliedert wurden und als Anbieter am Markt auftreten (z.B. Philips-Akademie) oder der Zahlungsverkehr der Deutschen Bank AG, der rechtlich verselbständigt wurde und Leistungen auch Dritten anbietet. Zunehmend finden sich auch Unternehmen zusammen, die gemeinsame „Service Center" gründen, um Synergievorteile zu nutzen.

Wesentliche Impulse gingen auch von Anbietern aus, die ihr Kerngeschäft um das Angebot weiterer Leistungen erweitert haben, die sich also zu sogenannten Systemanbietern weiterentwickelt haben. IBM, Siemens-Nixdorf Business Services oder Hewlett-Packard sind Beispiele für Unternehmen, die sich in großem Umfang von der Hard- und Software unabhängiger gemacht haben und als Anbieter umfassender Leistungen auftreten.

11.7.5 Bedeutung für die Organisation

Organisatorisch bedeutet Outsourcing in der Regel die *Zentralisation bestimmter Aufgaben bei einem externen Anbieter* und damit der *Abbau von Aufgaben* in dem ausgliedernden Unternehmen. Oft werden bestehende Einrichtungen vom Anbieter übernommen, d.h. für die betroffenen Mitarbeiter ändert sich „lediglich" der Arbeitgeber. Outsourcing-Vorhaben sind *als Projekte abzuwickeln*, in denen nicht nur die Sachlösung sondern auch die Betreuung der betroffenen Mitarbeiter besonders zu beachten ist.

11.8   Virtuelle Organisation

11.8.1   Begriff

Eine *virtuelle Organisation* ist eine *Zusammenführung von realen Organisations-einheiten* (Unternehmen, Teilen von Unternehmen) *mit dem Ziel, die bestgeeigneten Ressourcen zu bündeln, um einen konkreten Auftrag zu bearbeiten.* Dieser Auftrag hätte von einem einzelnen Unternehmen nicht in der gleichen Qualität, in der gleichen Schnelligkeit bzw. zu den gleichen Kosten bewältigt werden können. Nach der Bearbeitung dieses Auftrages ist diese Organisationsform beendet. Es kooperieren *rechtlich selbständige Organisationseinheiten* oder Einzelpersonen, die ihre *Arbeitsteilung* und die *Vergütung* für die erbrachten Leistungen vorher *abgestimmt* haben. Aus der Sicht des Auftraggebers wird die virtuelle Organisation wie eine einheitliche Unternehmung wahrgenommen. Der *Auftraggeber* hat *nur* mit *einem Vertragspartner* zu tun.

Die virtuelle Organisation hat normalerweise *keine eigene Rechtsform*, keinen Unternehmenssitz, keine Administration, kein Organigramm. Allerdings gibt es auch in virtuellen Organisationen bestimmte *Rollen*, die wahrgenommen werden müssen und auf die noch einzugehen ist.

Diese Form der auftragsabhängigen, unternehmensübergreifenden Zusammenarbeit ist im Prinzip nicht neu. Im Bausektor gibt es schon seit Jahrzehnten sogenannte *Arbeitsgemeinschaften*, die sich für bestimmte Bauprojekte zusammen tun, und in die jeder Beteiligte seine Kernkompetenzen einbringt. Wenn virtuelle Organisationsformen in den neunziger Jahren in Literatur und Praxis einen neuen Stellenwert erhalten haben, dann deswegen, weil nun auch ganz *andere Branchen* zu diesen Lösungen griffen und damit klassische Formen der dauerhaften Organisation abgelöst haben. So hat beispielsweise Puma ganz auf eine eigene Produktion verzichtet, beschränkt sich auf Entwurf, Marketing und Koordination der Netzwerkpartner, die Herstellung, Logistik und Vertrieb übernehmen.

Hier wird unter virtueller Organisation nur die *überbetriebliche Zusammenarbeit* verstanden. Formen *innerbetrieblicher virtueller Organisation* hat es schon immer gegeben, beispielsweise wenn problembezogen *Projektgruppen* eingerichtet wurden, die bestimmte Aufträge bearbeitet haben oder wenn *andere Formen der Sekundärorganisation* zur Bearbeitung konkreter Einzelaufträge genutzt wurden (siehe dazu Sekundärorganisation Kapitel 5.7). Überbetriebliche virtuelle Organisationen stellen demgegenüber ganz andere rechtliche, soziale, wirtschaftliche und technische Anforderungen, auf die im Folgenden eingegangen wird.

Zuvor sollen virtuelle Organisationen noch von *Strategischen Allianzen* und *Joint Ventures* abgegrenzt werden. Eine *strategische Allianz ist eine vertragliche Vereinbarung zur Zusammenarbeit zwischen zwei Unternehmen.* Für diese Zusammenarbeit wird also ein *grundsätzlicher rechtlicher Rahmen* geschaffen. Innerhalb des rechtlichen Rahmens werden einzelne Projekte gemeinsam bearbeitet oder Ressourcen gemeinsam genutzt. Motive sind Risikoteilung, Stärkung der Wettbewerbsposition, überwinden von Eintrittsbarrieren in fremde Märkte oder Know-How-Austausch. Bei einem *Joint Venture* handelt es sich in der Regel um *Unternehmen aus verschiedenen Ländern*, die eine *längerfristige Zusammenarbeit* z.B. zum Aufbau einer Produktion in einem Land *vertraglich vereinbaren* und die sich auch *kapitalmäßig beteiligen* und damit *anteilig Risiko übernehmen*. Strategische Allianzen wie auch Joint Ventures bedeuten also – im Unterschied zu virtuellen Organisationen – relativ feste Strukturen und „geschlossene Gesellschaften".

11.8.2 Merkmale virtueller Organisationen

Virtuelle Organisationen sind dadurch gekennzeichnet, dass sie *situativ* entstehen, *unterschiedlichste Interessen* verfolgen, *verschiedenartigste Beteiligte* und *Kulturen zusammen führen*. Schon aus diesem Grund gibt es nicht *die* „virtuelle Organisation". Sehr unterschiedliche Ausprägungen sind in der Praxis anzutreffen, wie besonders plastisch aus den Fallbeschreibungen von Wüthrich / Philipp / Frentz (Vorsprung durch Virtualisierung) hervorgeht. Wenn hier dennoch versucht wird, einige *typische Merkmale* virtueller Organisationen zusammen zu tragen, dann sollte der Leser sich immer bewusst sein, dass eine virtuelle Organisation im Einzelfall wieder ganz anders aussehen kann. Insbesondere *führen längerfristige Beziehungen zwischen virtuellen Partnern* immer mehr *in die Nähe formaler organisatorischer und rechtlicher Strukturen*.

Merkmale virtueller Organisationen	
Zeitlich befristet	Virtuelle Organisationen entstehen für bestimmte konkrete Aufträge, Projekte oder sonstige Leistungen und lösen sich in dem Augenblick auf, in dem die Leistung erbracht wurde
Räumlich unabhängig	Partner virtueller Organisationen können sich an beliebigen Standorten – im Extremfall über die ganze Erde verteilt - befinden
Problemorientierung	Der Kundennutzen steht im Mittelpunkt virtueller Organisationen. Es werden solche Partner gesucht und in die virtuelle Organisation eingebunden, die dazu einen größtmöglichen Beitrag leisten können, bezogen auf Qualität, Kosten und Termin. Die Partner bringen ihre Kernkompetenzen ein. Nur solche Interessenten haben eine Chance zum Partner zu werden, die „best-in-class"- Niveau erreicht haben oder dem zumindest nahe kommen
Win-win-Orientierung	Nur solche Partner finden sich zusammen, die sich aus der befristeten Zusammenarbeit Nutzen versprechen. Alle Beteiligten können also von der Zusammenarbeit profitieren (win-win-Situation)

Fortsetzung siehe nächste Seite

Merkmale virtueller Organisationen	
Vertrauen	Vertrauen statt Vertrag heißt der Grundsatz. Allerdings darf diese Aussage nicht zu eng gesehen werden. Auch nicht schriftlich fixierte Vereinbaren zwischen Partnern haben eine verpflichtende Wirkung. Bei längerfristig in einem Netzwerk zusammenarbeitenden Unternehmen, die situativ virtuelle Organisationen schaffen, gibt es oft grundlegende Regelungen, zu deren Einhaltung sich die Mitglieder des Netzwerks prinzipiell verpflichten.
Selbststeuerung	Die Leistungen der Partner werden als Ergebnis festgelegt. Den Beteiligten steht es frei, wie sie diese Leistungen erbringen. Oft sind in den beteiligten Unternehmen autonome Arbeits- oder Projektgruppen für die Leistungen zuständig, so dass innerbetrieblich wie auch zwischen den beteiligten Partnern nur ein minimaler Koordinationsaufwand entsteht.
Fehlende formale Strukturen	Die Leistungen werden erbracht, ohne dass es eine formale Organisation dafür gibt. Es gibt weder eine Hierarchie, noch Weisungsbefugnisse, noch eine spezielle Administration. Allerdings müssen bestimmte Rollen übernommen werden.
IuK-Technologie	Die Zusammenarbeit räumlich getrennter Partner setzt voraus, dass leistungsfähige Systeme zur Informationsverarbeitung und Kommunikation vorhanden sind und genutzt werden. Persönlicher Kontakt ist im Prinzip nicht notwendig, spielt allerdings beim Aufbau von Vertrauen eine nicht zu unterschätzende Rolle.

11.8.3 Voraussetzungen für virtuelle Organisationen

Kultur

Virtuelle Organisationen setzen sich aus Elementen realer Organisationen zusammen. Nur wenn die *Entscheider* in diesen realen Organisationen *bereit* sind, sich dem *Wagnis* derart lockerer Formen der Zusammenarbeit zu stellen, können sie zu potentiellen Partnern virtueller Organisationen werden. Das setzt voraus, dass eine *betriebliche Kultur* besteht, die Delegation als Grundprinzip fördert, die autonome Arbeitsgruppen akzeptiert, die Vereinbarungen ohne vertragliche Grundlage als hinreichend hinnimmt, die sich also kurz gesagt ein gutes Stück entfernt hat von der Misstrauensorganisation klassischer Hierarchien.

Verfahren und Kompetenzregelungen

Aus betrieblicher Sicht muss es bei den potentiellen Partnerunternehmen *Verfahren und Kompetenzregelungen* geben, wie die *Zuordnung von Ressourcen* funktioniert. Da bei virtuellen Organisationen in der Regel die „Besten" gefordert sind, die im Tagesgeschäft oder in internen Projekten in den Unternehmen am wenigsten entbehrt werden können, müssen „mächtige" Entscheider in kürzester Frist auf die Anforderungen reagieren und entscheiden. Nur bei unausgelasteten Ressourcen ist das kein Problem und die dürfte es bei „best-in-class-Unternehmen" eher selten geben.

Unternehmen, die sich in großem Umfang in virtuellen Organisationen beteiligen, müssen zur optimalen Nutzung und Verwaltung ihrer Ressourcen einen nicht zu unterschätzenden innerbetrieblichen Aufwand betreiben.

Ressourcenkenntnis

Eine weitere wichtige Voraussetzung für virtuelle Organisationen ist die *Kenntnis der Qualität der Ressourcen*. Theoretisch müsste es eine Datenbank mit allen überhaupt nachgefragten Qualifikationen geben, aus der zudem noch die Qualität der potentiellen Partner hervorgeht. Werden Anforderungen „offen ausgeschrieben" z.B. im Internet, sind diejenigen, die sich melden, wohl eher selten die Besten. So kommt es bei den Partnern virtueller Organisationen früher oder später fast immer zu mehr oder weniger *„geschlossenen Gesellschaften"*. Es werden nur Partner berücksichtigt, mit denen bereits *positive Erfahrungen* gemacht wurden, die sich *auf bestimmte Vorgaben verpflichten*, die bestimmte *Nachweise* (z.B. Zertifizierung) erbringen können oder die aus einem anderen Grund „über jeden Zweifel erhaben" sind. Es gibt Netzwerke, in denen Repräsentanten der Beteiligten darüber entscheiden, wer zukünftig in das Netzwerk mit aufgenommen werden soll. Damit wird eine mehr oder weniger durchlässige Grenze gezogen, und auf die Vorzüge „echter virtueller Organisationen" teilweise verzichtet. Insgesamt kann der Aufbau eines Netzwerkes und die laufende Pflege – auch zur Entwicklung des notwendigen Vertrauens – einen erheblichen Aufwand verursachen.

Vertrauen

Sollen Partner in virtuellen Organisationen erfolgreich zusammenarbeiten, ohne sich auf feste Verträge stützen zu können, ist ein relativ hohes Maß an *Vertrauen* notwendig. Vertrauen leistet einen wichtigen Beitrag zur Verringerung von Unsicherheit. Dieses Vertrauen kann prinzipiell erst *mit der Zusammenarbeit entstehen*. Vertrauen entsteht am ehesten, wenn Menschen persönlich und unmittelbar zusammenarbeiten. Diese Voraussetzung ist bei virtuellen Organisationen meistens nicht gegeben. So sind Enttäuschungen programmiert. Das ist eine weitere Erklärung dafür, dass virtuelle Organisationen häufig aus eher „geschlossenen Gesellschaften" gebildet werden, in denen sich durch die Zusammenarbeit in der Vergangenheit ein *Vertrauensbonus entwickeln* konnte. Außerdem haben solche Partner eher eine Chance hinzugezogen zu werden, wenn sie aus *vergleichbaren Kulturkreisen* stammen oder wenn die Kulturen der beteiligten Partnerunternehmen eher einander ähnlich sind.

Formale Rollen

Auch wenn im Prinzip für eine virtuelle Organisation keine eigene formale Organisation notwendig ist, gibt es doch einige Rollen, die wahrgenommen werden müssen. Folgende *formale Rollen* können *in virtuellen Organisationen* unterschieden werden:

- ❏ Kernunternehmen oder Broker
- ❏ Leistungsmanager
- ❏ Auftragsmanager
- ❏ Projektleiter beim Partner
- ❏ Auditor.

Der *Kunde* will nur *einen Ansprechpartner* haben, der für die gewünschte Leistung bürgt und der dann für die Bildung der virtuellen Organisation sorgt. Diese Rolle kann als *Kristallisationskern* angesehen werden und wird auch als *Kernunternehmen* oder *Broker* bezeichnet. Es ist die Rechtsperson gegenüber dem Kunden wie auch gegenüber den weiteren Beteiligten. Dieses Kernunternehmen ist in der *Akquisition* tätig, es *prägt die Kultur* der virtuellen Organisation, *vereinbart* bestimmte *Verfahrensregeln*, sorgt für eine *standardisierte Informations- und Kommunikationsstruktur*, *definiert Qualitätsanforderungen*, *ermittelt den Ressourcenbedarf* und nimmt *Kontakt auf zu potentiellen Anbietern* von Leistungen.

Schuh / Katzy / Eisen (Praxistest) beschreiben weitere spezielle Rollen, die in virtuellen Organisationen auftreten können, die unter Umständen aber auch direkt vom Broker übernommen werden können. Bei technisch anspruchsvollen Leistungen kann es sinnvoll sein, einen speziellen *Leistungsmanager* zu benennen, der die einzelnen zu erbringenden *Leistungen beschreibt* und zu einem Gesamtpaket für den Kunden verschnürt. Dazu gehört auch die *Bestimmung sonstiger Dienstleistungen wie Service, Inbetriebnahme technischer Lösungen, Gewährleistung* usw.

Eine weitere mögliche Rolle ist der *Auftragsmanager*, der als *Leiter einer virtuellen Organisation* verstanden werden kann. Er entspricht im Prinzip einem Projektleiter, ohne allerdings die formalen Befugnisse zu besitzen, die internen Projektleitern normalerweise übertragen werden. Er stellt im Tagesgeschäft das *Bindeglied zu allen beteiligten Partnern* dar, sorgt für die *Einhaltung von Qualitäts- und Terminzusagen* und *sichert die Schnittstellen* zwischen den Beteiligten.

Innerhalb der beteiligten Partner gibt es Ansprechpartner für den Auftragsmanager, die als *Projektleiter beim Partner* für die Leistungserstellung gegenüber der virtuellen Organisation verantwortlich sind.

In der Praxis ist schließlich noch die Rolle eines *Auditors* anzutreffen, der die Abwicklung der Aufträge als *neutrale Revisionsstelle* begleitet. Diese Rolle findet sich eher in mehr oder weniger stabilen Netzwerken, die sich darauf geeinigt haben, eine solche Funktion zu schaffen.

11.8.4 Probleme virtueller Organisationen

Einige mögliche Probleme gehen schon aus den eben genannten Anforderungen hervor. Darüber hinaus gibt es noch weitere Problemfelder, die hier kurz angerissen werden sollen:

- ❑ Recht
- ❑ Motivation
- ❑ Know-How-Verlust
- ❑ Konkurrenzierung der Partner
- ❑ Datensicherheit.

Recht

Auch und gerade weil es in virtuellen Organisationen häufig keine oder nur rudimentäre formelle Verträge gibt, tauchen vielfältige *rechtliche Fragen* auf, die zu großen Teilen bis heute noch *ungeklärt* sind, und auf die weder die Gesetzgebung noch die Rechtsprechung bis heute klare Antworten gefunden hat. Erschwerend kommt hinzu, dass bei *multinationalen virtuellen Organisationen* ganz *unterschiedliche Rechtssysteme und Rechtsauffassungen* – man denke nur an die Lieferanten-Haftung in den USA – bestehen, die eine Zusammenarbeit zu einem Abenteuer werden lassen können. Unter anderem sind auf folgenden Gebieten juristische Fußangeln gelegt: *Rechtsform der virtuellen Organisation, Geschäftsführungs- und Vertretungsbefugnisse nach innen und außen, Kartellrecht, Wettbewerbsrecht, Arbeitsrecht.*

Motivation

Mitarbeiter in virtuellen Organisationen *wechseln permanent* in ihren *Einsatzgebieten.* Ihre *innere Einstellung zu dem Unternehmen,* dem sie arbeitsrechtlich zugehören, kann sich dadurch *lockern,* die Bildung eines „Wir-Gefühls" wird erschwert, so dass solche Mitarbeiter auch anfälliger werden für die „Versuchungen des Arbeitsmarktes". Außerdem sehen sie nur selten die Ergebnisse ihrer Arbeit als Ganzes und haben damit unter Umständen auch Probleme der *Identifikation mit* den erbrachten *Leistungen.*

Know-How-Verluste

Teilnehmer an virtuellen Organisationen müssen damit rechnen, dass ihr *betriebliches Know-How* ganz oder teilweise *abfließt,* evtl. auch die Träger des Know-How selbst verloren gehen. Für die Partner wird es schwieriger, die Grenzen nach außen „dicht zu machen".

Konkurrenzierung der Partner

Da virtuelle Organisationen immer nur auf Zeit bestehen, ist es durchaus denkbar, dass *Mitbewerber* in einer Situation *als Partner* zusammenarbeiten und einem anderen Vorhaben miteinander im Wettbewerb stehen. Die Beteiligten müssen jeweils im Einzelfall für sich entscheiden, wie groß sie die Gefahr einstufen, über

Know-How-Verlust Mitbewerber zu stärken, bzw. wie groß für sie die Chancen sind, durch eine Mitarbeit auch fremdes Know-How zu gewinnen.

Datensicherheit

Dem Kernunternehmen kommt die wichtige Rolle zu, dafür zu sorgen, dass die Sicherheit der genutzten und übermittelten Daten für alle Beteiligten sichergestellt wird.

Weiterführende Literatur zu diesem Abschnitt

Akao, Y.: Function Deployment - Wie Japaner Kundenwünsche in Qualitätsprodukte umsetzen. Landsberg a. L. 1992

Bleicher, K.: Konzernorganisation. In: Handwörterbuch der Organisation. Hrsg. v. E. Frese. 3. Aufl., Stuttgart 1992, Sp. 1151 - 1164

Bleicher, K.; D. Leberl; H. Paul: Unternehmungsverfassung und Spitzenorganisation. Führung und Überwachung von Aktiengesellschaften im internationalen Vergleich. Wiesbaden 1989

Bösenberg, D.; H. Metzen: Lean Management. 3. Aufl., Landsberg a.L. 1993

Bühner, R.: Management-Holding. Unternehmensstruktur der Zukunft. 2. Aufl., Landsberg a. L. 1992

Bühner, R. (Hrsg.): Erfahrungen mit der Management-Holding. Landsberg a.L. 1993

Bullinger, H.J.; M. Schäfer: Das Management lernender Unternehmen. Office Management 1-2 / 1996, S. 16 - 20

Davidow, W.H.; M.S. Malone: Das virtuelle Unternehmen - Der Kunde als Co-Produzent. Frankfurt a.M. / New York 1993

Dietzel, H.U.; V. Seitschek: Schlüsselfaktor Qualität. Total Quality Management erfolgreich einführen und praktizieren. Wien 1993

Drewes, W.: Qualitätsmanagement in Kreditinstituten. Zeitschrift für Betriebswirtschaft 9 / 1992, S. 937 - 956

Drucker, P.F.: So funktioniert die Fabrik von morgen. Harvard Manager 1 / 1991, S. 8-17

Garrat, B.: Creating a Learning Organization: A Guide to Leadership, Learning and Development. Cambridge 1990

Gaster, D.: Systemaudit: die Beurteilung des QM-Systems. 2. Aufl., Berlin 1993

Geißler, H.: Grundlagen des Organisationslernens. Weinheim 1994

Hauser, J.R.; D. Clausing: The House of Quality. Harvard Business Review May / June 1988, S. 63 - 73

Hungenberg, H.: Aufgaben der Zentrale. Ansatzpunkte zur zeitgemäßen Organisation der Unternehmensführung im Konzern. Zeitschrift Führung + Organisation 6 / 1992, S. 341 - 354

Imai, M.: Kaizen: Der Schlüssel zum Erfolg der Japaner im Wettbewerb. Berlin / Frankfurt 1993

Keller, T.: Unternehmensführung mit Holdingkonzepten. Köln 1990

Köhler-Frost, W. (Hrsg.): Outsourcing. 3. Aufl., Berlin 1998

Kommer, G.: Total Quality Management bei Banken. Die Bank 3 / 1993, S. 140 -143

Krüger, W.; Ch. Homp: Kernkompetenz-Management. Steigerung von Flexibilität und Schlagkraft im Wettbewerb. Wiesbaden 1997

Krystek, U.; W. Redel; S. Reppegather: Grundzüge virtueller Organisationen. Wiesbaden 1997

Kühnle, H.; G. Spengler: Wege zur „fraktalen Fabrik". IO Management Zeitschrift 4 / 1993, S. 66 - 71

Malorny, Chr.: TQM umsetzen. 2. Aufl., Stuttgart 1999

Masing, W. (Hrsg.): Handbuch Qualitätsmanagement. Wien 1994

Oakland, J.S.: Total Quality Management. 2. Aufl., Oxford 1944

Oess, A.: Total Quality Management. Die ganzheitliche Qualitätsstrategie. 3. Aufl., Wiesbaden 1993

Ohno, T.: Das Toyota-Produktionssystem. Frankfurt M. / New York 1993

Pfeiffer, W.; E. Weiß: Lean Management. Grundlagen der Führung und Organisation lernender Unternehmen. 2. Aufl., Berlin 1994

Probst, G.J.B.: Organisation: Strukturen, Lenkungsinstrumente, Entwicklungsperspektiven. Landsberg a. L. 1993

Probst, G.J.B.; B.S.T. Büchel: Organisationales Lernen. Wettbewerbsvorteil der Zukunft. 2. Aufl., Wiesbaden 1998

Reiß, M.: Mythos Netzwerkorganisation. Zeitschrift Führung + Organisation. 4 / 1998, S. 224 - 229

Sattelberger, T.: Die lernende Organisation. Wiesbaden 1991

Sattelberger, T.: Die lernende Organisation im magischen Dreieck von Strategie-, Kultur- und Strukturentwicklung. Personalführung 4 / 1991, S. 286 - 295

Schuh, G.; B.R. Katzy; S. Eisen: Wie virtuelle Unternehmen funktionieren: Der Praxistest ist bestanden. Gablers Magazin, 3 / 1997, S. 8 - 11

Schulte, Chr. (Hrsg.): Holding-Strategien. Erfolgspotentiale realisieren durch Beherrschung von Größe und Komplexität. Wiesbaden 1992

Schulte, Chr.: Die Holding als Instrument zur strategischen und strukturellen Neuausrichtung von Konzernen. In: Schulte, Chr. (Hrsg.): Holding-Strategien. Erfolgspotentiale realisieren durch Beherrschung von Größe und Komplexität. Wiesbaden 1992, S. 17 - 58

Senge, P.: Die fünfte Disziplin - Kunst und Praxis der lernenden Organisation. 4. Aufl., Stuttgart 1997

Steinle, C.: Das Büro als Lean Office. Komplexes Management für eine schlanke Büroproduktionswelt. Zeitschrift Führung + Organisation 4 / 1994, S. 78 - 85

Thomys, A.K.: Kostenorientiertes Qualitätsmanagement. Mit Qualitätscontrolling zur ständigen Verbesserung. München / Wien 1995

Warnecke, H.-J.: Revolution der Unternehmenskultur. Das Fraktale Unternehmen. 2. Aufl., Berlin / Heidelberg / New York u.a. 1993

Wenger, A.P.: Trends der Konzernorganisation in der Schweiz. Auslöser, Bedingungen und Ergebnisse von Umstrukturierungen. Schriftenreihe der Schweizerischen Gesellschaft für Organisation. Glattbrugg 1994

Wildemann, H.: Die modulare Fabrik: Kundennahe Produktion durch Fertigungssegmentierung. 4. Aufl., München 1994

Wißkirchen, F.: Shared Service Center als Outsourcing-Alternative bei Finanzprozessen. In: Köhler-Frost, W. (Hrsg.): Outsourcing. 3. Aufl., Berlin 1998, S. 137 - 156

Womack, J.P.; D.T. Jones: From Lean Production to the Lean Enterprise. Harvard Business Review March / April 1994, S. 93 - 103

Wüthrich, H.A.; A. Philipp: Grenzenlose Chancen durch Virtualisierung. Zeitschrift Führung + Organisation 4 / 1998, S. 201- 206

Wüthrich, H.A.; A.F. Philipp; M.H. Frentz: Vorsprung durch Virtualisierung. Wiesbaden 1997

Zaugg, R.J.: Strategic Sourcing bei der Schweizerischen Bankgesellschaft. Wettbewerbsvorteile durch Sourcing. Zeitschrift Führung + Organisation 6 / 1998, S. 346 - 350

Zink, K.J.: TQM als integratives Managementkonzept. Das Europäische Qualitätsmodell und seine Umsetzung. München / Wien 1995

12   Kriterien zur Beurteilung der Aufbauorganisation
- Prüffragenkatalog

Der Einsatz von Prüffragenkatalogen ist ein unsystematischer Ansatz zur Beurteilung der Aufbauorganisation. Prüffragenkataloge unterstützen:

◆ die Würdigung einer bereits realisierten Lösung, um erkennen zu können, ob Änderungsbedarf besteht

◆ die Bewertung von Lösungsalternativen, um die am besten geeignete Lösung herauszufinden.

Mit Prüffragenkatalogen werden gleichzeitig zwei *Zielsetzungen* verfolgt:

◆ Vermeiden typischer Schwachstellen, die erfahrungsgemäß vorkommen - Fehler und Versäumnisse sollen auf dem schnellsten Wege erkannt werden. Dieses Verfahren ähnelt den Diagnose-Zentren für Menschen oder Automobile, die auf mögliche Krankheiten / Defekte untersucht werden

◆ überprüfen ob Lösungen, die sich an anderer Stelle bewährt haben, im konkreten Fall auch angewendet werden können.

Solche Prüffragenkataloge haben einen entscheidenden *Mangel*: Sie sind *unsystematisch* und bilden kein allgemeines Gerüst für alle Probleme. Es muss für jede Problemstellung ein neuer Prüffragenkatalog aufgestellt werden, da die Fragen immer nur ganz spezielle Sachverhalte ansprechen können. Diese Arbeit wird durch den erwähnten Umstand erschwert, dass bisher keine allgemeine Systematik zum Aufbau von Prüffragenkatalogen vorliegt. Ein Prüffragenkatalog zur Untersuchung des Leitungssystems muss beispielsweise ganz anders aufgebaut sein als ein Katalog zur Rationalisierung des Posteingangs. Die Fragen selbst und der Detaillierungsgrad der Fragen unterscheiden sich in beiden Fällen ganz erheblich.

Damit soll die Leistungsfähigkeit der Prüffragenkataloge nicht in Frage gestellt werden. Ausgereifte und problembezogene Kataloge sind ein wirksames Instrument in der Stufe der Würdigung und Bewertung von Varianten. Sie bieten aber keine Garantie, alle Schwachstellen oder Lösungsmöglichkeiten mit ihrer Hilfe zu erkennen.

Nachfolgend wird ein Beispiel für einen recht allgemein gehaltenen Katalog vorgestellt. Die Fragen zielen auf generelle aufbauorganisatorische Probleme.

Prüffragenkatalog

I. Allgemeine Fragen

1) Wie sieht der *Bedingungsrahmen* dieser Unternehmung aus? Operiert das Unternehmen eher in einem stabilen oder in einem sich verändernden Umfeld? Welches sind die wesentlichen externen Einflüsse? Welche außerbetrieblichen Institutionen gewannen oder verloren Einfluss auf die Unternehmenspolitik? Wie können sie angemessen berücksichtigt werden? Welche organisatorischen Konsequenzen lassen sich aus dem Bedingungsrahmen ableiten?

2) Sind die Aufgaben konstant; wiederholen sie sich häufig; sind alle zur Erfüllung notwendigen Informationen vorhanden; sind die Aufgaben komplex oder einfach? Welche Folgen hat das für die Organisation?

3) Was ist die *Strategie* dieser Unternehmung? Welchen Marktsegmenten sollen welche Leistungen angeboten werden? Welche Mitbewerber treten dort auf? Wie sieht die Organisation der Mitbewerber aus? Können sich daraus Hinweise auf die eigene Organisation ergeben?

4) Welche *Ziele* verfolgt das Unternehmen? Welche Rolle spielen Gewinn, Marktanteil, Innovation, Umweltschutz und soziale Gerechtigkeit? Wie sollen im Hinblick auf solche Ziele Zuständigkeiten geregelt und eingeordnet werden?

5) Haben sich *Strategien, Ziele oder Umweltbedingungen* in der letzten Zeit *geändert*? Ergeben sich daraus Einflüsse auf die Organisation?

6) Welche *Benchmarks* haben Mitbewerber gesetzt, z.B. hinsichtlich Kosten, Schnelligkeit, Qualität? Welche organisatorischen Maßnahmen können dazu beitragen, solche Werte zu erreichen oder zu überbieten?

7) Welche Entscheidungen sind besonders wichtig für den Erfolg und müssen deswegen besonders hoch angesiedelt werden?

8) Welches Menschenbild liegt den vorhandenen organisatorischen Lösungen zugrunde? Welche Kultur herrscht in dem Unternehmen oder in einem Unternehmensbereich? Stimmt die Kultur mit der Organisation überein?

II. Stellen- und Abteilungsbildung

1) Sind die Aufgaben der Stellen klar festgelegt?

2) Kann ein gedachter Aufgabenträger die erforderliche Qualifikation besitzen? Wurde die Stelle berufs-typologisch gebildet?

3) Sind alle Phasen einer Aufgabe verteilt (Entscheidungsvorbereitung, Entscheidung, Realisation, Kontrolle)?

4) Wurden Spezialisierungseffekte genutzt? Lassen sich sinnvoll Spezialisten oder spezielle Technik einsetzen? Fördert die Spezialisierung die Qualität der Ergebnisse?

5) Wurden der Organisationseinheit vorgelagerte Planungs- und nachgelagerte Kontrollaufgaben übertragen - ganzheitliche Arbeit? Kann damit die Arbeitsqualität gesteigert werden?

6) Sind einzelne *Aufgaben mehrfach* auf verschiedene Stellen *verteilt*?

7) Kontrolliert ein Aufgabenträger seine eigene Aufgabenerfüllung? Ist das *Vier-Augen-Prinzip notwendig*?

8) Kann ein Aufgabenträger die Bildung der selbst zu erreichenden *Ziele*

  – nicht beeinflussen

  – *beeinflussen* oder

  – dominiert

er die Zielsetzung (Zusammenhang Organisation und Führung)?

9) Entspricht die Regelung der vorhandenen oder gewünschten Kultur?

10) *Fehlen* bestimmte *Aufgaben*, die in vergleichbaren Unternehmungen anzutreffen sind - Zukunftsaufgaben?

11) Ist eine *Messung der Leistung* von Stelleninhabern, Abteilungen oder Bereichen *möglich* (Kontrollmöglichkeit)?

12) Kann der Stelleninhaber seinen eigenen Beitrag zur Leistungserstellung erkennen?

13) Sind die Stelleninhaber quantitativ *ausgelastet*?

14) Wie lang ist die Spanne zwischen Aufgabeneingang und -erledigung?

15) Schwankt die Spanne stark?

16) Können *Maßnahmen zum Ausgleich von Beschäftigungsschwankungen* ergriffen werden?

17) Wie hoch ist die *zeitliche Beanspruchung durch einzelne Aufgabenkategorien*? Entspricht der Zeitaufwand zur Erledigung der verschiedenen Teilaufgabenkomplexe auch deren Bedeutung?

18) Besteht die Gefahr einseitiger *Bevorzugung* von Teilaufgaben, z.B. Routineaufgaben verdrängen längerfristige Planungsaufgaben?

19) Ist das qualitative *Niveau der Aufgaben* einzelner Stellen *angemessen*? Werden die Stelleninhaber unterfordert oder überfordert?

20) Ist das qualitative *Niveau* der Aufgabenerfüllungsansprüche einer Stelle *annähernd gleich hoch*? Muss eine qualifizierte Kraft auch minderwertige Aufgaben ausführen? Entspricht der minderwertige Anteil erwünschten Regenerationsphasen?

21) Wie hoch ist der vorhandene *Grad der Formalisierung*? Inwieweit bestehen exakte Aufgaben- und Durchführungsbeschreibungen? Werden die Mitarbeiter durch die Formalisierung eingeengt? Verhindert die Formalisierung angemessene Reaktionen auf Anforderungen des Marktes?

22) Treten Fälle der *Personalunion* auf - mehrere Stellen werden durch eine Person besetzt? Werden in diesen Fällen alle Aufgaben ausreichend wahrgenommen?

23) Gibt es für den *Führungsnachwuchs* Stellen, auf denen er sich für spätere Aufgaben *vorbereiten* kann (Attraktivität der Unternehmung nach außen)? Gibt es Klarheit über Karrierewege?

24) Wurden bei der Stellenbildung Neigungen und Eignung vorhandener Personen berücksichtigt? Wäre es sinnvoll, die Eignung und Neigung konkreter Mit-

arbeiter zu berücksichtigen (Organisation ad personam)? Ist es vertretbar, dass die Organisation auf einzelne Mitarbeiter zugeschnitten wird? Sollte zu einer sachbezogenen Organisation übergegangen werden?

25) Warum gibt es diese Stelle oder Organisationseinheit überhaupt?

26) Wie oft müssen Entscheidungen unterer Instanzen von oberen wieder aufgehoben werden?

27) Ist der Delegationsbereich exakt definiert (Management by Exception)? Besteht Klarheit, was bei Über- oder Unterschreitung des Delegationsbereiches zu geschehen hat (Information des Vorgesetzten, Abgabe an Vorgesetzten)?

28) Sind Verfügungs- und Zeichnungsbefugnisse so geregelt, dass der Leitungsstelleninhaber sowohl die Regelungs- als auch die Kontrollaufgaben befriedigend wahrnehmen kann?

29) Kann ein Stelleninhaber normalerweise in den Fällen selbst entscheiden, in denen er das fachliche Know-how hat? Bestehen zeitaufwendige Genehmigungsverfahren, die schnelle Reaktionen erschweren?

30) Wie hoch ist die Bedeutung der Entscheidungen? Leiten sich daraus Konsequenzen für die Zuordnung ab?

31) Werden durch die Stellenbildung Abläufe zerschnitten, Prozesse verzögert? Können durch veränderte Stellen- oder Abteilungsbildung Prozesse beschleunigt werden?

32) Gibt es für wichtige Prozesse Verantwortlichkeiten (z.B. processowner)?

33) Ist die Organisation für Kunden und für andere Externe transparent? Hat ein Kunde einen eindeutigen Ansprechpartner, der ganzheitlich für ihn verantwortlich ist?

34) Ist die Organisation für Mitarbeiter durchsichtig? Ist erkennbar, wer für was zuständig ist?

35) Gibt es Einrichtungen der Sekundärorganisation (Ausschüsse, Kollegien, Workshops), mit deren Hilfe flexibel auf veränderte Anforderungen eingegangen werden kann?

36) Werden *einmalige Vorhaben* hauptsächlich *in der Primärorganisation erledigt*? In welchem Umfang wird Projektarbeit praktiziert?

37) Wo liegt das *hauptsächliche Koordinationsproblem*? Was spricht für oder gegen eine Gliederung nach
   – Objekten (z. B. Produkten, Regionen oder Kunden)
   – Verrichtungen
   – Strategie
   – Prozessen?
   Sind *alle wichtigen Koordinationsrichtungen berücksichtigt*?

38) Werden solche Aufgaben durch *Ausschüsse oder Kollegien koordiniert*, die wegen der gewählten Grundgliederung (Produkt, Verrichtung, Region, Kunde) zerschnitten werden mussten?

39) Gibt es Einrichtungen, in denen verschiedene Organisationseinheiten zusammengeführt werden (*interdisziplinäre Kontakte*), um Koordination und *Innovation* zu fördern?

40) *Weicht die Unternehmung von dem Gliederungstypus ab*, der in vergleichbaren Unternehmungen - evtl. der gleichen Branche - üblich ist?

41) Sind *gleichrangig* eingeordnete *Aufgaben gleichgewichtig*?

42) Sind die *Aufgaben* nach ihren zukünftigen oder nach ihrem früheren *Gewicht eingeordnet*? Entspricht die Einordnung - noch - der Bedeutung (z.B. Umweltschutz, Sicherheit, Qualitätssicherung)?

43) Besteht bei Leitungsstelleninhabern - evtl. vom üblichen Berufstyp der Stelleninhaber her - die *Gefahr*, dass *einseitig die Interessen einzelner Stellenaufgaben bevorzugt* und damit andere Aufgaben vernachlässigt werden?

44) Sind die *Leitungsspannen* angemessen?
   – Kann ein Vorgesetzter weitere Mitarbeiter koordinieren und führen, oder unterstehen ihm zu viele Mitarbeiter (welche flankierenden Maßnahmen müssten dazu ergriffen werden - Delegation, Unterstützung, Bildung autonomer Arbeitsgruppen etc.)?
   – Kann die Zahl der *Hierarchieebenen* verringert werden, ohne die notwendige Koordination und Führung zu gefährden?
   – Kann ein Leiter den unterschiedlichen Anforderungen seiner Mitarbeiter fachlich und mengenmäßig gerecht werden?

45) Entsprechen die *Größe* der einzelnen Abteilungen oder Organisationseinheiten und die damit verbundenen Kosten der *Bedeutung* dieser Organisationseinheiten im Hinblick auf das Gesamtziel?

46) Sind die *Unterstellungsverhältnisse* klar geregelt? Kennt jeder seine fachlichen und disziplinarischen Vorgesetzten? Weiss jeder, wem er fachlich und disziplinarisch vorgesetzt ist?

47) Werden Formen der *gemeinsamen Entscheidungsbildung* angewandt?

48) Kollegiale Gliederung der Unternehmungsspitze

49) Einsatz von Entscheidungsgremien (Ausschüsse, Kollegien)

50) Partizipation
Sind die Verantwortlichkeiten geregelt? Sind die Abstimmungsmodalitäten fixiert?

51) Entspricht die zahlenmäßige und fachliche *Ausstattung* der Leitung den *Anforderungen* dieses Unternehmens (Umfeld, Größe der Unternehmung)?

52) Müssen *dezentral mehrfach gleiche Aufgaben* erfüllt werden? Hat die Bildung selbständiger Einheiten (Sparten, Divisionen) dazu geführt, dass es Doppelspurigkeiten und Mehrfachkapazitäten gibt, die nicht ausreichend ausgelastet sind? Werden Größenvorteile (economies of scale) genutzt?

53) Sind einzelne *Stelleninhaber* - nach eigener Auskunft, aus vorliegenden Ergebnissen ersichtlich, oder nach Aussagen anderer - gelegentlich oder häufig arbeitsumfangmäßig oder fachlich *überfordert*? *Einsatz von Stabs- oder Assistenzstellen nötig und möglich?*

54) Sind die *Stabsstellen eindeutig zugeordnet* (wichtig bei Kollegialorganen)?

55) Besitzen die *Stabsstellen* auch fachlich begrenzte *Weisungsbefugnisse*? Sind die Befugnisse nötig und möglich?

56) Sind die allgemeinen *Stabsstellen* (Generalisten, Assistenten, Referenten) *Status-symbole* der Linienstelleninhaber?

57) Ist der *Übergang zwischen Linienstellen und Stabsstellen* praktikabel und sinn-voll? Wird er gefördert?

58) Können die Stabsstellen i. d. R. ihre *Vorhaben realisieren*, wenn sie auf die Mit-arbeit anderer Linien- oder Stabsstellen angewiesen sind? Treten häufig *Konflik-te* zwischen Inhabern von Stabsstellen und Linienstellen auf? Werden die Stabs-stellen ausreichend koordiniert?

59) Besitzen die *Stabsstellen* normalerweise *ausreichende Informationen*, oder gehen ihre Lösungsvorschläge wegen mangelnder Information an den Realitäten vorbei?

60) Können *Aufgaben der Stäbe* auch auf *Fachabteilungen* übertragen werden? Werden Leistungen der Stäbe im Unternehmen gewünscht? Wie groß ist die Akzeptanz zentraler bzw. dezentraler Stäbe?

III. Informations- und Kommunikationssystem

1) Liegen im Normalfall den Entscheidern *alle Informationen* vor, die von ihnen *benötigt* werden? Fehlen Informationen völlig oder kommen sie zu spät?

2) Gibt es ausreichende *Informationen über den Markt*, über Kunden (-Rekla-mationen) und über Mitbewerber?

3) Ist *klar geregelt*, wer
   – vor einer Entscheidung gehört werden muss
   – vor einer Entscheidung informiert werden muss
   – nach einer Entscheidung informiert werden muss?

4) Wo befinden sich die *breitesten Kommunikationskanäle*? Empfiehlt sich eine räumliche Zusammenlegung? Können Kommunikationsvorgänge besser *tech-nisch unterstützt* werden (z.B. durch Vernetzung, Workflow-Systeme)?

5) Sind wichtige *Kommunikationskanäle* häufig *verstopft* (Betroffene nicht erreichbar)?

6) Wie sieht das *Verhältnis* zwischen *mündlicher* und *schriftlicher Information* aus? Gibt es viele Gesprächsnotizen, Besuchsberichte, Mails, Protokolle?

7) Wie lange dauert der *Zugriff* auf vorhandene, verwaltete Informationen (Regi-straturen, Datenbankzugriffe)?

8) Gibt es *Abfragemöglichkeiten*, um vorhandene Informationsbestände bedarfs-gerecht auszuwerten?

9) Sind ausreichende Vorkehrungen getroffen, um die Sicherheit von Infor-mationen zu schützen (*Sicherheitskonzepte*)?

10) Gibt es klare Regelungen hinsichtlich der *Zugriffsberechtigung* auf vorhandene Informationen? Wird die *Einhaltung* der Berechtigungen *kontrolliert*? Werden die Berechtigungen bedarfsgerecht angepasst?

11) Entsprechen die gewählten *Informationsträger* den Anforderungen an Schnelligkeit, Zuverlässigkeit und Sicherheit vor Manipulation?

12) Sind die Informationsträger so gestaltet, dass *Arbeitsprozesse unterstützt* werden und wichtige Informationen besonders leicht zu erkennen sind?

13) Wird mit *aussagekräftigen Vergleichsangaben* gearbeitet? Sollten Tabellen, Schaubilder und grafische Darstellungen verwendet werden?

14) Welche Informationen sind überflüssig? Genügt Übermittlung des Ergebnisses ohne Detailinformationen? Welche *Berichte* sind *überflüssig*? Wer kann aus dem Verteiler ausgeschlossen werden? Werden alle eingehenden Berichte verarbeitet?

15) Lassen sich verstreute Informationen in ein *Gesamtkonzept* integrieren?

16) Kommen in den obersten *Leitungsstellen auch ungünstige Nachrichten* an (Filterung von Informationen)?

17) Besteht auf mittleren und unteren Ebenen *Klarheit über* die verfolgten *Ziele*?

18) *Kennt* die *Unternehmungsleitung Ansichten* und *Erwartungen* der unteren Stelleninhaber?

19) Werden gelegentlich oder häufig *Anordnungen* oberer Instanzen *nicht* richtig *ausgeführt*?

20) Wie groß ist der *Zeitaufwand*, der für bilateralen oder multilateralen *Informationsaustausch* anfällt (Besprechungen, Konferenzen, Workshops)? Besteht nach wie vor die Koordinationsnotwendigkeit, derentwegen vorhandene Ausschüsse gebildet wurden?

21) Sind die *Aufgaben der Ausschüsse / Kollegien klar* definiert?

22) Reicht die *Koordination* durch einen *Ausschuss* oder ein Kollegium aus? Könnten die Aufgaben evtl. von Einzelpersonen oder Projektgruppen besser erledigt werden?

23) Wie groß ist die Teilnehmerzahl im Ausschuss / Kollegium? Behindert oder fördert die Größe die Arbeit?

Literaturverzeichnis

Akao, Y.: Function Deployment - Wie Japaner Kundenwünsche in Qualitätsprodukte umsetzen. Landsberg a. L. 1992

Bartlett, Ch. A.; S. Ghoshal: Not a Structure, a Frame of Mind. Harvard Business Review July / August 1990. S. 138 - 145

Bartölke, K.: Teilautonome Arbeitsgruppen. In: Handwörterbuch der Organisation. Hrsg. v. E. Frese. 3. Aufl., Stuttgart 1992, Sp. 2384 - 2399

Becker, M.R.; R. Haberfellner; G. Liebetrau: EDV-Wissen für Anwender. Zürich 1992

Bellmann, K.B.: Kostenoptimale Arbeitsteilung im Büro. Der Einfluß neuer Informations- und Kommunikationstechnik auf Organisation und Kosten der Büroarbeit. Berlin 1989

Berthel, J.: Betriebliche Informationssysteme. Stuttgart 1975

Berthel, J.: Informationsbedarf. In: Handwörterbuch der Organisation. Hrsg. v. E. Frese. 3. Aufl., Stuttgart 1992, Sp 872 - 886

Blake, R.R.; J.S. Mouton: Verhaltenspsychologie im Betrieb. Der Schlüssel zur Spitzenleistung. 4. Aufl., Düsseldorf / Wien 1992

Blank, H.; H. Hungenberg: Die organisatorische Neuausrichtung der Telekom. Zeitschrift Führung + Organisation 2/1995, S. 74 - 79

Bleicher, K.: Konzernorganisation. In: Handwörterbuch der Organisation. Hrsg. v. E. Frese. 3. Aufl., Stuttgart 1992, Sp. 1151 - 1164

Bleicher, K.: Organisation der Corporation. In: Handwörterbuch der Organisation. Hrsg. v. E. Frese. 3. Aufl., Stuttgart 1992, Sp 442 - 452

Bleicher, K.: Organisation - Formen und Modelle. Wiesbaden 1981

Bleicher, K.: Organisationskonzepte für die 90er Jahre. Ganzheitliches Denken als Voraussetzung für ein integratives Management. Office Management 11 / 1990, S. 6 - 13

Bleicher, K.: Organisation - Strategien - Strukturen - Kulturen. 2. Aufl., Wiesbaden 1991

Bleicher, K.: Zentralisation und Dezentralisation von Aufgaben in der Organisation der Unternehmungen. Berlin 1966

Bleicher, K.; D. Leberl; H. Paul: Unternehmungsverfassung und Spitzenorganisation. Führung und Überwachung von Aktiengesellschaften im internationalen Vergleich. Wiesbaden 1989

Blohm, H.: Die Gestaltung des betrieblichen Berichtswesens als Problem der Leitungsorganisation. Herne / Berlin 1970

Bösenberg, D.; H. Metzen: Lean Management. 3. Aufl., Landsberg a.L. 1993

Brockhoff, K.; J. Hauschildt: Schnittstellen-Management - Koordination ohne Hierarchie. Zeitschrift Führung + Organisation 6 / 1993, S. 396 - 403

Bromann, P.: Erfolgreiches strategisches Informations-Management. Landsberg a.L. 1987

Bronner, R.: Verantwortung. In: Handwörterbuch der Organisation. Hrsg. v. E. Frese. 3. Aufl., Stuttgart 1992, Sp 2503 - 2513

Bühner, R. (Hrsg.): Erfahrungen mit der Management-Holding. Landsberg a.L. 1993

Bühner, R.: Management-Holding. Unternehmensstruktur der Zukunft. 2. Aufl., Landsberg a. L. 1992

Bullinger, H.-J.: Customer Focus und Business Reengineering - Neue Trends für eine zukunftsorientierte Unternehmensführung. In: 13. IAO-Arbeitstagung: Neue Impulse für eine erfolgreiche Unternehmensführung. Berlin 1994

Bullinger, H.J.; M. Schäfer: Das Management lernender Unternehmen. Office Management 1-2 / 1996, S. 16 - 20

Cantin, F.; N. Thom: Organisationsarbeit in der Schweiz. Profil von Organisierenden in Wirtschaft und Verwaltung. Glattbrugg 1995

Chalupsky, J; S. Gottlob et. al.: Der Mensch in der Organisation. 5. Aufl., Gießen 2000

Chandler, A.D.: Strategy and Structure. 13. Aufl., Cambridge Mass. 1984

Chmielewicz, K.: Organisation der Unternehmensleitung. In: Handwörterbuch der Organisation. Hrsg. v. E. Frese. 3. Aufl., Stuttgart 1992, Sp. 2464 - 2480

Curth, M.; H.B. Wyss: Information Engineering. München 1988

Czichos, R.: Change Management. München 1993

Davenport, Th.H.: Process Innovation. Reengineering Work through Information Technology. Boston Mass. 1993

Davenport, Th.H.: The New Industrial Engineering: Information Technology and Business Process Redesign. Sloan Management Review, Summer 1990, S. 11 - 25

Davidow, W.H.; M.S. Malone: Das virtuelle Unternehmen - Der Kunde als Co-Produzent. Frankfurt a.M. / New York 1993

Deyhle, A.: Controller-Handbuch. 3. Aufl., München 1990

Dietzel, H.U.; V. Seitschek: Schlüsselfaktor Qualität. Total Quality Management erfolgreich einführen und praktizieren. Wien 1993

Drewes, W.: Qualitätsmanagement in Kreditinstituten. Zeitschrift für Betriebswirtschaft 9 / 1992, S. 937 - 956

Drexel, G.: Organisatorische Verankerung strategischer Geschäftsfelder. Die Unternehmung. 2 / 1987, S. 148 - 161

Drucker, P.F.: So funktioniert die Fabrik von morgen. Harvard Manager 1 / 1991, S. 8-17

Dülfer, E.: Kultur und Organisationsstruktur. In: Handwörterbuch der Organisation. Hrsg. v. E. Frese. 3. Aufl., Stuttgart 1992, Sp. 1201 - 1241

Ebers, M.: Situative Organisationstheorie. In: Handwörterbuch der Organisation. Hrsg. v. E. Frese. 3. Aufl., Stuttgart 1992, Sp. 1817 - 1838

Engelmann, Th.: Business Process Reengneering. Grundlagen – Gestaltungsempfehlungen – Vorgehensmodell. Wiesbaden 1995

Eversmann, M.: Business-Units. Dezentralisierung der Geschäftsverantwortung. Groß und trotzdem klein. Gablers Magazin 8 / 1994, S. 45-47

Fischer, Th. M.: Sicherung unternehmerischer Wettbewerbsvorteile durch Prozeß- und Schnittstellenmanagement. Zeitschrift Führung + Organisation 5 / 1993, S. 312 - 318

Fisher, D.T.: Produktivität durch Information Engineering. Wiesbaden 1990

Ford, H.: How I Made a Success of my Business. Zitiert nach Frese, E.: Organisations-
    theorie. Historische Entwicklung - Ansätze - Perspektiven. 2. Aufl., Wiesbaden
    1992

Francis, D.; D. Young: Mehr Erfolg im Team. Hamburg 1989

Frese, E.: Aufbauorganisation. 2. Aufl., Gießen 1979

Frese, E.: Grundlagen der Organisation. Konzept - Prinzipien - Strukturen. 7. Aufl.,
    Wiesbaden 1998

Frese, E. (Hrsg.): Handwörterbuch der Organisation. 3. Aufl., Stuttgart / Berlin / Köln
    1992

Frese, E.: Organisationstheorie. Historische Entwicklung - Ansätze - Perspektiven.
    2. Aufl., Wiesbaden 1992

Frese, E.: Profit-Center und Verrechnungspreise. Schmalenbachs Zeitschrift für
    betriebswirtschaftliche Forschung. 10 / 1995, S. 942 - 954

Frese, E.; A .v. Werder: Bürokommunikation. In: Handwörterbuch der Organisation.
    Hrsg. v. E. Frese. 3. Aufl., Stuttgart 1992, Sp. 374 - 390

Frese, E.; A. v. Werder: Organisation als strategischer Wettbewerbsfaktor - Organisati-
    onstheoretische Analyse gegenwärtiger Umstrukturierungen. In: Schmalenbachs
    Zeitschrift für betriebswirtschaftliche Forschung. Sonderheft 33 / 1994, S. 1 - 27

Friedrich, J.; K.-D. Jansen; Th. Manz: Organisationsmodelle für das Büro von
    morgen. Office Management 3 / 1987, S. 16 - 22

Gaitanides, M.: Prozeßorganisation. Entwicklung, Ansätze und Programme prozeß-
    orientierter Organisationsgestaltung. München 1983

Gaitanides, M. et al.: Prozeßmanagement. Konzepte, Umsetzungen und Erfahrungen
    des Reengineering. München / Wien 1994

Garrat, B.: Creating a Learning Organization: A Guide to Leadership, Learning and
    Development. Cambridge 1990

Gaster, D.: Systemaudit: die Beurteilung des QM-Systems. 2. Aufl., Berlin 1993

Gaugler, E.: Personalwesen. In: Handwörterbuch der Betriebswirtschaft. Hrsg. v.
    W. Wittmann; W. Kern; R. Köhler et. al., 5. Aufl., Stuttgart 1993, Sp. 3140 -
    3158

Gebert, D.: Kommunikation. In: Handwörterbuch der Organisation. Hrsg. v. E. Frese.
    3. Aufl., Stuttgart 1992, Sp. 1110 - 1121

Geißler, H.: Grundlagen des Organisationslernens. Weinheim 1994

Gier, W.: Neue Berufe und neue Anforderungen im Büro. Office Management,
    Heft 7 – 8 / 1984, S. 664-665

Grochla, E.: Grundlagen der organisatorischen Gestaltung, Stuttgart 1982

Hafen, U.; D. Brütsch: Am Ende entscheidet der Kunde. Keine Prozeßorganisation
    ohne Anpassung der Aufbauorganisation. IO Management. 1-2 / 1997, S. 52 -
    56

Hahn, D.: Planungs- und Kontrollrechnung. 4. Aufl., Wiesbaden 1994

Hahn, D: PuK-Controllingkonzepte. 5.Aufl., Wiesbaden 1996

Hajer, H.; R. Kolbeck: Internet. München 1994

Haldi, Ch.: Soziokulturelle Einflüsse auf Organisation und Personalwirtschaft im
    internationalen Management. Galttbrugg 1998

Hall, G.; J. Rosenthal; J. Wade: How to Make Reengineering Really Work. Harvard Business Review, Nov-Dec. 1993, Seite 119 - 131

Hamel, G.; G.K. Prahalad: Wettlauf um die Zukunft. Wien 1995

Hammer, M.; J. Champy: Business Reengineering. Die Radikalkur für das Unternehmen. Frankfurt / New York 1994

Hansen, W.: Zertifizierung von Qualitätssicherungssystemen. In: Hansen, W. (Hrsg.): Zertifizierung und Akkreditierung von Produkten und Leistungen der Wirtschaft. München / Wien 1993, S. 151 - 171

Hauser, J.R.; D. Clausing: The House of Quality. Harvard Business Review May/June 1988, S. 63 - 73

Henn, H.: Gestaltung des Wandels – Von der Funktions- zur Kompetenzhierarchie. Zeitschrift Führung + Organisation 5 / 1995, S. 304 - 309

Hill, W.; R. Fehlbaum; P. Ulrich: Organisationslehre 1. 5. Aufl., Bern / Stuttgart / Wien 1994

Hill, W.; R. Fehlbaum; P. Ulrich: Organisationslehre 2. 4. Aufl., Bern / Stuttgart 1992

Hoefert, H.W.: Mensch und Organisation. 3. Aufl., Gießen 1991

Hoffmann, F.: Aufbauorganisation. In: Handwörterbuch der Organisation. Hrsg. v. E. Frese. 3. Aufl., Stuttgart 1992, Sp. 208 - 221

Höhn, R.: Führungsbrevier der Wirtschaft. 12. Aufl., Bad Harzburg 1986

Hörrmann,G.; C. Tiby: Projektmanagement richtig gemacht. In: Little, D. (Hrsg.): Management der Hochleistungsorganisation. Wiesbaden 1990, S. 73 - 91

Horváth, P.: Controlling. 4. Aufl., München 1991

Huber, Th.: Unternehmenskultur. In: Der Mensch in der Organisation. 5. Aufl., Gießen 2000

Hungenberg, H.: Aufgaben der Zentrale. Ansatzpunkte zur zeitgemäßen Organisation der Unternehmensführung im Konzern. Zeitschrift Führung + Organisation 6 / 1992, S. 341 - 354

Hungenberg, H.: Strategisches Management in Unternehmen. Wiesbaden 1999

Imai, M.: Kaizen: Der Schlüssel zum Erfolg der Japaner im Wettbewerb. Berlin / Frankfurt 1993

Kamiske, G.F.; T. Füermann: Reengineering versus Prozeßmangement. Zeitschrift Führung + Organisation 3 / 95, S. 142 - 148

Kaplan, R.H.; L. Murdock: Core process redesign. The McKinsey Quarterly, 2 / 1991, S. 27 - 43

Karcher, H. B.: Büro der Zukunft. 3. Aufl., Baden-Baden 1983

Kauffels, F.J.: Lokale Netze. München 1994

Keller, T.: Unternehmensführung mit Holdingkonzepten. Köln 1990

Köhler-Frost, W. (Hrsg.): Outsourcing. 3.Aufl., Berlin 1998

Kommer, G.: Total Quality Management bei Banken. Die Bank 3 / 1993, S. 140 -143

Koreimann, D.: Methoden der Informationsbedarfsanalyse. Berlin / New York 1976

Kosiol, E.: Organisation der Unternehmung. 2. Aufl., Wiesbaden 1976

Kredel, L.: Wirtschaftlichkeit von Bürokommunikationssystemen. Berlin / New York 1988

Kreikebaum, H.: Organisationsmanagement internationaler Unternehmen. Wiesbaden 1998

Krickl, O. (Hrsg.): Geschäftsprozeßmanagement. Heidelberg 1994

Krüger, W.: Organisation der Unternehmung. 3. Aufl., Stuttgart / Berlin / Köln 1994

Krüger, W.; Ch. Homp: Kernkompetenz-Management. Steigerung von Flexibilität und Schlagkraft im Wettbewerb. Wiesbaden 1997

Krüger, W.; P. Pfeiffer: Informationsmanagement zur Unterstützung der Wettbewerbsstrategie. In: Hahn, D.; B. Taylor (Hrsg.): Strategische Unternehmensplanung / Strategische Unternehmensführung. 6. Aufl., Heidelberg 1992, S. 504 - 526

Krystek, U.; W. Redel; S. Reppegather: Grundzüge virtueller Organisationen. Wiesbaden 1997

Kubicek, H.: Informationstechnologie und Organisationsstruktur. In: Handwörterbuch der Organisation. Hrsg. v. E. Frese. 3. Aufl., Stuttgart 1992, Sp. 937 - 958

Kühnle, H.; G. Spengler: Wege zur „fraktalen Fabrik". IO Management Zeitschrift 4 / 1993, S. 66 - 71

Kupper, H.: Zur Kunst der Projektsteuerung. Qualifikation und Aufgaben eines Projektleiters - aufgezeigt am Beispiel von DV-Projekten. 6. Aufl., München / Wien 1991

Lauterburg, Chr.: Vor dem Ende der Hierarchie. Modelle für eine bessere Arbeitswelt. 2. Aufl., Düsseldorf 1980

Lipinski, K.: Datenkommunikation. München 1994

Mag, W.: Ausschüsse. In: Handwörterbuch der Organisation. Hrsg. v. E. Frese. 3. Aufl., Stuttgart 1992, Sp. 252 - 262

Majchrzak, A,; Q. Wang: Breaking the Functional Mind-Set in Process Organizations. Harvard Business Review Sep / Oct. 1996, S. 93 – 99

Malorny, Chr.: TQM umsetzen. 2.Aufl., Stuttgart 1999

Martin, J.: Information Engineering. Book I: Introduction. Englewood Cliffs 1989

Martin, J.: Information Engineering. Book II: Planning and Analysis. Englewood Cliffs 1990

Martin, J.: Information Engineering. Book III: Design and Construction. Englewood Cliffs 1990

Masing, W. (Hrsg.): Handbuch Qualitätsmanagement. Wien 1994

Meckl, R; E. Scherm: Personalarbeit in der „schlanken„ Unternehmung – Ein Modell zur Beurteilung organisatorischer Gestaltungsalternativen. In: Scholz, C.; H. Oberschulte (Hrsg.): Personalmanagement in Abhängigkeit von der Konjunktur. München 1994

Mertens, P.; J. Griese: Industrielle Datenverarbeitung, Bd. 2. Informations- und Planungssysteme. 2. Aufl., Wiesbaden 1982

Metken, M.: Prozeßorientierte Organisationsoptimierung - Ein Erfahrungsbericht. Office Management 3 / 1993, S. 6 - 12

Metzen, H.: Der Weg zum Lean Office. Zeitschrift Führung + Organisation 4 / 1994, S. 86 - 91

Mintzberg, H.: Die Mintzberg-Struktur. Organisationen effektiver gestalten. Landsberg 1992

Morris, D.; J. Brandon: Revolution im Unternehmen. Reengineering für die Zukunft. Landshut a.L. 1994

Oakland, J.S.: Total Quality Management. 2. Aufl., Oxford 1944

Oess, A.: Total Quality Management. Die ganzheitliche Qualitätsstrategie. 3. Aufl., Wiesbaden 1993

Ohno, T.: Das Toyota-Produktionssystem. Frankfurt M. / New York 1993

Oesterle, H.: Business Engineering – Prozeß und Systementwicklung. Berlin 1995

Osterloh, M.; J. Frost: Business Reengineering: Modeerscheinung oder „Business Revolution"? Zeitschrift Führung und Organisation 6 / 1994, S. 356 - 363

Osterloh, M.; J. Frost: Business Engineering – Prozeß und Systementwicklung. Berlin 1995

Osterloh, M.; J. Frost: Prozeßmanagement als Kernkompetenz. 2. Aufl., Wiesbaden 1998

Peuker, J.: Grundlagen der Datenverarbeitung. Gießen 1994

Pfeiffer, W.; E. Weiß: Lean Management. Grundlagen der Führung und Organisation lernender Unternehmen. 2. Aufl., Berlin 1994

Picot, A.; R. Reichwald: Bürokommunikation. 3. Aufl., Hallbergmoos 1987

Picot, A.; R. Reichwald: Zur Effektivierung der Büroarbeit mit neuer Kommunikationstechnik. Office Management 4 / 1984, S. 528 - 531

Prahalad, C.; G. Hamel: Nur Kernkompetenzen sichern das Überleben. Harvard Manager, 2 / 1991, S. 66 - 80

Probst, G.J.B.: Organisation. Strukturen, Lenkungsinstrumente und Entwicklungsperspektiven. Landsberg / L. 1993

Probst, G.J.B.; B.S.T. Büchel: Organisationales Lernen. Wettbewerbsvorteil der Zukunft. 2. Aufl., Wiesbaden 1998

Randolph, W.A.: Der Weg zum Empowerment – eine Reise mit Hindernissen. Organisationsentwicklung. Heft 4 / 95, S. 57 - 69

Rebstock, M.: Grenzen der Prozeßorientierung. Zeitschrift Führung + Organisation 5 / 1997, S. 272 - 278

Redel, W.: Kollegienmanagement. Effizienzaussagen über Einsatz und interne Gestaltung betrieblicher Kollegien. Bern / Stuttgart 1982

Reichwald, R. (Hrsg.): Neue Systeme der Bürotechnik. Beiträge zur Büroarbeitsgestaltung aus Anwendersicht. Berlin 1982

Reiß, M.: Arbeitsteilung. In: Handwörterbuch der Organisation. Hrsg. v. E. Frese. 3. Aufl., Stuttgart 1992, Sp. 167 - 178

Reiß, M.: Matrixsurrogate. Zeitschrift Führung + Organisation. 3 /1994, S. 152 - 156

Reiß, M.: Mythos Netzwerkorganisation. Zeitschrift Führung + Organisation. 4 / 1998, S. 224 - 229

Reiß, M.: Schlanke Matrix. Zeitschrift Führung + Organisation 1 / 1994, S. 6 - 10

Reiß, M.; H. Schuster: Organisatorische Erfolgsfaktoren des Groupwareeinsatzes. Office Management 6 / 1994, S. 18 - 24

Rosenstiel, L.v.; E. Regnet; Domsch (Hrsg.): Führung von Mitarbeitern. Stuttgart 1993

Sattelberger, T.: Die lernende Organisation im magischen Dreieck von Strategie-, Kultur- und Strukturentwicklung. Personalführung 4 / 1991, S. 286 - 295

Sattelberger, T.: Die lernende Organisation. Wiesbaden 1991

Schmidt, G.: Bestimmungsfaktoren organisatorischer Lösungen zur Differenzierung organisatorischer Aussagen. Zeitschrift für Organisation. 1970. S. 355-362

Schmidt, G.: Führung In: Chalupsky, J; S. Gottlob et. al.: Der Mensch in der Organisation. 5. Aufl., Gießen 2000

Schmidt, G.: Methode und Techniken der Organisation. 12. Aufl., Gießen 2000

Schmidt, G.: Organisatorische Grundbegriffe. 12. Aufl., Gießen 2000

Schönecker, H.G.; M. Nippa (Hrsg.): Neue Methoden zur Gestaltung der Büroarbeit. Baden-Baden 1987

Schreiber, J.: Beschaffung von Informatikmitteln. Bern / Stuttgart 1991

Schreyögg, G.: Organisationskultur. In: Handwörterbuch der Organisation. Hrsg. v. E. Frese. 3. Aufl., Stuttgart 1992, Sp. 1525 - 1537

Schröter, O.F.: ISDN-Anwendungen im öffentlichen Universalnetz ISDN und in privaten Telekommunikationsanlagen. 2. Aufl., Baden-Baden 1992

Schuh, G.; B.R. Katzy; S. Eisen: Wie virtuelle Unternehmen funktionieren: Der Praxistest ist bestanden. Gablers Magazin, 3 / 1997, S. 8 - 11

Schuler, H. (Hrsg.): Organisationspsychologie. Bern 1993

Schulte, Chr. (Hrsg.): Holding-Strategien. Erfolgspotentiale realisieren durch Beherrschung von Größe und Komplexität. Wiesbaden 1992

Schulte, Chr.: Die Holding als Instrument zur strategischen und strukturellen Neuausrichtung von Konzernen. In: Schulte, Chr. (Hrsg.): Holding-Strategien. Erfolgspotentiale realisieren durch Beherrschung von Größe und Komplexität. Wiesbaden 1992, S. 17 - 58

Seidel, E.: Betriebliche Führungsformen. Stuttgart 1978

Seidel, E.; W. Redel: Führungsorganisation. München / Wien 1987

Senge, P.: Die fünfte Disziplin - Kunst und Praxis der lernenden Organisation. 4. Aufl., Stuttgart 1997

Smith, A.: Der Wohlstand der Nationen. Eine Untersuchung seiner Natur und seiner Ursachen. Übersetzung aus dem Englischen. München 1978 (Original: An Inquiry into the Nature and Causes of the Wealth of Nations. London 1776)

Staehle, W.H.: Management. Eine verhaltenswisschaftliche Perspektive. 7. Aufl., überarb. von P. Conrad, J. Sydow, München 1994

Steinle, C.: Das Büro als Lean Office. Komplexes Management für eine schlanke Büroproduktionswelt. Zeitschrift Führung + Organisation 4 / 1994, S. 78 - 85

Steinle, C.: Stabsstelle. In: Handwörterbuch der Organisation. Hrsg. v. E. Frese. 3. Aufl., Stuttgart 1992, Sp. 2310 - 2321

Szypersky, N. u. a.: Bürosysteme in der Entwicklung: Studien zur Typologie und Gestaltung von Büroarbeitsplatzen. Braunschweig / Wiesbaden 1982

Taylor, F.W.: The Principles of Scientific Management. New York 1911

Thomys, A.K.: Kostenorientiertes Qualitätsmanagement. Mit Qualitätscontrolling zur ständigen Verbesserung. München / Wien 1995

Tikart, J.: Leistungsprozeß - Corporate Identity und Unternehmenskultur im globalen Wettbewerb: Überlegungen und Notwendigkeiten. In: Industriearbeit heute - Weg zur Fraktalen Fabrik. Berlin, Heidelberg u.a. 1993, S. 27 - 68

Turner, J.R.: The Handbook of Project-Based Management. Improving the process for achieving strategic objectives. London et.al. 1993

Vahs, D.: Organisation. Einführung in die Organisationstheorie und -praxis. Stuttgart 1997

Warnecke, H.-J.: Revolution der Unternehmenskultur. Das Fraktale Unternehmen. 2. Aufl., Berlin / Heidelberg / New York u.a. 1993

Weber, H.E.: Leitfaden für den Sachmitteleinsatz. Glattbrugg 1995

Welge, M.K.; A. Al-Laham: Strategisches Management - Organisation. In: Handwörterbuch der Organisation. Hrsg. v. E. Frese. 3. Aufl., Stuttgart 1992, Sp. 2355 - 2374

Wenger, A.P.: Trends der Konzernorganisation in der Schweiz. Auslöser, Bedingungen und Ergebnisse von Umstrukturierungen. Schriftenreihe der Schweizerischen Gesellschaft für Organisation. Glattbrugg 1994

Wildemann, H.: Die modulare Fabrik. Kundennahe Produktion durch Fertigungssegmentierung. 4. Aufl., München 1994

Wißkirchen, F.: Shared Service Center als Outsourcing-Alternative bei Finanzprozessen. In: Köhler-Frost, W. (Hrsg.): Outsourcing. 3. Aufl., Berlin 1998, S. 137 - 156

Witte, E.: Kommunikationstechnologie. In: Handwörterbuch der Organisation. Hrsg.: E. Grochla. 2. Aufl., Stuttgart 1980, Sp. 1048-1056

Wittlage, H.: Organisationsgestaltung unter dem Aspekt der Geschäftsprozeßorganisation. Zeitschrift Führung + Organisation, 4 / 95, S. 210-214

Womack, J.P.; D.T. Jones: From Lean Production to the Lean Enterprise. Harvard Business Review March / April 1994, S. 93 - 103

Womack, J.P.; D.T. Jones; D. Roos: Die zweite Revolution in der Automobilindustrie. Frankfurt/M. / New York 1991

Wolf, J.: Organisation internationaler Personalarbeit. Zeitschrift Führung + Organisation, 2 / 1996, S. 90-95

Wüthrich, H.A.; A. Philipp: Grenzenlose Chancen durch Virtualisierung. Zeitschrift Führung + Organisation 4 / 1998, S. 201- 206

Wüthrich, H.A.; A.F. Philipp; M.H. Frentz: Vorsprung durch Virtualisierung. Wiesbaden 1997

Zaugg, R.J.: Strategic Sourcing bei der Schweizerischen Bankgesellschaft. Wettbewerbsvorteile durch Sourcing. Zeitschrift Führung + Organisation 6 / 1998, S. 346 - 350

Zepf, G.: Kooperation Führungsstil und Organisation. Zur Leistungsfähigkeit und organisatorischen Verwirklichung einer kooperativen Führung in Unternehmungen. Wiesbaden 1972

Zimbardo, Philip G.: Psychologie. 5. Aufl., Berlin / Heidelberg / New York 1992

Zink, K.J.: TQM als integratives Managementkonzept. Das Europäische Qualitätsmodell und seine Umsetzung. München / Wien 1995

Zünd, A.: Innenrevision. In: Handwörterbuch der Betriebswirtschaft. Hrsg. v.W. Wittmann; W. Kern; R. Köhler et. al., 5. Aufl., Stuttgart 1993, Sp. 1786 – 1796

Stichwortverzeichnis

Abstimmungs-
  Kollegialität ... 200
Aktiengesellschaft......
  192
Arbeitskapazität . 117
Arbeitsteilung....... 99
Artteilung............ 78
Aufbau-Beziehungen .
  26
Aufbauorganisation....
  Dimensionen der....
  32
  Elemente der 20
  Gegenstand der 13
  Gestaltungsbedin-
    gungen der ... 49
  Gestaltungsprin-
    zipien der...... 48
  Gestaltungsziele
    der 42
  Rahmenbedin-
    gungen.......... 51
  Struktur der 16
  Prozessorgani-
    sation............... 18
Aufgaben 21
Aufgabenanalyse 120
Aufgabengliederer-
  ungstechnik 23
Aufgabenträger 23
Ausführungsauf-
  gaben 135
Ausführungsstellen ....
  81
Ausschüsse........ 220
autonome Arbeits-
  gruppen ....
  ....105, 319, 329
Business Process
  Reengineering ....
  .... 57, 61
Cost Center 287
Daten 227

Delegation 279
dezentrale Daten-
  verarbeitung ... 295
Dezentralisation ... 75
direktoriale Willens-
  bildung 198
disziplinarische
  Unterstellung .. 139
Divisionalisierung .....
  159
Einlinien-System 141
Entscheidungsdezen-
  tralisation 134
Entscheidungszen-
  tralisation 134
Expertensysteme 276
fachliche Unter-
  stellung.......... 139
Führungsinfor-
  mationen 236
Führungsorga-
  nisation 189
Führungssystem ....
  .... 31, 278
  Merkmale des. 278
  funktionale
    Barrieren 132
Hierarchie 131
Holding 332
Informationen ....
  .... 25, 227
  Verdichtung von ....
  239
Informationsbedarf ....
  .... 26, 235
Informationsprozesse .
  232
Informationssystem ...
  .... 28, 227, 233
  Gestaltung des 234
Jahresarbeitszeit . 120
Job Enlargement 102
Job Enrichment .. 104

Job Rotation 101
Job-Sharing 72
Kaizen 61
Kassations-
  Kollegialität ... 201
Kernprozesse
  Gestaltung von . 26
kollegiale Willens-
  bildung 200
Kommunikation
  Bedeutung der 255
  Bestandteile der .....
  256
  Maschine-Maschine
  260
  Mensch-Maschine..
  259
  Mensch-Mensch ....
  259
Kommunikation
  -prozess 257
  -störung 257
  -system ....
  .... 29, 233, 252
  Elemente des .....
  253
  -wege 262
  -zeit 254
Konfiguration der
  Hierarchie 135
Kongruenzprinzip 73
kontinuierlicher Ver-
  besserungsprozess .
  317
Koordinationsin-
  formationen 236
Lean Management .....
  313
Leitungsaufgaben ......
  135
Leitungsbreite..... 136
Leitungsorganisation

kundenorientierte...
.... 174
objektorientierte.....
.... 158
prozessorientierte
.... 185
regionale 171
strategieorientierte .
.... 180
verrichtungsorien-
tierte 149
Leitungsspanne ... 136
Leitungsstellen ....
.... 79, 135
Leitungssystem ....
.... 27, 128
Merkmale von 134
Leitungstiefe........ 136
Leitungswürfel... 131
Lernende Organi-
sation 324
Lernkultur.......... 327
Matrix-Organisation ..
.... 147
Mehrlinien-System ...
.... 144
Mengenteilung 78
Menschenbild 23
Nachrichten 227
Organisation
Aufgaben der . 289
Organisationswürfel ..
.... 33
Partizipation 282
Personalbedarf ... 115
Personalbemessung ...
.... 114
Personalreserve.. 120
Personalwesen ... 300
persönliche Kommu-
nikation 260
Primärorganisation ....
.... 129
Primat-Kollegialität ..
.... 200

process owner 83
Produkt-Management
.... 164
Profit Center 286
Projektcontrolling .....
.... 331
Projektleiter 209
Projekt-Management .
.... 319
Projektmitarbeiter......
.... 209
Projektorganisation ...
.... 129, 206
Matrix- 215
Reine 213
Stabs- 211
Projektsponsoren 210
Prozessorganisation...
.... 16, 18, 26
Prüffragenkatalog......
.... 401
Qualität 310
Qualitätssicherung ....
.... 311
Qualitätszirkel 332
Regelkreismodell 238
Revision 297
Sachmittel 24
Auswahl von .. 272
Bedarfsermittlung..
.... 272
Einsatz von 274
Netz von........ 267
Sachmittelsystem ......
.... 30, 267
Sekundärorganisation
.... 129, 205
Simultaneous
Engineering 317
situative Organisation
.... 41
situatives Führungs-
verhalten 285
Spartenorganisation...
.... 160

Spitzeninstanz-
ressortierung .. 201
Stabsstellen......... 81
Stelle................ 128
Stellenarten 78
Stellenbildung 27, 71
aufgabenorien-
tierte 84
freie und
gebundene.... 74
nach Objekten .. 89
nach Verrich-
tungen............. 84
prozessorientierte ..
.... 83
Stellenmehrheit.. 128
Stellvertretung ... 111
strategische
Geschäftseinheit ....
.... 181, 219
strategische
Geschäftsfelder......
.... 180
Szenariotechnik . 331
technische Kommu-
nikation 260
Teilzeitarbeit Siehe
Job-Sharing
Tensor-Organisation .
.... 148
Total Quality
Management .. 309
Workshops 221
zentrale Daten-
verarbeitung ... 293
Zentralisation 75
Ziele
der Kunden 46
der Mitarbeiter . 45
des Unterneh-
mens 44

Innovative Softwarelösungen

Prometheus
Erfolgreiche Geschäftsprozessoptimierung
und -analyse

Pegasus
Effizientes Personalmanagement

QSR / QSR-Kredit
Praktische Unterstützung für Innen- und
Kreditrevision

Iris
Online Dokumentationssysteme

Internetlösungen